公共政策

Public Policy

主編　余致力

余致力　◆　毛壽龍　◆　陳敦源　◆　郭昱瑩

智勝文化

吳　序

　　本人非常榮幸也相當樂意接受四位年輕、熱忱、努力的朋友之邀請，爲他們的大作撰寫推薦序。本書由世新大學行政管理學系余致力教授（兼研發長）、中國人民大學公共管理學院毛壽龍教授、政治大學公共行政學系陳敦源教授與世新大學行政管理學系郭昱瑩教授合力完成。它集合了兩岸學者，共同關注公共政策的理論與實務，促進兩岸學者建立了公共政策的對話平台，藉由兩岸的合作，強化了學術與實務的交流，這是本書有別於其他公共政策書籍的特色。兼以本書作者皆曾受過西方學術研究的訓練，並且都是學術後進中之翹楚，他們對公共政策鑽研甚深，教授公共政策相關課程多年，也透過許多研究計畫，累積了豐富的經驗，故使本書的深度與廣度均獨樹一幟。

　　本書各章按照公共政策運作階段所包含的議程設定、政策規劃、政策合法化、政策執行與政策評估等五個部分鋪陳，議程設定部分由余致力教授撰寫。此部分主要在探討民意、菁英與媒體對政策議程設定的影響；政策規劃階段由郭昱瑩教授撰寫，首先說明菁英規劃與參與規劃的衝突與互補性，並說明經濟可欲性與政治可行性分析的內涵及分析工具；政策合法化階段係由陳敦源教授負責撰寫，他檢視了各項公共政策決策模式，並探究國會政治、聯盟建構與政策合法化之間的互動關係；政策執行階段的概念部分係由郭昱瑩教授撰寫，主要探討由上而下、由下而上、整合模式與政策網絡等政策執行模式，並由陳敦源教授撰寫政策行銷做爲政策工具的重要性及其應用；政策評估階段則由毛壽龍教授撰寫，討論政策評估的不同類型、構成要素與評估方法。最後一章由余致力教授與郭昱瑩教授共同撰寫，以比較性觀點，闡述美國公共事務學院排名前20名學校，在公共政策課程的規劃與內容方面的

狀況，可供兩岸設計公共政策設計之參考；同時以前瞻性觀點，探討公共政策教學與研究的未來發展，頗多創見。

　　大致言之，本書兼顧理論與實務，平衡新舊學說，不僅可做為公共政策相關課程的教科書，凡是對公共政策相關議題具有興趣者，皆開卷有益，並可藉由本書所介紹的理論與實務，瞭解公共政策新近的發展方向。

　　本人從事公共政策教學多年，樂見此書問世，因為它為公共政策的教學與研究挹注新見，凝聚了兩岸學術熱忱，整合了兩岸學術發展，可謂繼往開來，創造了公共政策領域的新里程，是以本人極力向大家推薦本書。

吳定

謹序於政治大學公共行政學系

2008年1月

序

　　沒有人告訴我們寫教科書是這麼的不容易，尤其是在這個變動的時代寫公共政策這種動態科目的教科書。

　　約略半世紀前，美國政治學者Harold D. Lasswell揭櫫「公共政策取向」(policy orientation)的政治學研究理念，成為當代公共政策研究的濫觴，自此之後，公共政策研究與教學逐漸成為一個專門的領域，並且不斷擴展，回顧Lasswell教授當時對政策研究的理念，總共有下面五個重點：

　　一、公共政策取向是跨領域的研究；

　　二、公共政策取向的方法論是多元與包容的；

　　三、公共政策取向是問題導向的學問；

　　四、公共政策取向以提供民主社會公共決策知識為目標；

　　五、公共政策取向是以決策「階段」(stages)的概念來統整，包括決策過程、政策選項以及政策結果等部分的研究。

　　本書的出現，是作者群延續此一學科傳統的最新成果，更重要的是，作者們希望能在前輩的努力之上，加入新興的觀念、當代的議題以及實務的個案等三種元素，為新一輩公共政策的莘莘學子們，提供一套嶄新的教材。回顧幾年來的努力，我們發覺本書與Lasswell當年的願景，產生了三點有趣的對話。

　　首先，從1980年以降，民主化、全球化以及資訊通訊科技的革命持續發燒，改變了傳統各國政策決策的系絡，例如，政府權力的運作逐漸從國家中心朝向多元協力的方向挪移，政策利害關係人(stakeholders)日益多元；公共政策過程的複雜性增高，導致公共政策的研究與教學，必須面對更多傳統專業決策系統以外的挑戰力量。當然，在這樣的環境中，公共政策的研究與教

學跨越專業領域、包容多元方法以及問題導向的趨勢上更加明顯，一般來說，政策學科在這些部分的發展，實符合了Lasswell當年的預想。

再者，在政策民主化的議題上，Lasswell當年爲了提供「民主社會」公共決策知識之用的目地，已經被近年「公共治理」(public governance)研究的蓬勃發展所擴大了；學界藉由治理概念的整合能力，逐漸將政體性質的重要性降低，讓民主成爲眾多影響治理品質的變數之一，公共政策研究所發展出來的知識，即便是政策民主化的概念，可以藉由如「公民參與」這種中性的概念，在先進民主國家、民主轉型國家、甚至威權體制國家產生同樣程度的影響，因此，治理研究讓近年公共政策學門能以跨越「民主／非民主」鴻溝的「共通性」(generic)樣態出現，本書作者群包括台灣學者三位以及一位大陸學者，在共通性的概念下，政體性質的差異雖然存在，但已非無法跨越，如何異中求同，是兩岸讀者在使用本書時應該特別注意的。我們認爲，這個部分的發展，已經超出了Lasswell當年的想像。

最後，從過去到現在，公共政策發展最重要的核心是它的「階段論」。事實上，階段論可說是公共政策學科「獨大」的理論，也是政策學科與諸多社會科學相關學門的主要差異所在；然而，學者Hank C. Jenkins-Smith與Paul A. Sabatier認爲，階段論對於政策研究的持續發展，有下列數個障礙：

第一，階段論不是因果關係模式，它無法成爲經驗研究（假設檢定）的基礎；

第二，階段論有時甚至無法精確述真實世界的政策進程；

第三，階段論存在從上到下、正式決策以及時序的概念偏差；

第四，階段論無法整合政策分析中各種專業政策的知識。

面對公共決策組織的持續分權化，學者批評階段論主要由於政府成爲多元行動者、多階段政策決策程序中的一個參與者而已，階段論無法完全掌握公共政策過程參與者之間以及跨組織互動的複雜性。不過，本書仍然是依照

階段論建構的，主要原因是我們認為，雖然階段論的確存在學者所批評的這些缺點，但是在學界論述市場上出現更好的替代品之前，我們還是以這樣的框架來描繪公共政策的過程。至於參與者與組織互動的複雜性，仍然可以放在不同階段中來處理，例如，本書在議程設定階段討論媒體與公共政策的關係、在合法化的過程中討論利害關係人的參與等，就是試圖在做這樣的結合。這樣看來，半世紀前Lasswell的階段論看法，仍然是本書描繪公共政策主要的框架。

　　無法免俗地，我們還是要感謝許多從旁協助的親人、長輩與好朋友，本書的順利出版與他們的支持有絕對的關係。首先，政治大學吳定老師以台灣公共政策教學研究泰斗之尊，願意為我們寫序，讓我們感受到他真誠提攜後進的心。再者，在寫作過程，許多學界同僚與實務界朋友不拘形式的協助，也讓我們獻上十二萬分的謝意，特別是寧波大學公共管理系龔虹波老師，本書第十四、十五、十六、十七章，便是由龔虹波老師與毛壽龍教授協力完成。其次，我們家人無怨無悔的支持，特別是有年幼小朋友家庭的另一半之付出，促使本書得以順利完成。最後，對於智勝文化出版公司的鼎力相助，在本書寫作計畫因故而幾乎停擺時，還耐心地給予支持，獻上最深的感謝。

　　當然，我們最關心的還是作為讀者的您，在資訊通訊科技如此發達的時代，您讀完我們的作品以後，如果有任何意見，希望您可以直接以E-mail與我們任何一位作者聯絡，以作為我們往後改進的參考，謝謝！

　　　　余致力、毛壽龍、陳敦源、郭昱瑩

　　　　　　　　　　　　　　　　敬啟

　　　　　　　　　　　　　　2008年1月

目錄

公 共 政 策

contents

公　共　政　策

contents

公　共　政　策

contents

公 共 政 策

contents

公 共 政 策

公共政策概論

學習目標

- 瞭解公共政策的定義。
- 瞭解政策問題的意涵與如何界定政策問題。
- 瞭解市場失靈、政府失敗與各種意識型態類別。
- 瞭解政策工具的定義與類型。
- 瞭解如何選擇政策工具解決政策問題。

第一節　前言

　　何謂公共政策(public policy)？公共政策這個名詞，可能是許多人日常談論國事，針砭時政所常用的詞彙之一，但如果我們要求這些人對公共政策下一個簡明的定義時，他們或許會感到詞窮或語塞。美國有一位著名的法官Potter Stewart，有人要他為色情(obscenity)下一個定義時，他的回答很妙：「我不知道要如何定義什麼是色情，但當我看到色情時，我就會知道。」(I can't define it, but I know it when I see it.)對許多曾經使用過色情、公共政策或許多其他社會科學詞彙而又無法明確加以定義的人而言，這可能是一個非常貼切的回答，令他們深有同感。

　　然而，在從事學術研究的過程中，名詞的界定是不可或缺的一項基礎工作。因此，許多學者都會設法對公共政策這個名詞，賦予一個簡潔又明確的定義。茲列舉數位國外知名學者對公共政策的定義如下：

　　1.Easton(1953: 129)：「政策就是政府對社會價值做權威性的分配」。(the authoritative allocation of values for the whole society)

　　2.Dye(1998: 2)：「公共政策係政府選擇作為或不作為的任何行動。」(Public policy is whatever governments choose to do or not to do.)

　　3.Ripley與Franklin(1984: 1)：「政策就是政府對被認知的問題所做的聲明及所採取的對策。」(Policy is what the government says and does about perceived problems.)

　　從上述定義來看，公共政策包含甚廣。舉例而言，年滿20歲才有投票權、總統副總統選舉採相對多數決、國會席次減半、大規模進行行政院組織重組、實施徵兵制、持續興建核四電廠、證券交易不課徵所得稅、推動多元入學、貫徹常態編班、維持死刑、禁止色情、禁止賭博、禁止代理孕母、禁止安樂死、禁止同性戀結婚與收養子女等，都是台灣政府當前的政策。

　　幾乎沒有一項公共政策是獲得全民一致支持的，對現行政策不滿的人士

會提出新的政策建議，尋求支持，謀求政策變遷。例如，主張將投票年齡降為18歲、總統副總統選舉改採絕對多數決、增加國會席次、以漸進方式進行行政院組織重組、實施募兵制、停止興建核四電廠、開徵證券交易所得稅、恢復大學聯考制度、實施能力分班、廢除死刑、性交易合法化、設置離島博奕特區、代理孕母合法化、安樂死合法化、賦予同性戀結婚與收養子女的合法權利等。同樣地，也沒有任何一項政策建議是能獲得全民一致的認同。簡言之，對任何一項現行政策或政策建議，人們都存有不同的意見與偏好。

為什麼人們對特定政策或政策建議會有不同的偏好與意見呢？對這個問題的一個常識性、直覺性的回答，往往是認為人們會因其本身利害關係而贊成或反對某項政策。例如，大多數軍教人員反對廢除軍教人員免稅的規定，大多數股票投資人反對開徵證券交易所得稅、贊成調降證券交易所得稅，大多數醫師反對醫藥分業，大多數貢寮鄉民因鄰避情結(not in my backyard, NIMBY)而反對興建核四電廠。在政策的成本效益與個人切身利害關係密切的情形下，大多數人的政策偏好與意見是可以預期的，極可能是會從理性自利的角度去支持或反對特定政策。

然而，只從利害關係的角度出發，並不能幫助我們解釋與預測許多不明顯的政策標的團體(target group)，在許多成本效益不明確的政策議題上所持的立場與偏好。換言之，公共政策範圍極廣，除了少數政策對特定標的團體有立即、顯著、明確、可見的利害關係外，許多公共政策究竟有哪些成本？哪些效益？由誰來承擔成本？誰享受效益？其實並不明確。也正因為如此，所謂的切身利害關係在許多人的政策意見形成過程中，是一個模糊的概念，無法成為決策的依據。Weiss(1983)在一篇探討政策立場基礎的文章中，提出了I-I-I決策模型，指稱人們在政策立場的抉擇過程中，不但會考慮利害關係(interests)，更會受到相關資訊(information)與意識型態(ideology)所左右。當利害關係不具備關鍵性的決定地位時，人們的政策意見是受其所掌握的相關資訊與所具有的意識型態所影響。

除了Weiss所提的利害關係、相關資訊與意識型態會影響人們存在著不同的政策意見外，公共政策的複雜特性更給予人們對特定政策形成不同偏好與

意見的廣大空間。本章以下兩節歸納抽離出公共政策的兩個主要要素——政策問題與政策工具，來作爲論述的理論架構，希望從問題的界定與工具的選擇來解析公共政策的複雜性，突顯人們政策意見紛歧的結構因素，幫助讀者更深入地理解公共政策的意涵。

第二節　政策問題的認知與界定

一、公共問題的認知

　　生活在世上的每個人或多或少總有一些問題，例如，需要、不安、不滿、挫折、痛苦等，必須謀求解決，而當人們受到問題的影響，感覺到問題的存在，並做相對的反應時，此一問題就因許多人牽涉在內而成爲公共問題（朱志宏，1995；Jones, 1970）。然而，某一群人所提出的「公共問題」未必就一定會被其他人所認同。例如，社會治安太差、學生素質低落、環境品質惡化、生態保育欠佳、遊民充斥街頭、經濟不景氣、國中教學能力分班、青少年婚前性行爲氾濫等問題，各人認知不盡相同，這些認知的差距可以從規範(normative)與實證(empirical)兩個層面來加以說明。

　　以青少年婚前性行爲增加的問題爲例，到底有多少青少年有過性行爲？哪些青少年？何種性行爲？問題真的有那麼嚴重嗎？這些都是從實證層面可以導致不同的認知。此外，青年男女婚前可否有性行爲？有衛道人士期期以爲不可，要年輕人等一等，但部分年輕人及思想較爲開放的人士則會認爲，「只要是我（他）喜歡，有什麼不可以」，哪有什麼問題？這是從規範面引發的對立看法。再以國中能力分班爲例，從實證層面而言，目前有多少國中是實施能力分班而不是常態分班？對於後段班學生究竟該如何處理？教育資源配置是否不足？是否產生不良影響？真的有問題嗎？各人看法不盡相同。再從規範的角度而言，認爲能力分班是嚴重問題的人士是從公平的觀點出發，爲後段班享受不到正常教學或被放棄的學生抱不平；但反對常態編班人

士則是認為，能力分班是使教學更有效率的必要作法，沒有什麼問題。這些立場的差異及其背後的依據，造成了對公共問題認知的差距。

從學理上而言，公共問題究竟是客觀存在的事實，或是主觀理解的詮釋，不同學派間存有極大之爭辯（林水波，1999：97-100）。邏輯實證論(logical positivism)的世界觀認為，宇宙萬物是一客觀實存的現象，世界是獨立於心靈以外而存在的客體（丘昌泰，1995：96），因此，問題的建構是一種發現，而不是一種創造或發明，公共問題是客觀存在的事實。對詮釋學派(hermeneutics)而言，社會現象並非客觀存在的實體，而是基於個人本身的主觀知覺和過去生活經驗，經由詮釋而賦予其存在意義。換言之，當一個人要去觀察問題或解釋某一現象時，他的認知架構圖案或信念必然投射到他所觀察或解釋的對象上，無所謂「客觀的觀察」或「客觀的解釋」這一回事（吳瓊恩，2001：649）。是以，在詮釋過程中，往往融入個人價值偏好，導致事實不是「純粹的」(pure)事實，而是具有價值導向的。因此，公共問題亦非如實證論者所言，是客觀存在那裡(out there)，等待人們依循理性分析之程序去發現，有相當多的成分是主觀建構的。簡言之，社會問題的存在往往是社會上集體認知(collective cognition)的投射，絕非是單純客觀情勢的倒影(Hilgartner & Bosk, 1988: 55)。因此，依詮釋學派的看法，公共問題的認知充滿歧異的空間與無限的可能。

二、從市場失靈與政府失敗界定政策問題

除了對公共問題的認知有差距外，人們對於政策問題的界定也有相當程度的歧見。公共問題層出不窮，但是政府的資源有限，無法將所有問題排入政策議程，因而哪些公共問題會變成政策問題，也就是政府必須加以關注並擬訂對策予以解決的問題，則更是見仁見智，極具爭議。Weimer 與 Vining(1999)從市場失靈(market failures)與政府失敗(government failures)的角度提出政府介入的理論基礎，有助於吾人思考政策問題的界定（吳定，2000；張世賢、陳恆鈞，1997）。

　　依據古典經濟理論與自由主義之觀點，在完全競爭的市場機制下，社會資源透過價格機能的運作，可達到完全就業、產出極大化、物價穩定的均衡狀態，對社會資源做出最有效率的配置；而個人所得皆依其邊際生產值計算，亦是公平的分配，故政府無干預之理由。然而，凱因斯理論、福利經濟學及財政學者則指出，市場存在許多的問題，以致無法達成經濟穩定成長(stabilization)、資源有效配置(allocation)、財富公平分配(distribution)的目標。首先，在經濟穩定成長上，1930年代的經濟大恐慌，長期居高不下的失業率，看不到Adam Smith所說的那隻「無形的手」(an invisible hand)，使人們對自由經濟市場自我調節的機制產生了嚴重的質疑。其次，在有效配置資源上，由於市場有公共財(public goods)、自然獨占(natural monopoly)、外部性(externality)、資訊不對稱(information asymmetry)與交易成本(transaction costs)等問題，故完全透過市場價格機能並無法生產出社會最適的產出水準。最後，在財富公平分配的問題上，資本主義自由經濟市場並無縮減貧富差距的機制，反而有促使「貧愈貧，富愈富」的競爭規則，因而完全放任市場競爭運作，其結果將無法達到財富公平分配的目標。因此，從市場失靈的角度出發，需要政府介入的政策問題大致可歸納成三大類：經濟無法穩定成長、資源無法有效配置，以及財富無法公平分配等問題，而這些問題的產生，提供了政府制定政策介入市場的正當性與合理性。

　　市場失靈提供了政府介入的理論基礎，然而在1960、1970年代諸多政府介入市場希望解決公共問題的政策，在執行成效的評估上卻顯示出績效不彰與令人沮喪的結果，引起自由主義學者從理論與實務，挑戰政府介入糾正市場失靈的正當性與有效性（徐仁輝，2000：25-36）。以自然獨占為例，政府以公營事業（政府獨占）或管制政策介入市場的結果，非但不能促使社會資源做有效的配置，反而造成了更無效率以及更不公平的現象。Stigler(1971)便批評政府的管制機構被部分廠商所俘虜(captured)，替這些廠商提供了摒除競爭的保障，成為他們競租(rent seeking)——獲取不當利益的幫凶。Friedman(1962)亦指出，在快速變遷的社會中，適合獨占的條件常會改變，因此，私人獨占企業無法長期鞏固其獨占優勢，然而，獨占的公營事業卻不受

這種條件改變的影響，在自然獨占的條件消失後，仍能以公權力獨占市場，持續在沒有競爭的壓力下以無效率的方式來生產財貨與提供服務，因此，政府獨占比私人獨占為害更烈。

政府介入非但無法解決問題，甚且使問題更加惡化或衍生出新的問題觀點，此於諾貝爾經濟獎得主North與其他兩位學者合著的《公共議題經濟學》(*The Economics of Public Issues*)中的許多例子顯露無疑（Miller, Benjamin, & North, 2005；徐仁輝、彭渰雯，2006）。例如，企圖對娼妓的禁絕，造成黑道勢力的介入，以及高昂的社會成本；對於用水的補貼，浪費了寶貴的水資源；公立學校的缺乏競爭，造成教學品質的不斷降低；各項貿易的限制，造成排斥競爭，圖利少數人，同時讓消費者付出昂貴的代價；規定汽車加裝安全氣囊，不但增加安全成本，更產生了一些後遺症與副作用（例如，坐在前座的小孩因氣囊爆炸造成的死亡）；食品藥物檢驗局加強新藥上市的審查工作，目的在確保新藥的有效與無害，但卻可能因延遲上市，造成急需此藥的病人死亡；政府對於房屋租金管制的結果，造成可租房屋的供給減少，以及房東不願意整修房屋，結果使得無殼蝸牛族更租不到房屋；政府對最低工資管制的結果，讓年青人喪失了在職學習的機會。諸如此類的例子，使公共選擇學派的學者們所提出的「政府失敗」概念，為政策問題界定的另一個基礎。美國前總統Ronald Reagan曾說過：「過去，當社會有問題時，政府制定政策，並透過法律來解決問題，現在則是看看在現有法律中，哪些法條造成這些問題，廢掉造成問題的法條，使成為解決問題之道。」可說是重視政府失敗、偏愛市場機制的具體代表。

總之，政策問題的界定可從市場失靈或政府失敗的角度出發，來思考特定問題究竟是市場失靈或政府失敗所引起的。凱因斯理論、福利經濟學與財政學的信奉者認為市場失靈是政策問題，公共選擇學派與自由主義的信奉者則未必同意，雙方在理念不同的情況下，自然會產生對政策問題界定的歧見，也因而對政府的角色以及公共政策的內涵，會形成不同的偏好與意見。

三、從意識型態解析政策問題的界定

除了市場失靈與政府失敗兩種觀點，可幫助我們解釋政策問題界定差距外，美國政治學者Janda、Berry與Goldman(2006)創造了一個以自由(freedom)、秩序(order)與平等(equality)三種價值觀構成的二度面向議題空間，來衡量每個人的意識型態（見圖1-1），也可以幫助我們來思考政策問題界定的複雜程度。

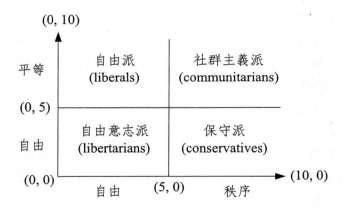

圖1-1　意識型態類別

在圖1-1的水平面（自由－秩序）上，左邊的兩個象限（自由派與自由意志派）重視自由甚於秩序；而右邊的兩個象限（社群主義派與保守派）則重視秩序甚於自由。同理，在垂直面向（平等－自由）上，自由派與社群主義派較重視平等；而自由意志派和保守派較重視自由。有關這四種意識型態的實質內涵可從一份電腦模擬測驗上看出來(Hartman, Janda, & Goldman, 2005)。

在這一份電腦模擬測驗上，受測者可透過回答二十個政策問題，測量出其意識型態（詳表1-1）。以第一題為例：「你贊同或反對通過憲法修正案，將婚姻定義為一男一女，而把男女同志排除外？」答「贊成」的人代表其重視秩序或有一定的價值觀，無法接受同性戀結婚，因而希望政府介入規範，

表1-1　意識型態測驗

題目	答A	答B
1.你贊同或反對通過憲法修正案，將婚姻定義為一男一女，而把男女同志排除外？ A：反對 B：贊成	重視自由	重視秩序
2.有些人覺得政府應該要增加富有家庭的賦稅或提供補助給貧窮家庭，以縮減社會上的貧富差距。另外有些人則覺得政府不應該插手。你覺得如何？ A：政府應協助縮減貧富差距 B：政府不應協助縮減貧富差距	重視平等	重視自由
3.在911恐怖攻擊之後，美國通過了愛國法案(Patriot Act)。有人認為該法案是給執法人員用來打擊犯罪和防止下一次的恐怖攻擊的必要工具。也有人認為該法案是以反恐為藉口，以提升聯邦政府的權力，進而窺探人民的隱私，破壞人民自由。你認為： A：愛國法案是必需的 B：愛國法案會侵犯人民自由	重視秩序	重視自由
4.有些人覺得政府應該提升人民的生活品質，另外有些人覺得這不是政府的責任，應該要人民自己負責。你認為： A：人民應該自己照顧自己 B：政府應該改善生活品質	重視自由	重視平等
5.你認為對殺人犯應採取哪一種懲罰？ A：死刑 B：終生監禁不能假釋	重視秩序	重視自由
6.你是否認同此一看法：「我們太過強烈推動這國家的平等權了。」 A：不認同或不盡認同 B：認同或大致認同	重視平等	重視自由

表1-1　意識型態測驗（續）

題目	答A	答B
7.你贊成或反對聯邦政府規定網路營業者提供電郵紀錄與 　下載紀錄作為法院證據？ 　A：反對 　B：贊成	重視自由	重視秩序
8.下列兩個觀點，哪一個較接近你的觀點？ 　(A)修訂稅收條例，改為較簡單、公平和能夠提供資源， 　　　使我們能面對嚴峻的挑戰。消除稅收漏洞和取消對富 　　　人與企業的補助，以避免他們逃漏稅。 　(B)減稅是最好的方法，可以創造工作機會與促進經濟繁 　　　榮，是以，政府應該把錢還給美國消費者與中小企業。 　A：對富人加稅 　B：全面減稅	重視平等	重視自由
9.你覺得法律對於槍械管轄應該更嚴厲、寬鬆或維持現 　狀？ 　A：應該更嚴厲 　B：維持現狀或更寬鬆	重視秩序	重視自由
10.有些人覺得政府應該負擔人民醫療費用，但有些人則覺 　得應該由人民自行負擔。你的想法如何？ 　A：是人民的責任 　B：是政府的責任	重視自由	重視平等
11.如果被告在被捕時並沒有被告知其基本權利，則其所承 　認的罪狀，在審判時是否會被採納呢？你認為： 　A：所承認的罪狀可以採納 　B：所承認的罪狀不可採納	重視秩序	重視自由
12.你希望你的政府是一個提供少數服務的小政府或者是提 　供很多服務的大政府？ 　A：提供少數服務的小政府 　B：提供很多服務的大政府	重視自由	重視平等

表1-1　意識型態測驗（續）

題目	答A	答B
13.你覺得擁有少量大麻是否為犯罪行為？ 　A：不是犯罪行為 　B：是犯罪行為	重視自由	重視秩序
14.有人提議，允許民眾在退休前可以動用自己的部分社會 　安全年金，從事投資理財，此一作法雖有風險，但也可 　能使民眾在退休時更為有錢。你覺得這是一個： 　A：好主意 　B：壞主意	重視自由	重視平等
15.政府是否應該管制有線電視的暴力與色情內容？ 　A：政府應該管制 　B：政府不應該管制	重視秩序	重視自由
16.你贊同或反對以學校獎學金名義對低收入戶家庭提供補 　助，使他們的小孩可以就讀私立或教會學校？ 　A：贊同 　B：反對	重視平等	重視自由
17.美國最高法院規定公立學校不用讀聖經與祈禱，你是否 　贊同？ 　A：贊同 　B：反對	重視自由	重視秩序
18.你贊同或反對防止種族與性別歧視的方案？ 　A：贊同 　B：反對	重視平等	重視自由
19.你是否贊同墮胎合法化？ 　A：贊同 　B：反對	重視自由	重視秩序

公共政策

表1-1　意識型態測驗（續）

題目	答A	答B
20.以下兩種經濟途徑，你會選擇哪一個？ 　(A)每個人的生活品質都會提升，但高收入者比低收入者 　　的生活品質提升較多。 　(B)每個人的生活品質提升程度一致，但其提升的程度不 　　如A途徑的提升程度。	重視自由	重視平等

資料來源：Hartman, Janda, & Goldman(2005).

以公權力禁止男女同志有法律上的婚姻關係。反之，答「反對」的人重視自由勝過秩序，認為性傾向是每個人必須受到尊重的自由選擇，強調男女同志有選擇結婚的自由，其權利應受保障，政府不應予以禁止，故不主張政府的干涉與介入。每位受測者在電腦模擬圖像上（即圖1-1），可能會依其回答題目而有所移動。在一開始時，每位受測者是在原點，即座標(0, 0)的點上，每答一題即有可能產生移動。以第1題為例，答「贊成」者會向右移一格，即移動到(0, 1)的座標。二十題中共有十題（奇數題）測量受測者在自由與秩序中的選擇偏好，另有十題（偶數題）則是測量受測者在自由與平等兩個價值上的抉擇偏好。再以第2題為例：「有些人覺得政府應該要增加富有家庭的賦稅或提供補助給貧窮家庭，以縮減社會上的貧富差距。另外有些人則覺得政府不應該插手。你覺得如何？」回答「政府應協助縮減貧富差距」的受測者，代表其重視平等勝於自由，答題者在圖1-1上會從其所在處往上移動一格。依此類推，每位受測者均可藉此瞭解到自己在自由、平等、秩序三種價值的偏好取捨上所展現出的意識型態，究竟是屬於自由意志派、保守派、自由派或社群主義派。

　　從政策問題界定的角度而言，每個人對這些題目的回答，均會反映出他對何者是政策問題、何者不是政策問題的一種認知與判斷。對一位有特定價值觀、十分強調秩序的人而言，同性戀結婚、婦女墮胎、吸食大麻，乃至傳

播色情、燒國旗、離婚、婚外情等都是嚴重的公共問題，是政府要介入干預的政策問題；但對一位重視自由勝過秩序的人而言，這些都不是政策問題，做同性戀者、從事墮胎、吸食大麻是每個人的自由選擇，傳播色情、燒國旗是言論自由，離婚、婚外情是家庭私事，不勞政府費神干預。另一方面，對重視平等價值的人而言，男女兩性、黑白種族及貧富階級間的不公平現象，是社會嚴重的問題，政府必須介入，強烈推動各項促進平等權的作為，採取「弱勢族群優惠政策」(affirmative action)，以及各種社會福利措施，來解決不平等的問題。

　　總而言之，到底什麼是政策問題？具有不同意識型態的人有不同的認知，是爭議性極高的議題。保守派人士重視社會秩序，所以失序是問題；自由派人士重視社會公平，所以不平則鳴；自由意志派人士重視自由，深信管的愈少的政府是愈好的政府，對許多「問題」都不認為有問題，或不認為是政府應來處理的問題；社群主義派人士則對政府有高度的依賴與期待，希望透過公權力來消弭社會不公，維持社會秩序。[1]而人們對政策問題界定的差距，可說是政策意見紛歧的重要結構性因素之一。人們政策意見差異的另一個結構因素是政策工具，本章下一節將探討與論述政策工具的類型與選擇。

---

[1] 自由意志派的人士可說是傑佛遜的信徒(Jeffersonian)，偏愛小而美的政府(no state)，主張許多的公共問題留交市場與社會自行解決，政府干預的愈少愈好；社群主義派人士則是漢彌頓的信徒(Hamitonian)，偏愛大有為的政府(bold state)，視所有公共問題為政策問題，有賴政府的介入來加以處置。有關政府角色的定位，在公共行政文獻中有相當豐富的論述與辯論，請參閱丘昌泰(1999)，吳瓊恩(1999)，余致力(2000)，江岷欽、劉坤億（1999，第一章）；孫本初（2001，第一章）；Stillman(1991)；Ostrom(1973)；Kettl(1993)。

第三節　政策工具的類型與選擇

一、政策工具的類型

　　除了政策問題外，公共政策的另一要素是政策工具。換言之，當政治體系決定了某一公共問題是政府必須加以介入處置時，接下來便是要設計政策工具來解決問題。政策工具(policy tools or instruments)係指有效完成工作目標、解決政策問題的手段、作為或行動。政府到底有哪些工具可資運用以解決問題、達成目標呢？許多公共政策學者從不同的角度提出了政策工具的類別，例如：

　　（一）Linder與Peters(1989)將政策工具區分為七大類型：(1)命令條款；(2)財政補助；(3)管制；(4)徵稅；(5)勸誡；(6)權威與契約。

　　（二）Salamon與Lund(1989)將政府活動分為四種類型：(1)金錢直接給付；(2)財貨或服務的提供；(3)法令保護；(4)限制或處罰。

　　（三）Schneider與Ingram(1990)將政策工具區分為五大類型：(1)權威式政策工具；(2)誘因式政策工具；(3)能力建立型政策工具；(4)象徵性與勸告型政策工具；(5)學習式政策工具。

　　（四）Weimer與Vining(1999)提出糾正市場失靈與政府失敗的五種政策工具：(1)市場機制政策；(2)誘因政策；(3)管制政策；(4)非市場供給政策；(5)社會保險與救助政策。

　　在此，本節以另外一位公共政策學者O'Hare所提出的分類作為論述的架構。O'Hare(1989)在《政策分析與管理學術期刊》(*Journal of Policy Analysis & Management*)中提出〈政府作為的分類〉("A Typology of Government Action")一文，論述政府碰到問題時可以考慮採行的八種作法，可說是對政策工具的類別所提出的一個相當簡潔、完整且有系統的分類（見表1-2）。

　　茲以垃圾問題為例，運用O'Hare的分類，將政府可以採行的八種政策工具，分述如下：

表1-2　八種政策工具

	直接介入	間接介入
提供標的團體金錢、財貨或服務	產製 購買	課稅 補助
要求或期許標的團體改變行為	禁止 強制	告知 呼籲

註：O'Hare(1989)原文中是以「直接介入vs.間接介入」(direct vs. indirect)與「金錢 vs.其他」(money vs. other)兩個面向來區分政策工具，其中「金錢vs.其他」此 一面向似乎不夠清楚，究其內涵，以「提供標的團體金錢、財貨或服務vs.要 求或期許標的團體改變行為」可能更為貼切，故本表略做修改如上。

資料來源：O'Hare(1989).

（一）產製(make)

由政府設機關、置人員、編預算，組成清潔隊收垃圾，興建垃圾掩埋 場、焚化爐來處理垃圾。

（二）購買(buy)

垃圾委託民間蒐集，並交由民間掩埋場、焚化業者處理。部分例子顯 示，由企業經營往往比政府自己處理更有效率，在美國賓州處理掩埋場的垃 圾費用低於全國的平均費用，這是由於垃圾處理廠之間競爭的結果（Miller, Benjamin & North, 2005；徐仁輝、彭渰雯，2006）。

（三）禁止(prohibit)

保麗龍不但體積大、占位置，且其主要成分聚苯乙烯會永遠殘留在土壤 裡，破壞生態環境，是較難妥適處理的一類垃圾。在日常生活中，常使用的 保麗龍便當盒、碗盤等餐具，既然可以紙製品替代，政府便可透過立法禁止 保麗龍製品的產銷，以減少這一類棘手的垃圾。

（四）強制(oblige)

回收會解決一直成長的垃圾問題，因此，許多政府會透過立法規範強制特定垃圾的回收。在此特別要加以說明的是，強制係指使之有所爲，與前面提到的禁止（係指使之有所不爲）並不相同。然而，這兩個概念在區分上不甚明顯，強制回收也就是禁止不回收，故有人統以管制(regulate)稱之。[2]

（五）課稅(tax)

在某些地方，垃圾量一直居高不下的原因之一，就是垃圾製造者並未承擔處理垃圾的成本。爲謀求此一現象之改善，政府可透過課稅的政策工具來改變民眾製造垃圾的行爲，基於「使用者付費」之原則，對垃圾收費。目前台北市政府所實施的垃圾費隨袋徵收，便是基於此一原則而設計，當製造垃圾有成本時，人們的行爲與決策會因而改變，有助於減少製造垃圾。

（六）補貼(subsidize)

垃圾掩埋場與焚化爐是處理垃圾的必要之惡，然而，一般民眾爲確保居住品質，大多會反對將垃圾掩埋場或焚化爐設立在其住家附近。想要解決此一問題，政府可以透過補貼之途徑來誘導居民接受。例如，給予社區公共建設經費之專款補助與回饋金。此外，對於民眾購置一些有助於減少垃圾量與體積的裝置（如垃圾擠壓器）或是減少垃圾處置困難度的裝置（如廚餘處理器），政府可考慮酌予補貼，以提高民眾對此類產品的需求。

（七）告知(inform)

台灣地小人稠，無法承擔大量製造的垃圾，因此，政府可以透過學校教育、政令宣導，教導民眾減少製造垃圾、實施回收運動，且更應告知、教導民眾垃圾對於環境的危害，及其產生的社會成本，以期改變民眾毫無節制地

---

[2]　嚴格來說，只有納稅、服兵役、奉養父母、養育子女等行爲規範是屬於強制使之有所爲，其他的管制措施在分類上都應屬於禁止的類別。

製造垃圾的心態與行為。

（八）呼籲(implore)

政府可透過有影響力與號召力之人士，在適當的時機與場合呼籲與懇求民眾，人人發揮公德心，不亂倒垃圾、養成垃圾分類之良好習慣、盡量減少製造垃圾等，透過道德勸說，要求或期許民眾同心協力，為保有美麗的寶島而努力。

從上述垃圾問題的例子，我們除了瞭解到O'Hare所提出的八種政策工具之內涵外，更應該可以體認到，政策問題的解決與政策目標的達成，是可以多管齊下採用不同的工具。然而，部分政策分析師與決策者或許並不瞭解在他們手中握有這麼多的政策工具，可用來解決公共問題、達成政策目標。此外，由於個人的學養與習性，部分政策分析師與決策者會特別鍾愛某種工具，而忽略了其他工具。Rhoads(1985)便指出，美國國會議員以律師出身者占多數，學法律的國會議員慣於使用管制工具，亦即遇到問題便立法制定規則加以管制，卻忽略了在許多情況下，針對特定政策問題，使用其他的政策工具所可能達到的較佳效果。因此，對政策工具類別有全面性地瞭解並且能突破自我設限的偏執，是一位優秀的政策分析師或決策者所須具備的素養與能力。

從另外一個角度而言，可供政府選用之政策工具雖然看似種類繁多，但在實際運作上，政策分析師與決策者往往會受到一些結構性和非結構性因素所影響與制約，未必能自由自在地選擇與組合政策工具來解決政策問題（林水波，1999：231）。以下將針對政策工具的選擇加以探述。

二、政策工具的選擇

既然政府有這麼多的政策工具可資運用，自然面臨了選擇的問題。從宏觀的角度、整體的潮流與相對的優勢來看，政策工具的選擇有下列幾個值得一提的重點。

（一）近20年來，世界各國政府偏好用「購買」的方式取代「產製」的作法來解決政策問題、達成政策目標，這也就是我們都耳熟能詳的民營化與簽約外包。談到民營化與簽約外包的流行，就不能不談談其理論根源──公共選擇學派(public choice)。公共選擇學派採用了「方法論上的個人主義」(methodological individualism)，即以個人為分析單位，基於自利(self-interest)與理性(rationality)的假定，以演繹推理與計量模型，證明市場是最有效率的建制。至於政府，由於人民對其所有權係為分散且不可讓渡的(diffused and non-transferable)，故缺乏加以監督的誘因；再加上沒有市場競爭(market competition)的機制予以有效制衡，而使自利的官僚得以罔顧公益，專注於追求個人的權力、名望與利益，職是之故，由政府親自「產製」往往效率不彰，是理所當然的。公共選擇學派提出的因應之道在於以「購買」代替「產製」，換言之，許多財貨與服務應交由更有效率的市場來生產與提供，近年來全球風行的民營化與簽約外包等作法，可說是此一建議之具體表現。

然而，公部門是否真的不如私部門？部分公共行政學者並不以為然。晚近有部分公共行政學者，如Goodsell(1994)與Wamsley等人(1990)，開始為政府辯護，指出公共選擇學派對政府績效不彰之批判，都只是演繹式的推理(deductive reasoning)輔以零星的軼聞與個案，缺乏有系統之實證(empirical evidence)，故這些批評不足全盤採信。Rainey(1997)便指出，從產品開發或整體經營的失敗率看來，民營企業並不是那麼地有效率；反觀政府機關，亦不乏創新求新、績效卓越的例子。Goodsell(1994)也針對一些公私部門都有提供的財貨與服務（如垃圾清理、醫療保健、郵政電信等），進行實證評估比較，其結果顯示，公部門之效率與品質未必不如私部門。或許，誠如Downs與Larkey(1986: 23)所言：「吾人對私部門之觀感太過浪漫，對公部門之評價太過嚴苛。」(Our picture of the private sector and those who control it is as unjustifiably romantic as our picture of the public sector is unjustifiably cynical.)換言之，企業沒有想像中的那麼好，政府也沒有想像中的那麼糟。因此，向市場「購買」的政策工具是否真的優於由政府自己來「產製」的政策工具，民營化與簽約外包是否真能解決政策問題，還是製造更多管理上的問題（例

如，合約管理、履約監督、防止弊端、確保品質等問題），仍是頗具爭議，有待釐清。也正因為人們對公私部門績效的評價不一，導致在政策工具選擇上有不同的偏好。

（二）在一般的觀念裡，人們對告知、呼籲等政策工具可說是又愛又怕，愛他成本低廉，卻又怕他成效不彰，可能達到的效果十分有限。以騎機車戴安全帽為例，台灣政府自1988年起大力宣導「流汗總比流血好」，但成效不佳，直到1997年立法強制規定騎機車要戴安全帽後，才改變了騎車族騎車會戴安全帽的行為。然而，告知、呼籲等政策工具在面對不同政策問題時，是否真的較無效果，則仍有爭議，尚待釐清。例如，由余致力等人(Yu et al., 1998)以有毒廢棄物(toxic releases)之處置為例所做的研究，比較美國五十個州所採用的各種政策工具及其成效，結果發現，告知、呼籲的功效超乎我們的想像，甚至不比管制措施的效果差。當然，能配合其特殊環境多管齊下，同時採行各種政策工具的州政府，往往具有最佳的環保成效。總之，各種政策工具的相對效果，特別是告知與呼籲等政策工具的效果，可能受到許多因素的影響，是有待更進一步深入研究探討的。有志從事公共政策研究工作者，也應該以較有系統、科學的方法，來評估不同政策工具在不同政策問題及時空環境下的相對效果，以提供政策分析師與決策者在選擇政策工具時的一些參考與依據。

（三）晚近世界各國開始質疑管制工具（如禁止、強制）的效用，所以常常看到解除管制(deregulation)的建議與作法，取而代之的，是以課稅、補貼等工具來解決政策問題、達成政策目標。課稅與補助是提供標的團體一些經濟誘因(economic incentives)的作法。經濟學者對使用經濟誘因的政策工具是大力推介，不遺餘力(Rhoads, 1985)。茲以一例說明何以經濟誘因的政策工具比管制更有效率。

某縣有一條小河，河邊有兩家工廠，甲工廠每月排出9公噸含S毒素的廢水到河裡，乙工廠則排出6公噸含S毒素的廢水，這15公噸廢水的傾入造成了河水污染的環保問題。經縣政府環保官員請環保專家評估後，認定該河每月只能承擔6公噸的廢水，換言之，在大自然的自我調節下，6公噸的廢水尚不

致造成河水污染產生危害，一旦超過6公噸的污水傾入河中，則將對水中生物與岸邊人畜造成不良影響。在此情況下，解決此一河水污染問題的政策目標應是規範這兩家工廠合起來傾倒到河中的廢水以6公噸為限，但縣政府應採用何種方式始能最有效與最公平地達到此一政策目標呢？假設甲、乙兩工廠有兩種方式減少廢水，一是採用物理方式，一是採用化學方式來處理廢水，已知這兩種方式的成本如表1-3。

表1-3 廢水處理成本結構

方法 廢水 減少噸數	物理方式		化學方式	
	邊際成本	總成本	邊際成本	總成本
第1噸	20,000	20,000	2,000	2,000
第2噸	200	20,200	2,000	4,000
第3噸	200	20,400	4,000	8,000
第4噸	400	20,800	4,000	12,000
第5噸	400	21,200	6,000	18,000
第6噸	600	21,800	6,000	24,000
第7噸	1,000	22,800	8,000	32,000
第8噸	1,600	24,400	8,000	40,000
第9噸	2,400	26,800	10,000	50,000

資料來源：余致力(2002)。

在此假設情況下，該縣政府如採管制措施要求甲、乙兩工廠傾倒之廢水量以3公噸為限（合起來6公噸），則甲工廠必須處理6公噸(＝9－3)的廢水，乙工廠則須處理3公噸(＝6－3)的廢水。就甲工廠而言，如以物理方式處理須花費21,800元，如以化學方法則須花費24,000元。因此，甲廠應會斥資21,800元採物理方式處理廢水。至於乙工廠如採物理方式來處理3公噸的廢水，則須

花費20,400元，以化學方式則只要8,000元，因此，乙工廠應會花8,000元，以化學方式處理廢水。從社會整體觀點而言，處理這9公噸廢水之成本則為29,800元(＝$21,800＋$8,000)。然而，這是不是最公平與有效率的處置呢？如果不是，應如何改進呢？

經濟學者提供的解答認為最好的處理方式不是用一體適用的管制措施，而是採用「可交易的污染許可證」(tradable pollution permit)，也就是由縣政府核發每家工廠3張可交易的污染許可證，每張允許持有者排放1公噸廢水到河裡，而這許可證是可以在市場上相互交易買賣的。如此一來，乙工廠在衡量成本效益後，應會向甲工廠買2張許可證，由自己處理1公噸廢水（花2,000元），而原本乙工廠所需處理的第2、3公噸的廢水總共需花費6,000元(＝$2,000＋$4,000)，但由甲工廠多處理2公噸廢水只要2,600元(＝$1,000＋$1,600)，所以這2張許可證價值在2,600元～6,000元間，其確切價格要看這兩家工廠談判技巧而定。從社會整體觀點而言，處理這9公噸廢水的成本降為甲工廠處理8公噸廢水，花費24,400元，與乙工廠處理1公噸廢水，花費2,000元，總計26,400元，比起以管制方式規定甲、乙兩工廠去處理9公噸廢水所需花費的29,000元來得更有效率。

從以上這個簡單的虛擬例子，我們可以看出內含經濟誘因的政策工具比一體適用的管制措施更有效率。在真實世界裡，這一類的工具已逐漸為政府所接受採行（Miller, Benjamin, & North, 2005；徐仁輝、彭渰雯，2006）。以1994年在洛杉磯所執行的計畫為例，洛杉磯政府給當地390家最大的工廠或企業若干的污染允許權。在1994年這個計畫生效之前，是由政府來告知發電廠和煉油廠，有哪些技術是他們必須採用以避免造成污染的，可是在新規則下，這些工廠只被告知每一年它們必須降低多少污染排放量，只要符合標準，他們可以使用任何他們覺得適當的方式來減少污染。這些「污染允許權」是「可買賣污染權」，某工廠只要能成功地把污染量降低到標準以下，則可獲得「降低污染信用額度」(Emmision Reduction Credits, ERCs)，該工廠可以將信用額度賣給其他工廠來支付其污染量超過最低標準的部分。在這種制度設計下，一些能夠用最低成本來降低污染量的工廠便有經濟誘因去降低

污染，而將它們創造出的信用額度賣給其他工廠，而其他工廠由於其降低污染的成本相對偏高，所以當然是樂於購買相對較廉價的，由別的工廠所提供的「信用額度」。由於整體的污染量事前便由當地的空氣品質管理部門所訂定，這個交易設計將可符合法定的空氣品質標準；而由於大多數的降低污染排放工作，都由執行時最有效率的工廠來完成，整個社會將會以最低的社會成本來達到這個空氣品質標準。這是課稅、補貼等經濟誘因在促使標的團體配合政策改變行為的魔力所在，也是經濟學者一再提醒政策分析師與決策者要「善用人類理性自利的天性來達成公共目標」(the public use of private interest)的精義所在(Rhoads, 1985)。

使用經濟誘因政策工具來處理污染問題的主張，在經濟學者多年的倡議之下，已說服部分決策者，形成公共政策。但這個主張卻未能說服所有人，特別是環保人士，他們對污染稅與可轉讓污染權的政策工具深深不以為然。美國一位參議員Muskie在國會中便大聲疾呼：「我們不能讓任何人有付費就可污染的選擇。」(We cannot give anyone the option of polluting for a fee.)[3] Kelman(1981: 44)在《什麼價格誘因：經濟學者與環境》(*What Price Incentives: Economists and the Environment*)一書中便指出：「環保人士的使命是要根絕污染，而不是要讓污染者擁有執照。」(I want to get rid of pollution not license it.)Kelman(1981)更進一步解析了環保人士反對污染稅的立場。環保人士多年來一起努力建立環保倫理，希望能提升民眾的環保意識，因此，他們想盡辦法要讓民眾體認到污染環境是一種惡名昭彰的行為(stigmatize polluting behavior)。然而，污染稅的設立，無疑在潛意識中是解除了污染的惡名，政府向民眾宣示：「只要你付錢就可以污染。」而污染權的設計，更會誤導民眾以為污染是一種權利，對提升環保意識，建立環保倫理是一大打擊，也難怪環保人士對此類政策工具是極力抗拒，務必除之而後快。[4]

---

[3]　轉引自Rhoads(1985: 51)。

[4]　如有興趣進一步瞭解有關經濟學者與環保人士針對污染稅、可轉讓污染權等政策工具利弊得失的正反論辯，請參閱Rhoads(1985, Ch. 4)。

　　總之，由於有資溝(information gap)或知溝(knowledge gap)的存在，以及意識型態的差異，人們對各種政策工具的利弊得失自有不同的看法，也形成了對特定政策不同的偏好與意見，政策工具的多樣性可說是政策意見差異的另一個結構性因素。

第四節　結論

　　本章從公共政策的兩個主要要素——政策問題與政策工具，來作為論述的理論架構，透過釐清政策問題的認知與界定，以及探討政策工具的類型與選擇，來解析公共政策的複雜性，突顯人們政策意見紛歧的結構因素，幫助讀者更深入地理解公共政策的意涵。任何一項公共政策或政策建議，必然隱含了其對特定政策問題的界定與政策工具的選擇，從本章的析論中，我們可瞭解，人們對何謂公共問題？公共問題中何者屬於政策問題？乃至應該採用何種政策工具來解決問題？都可能有不同看法，使得政策意見存在有多元紛歧的空間。換言之，由於政策問題認知差距，政策工具評價不同，使得每個人對特定公共政策或政策建議可能形成不同的意見，導致政策意見的多元、複雜、紛歧的現象。

　　台灣2000年總統大選後不久，在媒體上時常可以看到政府官員、學者專家、企業鉅子與一般民眾對經濟不景氣的嚴重狀況，以及政府責任角色的爭辯。經濟是不是不景氣到產生嚴重的問題？經濟不景氣的問題主要是受到國際情勢的影響，還是因為政府未善盡職責所造成？台灣未來經濟前景如何？各人的看法未必一致。有人認為問題嚴重，前途堪憂；有人可能會以「有那麼嚴重嗎？」一語帶過，這是典型對政策問題界定不一的例子。到後來，即便大家有了「經濟的確是不景氣、經濟問題的確蠻嚴重」的共識，且政府高層也喊出了「拼經濟」的口號後，政府便面臨了政策工具選擇的困境。政府究竟應聽取需求面經濟學者的建議，採用擴張性貨幣政策與擴大內需的財政政策，以刺激景氣，或是應聽取供給面經濟學者的建議，放任市場機能自由

運作，維持穩定貨幣成長，採用減稅的財政政策來鼓勵投資刺激經濟？嚴格來說，政府並沒有十成的把握做出正確的判斷。或許，誠如Waldo(1981: 43)指出：「政府必須負責解決的一些公共問題，但這往往超出其能力範圍，或者更精確地說，是超過了人類集體智慧的極限。」因此，公共問題的難解，政府表現的無能，有時實在有其結構性的無奈因素。

　　然而，無論我們如何去理解與界定公共政策，有一件事情是可以肯定的，那就是公共政策對一個國家前途影響的深遠，及其與人民福祉關係之密切。也正因為如此，學術界與實務界對於公共政策之研究不遺餘力，冀望能增進理論上對公共政策現象的描述、解釋與預測能力，並提升實務上公共政策的決策品質。從學術研究的角度觀之，從事公共政策研究的學者大體可區分為四種類型(Sabatier, 1991)。第一類學者係針對特定公共政策之實質內涵，如外交、國防、經建、環保、勞工、福利等政策，加以研究探討。第二類為重視政策過程之研究者，著重於探究外在政經社文環境對公共政策制定過程（即政策議程設立、政策規劃、政策合法化）之衝擊與影響。第三類學者重視政策分析，善於運用計量與個體經濟學的分析，來設計政策，提供建言。第四類學者著重政策執行過程與結果的評估，特別著重探究政府的良法美意為何無法貫徹執行。

　　為使讀者能一窺公共政策研究的全貌，本書除探包含議程設定、政策規劃、政策合法化、政策執行與政策評估等五個階段之傳統公共政策的階段論途徑外，更引進新近發展之理論課題與實務案例來強化對於政策各階段的論述。就議程設定而言，分別探討民意、菁英及媒體與公共政策的關聯性；在政策規劃方面，說明菁英規劃與參與規劃的利弊得失，並介紹經濟可欲性與政治可行性分析的實務作法；於政策合法化過程，除介紹各種決策模型外，特別強調民主政治中，國會政治、聯盟建構與操控遊說的立法過程；而政策執行部分，則回顧政策執行的理論發展，並著重探討目前備受關注之政策網絡與政策行銷概念；至於政策評估部分，則探討政策評估的類型、要素與方法。本書由海峽兩岸四位教授聯合撰寫，各章內容皆兼顧理論論述與實務個案，不僅可作為大學或研究所公共政策相關領域教科書，也可提供實務工作者參考。

議程設定概論

學習目標

- 瞭解議程設定的定義與過程。
- 瞭解台北市垃圾費隨袋徵收的政策議程。
- 瞭解台北市垃圾費隨袋徵收的公共議程。
- 瞭解台北市垃圾費隨袋徵收的媒體議程。
- 瞭解未來從事議程設定研究的模型與方法。

公共政策
Public Policy

第一節　前言

　　公共問題層出不窮，但是民眾與政府的資源有限，無法對所有的問題給予一視同仁的關切與重視。但為何只有某些公共問題會受到社會大眾特別的關切與重視？為何只有某些公共問題會特別受到政府的關注，並設法擬定對策予以解決？這些問題是政治學門與傳播學門中關心議程設定(agenda setting)學者們的研究重心（余致力，2006）。

　　Dearing與Rogers(1996: 1)指出，議程設定過程乃是「一個持續不斷，由各種議題倡議者來爭取媒體、專家、民眾與政策菁英注意的過程」；而Rogers與Dearing(1988)所提出的議程設定模型，在政治學與傳播學當中都被廣泛地使用（詳圖2-1）。

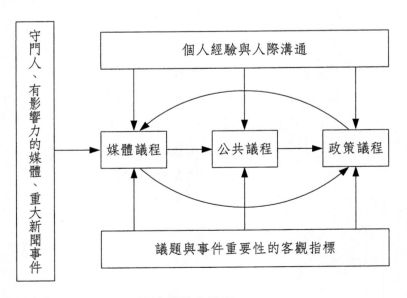

圖2-1　Rogers & Dearing的議程設定模型

資料來源：Rogers & Dearing(1988).

　　雖然議程設定是政治與傳播兩大學門都提到的理論，惟其著重的焦點不盡相同。在傳播學門的議程設定比較著重在探討媒體議程(media agenda)與公共議程(public agenda)的互動關係，強調媒體在民意形成過程中所扮演的角色(Protess & McCombs, 1991)。McCombs與Shaw(1972)以1968年的美國總統選舉做研究，在《民意季刊》(*Public Opinion Quarterly*)上發表了〈大眾傳播媒體的議程設定功能〉("The Agenda-Setting Function of Mass Media")，首先提出議程設定的觀念，指出大眾傳播媒體報導的重點，與民眾腦海中認為重要的題材間，有強烈密切的關係。議程設定的基本假設(basic hypothesis)是媒體議程影響公共議程，在民眾間建立特定議題的重要性與顯著性，使該議題成為民眾關注、思考與討論焦點，是形成民意的第一個步驟，大眾傳播媒體是影響民眾去關心什麼議題以及形成何種意見的重要社會公器。

　　在政治學門從事公共政策研究的學者在探討議程設定的概念時，比較著重在發掘影響政策議程(policy agenda)設定的因素。吳定(2004: 113)將議程設定界定為：「一個政府機關決定是否將某一個公共問題予以接納並排入議程處理的過程。」Cobb與Elder(1983: 82-93)將一國政策議程分為「政治議程」與「正式議程」兩種，前者包含一時段內，政治領域中相關團體所共同重視並意圖解決的政策議題；後者則是經過當局篩選並明白宣示的政策議題清單，而一個社會從政治議程形成一直到正式議程定案的整個過程，就是所謂的議程設定過程（陳敦源、韓智先，2000）。對於採取過程論(policy process)或循環論(policy cycle)的線性思維觀點來思考公共政策的學者而言，議程設定是政策過程的第一階段或政策循環的起點，其重要性不言可喻。對於採取非線性思維觀點來思考公共政策的學者而言，議程設定的概念就更具啟發性與重要性（如Kingdon, 1984）。

　　在過去，有關議程設定的實證研究中，能以議程設定整體模型去觀照媒體議程、公共議程與政策議程三者間互動關係的實證研究並不多見，蔡炯青與黃瓊儀(2002)以台北市實施垃圾費隨袋徵收的研究，可說是少數的例外。本章以回顧蔡炯青與黃瓊儀(2002)的研究結果為主，透過這一份實證研究文獻，幫助讀者對議程設定的概念有初步的瞭解，也提供讀者一個運用議程設

公共政策

定模型進行實證研究的指引。

第二節　台北市垃圾費隨袋徵收的政策議程

　　台北市自2000年7月1日正式從過往的垃圾費隨水費徵收,改採隨袋徵收以來,其所帶來的效應,不但直接影響到台北市的生活習慣,政策的成效也影響到其他縣市是否跟進實施時的重要考量之一。從圖2-2與圖2-3(頁30)可看出,自從實施垃圾費隨袋徵收後,台北市家戶垃圾量與每人每日垃圾均量都明顯地呈現下降的情況。期間除了幾次重大事件(如國家清潔週、納莉颱風等)導致垃圾量暴增外,可看出垃圾費隨袋徵收這項政策在家戶垃圾量的減少上,的確發揮了很大的效果,也達到了其預期的目標。然而,值得關注的是,這項政策在推動的過程中並非是一帆風順,其間的轉折爲何,值得做更有系統與更深入的探討。

　　依據環保署所定「一般廢棄物清除處理費徵收辦法」,原先垃圾費[1]之徵收分成兩類:自來水用戶與非自來水用戶。自來水用戶是依用水量隨水費徵收,由環保局委託自來水公司徵收,居民用水量愈多,垃圾費愈高;非自來水用戶則是按戶按季定額徵收,由住戶劃撥或由環保局派員收取。台北市自從1991年9月即開始徵收垃圾費;至1996年起,台北市就爲了垃圾清理費徵收問題,在市府、市議會與環保署三者間爭議不斷。其後在歷經3年的爭議過程,終於於2000年7月1日起,台北市實施垃圾費隨袋徵收的制度。所謂垃圾費隨袋徵收,就是以垃圾袋的數量來計算應繳的垃圾費金額,垃圾量愈少,所需使用的垃圾袋愈少,則所繳的垃圾費愈少,這是一種較爲公平合理的收費方法。該項政策最大的法源依據是「台北市一般廢棄物清除處理費徵收自制條例」。

---

[1] 依據廢棄物清理法第24條規定,環保局執行垃圾清理必須向產生垃圾者徵收費用,稱爲一般廢棄物清除處理費,俗稱「垃圾費」。

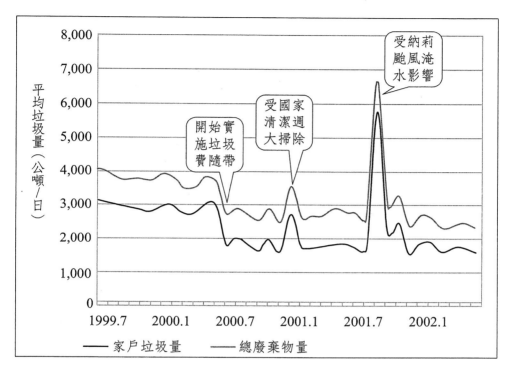

圖2-2　台北市實施垃圾費隨袋徵收後垃圾減量情形

資料來源：台北市政府環境保護局(2002)。

　　若以Crabble與Vibbert(1985)、Hainsworth(1990)所提出的議題生命週期為基礎[2]，並根據「台北市一般廢棄物清除處理費徵收自制條例」的制訂以及台北市政府推動此政策的過程來分析，則「垃圾費隨袋徵收」政策的發展，大致可分為以下五個階段：

---

[2] Hainsworth(1990)將議題的生命週期分成四個階段：(1)源起階段；(2)調節擴大階段；(3)組織階段；(4)解決階段。Crabble與Vibbert(1985)也相信議題有生命週期，而且可根據生命週期來預測議題之發展，他們將議題生命週期分為五個階段：(1)潛伏期；(2)臨近期；(3)流傳期；(4)關鍵期；(5)睡眠期。

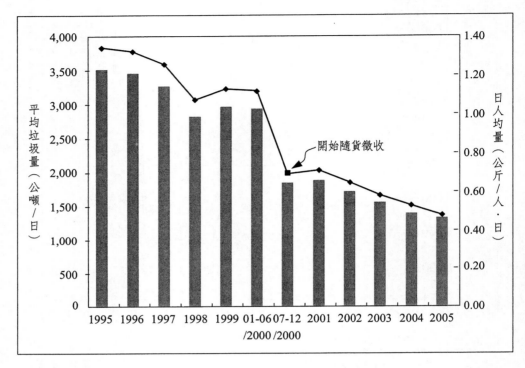

圖2-3　台北市垃圾費隨袋徵收前後家戶垃圾量變化情形

資料來源：www.conservancy.org.hk/recycle/seminar/powerpoint/Dr_Shen. ppt

一、潛伏／臨近期

　　1997年6月至1998年12月。這個階段主要在於政策推動的試辦，不論是台北市議會還是行政院環保署，皆針對台北市試辦垃圾費隨袋徵收的議題給予關注。其中，1998年3月，台北市議會正式通過試辦計畫，並於1998年4～7月，在中山區6里及大安區1里開始著手試辦。

二、流傳／擴大期

　　1999年1月至2000年1月20日。這個階段有鑑於前一時期試辦的成果良好，台北市政府環保局設定著手進行全市試辦計畫。然因對於政策細節仍有

爭議，此時期初期政策的推動仍無法擴大進行。即便如此，1999年仍完成「專用垃圾袋規劃設計」、「隨袋徵收費率」及「隨袋徵收行銷系統建立」等三項政策規劃。其後，1999年11月馬英九市長於市議會宣布，自2000年7月1日起全面實施垃圾費隨袋徵收。2000年1月20日，台北市政府訂頒「台北市一般廢棄物清除處理費徵收自治條例」，確立推動垃圾清除處理費隨袋徵收之政策。決定從2000年7月1日起將垃圾費改為「隨袋徵收」，同時停止「隨水徵收」垃圾費。

三、關鍵期

2000年1月21日至2000年6月。此一階段仍是政策正式執行前的關鍵時期，相關的政策宣導、政策配套與可能的問題皆是此一時期所處理的重要議題。也影響到政策執行初期的成效與民眾的觀感。

四、解決期

2000年7月至2000年11月。此一階段為政策正式上路，政策執行的相關問題一一浮現。如買不到專用袋、仿冒袋的出現、店家拒收抵用券等。另一方面，政策推行的初期成效也有初步的成果出現。

五、睡眠期

2000年12月至2002年1月。此一階段乃是政策的推行進入軌道，相關的政策成果相繼出現，並與預期的結果相去不遠。馬英九市長更多次表示欣慰，垃圾費隨袋徵收政策成效佳。在此一時期，相關的討論與爭論即很少。

回顧上述有關台北市「垃圾費隨袋徵收」議題生命週期的五個階段過程可以發現，每個階段各有其議題特徵。在「潛伏／臨近期」中，從環保團體發起，以及新黨議員自1997年6月於議會的大幅度動作後，「垃圾費隨袋徵收」的議題就此得到釋放，但這期間執政機關雖有動作，卻始終不見積極規劃，一直到1998年底的市長選舉，這項議題似乎才重獲契機。

在「流傳／擴大期」中，自1999年1月馬英九上任之後，由於垃圾費隨袋徵收係馬英九市長的競選政見，因此，整個台北市府團隊就呈現積極推動「垃圾費隨袋徵收」政策的企圖。期間台北市政府環保局積極舉辦公聽會、座談會、民意調查，進行相關的政策辯論，此一階段直到2000年1月20日「台北市一般廢棄物清除處理費徵收自治條例」通過為止。

2000年1月20日，「台北市一般廢棄物清除處理費徵收自治條例」的通過，提供了「垃圾費隨袋徵收」的法源基礎，此項政策也因此堂堂邁入第三個階段的「關鍵期」，在此一時期，台北市政府環保局更積極地宣導布建，包括專用垃圾袋的製作與行銷、新制的宣導以及試辦等，直至2000年6月底止。

2000年7月1日，台北市「垃圾費隨袋徵收」新制正式啟動，使該項議題正式進入「解決期」，期間專用垃圾袋不足、供貨問題、仿冒袋問題等持續出現，市府環保局積極研擬解決方式，並修訂條例，而民眾對該項新制的適應程度與滿意程度日益提升，時間直至2000年11月為止。

推行至此，「垃圾費隨袋徵收」政策制度已上軌道，執行上也沒有太大的爭議與缺失，可視為「睡眠期」，像是每當馬英九的就職週年，「垃圾費隨袋徵收」政策施行的成功，就屢屢成為其自詡的經驗。此外，「垃圾費隨袋徵收」的議題生命延續力除了繼續在台北市之外，也可能跨越空間的限制，延燒到其他縣市，像是宜蘭縣、台中縣也都有跟進的作法。因此，此議題的發展仍有許多空間。此外，另一個值得觀察的焦點在於，在此五個階段中，民意的變化是否隨著政策議題的推動而呈現出什麼態貌與變動。這在議程設定的過程中是一個非常重要與值得探討的環節。

第三節　台北市垃圾費隨袋徵收的公共議程

有關台北市「垃圾費隨袋徵收」這項政策議題的民意趨向，從1997年12月到2000年12月間，媒體報導共有13筆民調結果，如表2-1所示。從表2-1與

圖2-4（頁35）可以看出，在1997年12月「垃圾費隨袋徵收」這項議題尚未引起廣泛討論時，民眾贊成與反對的比例相差不多，都在四成左右，2000年7月政策施行後，贊成或支持這項政策的民眾就始終維持在七成以上；而反對的民眾則明顯地降到了三成以下。

表2-1　台北市民對「垃圾費隨袋徵收」政策的民意調查結果

政策議題與問卷題目	贊成與非常贊成	不知道與無意見	不贊成與非常不贊成	資料來源		
				單位	日期	版面
1.是否贊成隨袋徵收垃圾費？	44%		38%	聯合報	1997/12/09	14
2.請問是否贊成繼續試辦隨袋徵收垃圾費？（受訪者為大安區群英里、中山區行政、行仁、行孝、江寧、江山、下碑里等七個試辦區民眾）	47%		28%	民生報	1998/06/20	21
3.請問您是否贊成垃圾費隨袋徵收這項新政策？	47%			台北市政府研考會	2000/03	
4.請問您是否贊成垃圾費隨袋徵收這項新政策？	59%			台北市政府研考會	2000/04	
5.請問您是否贊成垃圾費隨袋徵收這項新政策？	62%		24%	世新大學民調中心（台北市政府委託）	2000/05	
6.請問您是否贊成垃圾費隨袋徵收政策？	71%			聯合報（市議員李彥秀）	2000/06/01	19

表2-1　台北市民對「垃圾費隨袋徵收」政策的民意調查結果（續）

政策議題與問卷題目	贊成與非常贊成	不知道與無意見	不贊成與非常不贊成	資料來源		
				單位	日期	版面
7.請問您支不支持台北市政府垃圾費「隨袋徵收」的政策？	62%	13%	25%	TVBS網站	2000/06/26	
8.請問你滿不滿意垃圾費隨袋徵收制度？	52%		42%	聯合報	2000/06/26	17
9.請問您贊不贊成垃圾費改為隨袋徵收？	70%		24%	聯合報	2000/07/10	19
10.請問您支不支持市政府垃圾從「隨水徵收」改為「隨袋徵收」的政策？	73%	9%	18%	TVBS網站	2000/08/10	
11.請問您滿不滿意市政府垃圾從「隨水徵收」改為「隨袋徵收」的政策？	66%	8%	26%	TVBS網站	2000/08/10	
12.請問您認為垃圾費隨袋徵收是不是一項好的政策？	77%	5%	18%	世新大學民調中心（台北市政府委託）	2000/10	
13.台北市施行垃圾費改為「隨袋徵收」已經半年了，請問您對這項政策滿不滿意？	66%	5%	29%	TVBS網站	2000/12/20	

資料來源：蔡炯青、黃瓊儀(2002)，表3-1。

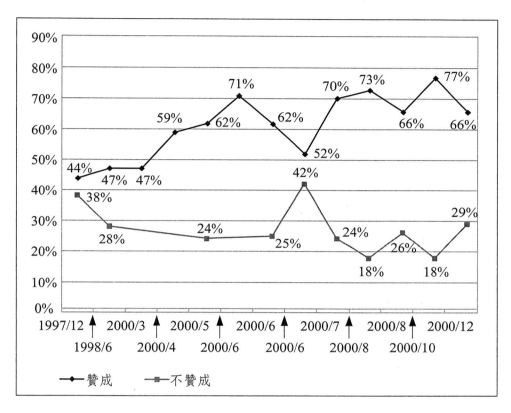

圖2-4 「垃圾費隨袋徵收」民意趨勢圖

資料來源：整理自表2-1。

　　配合政策議程的改變與民意趨勢的變化來看，垃圾費隨袋徵收這項政策議題可說是政策議題改變了民意的趨勢。在資訊有限的情況下，政治人物極有可能掌握發言權，在制定政策過程中，透過各種管道來教育民眾哪些政策是有利的，以改變其政策偏好。然而，不能忽視的是媒體在此中間的角色。從媒體與政治人物的互動關係上來看，媒體握有「通路」，可供政治人物傳達、強化、導正公眾視聽，更可使他們在最短的時間內直接「接近」到最多的人民（彭芸，1992）；而政治人物則握有啓動（或製造）新聞事件的能力，可供媒體在商業競爭環境當中，尋找新聞事件藉以吸引閱聽大眾。這種

持續性的互動關係，使得政治人物與媒體在這個過程中，各擁有推動議題排上（或推下）公共討論所需資源的一部分，掌握「誰控制議程、討論什麼議題、議題對話方式、時機與內容」等攸關議程設定的重要權力。

第四節　台北市垃圾費隨袋徵收的媒體議程

第八屆台北市議會四個會期(1999～2001)三讀通過的政策法案中，媒體選擇了哪些政策議題排入媒體議程？台北市議會第八屆四個會期三讀通過的政策法案，計有53項次，以各法案關鍵字檢索「中時電子報」與「聯合知識庫」中的相關報導數量，結果顯示媒體對各法案相關政策議題的報導量有很大的差距。在所有會期53項次三讀法案中，有22項次法案政策的報導總則數為零，亦即有41.5%的法案政策是完全沒有被報導的；有40項次的法案政策的報導總數不超過10則，占全部法案的75.5%；有88.6%（47項次）的法案政策的報導數量不超過50則；在相關議題報導超過50則的少數法案中，「一般廢棄物處理費徵收自治條例──垃圾費隨袋徵收」的政策議題拔得頭籌，其報導總則數共計1048則，遠遠超過下一個法案「台北市土地使用分區管制規則」的報導數量（160則）。更令人驚訝的是，「垃圾費隨袋徵收」這項政策的相關報導數量，比整個第八屆台北市議會四個會期三讀通過的（一般廢棄物處理費徵收條例以外的）所有法案的相關報導總數還多（1048則：746則）。

這樣的結果使我們深思，媒體在此項政策議程中，與其他不同的議程設定者之間的互動關係為何？在整個議程設定的過程中，不同的行動者，其所採取的行為又為何？對整個議程的發展所造成的影響為何？緣此，本節針對不同議程設定者在整個議程設定過程中的影響進行分析。本節主要從媒體內容所引用消息來源的情形整理出「垃圾費隨袋徵收」政策的可能議程設定者；再配合議題生命週期各階段的情境脈絡分析，來檢視在「垃圾費隨袋徵收」這項政策議題的發展過程中，不同議程設定者的使力情形。

一、從新聞報導的消息來源分析

從表2-2可以看出，在「垃圾費隨袋徵收」這項政策議題的發展過程中，可能的議程設定者包括了：台北市長馬英九、市府官員（尤其是環保局）、台北市議員、利益團體以及媒體。在第一階段潛伏／臨近期中，引用消息來源最多的是市府官員與市議員，其次爲利益團體與媒體；在第二階段流傳／擴大期中，引用最多的消息來源是市府團隊（馬英九與市府官員）；其次爲媒體、利益團體、市議員；第三、四、五（關鍵期、解決期、睡眠期）階段則都是以市府團隊爲最大的消息來源，其次爲媒體、市議員、利益團體。由此可以發現，不管在「垃圾費隨袋徵收」議題生命週期中的任何一個階段，北市府團隊都是最主要的媒體消息來源，尤其在進入第三階段之後，更是攻占了一半以上的媒體舞台。

二、不同議程設定者對議程設定的影響

接下來即針對台北市「垃圾費隨袋徵收」政策發展脈絡，探討民選首長、官僚體系、民意代表、利益團體，以及媒體等「議程設定者」的影響。

（一）民選首長（台北市長馬英九）

台北市市長在推動台北市「垃圾費隨袋徵收」政策上，無疑是主要「議程設定者」之一。馬英九在1998年競選時所提出的政策白皮書中，即明確地指出「垃圾費隨袋徵收」將是他最主要的政策之一。1999年1月，馬英九市長就任之後，爲了履行競選承諾，便帶動整個市府團隊積極催生「垃圾費隨袋徵收」政策，這與前陳水扁市長時期的消極作爲不同，也因此爲「垃圾費隨袋徵收」開啓了新契機。

而後幾個關鍵階段，馬英九都適時地出面加以主導，例如，對「貼票制」提出政策性否決，確認「售袋制」[3]，解決政策辯論的阻力。同時，積極

---

[3] 「售袋制」是指以標示容量之專用垃圾袋的計量方式徵收垃圾費，「貼票制」則以購買付費憑證黏貼於專用的垃圾袋來徵收垃圾費。

表2-2　「垃圾費隨袋徵收」議題生命週期各階段媒體新聞的消息來源比例

	馬英九	市政府	市議員	利益團體	媒體	其他	總計
1997/06/01~ 1998/12/31 第一階段	0 0% 7(35%)	7 35%	7 35%	3 15%	1 5% 3(15.0%)	2 10.0%	20 100%
1999/01/01~ 2000/01/20 第二階段	6 3.7% 71(43.3%)	65 39.6%	18 11.0%	22 13.4%	36 22.0% 53(32.4%)	17 10.4%	164 100%
2000/01/21~ 2000/06/30 第三階段	53 14.8% 211(59.1%)	158 44.3%	59 16.5%	15 4.2%	38 10.6% 72(20.1%)	34 9.5%	357 100%
2000/07/01~ 2000/11/30 第四階段	19 8.6% 115(52.2%)	96 43.6%	29 13.2%	5 2.3%	28 12.7% 71(32.2%)	43 19.5%	220 100%
2000/12/01~ 2001/12/31 第五階段	16 18.4% 58(66.7%)	42 48.3%	7 8.0%	2 2.3%	6 6.9% 20(23.0%)	14 16.1%	87 100%

註：(1)由於同一則報導可能引述一個以上消息來源，故總則數超過734則。

　　(2)其他包括學者專家、一般民眾等，依本研究需要，視為媒體主動採訪，故與媒體合併。

資料來源：蔡炯青、黃瓊儀(2002)，表6-1。

推動「垃圾費隨袋徵收」的合法性，在「台北市廢棄物清除處理費徵收自治條例」通過，獲得法源依據之後，更強調所屬要「如水銀瀉地，無孔不入」地宣導新制，在2000年7月1日施行前一天垃圾量暴增，台北市政府為了因應各種狀況而成立作戰指揮中心，馬英九都親自坐陣。因此，在「垃圾費隨袋徵收」政策經歷了「關鍵期」與「解決期」之後，獲得了民眾的高度認同，也為馬英九贏取高執政滿意度。

（二）政務官及官僚體制（環保局長、環保局及市府團隊）

在「垃圾費隨袋徵收」這項政策的發展過程中，環保局長與環保局「議程設定」的力量，與馬英九市長不相上下。除了在第一階段採取消極作法外，自馬英九上任市長後，為了貫徹市長的競選承諾，甚至為了未來的政權保衛戰，環保局可謂卯足全力來推動「垃圾費隨袋徵收」。

因此，從第二階段開始，台北市環保局就積極扮演主事者角色，引導相關的政策辯論（如「售袋制」與「貼票制」之爭），並在政策執行前、執行中，以及執行後進行了五波的民意調查，提出政策執行時程表與相關配套措施，積極導引「垃圾費隨袋徵收」政策的合法化。

到了第三階段，環保局更積極協調、舉辦說明會，運用傳播媒體，配合文宣，強勢宣導專用垃圾袋的使用，以及新制的內容、實施時間。即使到了最後階段，「垃圾費隨袋徵收」雖已無太大爭議，但針對陸續引發的問題，環保局也透過政策的修正，如專用垃圾袋「宅配」措施、延後兌換券的使用期限等，來使政策的推動更加順利。

（三）民意代表（台北市議員）

在「垃圾費隨袋徵收」政策合法化的過程中，立法機關──也就是台北市議會，扮演了一定的議程設定者角色。該項議題的提出，最早就是在1997年6月由新黨議會黨團堅決反對垃圾費徵收的方式，鄧家基等議員質疑垃圾清理成本的計算方式，而刪除環保局垃圾清除處理費21億元預算開始。

大致而言，在垃圾費隨袋徵收這項政策上，市議會是站在「支持」與「監督」的議程設定角度。所以在最重要的法源「台北市一般廢棄物清除處理費徵收自制條例」以及其他相關政策的審查上，並未給予太多阻礙。有許多市議員都是透過民調監督市府的這項政策宣導成效，像是市議員厲耿桂芳、李彥秀、林奕華、李新、楊實秋等，都曾經分別舉行民調及記者會，檢討「垃圾費隨袋徵收」的宣導與執行成效。

（四）利益團體（環保團體）

　　「垃圾費隨袋徵收」這項議題，最早是由環保團體拋出，質疑隨水費徵收的不合理。在1997年陳水扁執政時期，環保團體就不斷對此提出意見與質疑。所以在這項議題的發展過程中，環保團體扮演的是開路先鋒，尤其在第一階段的「潛伏／臨近期」上，可說是主要的議程設定者。除了釐清民眾需求、設定可行的方案之外，環保團體在第二階段「流傳／擴大期」與第三階段「關鍵期」也都發揮了監督的功能，藉由與市府環保局的互動來解決相關問題。而隨著政策的正式執行之後，從第四階段開始環保團體的聲音即逐漸減少。

（五）傳播媒體

　　報紙媒體對台北市政府實施垃圾費隨袋徵收的作法，在不同時期有不同的評價與態度。在流傳／擴大期間，由於市府對於垃圾費隨袋徵收的相關政策搖擺不定，引起民眾不安，而各界對台北市政府施政態度也產生質疑。在此亦可看出媒體試圖扮演「議程設定者」的角色，在這個時期反映問題、突顯問題，並提出質疑。然而，在「台北市一般廢棄物清除處理費徵收自治條例」通過之後，馬英九及市府團隊有了更堅定、積極的立場，也重拾民眾的信心，而使得媒體評價轉為正面支持的態度。所以在「關鍵期」的媒體報導量達到最高峰，並協助馬英九及環保局扮演「議程設定者」的角色，而在立場上則是支持與宣導性的。

三、誰是最主要的議程設定者？

　　在第一階段「垃圾費隨袋徵收」這項議題尚未真正形成，主要的議程設定者是環保團體，不斷爭取垃圾清理費的合理徵收方式，而台北市議會藉由刪減年度預算來突顯現行政策的待修正，亦發揮臨門一腳的功用。可惜的是，由陳水扁執政的前台北市政府僅採取消極的作為，雖曾「試辦」垃圾費隨袋徵收，但終因未積極宣導而使該政策未能繼續發展。

　　1998年底的台北市長選舉重新開啓了「垃圾費隨袋徵收」這項政策的「政策窗」。當馬英九挑戰陳水扁競選台北市長時，即把「垃圾費隨袋徵收」納入其政策白皮書，並列爲當選後首要執行之政見，在1999年1月就任之後，「垃圾費隨袋徵收」政策乃隨即進入議題生命週期的第二個階段。

　　在第二階段的流傳／擴大期中，可說是各方角逐議程設定的權力的階段。馬英九一反陳水扁對「垃圾費隨袋徵收」的處理態度，積極催生這項政策，由馬英九市長親自領軍，使得市府全體總動員，進行政策之規劃，並藉由與壓力團體間的政策辯論，使得議題備受關注，加上新政策以環保爲出發點的正當性不容置疑，因而促使議會一致通過，使得垃圾費隨袋徵收得以合法化。期間媒體的報導量大增，且負面評論增加，似乎有意突顯因政策辯論所造成的民衆疑慮，然在馬英九幾次的強力宣示後，終將此一政策帶入第三階段。

　　在第三階段「關鍵期」中，由於已經取得「垃圾費隨袋徵收」的合法性地位，台北市環保局積極進行宣導工作，並與里鄰長進行協調並獲得認同，媒體亦大量報導並配合宣導，負面評價比例也下降，馬英九親自擔任代言人，仍爲主要引導議程的角色。

　　在2000年7月1日正式推動「垃圾費隨袋徵收」新制之後，民衆接受度與滿意度漸高，而媒體評價亦轉爲正面與中立比例增高。第四階段發展至此，「解決期」的主要議題環繞在專用袋不足、僞袋出現、違規丟棄垃圾等後續問題。此時馬英九不再親自主導，而是授權由環保局針對政策執行情形，進行政策的評估與修正。

　　政策評估與修正階段之後，媒體報導量大減，議題的生命週期進入睡眠期，一直到2001年底才又有較多的媒體報導量，但焦點環繞在馬英九的政績宣揚，並爲議題生命週期的延續埋下伏筆，此時的議程設定權力似乎又回到馬英九手中，而議題正等待另一扇「窗」的開啓。總觀垃圾費隨袋徵收的整個議程設定的過程，雖然期間有環保團體、民意代表，以及傳播媒體參與議程的設定，但是馬英九的積極企圖心，與市府團隊的全力配合，才是決定「垃圾費隨袋徵收」政策成功的最主要「議程設定者」。

　　總結而言，蔡炯青與黃瓊儀(2002)的研究結果，打破了過往研究偏重於探討「媒體議程影響公眾議程」、「公眾議程影響政策議程」或「媒體議程影響政策議程」的單向思考，並發現可能是「公共政策引導了民意改變」，是「政策議程影響了公眾議程」。而媒體在「公共政策與民意互動」中的關鍵位置雖然無可置疑，但是它卻未必能主導整個局勢，具有策略思維能力的政治人物，他們的目的行為才是整個過程的動力核心。

第五節　結論

　　議程設定向來為政治與傳播兩大學門的重要研究主題，國內外文獻對此議題雖有許多的理論探討與實證研究，但其結果仍有相互矛盾衝突之處，更有許多相關研究問題仍待釐清。從公共政策研究的角度而言，議程設定是公共政策五個階段的第一個階段，但卻是公共政策學術研究瞭解最不透徹的一個階段。為何特定問題能受到政府的關切注意，進而排入政策議程，其間涉及層面極廣，而有參與能力者（議程設定者）又極為眾多，致使對此一現象之解析與預測，成為學術研究的高度挑戰。

　　回顧過去文獻，議程設定模型所涵蓋的三大變數是媒體議程、公共議程與政策議程，並未將菁英議程列為一個單獨的變數，有學者認為，此乃議程設定模型最大的缺憾（余致力，2006）。國內外許多實證研究發現，菁英與一般民眾所關切的公共議題以及對公共政策的意見並不相同，而有時菁英與決策當局掌權者(leadership echelons)所關切的公共議題及所制定的政策亦存在著相當程度的歧異。因此，余致力(2006)建議未來議程設定之研究應將菁英議程獨立增加一個變數，加強探討媒體議程、公共議程、菁英議程與政策議程四者間的一致程度與互動關係（詳圖2-5）。

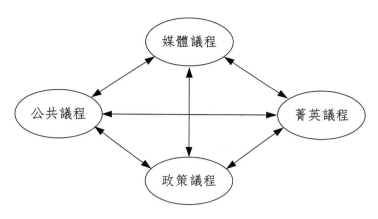

圖2-5　議程設定模型

資料來源：余致力(2006)，圖三。

　　未來議程設定之研究，如能針對多項政策議題，以圖2-5的模型為指導架構，透過多種研究方法（如現有資料分析法、政府文件分析法及媒體內容分析法），蒐集實證資料，以驗證：（一）媒體議程與公共議程的一致程度；（二）媒體議程與菁英議程的一致程度；（三）媒體議程與政策議程的一致程度；（四）菁英議程與公共議程的一致程度；（五）菁英議程與政策議程的一致程度；（六）公共議程與政策議程的一致程度，並據以探究與論述四者間的相對影響力與互動關係，將政策議題區分為：（一）政策議程主導型的政策議題；（二）菁英議程主導型的政策議題；（三）公共議程主導型的政策議題；（四）媒體主導型的政策議題，則將有助於提升學術界與實務界對議程設定相關議題之瞭解，為日後進階學術研究提供重要基礎。

　　本書後續三章將參照此一架構，以公共政策為主體，分別探討：（一）民意與公共政策之間的互動關係；（二）菁英與公共政策之間的互動關係；以及（三）媒體與公共政策之間的互動關係。

民意與公共政策

學習目標

- 瞭解民意的概念與民意表達的管道。
- 瞭解民意調查的意義與類型以及如何解讀民調。
- 瞭解民意與公共政策的關係。
- 瞭解政策與民意產生落差的原因。
- 瞭解專業民調與審慎思辯民調的優點。

第一節　前言

　　1987年7月14日，台灣地區解除了實施長達近40年的戒嚴，進入了民主鞏固時期（田弘茂，1997）。在這段時期的政治論述中，「民意」(public opinion)無疑是被使用最多的詞彙之一，也是爭論最多、定義最爲混淆的一個名詞。何謂民意(public opinion)？如同本書第一章已討論過的「公共政策」或任何一個社會科學名詞一般，學者的看法不盡相同。Lowell在1913年撰寫的《民意與民主政府》(*Public Opinion and Popular Government*)與Lippmann於1922年出版的《民意》(*Public Opinion*)兩本書，應該是現代民意研究中最早受到注意的著作（Hennessy, 1985；趙雅麗等譯，2000：10）。自此之後，民意研究是跨學門的一項學術活動，舉凡政治學、歷史學、心理學、社會學、公共政策、公共行政與大眾傳播等學科，都有一些學者加入民意研究的行列。

　　民意定義之所以紛歧，除了來自於民意學者所持的觀念差異外，更重要的是，由於不同學門的學者會從不同的角度、依據不完全相同的事實來解析民意現象（王石番，1995：9）。例如，政治學與歷史學者傾向於強調民意在政府決策過程的角色，所以格外關心民意對政府政策的影響；心理學者則重視公眾意見表達的心理過程；社會學者通常認爲民意是社會互動和傳播的產物，根據社會學的觀點，假如沒有關心問題的公眾彼此討論、互通聲息，就不會產生民意。

　　何謂民意？民意究竟透過什麼管道來表達？有哪些衡量的方法？透過各種管道所表達出來的民意是否代表大多數的民意？經由各種方法所衡量出來的民意又有多少可信度？本章第二節將針對上述問題提供一些解答與看法。在釐清民意概念後，本章第三節透過相關文獻與研究成果的回顧與省思，來探討民意與公共政策的互動關係。最後則介紹專業民調(professional poll)與審慎思辯民調(deliberative poll)兩種作法，提供作爲探詢更真實、更優質民意的參考。

第二節　民意的定義與展現方式

　　早期有關民意的著作中，不少學者將民意描述成一種「單一心智」(a single mind)，例如，「美國人都是反對參與境外戰爭」的描述即是如此（Levine, 1993；王業立等譯，1999：218-219）。在一般人日常生活的使用中，民意一詞即便不是用以指涉全體民眾的意旨，也極可能會是以民意影射多數民眾的意見。這樣的看法與後來學界對民意的剖析與界定有所出入，茲列舉數位學者對民意之定義如下：

　　一、Key(1961: 14)將民意定義為：「民意是由那些政府認為應慎重加以注意的私人意見所組成。」(Public opinion consists of those opinions held by private persons which governments find it prudent to heed.)

　　二、Nimmo(1978: 9-10)將民意區分成三種形式：（一）團體意見(group opinion)，社會團體內私人意見的討論；（二）流行意見(popular opinion)，人們私下意見並非經過團體的討論而匯集，它是透過選票、參與民主活動而個別表達出來；（三）大眾意見(mass opinion)，指的是相當雜亂、未經組織的意見表達，廣泛來說，可以稱之為文化或共識。[1]

　　三、Hennessy（1985；趙雅麗等譯，2000：11）將民意定義為：「民意是具有相當數量的一群人針對重要議題表達其複雜偏好的綜合。」

　　四、呂亞力(1995: 290)指出：「民意是指在公共事務領域內，人民認為政府應或不應採取行動的看法或立場；表面看來，民意是群體的意見，其實它是個人意見的集合體。」

　　五、吳定(1997: 206)綜合各家說法指出，民意係：「某一特定人群在某一段特定時間內，對某一特定議題所表示的意見。」

　　從上述定義中可看出，民意未必是全體民眾的意見。近年來，在探討民意的文獻中，民眾(public)一詞往往被更進一步區分為一般民眾(general

---

[1]　轉引自羅紹和(1992: 285)。

public)與關注民眾(attentive public)。一般民眾乃指一般人，包括大部分對公共事務沒興趣或不瞭解的民眾；關注民眾則以對公共事務較為關心與注意者為主。Price(1992)更進一步依參與政策議程設定的程度，將民眾細分為一般民眾、投票民眾(voting public)、關注民眾、活躍民眾(active public)，以及議題民眾(issue public)。投票民眾意即選民；活躍民眾則指關注民眾中積極參與正式或非正式政治活動者；議題民眾，顧名思義，與涉入議題有關。由此可見，民意的「民」在民意研究的文獻中並不一定是代表全民或多數的民眾。

　　總之，從上述幾個對民意的定義我們應該瞭解到，民意的「民」不必然等同全民，民意也未必一定是多數民眾的意思。當然，特定的民意如果在人數上多過未表達意見或持反對意見的人時，我們可稱這種民意為多數民意或主流民意。

　　在一個民主國家裡，政策的形成必須要以多數民意為依歸，似乎是理所當然的，但要如何探訪到真實與多數的民意，卻不是一件容易的事。民眾對特殊公共事務意見之表達，可分成「直接表達」與「間接表達」兩大類（詳圖3-1）。間接表達係指民眾透過他人來表達其對公共事務之意見，又可分為透過正式管道（例如，選舉出行政首長與民意代表）與非正式管道（例如，透過政黨、利益團體、大眾傳播媒體）兩種方式。直接表達係指由民眾親身表達出其對特殊公共事務之意見，其表達方式有主動與被動之別，前者包括了投書、叩應、遊說、請願、申訴、連署、示威、抗議與遊行等作為；後者則係透過座談會、公聽會、民意調查與公民投票等途徑來表達。透過不同方式所表達出來的民意，雖然都提供了政策分析師與決策者一些思考方向與決策依據，但卻皆有其限制與不足，未必是多數民眾真實意見的代表（余致力，2002）。

　　舉例而言，在民意的表達方式中，一般咸認民意調查與公民投票所展現的民意最具有代表性，最接近多數的民意（例如，呂亞力，1995：294；柯三吉，1991；賴世培、丁庭宇、莫季雍，2000）。民意調查是近年來在台灣十

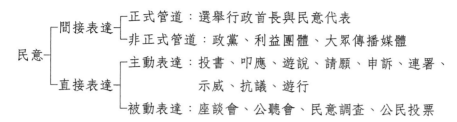

圖3-1　民意的表達方式

　　資料來源：余致力(2002)。

分盛行的一項活動[2]。據估計，屬商業性質的市調不計，台灣平均大約每週進行一次會將調查結果公諸於社會的民意調查，在選舉期間，民調執行的頻率更高（王旭，1999）。特別是在2000年總統大選之後，沒聽過民意調查的民眾可能是少之又少，然而，對於民意調查究竟是如何進行有深入瞭解的民眾恐怕還是少數。過去有實證研究顯示，至少有1/2以上的民眾，其實根本不瞭解民調的執行過程，甚至掌控民調資訊從少數特定人士流向多數民眾的新聞工作者都無法正確解讀民調訊息，可見閱聽人的民調識讀能力有待提升（胡幼偉譯，2000）。

　　究竟目前流行的政治性民意調查是如何進行的呢？是否精準可信呢？民意調查乃是一種針對特定對象採取抽樣的方式來調查意見的作法，亦即從全體所擬調查的對象中（母體），以科學的方法（隨機的方法），抽出一部分足以代表母體的對象（樣本），來進行調查，其所獲意見，在一定誤差範圍內，可用以推論全體所擬調查者的整體意見。民意調查的設計與執行過程如果合乎科學的精神，的確可以透過相當小的樣本精確地推估母體的意見，瞭解民意的趨向。不同於民意調查以抽取樣本來表達民意，公民投票則是直接由母體，也就是全體公民來表達政策意見，其結果又可能具有強制力，可說是多數民意最具體的表現。

---

[2] 民意調查可區分為政治民意調查與商業市場調查，政治民意調查又可細分為選舉預測調查、施政滿意調查與政策意見調查（張四明，2000：10）。

　　然而，民意調查與公民投票卻不是沒有限制與缺點。其最大缺點在於使用少數文字表示一個政策，要受訪者或公民做「是或否」截然分明的選擇，並無討論內涵與釐清細節的機會。要在非常有限的字句中，表現出一個特定政策或政策建議，要求受訪者或公民表示意見，實在不是一件容易的工作，而受訪者或公民對問題的認知不盡相同，因而可能影響民意測量或表達的信度與效度。例如，是否贊成三通？同意不同意發放老人年金？這一類的政策問題，對部分受訪者或公民而言，是過度簡化與資訊不全的問題，可能頗難回答，而且同意者之間的意見也許未必一致，各有其不同的限制條件或依賴條件（例如，在有尊嚴的情況下進行三通、在有排富條款下發放老人年金）。因此，在資訊不全、內涵不清以及細節不明之下所得到的意見，與真實的意見間或許會有不小的落差。

　　再者，以全民為對象做意見調查或進行公民投票，有時不是探詢民意，而是製造民意。一般民眾對於公共事務的瞭解十分貧乏無知，這是所謂「理性無知」(rational ignorance)的問題(Downs, 1957)。理性無知係指一般民眾在經過理性的計算後，認為自己在政治過程的影響力微乎極微，因而喪失誘因去認真完成民主政治中，一個理想公民所應完成的義務，也就是對公共問題，不願耗費太多的時間與心力，去瞭解其產生的緣由與各種解決方案間之利弊得失，因而是處於一種無知的狀態。然而，部分民眾對於公共事務表達意見又有過高的義務感，一但被詢及對特定政策的意見時，他們又可能會在沒有依據、未經思索的情況下，為了給答案或參與投票而表達意見。因此，在這種情形下，透過民意調查或公民投票所探詢到的民意，其實是被誘導製造出來的，甚且可能是淺薄錯誤的，政策分析師或決策者如果完全依照這種民意來擬訂政策，則很可能會促使一個國家犯下無法挽回的錯誤。

　　最後，民調與公投另外各有一些限制與問題。以民調而言，民調雖然可能準確，但卻不一定準確，尤其是在台灣2000年總統大選後，部分民眾與政治人物對民調的可信度產生了強烈的質疑。民調的問題不外專業能力(professional competency)與專業倫理(professional ethics)兩類。專業能力是指調查過程所涉及的問卷設計、抽樣方式與調查執行上的技術面問題。如果從

事民調者功力不夠，沒有足夠的學養與經驗，則所獲資料，無論使用多麼華美的統計圖表與工具來包裝，仍然都是一堆垃圾(garbage in, garbage out, GIGO)。專業倫理的問題指的是從事民調工作者必須維持客觀與中立的立場來進行民調工作。如果從事民意調查時別有用心，在政商利益糾葛或背後主子的壓力下，刻意誘導民調結果，甚至偽造與扭曲其所獲資料(cook data)，以期從中獲利或滿足委託單位的需求，則所誘導或製造出來的民意，當然是不足採信的。[3]

　　台灣的政策民調究竟準不準，由於並無公投資料以資檢證，我們無法得知，但從選舉民調的資料分析中，我們可以對此問題有一些瞭解。以1998年台北市長選舉為例，溫敏杰等(2000)蒐集了66次民調結果，其中有16次(24%)預測陳水扁領先，50次(76%)預測馬英九領先。陳俊明、劉念夏(1998)藉由蒐集聯合報、中國時報與TVBS等三家媒體民調單位在1997年縣市長選舉選前所做的民調資料，與選後實際開票結果相互比較的結果發現，在三家媒體民意調查中皆獲得相對較高民調支持率之參選人，卻與實際選舉結果的當選人完全不一致的有五個縣市，包括台北縣、苗栗縣、台中縣、嘉義市以及宜蘭縣[4]。可見在台灣民調結果不準的比例還是相當高，部分民調樣本所展現的意

---

[3] 美國民意調查研究協會曾公布報導民意調查時應注意以下八項訊息（羅文輝，1991）：(1)樣本數；(2)負責機構；(3)抽樣誤差；(4)抽樣母體；(5)訪問方法；(6)調查時間；(7)問卷問題；(8)研究結果的依據並非全體樣本時應加以說明。徐美苓(1994)提出十四個報導民意調查新聞準確性的判斷項目：(1)報導型態；(2)呈現方式有無附件；(3)調查執行機構；(4)調查執行時間；(5)調查執行方式；(6)母群體；(7)抽樣母體；(8)樣本數；(9)有效樣本數；(10)樣本結構；(11)抽樣方式；(12)抽樣誤差；(13)報導結果呈現方式；(14)統計結果呈現。這些項目可供政策分析師與決策者作為判斷民調品質的參考。

[4] 陳俊明、劉念夏(1998)指出，此一研究結果立基於下列幾個前提：(1)暫且不考慮各民調單位在進行民調過程中所可能出現的各種差異（如不同的問卷題目、不同的抽樣方法，以及由不同訪員執行訪問等）；(2)暫且不考慮各民調單位在不同時間執行調查所可能產生的時間落差效應；(3)暫且忽略民調中未表態選民之隱藏性意見。依此前提蒐集比較各參選人的民調支持率，推估在民意調查中得到相對較高

見與母體實際的意見有著相當程度的落差。[5]

　　至於公投，由於有下列三項可能發生的問題，使公投結果充滿了被操控或不符多數民意的可能性（陳敦源，1999：147-150）。第一、誰握有決策疆域的決定權，誰就可能操控了公投的結果。所謂決策疆域是指有權投票選民的界定。以拜耳案[6]為例，當年台中縣廖永來縣長劃定龍井、沙鹿、清水、大甲等四個鄉鎮為決策疆域，由此四鄉鎮公民來投票決定拜耳案的命運，這樣的結果與不同的決策疆域，例如，以台中縣或台灣省為決策疆域，其所展現的公投結果恐怕會不盡相同。

　　第二、誰掌握了啟動公投權力，誰就可能操控政策的抉擇。公共政策多如牛毛，任何民主國家皆無法將所有政策付諸公投，而必須是選擇性地適用。因此，決定什麼時候、什麼政策採用公投，就是啟動公投的權力。如果掌握了啟動公投權力的政治人物對於可能交付公投的政策議題有特定強烈的立場時，他當然會在預估公投結果與其政策主張一致時才會啟動公投，所以事實上，是握有啟動權的人在做決定，而不是人民。

　　第三、要如何計算沒有參與公民的意見呢？公投的進行，若是民眾參與率不高，其結果是否真能代表多數民意，便不得而知。以法國第五共和於

　　支持率百分比的參選人將獲得勝選，再以此一命題與實際選舉結果相比較，獲致了上述「五個縣市的民調不準」之研究結果。

[5]　為何民意調查的結果與實際選舉結果會有落差呢？除了本章前面已提及的專業能力與專業倫理等問題外，陳俊明、劉念夏(1998)另外指出下列兩個原因：(1)民意調查或許本來就不是選舉預測，其只是反映執行調查當時，選民的一些心理傾向與態度，當然未必與在以後所要進行的選舉會有一致的結果；(2)最重要的因素可能應該歸咎於選情觀察家們在解讀選舉民調結果時，忽略了為數相當可觀的「未決定／不知道／拒答」等未表態者的可能投票意向，以致產生「跌破眼鏡」的情形。

[6]　德國拜耳公司是名列世界前三大的化學公司，德國拜耳選定台灣台中港設廠，投資近新台幣500億元，建立一高級化學原料工業區，生產聚胺酯原料，以台灣為製造基地及配銷發貨中心，供應台灣市場，並行銷東南亞和中國大陸。

1988年11月所舉辦的公民複決為例（詳見張世賢、陳恆鈞，1997：79-83），雖然投票者中高達八成贊成New Caledonia法，但高達62.7%的公民棄權，因此，這形式上的多數，卻是實質上的少數(80%×37.3%＝29.8%)，其結果是否是政策抉擇的最佳依據，恐有斟酌餘地。

　　綜上所論，民意雖是制定公共政策的重要依據，也是在政策分析與制定過程中不容忽視的一項要素，但是民意的表達卻有著太多的問題與限制，很難斷言何者才是多數人民的真正心聲。Key(1961: 8)曾感嘆：「要準確地談論民意，無異是一件想緊緊地擁住聖靈(the Holy Ghost)般的任務。」[7]Rousseau也曾說過：「人民之聲就是上帝之聲。」[8]或許，我們可以給民意一個貼切的譬喻：「民意有如神意」（Riker, 1980；陳敦源，1999：161）。人民的聲音就好似神靈藉由乩童降旨或需要透過抽籤、卜卦、擲筊等媒介來傳譯。然而，沒有任何一位傳譯的人士或一種傳譯的制度，可以客觀精確地告訴我們什麼是真的神意。政策分析師與決策者必須瞭解所有這些民意的正當性與不足之處。在可能的範圍內，如何以更科學、更客觀、更周延、更精緻的方式來探詢多數、真實與優質的民意，就成為制定一個良善政策的重要課題。

第三節　民意與公共政策之互動關係

　　民意與公共政策的互動關係，從實證的層面來加以探究，所導引出來的問題包括：政府的政策與大多數民眾的偏好是否吻合？政府對民意變遷能否快速予以回應？究竟是民意影響政策的制定還是政策左右民意的形成？一般民眾與菁英對公共政策的認知與評價之間有無差異？有何差異？如何相互影響？有無主從關係？政府政策與菁英意見是否有高度的一致性？各類菁英間的政策意見究竟是同大於異或是異大於同？如有差異，這歧見究竟是為何產

---

[7]　轉引自游盈隆(1996: 5)。

[8]　轉引自林玉華(1991: 144)。

生？如何形成？當一般民眾與各類菁英在政策意見上有歧異時，政府決策多半係以何者爲依據？這些都是研究公共政策、民意、政治溝通與大眾傳播等學科的學者們所關切的議題。

　　國外針對民意與公共政策間實證關係的論述，有相當豐富的文獻（例如，Downs, 1957; Key, 1961; Protess & McCombs, 1991; Wise, 1973），而針對此一主題所進行的研究，更有十分豐碩的成果，大致可分爲下列三類：第一類是針對單一政策議題做深入個案研究，以瞭解決策者、公共政策與民意之間的互動關係（例如，Duffy & Goodgame, 1992; Jacobs & Shapiro, 1995; Reeves, 1993; Woodward, 1995）。第二類也是針對單一政策議題做深入個案研究，但關注的焦點在於民眾與菁英間政策意見的異同比較，特別著重在研究不同類別菁英間政策意見的差距（例如，Isaacs, 1998; Rothman & Lichter, 1987）。第三類的研究則是針對多項政策議題，長時間地、全面性地蒐集各項政策的民調資料，以比較政府決策與多數民意的吻合程度（例如，Monroe, 1979, 1998, 2001; Page & Shapiro, 1983, 1992）。

　　在上述第三類有關民意與公共政策一致性的研究中，以Monroe(1979, 1998, 2001)的成果最爲豐碩。他運用現有資料分析法蒐集了美國1960～1999年40年間1380項公共政策議題的相關民調資料，分爲三階段進行民意與公共政策一致性之研究（詳表3-1）。第一階段(1960～1979)針對327項政策議題的研究結果發現，官方政策與多數民意有63%的一致性；第二階段蒐集1980～1991年566項公共政策議題的相關資料，經分析後發現只有55%的官方政策與多數民意一致。第三階段則以1992～1999年爲範圍，蒐集了487項公共政策的民調資料，分析結果顯示只有53%的官方政策與多數民意一致。

　　受到Monroe研究之啓發，余致力(2002)使用「既有資料分析法」蒐集1996～2000年台灣政策民調實證資料，總計蒐集政策民調549則，並依這些民調性質區分成113項政策議題。表3-2（頁56）將政府政策與一般民眾多數意見的一致性依政策類別進行比較分析。在1996～2000年5年間，台灣大眾傳播媒體所進行或報導過民調的113項政策議題中，政府政策與多數民意一致者有54項(48%)、不一致的有47項(42%)、無法比較的有12項(11%)。政府政策與多

表3-1　美國政府政策與民眾意見一致性分析

年　代 政　策	1960～1979		1980～1991		1992～1999	
	次數	百分比	次數	百分比	次數	百分比
所有政策	327	63%	566	55%	487	53%
依類別區分：						
政治改革	34	41%	23	17%	25	28%
外交	38	84%	150	67%	76	62%
越戰	35	71%	NA	NA	NA	NA
經濟與勞工	46	67%	156	51%	37	43%
能源與環境	36	72%	27	67%	28	68%
社會福利	51	63%	45	51%	132	58%
民權與自由	39	59%	61	56%	46	50%
國防	21	52%	49	61%	17	82%
其他	27	74%	55	40%	41	43%

資料來源：Monroe(2001), Table 2.

數民意一致的比例略高於不一致的比例，但不一致的比例高達42%。

　　將表3-2台灣的狀況與表3-1美國的狀況相比較，發現美國在1992～1999年的這段期間政府政策與多數民意的一致比例為53%，比台灣(1996～2000)48%的一致性還略高一點。不過，Monroe的研究將「無法比較」的政策議題排除在計算的範圍之外，如依此作法重新計算台灣的資料，則政府政策與多數民意一致的比例為53%(54/101)，不一致的比例為47%(47/101)，與美國1992～1999年間政府政策與多數民意的一致性幾乎沒有差異。從這些資料的鋪陳、展現與比較，我們可以發現，無論是實施民主政治200年的美國或是剛剛邁入民主鞏固時期的台灣，政府政策並非完全與多數民意是一致的。

　　為什麼一個民主國家的政策會與多數民意不一致呢？政府政策與多數民意有落差的原因很多，每個政策不盡相同，但大體而言，有下列幾個因素會導致政府政策與多數民意產生落差（余致力，2006）。

公共政策

表3-2　台灣政府政策與民眾意見一致性分析(1996～2000)

政策類別	一致		不一致		無法比較		小計
	次數	百分比	次數	百分比	次數	百分比	
所有政策議題	54	48%	47	42%	12	11%	113
壹、政治體制運作	10	28%	22	61%	4	11%	36
一、公投與選舉	3	21%	10	71%	1	7%	14
二、中央政府體制	4	25%	11	69%	1	6%	16
三、地方政府體制	3	50%	1	17%	2	33%	6
貳、兩岸與外交	12	50%	10	42%	2	8%	24
一、兩岸	6	43%	6	43%	2	14%	14
二、外交	6	60%	4	40%	0	0%	10
參、內政與民生	32	60%	15	28%	6	11%	53
一、經建、土地、環保、勞工	9	64%	5	36%	0	0%	14
二、財政、博奕、彩券、社福	7	47%	5	33%	3	20%	15
三、治安、司法、警政、國防	8	73%	1	9%	2	18%	11
四、教育、健保、醫療、其他	8	62%	4	31%	1	8%	13

資料來源：余致力(2002)，表5-2。

　　一、公共政策制定的冗長過程，使得政策的變遷無法跟上民意的變動，因而會產生不一致的現象。詳言之，政府政策的改變或制定是需要透過冗長的規劃與合法化的過程，以釐清政策的相關細節與確定執行方案，並於政治體制中凝聚各利害關係人的共識，因此，對於新形成的民意往往無法在短期內加以回應，很容易造成政策與民意不一致的現象。

　　二、影響民意與政策間一致性關係的因素之一是政策的類型。Monroe (1998, 2001)指出，在衝突範圍廣、顯著性高的政策議題上，多數民意對政府的政策抉擇有較高的影響力；反之，一些比較不顯著的政策議題，由於政府的決策過程比較不受外部因素所影響，使其制定結果與多數民意不一致的機率增加。此外，行政與立法部門比起司法部門較為重視民意，因而由行政與

立法兩權所主導的政策抉擇與多數民意的一致性較高，但由司法體系所主導的政策抉擇，則較容易產生與多數民意不一致的情形。

　　三、除了政策類型外，民意的類別也會影響政府政策與多數民意的一致性。採用李克特五分量表（非常贊成、贊成、不知道或無意見、不贊成、非常不贊成）對公共政策議題進行民調的結果，可能會產生下列五種類型的意見：（一）偏執兩極型：非常贊成與非常不贊成該政策議題的兩造人數極多，而採中立、贊成或不贊成者較少；（二）多數中立型：多數人對該政策議題沒有意見，少數人則表達了溫和地贊成或不贊成意見，只有極少數人有強烈地表達出非常贊成或非常不贊成的意見；（三）極偏一方型：絕大多數人對該政策議題表達了非常贊成的意見，而只有極少數的人表示不贊成，這是傾向贊成的極偏一方型，而另有傾向不贊成的極偏一方型；（四）強烈少數型：有大多數人溫和地贊成該政策議題，但另有為數不少的人表示了強烈的反對態度（非常不贊成），是強烈少數反對型的政策議題，反之，亦有強烈少數贊成型的政策議題；（五）溫和一方型：政策議題為大多數人所贊成，但並不強烈（溫和贊成型），反之則為溫和反對型。針對這五類民意，政府對極偏一方的民意比較不敢違逆，但在面對偏執兩極、多數中立與溫和一方型的民意時，則有較大的裁量空間與政治籌碼，其所制定的政策未必一定會與多數民意吻合。至於強烈少數型民意的形成與展現，則更是造成政府政策與（溫和）多數民意不一致的重要因素。

　　四、政策成本效益的集散情形有可能會影響政府政策與多數民意的一致程度。Wilson（1989: 75-83；陳敦源，1999：158-161）依政策成本與效益的集中或分散將政治環境區分為四類（詳表3-3）。在客戶政治型態下，政策執行成本是由全民負擔，但是利益卻是由少數人獲得，由於利益集中於少數人，使得這些人有足夠的誘因來強烈表達意見，向政府施壓，以確保對他們有利的政策得以通過。而在企業政治型態下，政策執行的利益是由全民所共享，但成本係由少數人負擔，由於成本集中在少數人，這些負擔者會有足夠的誘因來表達強烈的反對意見，向政府施壓，以期阻止政府採行對他們不利的政策。在上述這兩種情況下，都極可能產生強烈少數打敗溫和多數的情

表3-3　依政策成本效益的集散所區分的政治環境

	成本集中少數人	成本分散全民
利益集中少數人	利益團體政治型態 (interest group politics)	客戶政治型態 (client politics)
利益分散全民	企業政治型態 (entrepreneurial politics)	多數政治型態 (majoritarian politics)

資料來源：Wilson (1989: 75-83)；陳敦源(1999: 158)。

況，即政府被少數挾持，而制定出與多數民意不一致的政策。

　　五、特定時空下，某些制度因素也可用於解釋公共政策與多數民意不一致的現象。Monroe(1998; 2001)指出，美國政府政策與一般民眾的多數意見之所以會不一致，其最主要原因在於美國政治過程中有一種「抗拒變遷的傾向」(bias against change)。而相較於1960～1979年這段期間，美國在1980與1990年代政府政策與多數民意之一致性有下滑的現象，主要是由於「分立型政府」(divided government)的產生以及日趨嚴重的意識型態衝突，導致這種抗拒變遷的傾向有加深、加劇的現象，也因此使得公共政策與民意的一致性有下降的趨勢。

　　六、針對政府政策與一般民眾的多數意見為什麼會不一致的問題，菁英決策理論提供了一些解釋與觀點。菁英決策理論認為，一般民眾的政策意見是理性無知、矛盾衝突、飄浮善變的，而以民意調查方式所展現或測量出來的民意，有一些潛在的問題與限制，因此，政府政策未必一定要符合透過民調所展現的多數民意。菁英決策理論認為政治領導人的決策資訊主要是來自菁英而非一般民眾，政府的政策其實是由菁英所制定的，是符合菁英而非民眾的意見。有關菁英與公共政策的互動關係，本書下一章將會深入加以探討。

第四節　結論

在一個民主國家裡，政府在制定政策的過程中，理應廣徵各方意見，透過理性對話與善意溝通來消弭盲點、建立共識，以期能制定出兼具經濟可欲性(desirability)與政治可行性(feasibility)的公共政策。決策者在這個過程中，通常慣於透過兩種途徑來蒐集意見，一是邀集少數學者專家來諮詢座談，另外一種則是透過一般民調，即針對全體民眾做意見調查[9]。然而，這兩種途徑雖然提供了決策者一些決策依據與思考方向，但卻都有其限制與不足，可能對公共政策的形成造成不當的影響。為了彌補此一缺憾，余致力、黃榮護(2001)主張在政策形成過程中，除了採用上述兩種途徑探訪民意外，更應輔以專業民調，也就是針對學有專精的菁英進行調查來徵詢意見，以作為決策時的參考依據之一。[10]比起一般民調，專業民調的對象較為集中，意見也較為專業；而比起只向少數學者專家諮詢的作法，專業民調則是一種較為廣泛且有系統地徵詢學者專家意見的作法。唯有專業社群的整體意見能夠被發掘與重視，公共政策的形成才不會受制於少數有影響力的學者專家，也不會隨

[9] 當然，政府蒐集民意的方法不止於此，楊秀娟(2000: 4)指出，目前行政機關蒐集民眾意見的主要途徑包括：蒐集民意代表向行政機關的質詢、蒐集報章雜誌的輿情反應、蒐集人民對政府的陳情案及建議案、舉辦公聽會或座談會諮詢學者專家的意見、辦理民意調查、委託學者專家進行專案研究等，但學者專家座談會與民意調查這兩種應是最為普遍採用的方式。

[10] 台灣大學洪永泰教授於2001年3月23日參加世新大學行政管理學系所主辦的「政策分析理論與實務」學術研討會時曾指出，「專業民調」一詞的中英文都有重新思考的空間。以「專業民調」對比「一般民調」，容易讓人誤以為是民調進行的方式較為專業，而非調查對象的差異。在此，本章提出一個改進的構想，由於以往文獻將民眾分為一般民眾與關注民眾，或許可以考慮使用「關注民調」(attentive poll)一詞取代「專業民調」，用以對照「一般民調」(general poll)，可能比較能精確指出係調查對象的不同，不致讓讀者望文生義，誤以為是民調進行方式的差異。

著多數「理性無知」民眾的看法而載沈載浮，如此方能有助於決策者發現重要議程，提升決策品質，進而規劃與制定出立意良善與確切可行的公共政策，為人民謀取最大的福祉。

此外，美國學者Fishkin(1991, 1995)對於如何探詢到多數、真實與優質民意提出了一種突破性的概念與作法：進行審慎思辯民調，也十分值得參考。黃東益(2000)對審慎思辯民調的理論背景與實施方式有詳細的介紹[11]。從理論上來說，審慎思辯民調主要是希望能兼籌並顧民主政治中的兩個重要價值：平等參與(equal participation)與審慎思辯(deliberation)。平等參與價值的體現，是希望人人有權參政，有表達意見、參與決策的機會。而審慎思辯的意涵，則是指參與決策者能對於不同政策選項的正反意見與利弊得失，有認真思考和相互討論的機會，以期政策抉擇能是深思熟慮後的理性產物。

為了追求平等參與，過去民主改革有朝向更直接的民主，或是在政府決策過程中擴大參與的趨勢。這樣的民主改革方向雖然促進了平等參與價值的追求，但同時卻也降低了審慎思辯的精神。如前所述，直接且更廣泛的民眾參與，除了有「理性無知」的問題外，也使得民眾對於投票與表達意見有過高的義務感，即使原本沒有意見，也會在未經深思熟慮下，為了投票而投票，為了表達而表達。在這種情形下，部分公民投票或民意調查所蒐集的政策意見原本是不存在，或是與經過審慎思辯後的民意有所差距。

然而，要求全體民眾提出各種不同意見，真正認真思考和參與討論的訴求，雖具有高度理想性卻不具可行性，並非一般民眾能力所及，而其決策所需的程序成本(procedural costs)，更非社會所能承擔。審慎思辯的精神，似乎只有在少數菁英決策過程中才較有可能達到。因此，民主制度在平等參與與審慎思辯兩種價值間，面臨了一個抉擇困境。到底是應該犧牲一般民眾的平等參與而強調由菁英審慎思辯，或是讓大眾平等參與而不顧思辯的內涵與品質？

---

[11] 台灣介紹deliberative poll的著作尚有楊意菁(1998)，林水波、石振國(1999)，前者將deliberative poll譯為「深思熟慮的民調」，後者則譯為「審慎思辯的意見投票」。

　　針對這個問題，現有的代議政治嘗試以兩個階段達到兼顧平等參與與審慎思辯的目標：在選舉的階段實現平等參與的原則，在議會的階段體現審慎思辯的精神。然而，從過去世界各民主國家實踐代議政治的結果卻發現，兩項目標似乎都無法達成。在選舉的階段，相關決策的重要資訊並非平等地分配，同時有許多人不投票，使得平等參與的價值無法體現。而在議會的階段，民意代表在決策過程中往往以意識型態、黨派與個人利害為決策依據，並未能善盡審慎思辯的職責。

　　為了彌補代議政治之不足，並解決民主政治必須兼顧平等參與與審慎思辯的兩難，Fishkin(1991，1995)從古代雅典人利用抽籤來選擇法官與立法者的方式得到啟發，提出了審慎思辯民調的概念與作法。大體而言，審慎思辯民調的進行係由主其事者以隨機方式自全體民眾中抽選出一個具有代表性的樣本，利用時間將受訪者聚集在一起，針對所擬討論的政策議題，分成小組討論，由主其事者提供相關資訊，並訓練客觀、中立的主持人來維持討論的進行。在小組討論後，再安排參與者與各方的學者專家、政府官員、民意代表乃至行政首長對談，會後再以問卷訪談參與者的政策意見。

　　以審慎思辯民調來探訪民意與傳統一般民調或公投最大的差別在於，審慎思辯民調可以減輕理性無知的問題，提供參考者一個思辯的場所與充分的資訊，以找出審慎思辯後的民意。而由於受訪者係以隨機方式抽取產生，可以視之為一個社會的縮影(microcosm)，其意見足以代表全體民眾在審慎思辯後所可能形成之意見，兼顧了平等參與與審慎思辯的價值。以這種方式所獲得的民意，可說是較為精緻與優質的民意，用來作為公共政策制定的參考依據，應該是較為恰當妥適的，對於制定良善政策應是有所助益的。

菁英與公共政策

學 習 目 標

- 瞭解菁英決策理論。
- 瞭解民意政治與菁英政治的意涵與優缺點。
- 瞭解民眾意見、菁英意見與公共政策的關係。
- 瞭解兩段溝通論與兩個世界模型的意涵。
- 瞭解台灣一般民眾與菁英政策意見的異同。

第一節　前言

　　民意與公共政策之間的關係，是一個令人好奇的問題，也向來為學術研究的重要主題（余致力，2002）。從規範性的角度來看，公共政策的制定應否完全以民眾的意見為依據，一直是民主政治理論所關切與爭辯的問題。立基於對民眾不同的認知與評價，學界對此問題的看法大致可分為兩派：一派認為民眾是理性的，因此，公共政策的制定應以多數民意為依歸；另一派則認為民眾是無知的，因此，公共政策的抉擇不能完全取決於民意，而應該由菁英來主導。

　　何謂菁英？根據吳定(2003: 135)之定義，菁英係指「一個社會中居於政治、社會、經濟、學術等各層面的上階層，對公共政策的運作，可以行使主要影響力者。他們可以透過各種方式影響政策的運作，例如，權力、金錢、聲望、專業知識等」。菁英決策理論告訴我們，民眾對政策的看法，常受到菁英政策立場的影響，公共政策並非反映一般民眾的需求，而是反映菁英所秉持的信念、價值與偏好。例如，早在二十世紀初，Lippmann(1922)便撰書指出，一般民意深受菁英意見所影響，在外交政策上特別是如此。Dye(1998)於二十世紀末，也以美國民權政策、國際貿易政策與移民政策為例，描繪出了政府政策、菁英與一般民眾的互動關係，指出這些政策的形成是由菁英主導，一般民眾是受菁英的影響而改變其政策意見，或是被迫接受這些政策。朱志宏(1995: 45)亦認為，即使是在民主政治潮流澎湃洶湧的今天，菁英決策理論仍可適用於許多社會，特別是在一些民主根基並不厚實的地方，由於人民缺乏民主的精神與素養，尚未具備成為現代公民的意願與能力，因此，儘管形式上已經建立了民主制度，但實際上，公共政策仍以菁英意見為主導，有賴菁英來推動。

　　這樣的西方學理論述，是否適用於描繪台灣的現況呢？1990年代的台灣，在完成了民主化的諸多政治改革後，公共政策的抉擇是否仍然以菁英的意見為主？還是如同許多批評台灣走向民粹主義的人士所言，公共政策的制

定是以選票爲考量，係以一般民衆的意見爲依據？菁英對台灣許多重大政策的意見爲何？這些意見與一般民衆政策意見的吻合程度如何？政府政策又與菁英意見的一致程度如何？不同類別菁英的政策意見究竟是同大於異還是異大於同？上述這些問題，都是本章所希望加以釐清與解答的研究問題。在進入回答討論上述問題之前，讓我們先回頭從民意政治與菁英政治的古老辯論談起。

第二節　民意政治與菁英政治之論辯

　　古典民主理論家認爲民衆是理性的、是積極參政的，對公共事務是會設法獲得相當充分的資訊與知識，因此，理想的民主政治應是具有大衆參與、政治平等與多數決三大特徵的直接民主(direct democracy)（呂亞力，1995：138-139；王業立等譯，1999：56-59）。在這種情況下，公共政策的制定當然應該由全體民衆參與討論、表達意見後，以多數民意爲至高的抉擇依據。Rousseau便曾倡議「公投式民主」(plebiscitary democracy)，主張由全體民衆透過多數決來決定所有的公共政策(Ranney, 1996: 117)。而Bryce(1895)於《美利堅合衆國》(*The American Commonwealth*)一書中亦指出，每一位民衆對於公共事務都應該有自己的意見，而這些意見絕不亞於菁英的意見，因此，公共政策的制定應以多數民衆的意見爲依歸（徐美苓、夏春祥，1997：168）。Dahl(1956; 1971)也主張民主政治是民意政治，是直接民主，政策抉擇必須以民意爲依歸，政府的組成是爲人民謀福利，應該要不斷回應人民的需要、符合人民的偏好，這是民主政治的基本要素與關鍵特質。

　　上述這些直接民主的理念，在古代雅典城邦小國寡民的社會中曾經落實過，但是當國家的規模日益擴大時，直接民主便有其實踐上的困難。除了可行性(feasibility)的問題外，直接民主的可欲性(desirability)也受到一些挑戰與批判。英國哲學家Burke便認爲，民主代議士在爲公共政策做抉擇時，應當考慮人民利益之所在，至於制定出來的公共政策，是否符合民意，則另當別論

（朱志宏，1995：84-88）。Schumpeter(1942)在《資本主義、社會主義與民主》(*Capitalism, Socialism and Democracy*)一書中便主張，民主政治在基本上只是一種人民選擇決策者的特殊程序，只要在制度設計上允許有意擔任決策者的菁英們透過公平、公開的競爭，來爭取人民的選擇，而人民有權以自己的自由意志來做此選擇，這種政治制度就是民主的制度。依照Schumpeter的看法，人民參政僅限於選擇領導者而已，超過此一程度的參政，實際上是不存在、不可能、也不適當的，因此，直接民主不是唯一的，更不是最理想的民主型態，間接民主(indirect democracy)或代議民主(representative democracy)是具有高度實踐可能性，也是較為優越的一種制度（呂亞力，1995：139-141；王業立等譯，1999：59-62）。反對直接民主的論者將政府視為公共問題的解決者，政府是由一群菁英與專業人士所組成，這群人透過對公共利益的反覆思辯以及採用客觀中立的分析工具（如成本效益分析），以達成政策抉擇，其所制定的政策自然不一定，也沒有絕對的必要去符合多數民眾的意見(Key, 1961)。

　　有關直接民主與間接民主孰優孰劣以及公共政策應否以多數民意為抉擇依據的爭論，往往是源自於對民眾有不同的認知與評價。民眾究竟是不是如同古典民主理論所描述，是理性、資訊充分、積極參政的呢？間接民主論者十分不以為然。他們認為民眾對於公共事務的瞭解十分貧乏，這是所謂「理性無知」的問題，也就是民眾在經過理性的計算後，認為自己在政治過程的影響力微乎極微，因而喪失動機去認真完成民主政治中一個理想公民所應完成的義務(Downs, 1957)。政治學者Pomper（1980: 7；王業立等譯，1999：84）在描述民眾無暇、無心關切公共事務的現象時，寫到：「從賺錢到做愛，選民有太多緊迫的事情要做，無法跟上政府不可思議的程序。」其遣詞用字雖稍嫌浮誇，卻十分傳神與貼切。Levine（1993；王業立等譯，1999：217）以越戰打得最熾熱的那段期間為例，即使每天新聞都會大幅報導，但仍有四分之一的美國民眾不知道北越的共黨領袖名叫胡志明，美國民眾對國際事務之無知，可見一斑。

　　民眾雖然無知，但對於公共事務表達意見有時又有過高的義務感，使得

他們一旦有機會被詢及對特定政策的意見時，往往會在資訊不充分且未經仔細思索下，為了給答案而輕率地表達意見，在此情況下所展現的民意會有兩種可能的結果：一種是呈現不穩定的民意。民眾在某年某月的某一天接受民調時，表達了支持特定政策的意見，但在一個月後再接受民調時，可能已不記得在一個月前輕率表達的意見，因而會表達出與原先立場相反的反對意見。俗語說：「民意如流水，東飄西流無常軌，民意如月亮，初一、十五不一樣」，傳神地描繪出民意不穩定的現象。

在資訊不充分且未經仔細思索的情況下，為了給答案而表達意見所展現的民意，可能會產生的另一種結果，那就是在輕率地表意後對其意見有升高承諾(escalation of commitment)、堅持下去的傾向。有這種傾向的民眾會在公共事務的領域中，對一無所知的問題大放厥辭，並據此粗糙意見參與公共事務的決策過程。而在這種情形下所形成或表現出來的民意，往往是堅持固執、卻膚淺謬誤的，完全依據這種民意來做決策，很可能促使一個國家犯下無法挽回的錯誤。

除了理性無知與輕率表意的問題外，反對完全以民意為政策抉擇依據的論者亦指出了民意的一些特性與潛在問題。民眾慾望無窮但政府資源有限，勢必無法完全充分地滿足人民所有的需要、回應人民所有的請求。而有時民眾慾望太高，但政府能力不足，更是無法在政策制定上完全滿足民眾的要求。例如，民眾希望政府要提升經濟發展並兼顧環境保護、要打擊犯罪更要保障人權、要提供更多更好的服務又要減少人民賦稅的負擔，凡此種種，均有其內在的矛盾衝突，難以兩全。特別是多數民眾通常具有想「白吃午餐」的傾向，想要更多更好的政府作為，卻又不願承擔政策成本。美國曾經有一項民意調查研究發現：社會福利方案的支持者比反對者更反對徵稅以支應社福支出；而最贊成減稅者，往往卻是最希望政府能實行各種社福方案的支持者，可說是民眾「又要政府好，又要政府不吃草」的經典研究案例(Sharkansky, 1972: 207-208)。總之，由於民意的特性，使得政府有時必須面對變動的民意，接收到不明事理、相互衝突、甚至遙不可及的要求(Glasser & Salmon, 1995; Kettl & Milward, 1996)，在這種情形下，想要以民意作為政策

制定的依據,實在有其困難與不妥之處。

對於上述重視菁英決策、輕忽民眾意見,主張間接民主、代議民主優於直接民主的規範論述,學界當然也有一些質疑、反駁與批判。特別是在近年來,主張民眾參與政策制定的規範論述有日益高漲的趨勢,開始重新思考民眾真是無知與善變的嗎?菁英真的是客觀、中立、專業嗎?少數菁英真的能比多數民眾做出更正確的決策嗎?直接民主真的不可行嗎?代議民主、間接民主真的優於直接民主嗎?

Barber(1984)在其所著《強勢民主》(*Strong Democracy*)一書中,指出間接民主與代議政治的運作產生了許多弊病,主張透過民眾直接參與政治以糾正、改善這些弊病。許多個案研究亦證實了現代公民對公共事務有參與的熱誠與能力,而參與式決策帶來更好的政策抉擇。例如,Berry等人(1993)在《都市民主的再生》(*The Rebirth of Urban Democracy*)一書中,以五個城市實施社區自治的經驗為例,發現公民主動參與社區事務,激發了公民資格的尊榮感,不但不會威脅政府的統治性能,反而提升了政策回應的能力,為政府建構了創造性的民主決策機制,可見民眾參與對於民主政治的貢獻是正面的(丘昌泰,1995:371)。Page與Shapiro(1992)透過蒐集美國1935~1990年民眾政策意見的民調資料,進行趨勢分析後,發現絕大多數的民意是理性與穩定的,縱使針對少數政策有變化的民意,其意見變化亦有脈絡可循,不是毫無道理的,因此,他寫了一本名為《理性的民眾》(*The Rational Public*)一書,來敘述他的研究發現,反駁「民眾是無知與善變」的刻板印象。

反之,許多學者對菁英、專家的決策能力與品質提出批判與質疑。Benveniste(1977)的經典之作《專家的政治》(*The Politics of Expertise*),便批判「專家會秉持客觀中立的立場來構思與研擬公共政策」的看法,赤裸裸地指出,專家也是很政治的。Tribe(1972)與Torgerson(1986)也指出,菁英與專家背負著自身的意識型態,絕對不是客觀中立的,現代理性主義思潮強調專家決策模型,是以客觀中立之名行專制獨裁之實(The Tyranny of Policy Science)。Dryzek(1990)亦指出,強調專家決策的傳統政策分析,其所具備與追求的只是「工具性理性」(instrumental rationality),欠缺了「溝通性理性」

(communicative rationality)，不足以解決現代政府所面對的複雜問題，也無法
調和各利害關係人間的尖銳對立，其所研擬與制定的政策未必可取、常不可
行，因而主張要用參與式的民主(participatory democracy)來尋求政策共識，提
升決策品質。

　　林水波(1999: 29)從台灣南部科學園區評選過程的個案觀察分析中，發現
專家決策的一些盲點與限制：（一）專家決策欠缺解決問題的效度；（二）
專家決策欠缺民主的正當性；（三）專家決策之政策透視角度過於狹隘；
（四）專家決策無法有效掌握推動政策的機會窗；（五）專家決策欠缺行政
上的可行性。因此，他主張：「為提供政策制定過程的正當性，並避免專家
壟斷決策過程造成的單一視角盲點，應建構『民主決策模式』，將具一般民
眾身分的政策標的團體與具實作人員身分的治理機關代表納入決策過程中，
與專家共同形成政策社區，在一平等、開放、相互尊重與信任的公共空間中
進行審慎充分的對話，尋求專業知識、日常生活智慧、實務經驗之間的充分
融合，建立建設性的共識，使政策制定過程能兼具民主的程序理性與多面向
考量的實質理性。」

　　以上這些論述，均顯示了民意在公共政策制定過程中應被慎重地納入考
量的規範性觀點，正面衝撞與挑戰重視菁英決策、專家判斷的間接民主與代
議政治之看法，使得公共政策之制定依據（以菁英意見為主？以民眾意見為
主？），成為一個具有高度爭議性的哲學問題，難有定論。若先將這個哲學
問題放在一邊，現代實證科學方法較能處理與檢證的是民眾意見、菁英意見
與公共政策的實然關係。對此，學界針對此一主題已有一些實證研究成果，
本章於下節亦將加以回顧與檢討。

第三節　民眾意見、菁英意見與公共政策之關係

　　有關民眾與菁英政策意見一致性之理論探討與實證研究，向來是研究公
共政策、民意、政治溝通與大眾傳播等學科的學者們所關切之議題，也有了

相當豐富的文獻。針對民眾與菁英對公共政策的認知與評價之間究竟有無差異的相關問題，學界有兩種不同的理論模型。傳統學界以「兩段溝通論」(two-step flow of communication)來描述民眾與菁英間之意見交流：占大多數的民眾對於事情的看法，深受少數關心公共事務的菁英所左右，多數民眾倚賴他們所認同的意見領袖來決定自己的意見，意見領袖以其人際影響力將資訊過濾、簡化後再傳送給其追隨者(Katz & Lazarsfeld, 1965; Weimann, 1994)，因此，民眾與菁英間之意見應無太大的差別。相反地，Graham(1989)提出了「兩個世界模型」(two worlds model)來描述美國民眾與菁英對外交及國安政策的意見。在第一個世界當中，民眾既不參與也不閱聽政治論述與爭辯，所以不受政治事件或菁英意見的影響，有著相當穩定的、以常識為主導的政治態度。第二個世界則由關心政治事務的菁英所組成，由於對公共事務及政策的關心，菁英的意見很容易受到媒體以及政府的影響，相對地，菁英的意見對政府決策者也有相當程度的影響，但是對第一個世界中民眾的政治態度之影響則極為有限。

　　上述兩個相互衝突的理論模型，提供了實證研究的一些假設(hypotheses)。如果「兩段溝通論」正確地描述、解釋與預測政治溝通行為，則民眾與菁英的政策意見應該會有一致性，而民眾也是理性的；反之，如實證研究發現許多民眾與菁英政策意見歧異的案例，則「兩個世界模型」將獲得實證支持，而倘若我們認為菁英才是理性的，則與菁英意見不符的民眾則是理性無知的。引用Graham的模型，Isaacs(1998)以1989年6月發生在中國大陸的天安門事件與1991年8月發生在蘇聯的反戈巴契夫政變為例，研究發現，美國民眾與菁英對外交政策的意見並不相同，而這兩種不同的意見似乎是在兩個不相重疊、毫無關聯的世界中形成與陳述。

　　針對民眾與菁英間政策意見差異的另一個實證研究是Feaver與Kohn(2000)的研究。Feaver與Kohn(2000)於1990年代末期在美國安全研究三邊研究所(Triangle Institute for Security Studies)的協助下，以軍官、民間菁英與一般民眾三類人員，共約4900名為對象，針對後冷戰時期美國軍方與民眾之間的關係、國防與外交政策，以及若干社會與道德議題進行調查研究，發現

三類人員對諸多政策議題乃至在社會價值觀與意識型態上，有相當不同的意見與看法。例如，相較於一般民眾，軍官在個人與政治自由方面展現出強烈支持言論自由的意見：89%贊成公共圖書館可以放置反對宗教的書，94%贊成共黨書籍可以列入館藏，82%贊成同性戀讀物可以公開陳列，該研究可說是探究民眾與菁英意見異同的另一個大規模實證研究案例。

　　總之，菁英與民眾對部分公共政策的意見並不相同，可說是外國許多實證研究的共通發現。這個現象在台灣少數針對民眾與菁英政策意見比較的實證研究中亦獲得部分驗證（余致力，2001；余致力、黃榮護，2000）。例如，將近有66%的行政菁英（余致力，1999）與58%的政經法學者（黃榮護、余致力，1997）主張將鄉鎮市長改為官派，但多數民眾(55%～59%)卻主張維持鄉鎮市長民選（中國時報特案新聞中心民意調查組，1996；聯合報系民意調查中心，1996）。又如，在國發會期間有論者主張「在國統會之外，應另設諮詢機構，如『兩岸關係委員會』或『國發會』，做為大陸政策最高的決策機關」，有58%政經法學者相當不敢苟同（黃榮護、余致力，1997），卻在一次民意調查中獲得64%以上民眾的支持（聯合報系民意調查中心，1996）。

　　再以公民投票為例，公投在台灣是一個深具爭議的政策議題，余致力(2001)彙整出一般民眾與四類菁英（含行政菁英、知識菁英、企業菁英與政治菁英）對公投的看法。從表4-1中，如以簡單多數決為衡量標準，則可發現一般民眾、知識菁英與政治菁英傾向贊同以公民投票來解決重大政治爭議問題，而行政菁英與企業菁英則對此政策持較為保留之態度。

　　除了公投外，核四在台灣也是一個深具爭議的政策議題，表4-2彙整出一般民眾與四類菁英對核四的看法（余致力，2001）。從表4-2中，如以簡單多數決為衡量標準，則可發現一般民眾、行政菁英、企業菁英與政治菁英傾向贊同興建核四，而知識菁英則對興建核四持反對的立場。

　　然而，民眾與菁英政策意見不一致的現象，究竟是普遍存在抑或僅是零星個案，從上述的中外研究文獻中並無法獲得解答。為了能更有系統地解答上述問題，余致力(2002)進一步採用「現有資料分析法」(existing data

表4-1　公投政策意見調查

調查對象 調查結果	贊成	無意見	反對	有效問卷
一般民眾	55.7%	26.4%	17.5%	1087
行政菁英	44.4%	9.0%	46.5%	785
知識菁英	58.7%	6.3%	35.1%	191
企業菁英	32.8%	11.9%	55.4%	1007
政治菁英	43.7%	31.7%	24.6%	127

資料來源：余致力(2001)，表一。

表4-2　核四政策意見調查

調查對象 調查結果	贊成	無意見	反對	有效問卷
一般民眾	52.5%	23.1%	24.3%	753
行政菁英	52.9%	27.5%	19.5%	788
知識菁英	37.3%	18.1%	44.6%	193
企業菁英	53.7%	18.2%	28.2%	1007
政治菁英	40.5%	36.5%	23.0%	127

資料來源：余致力(2001)，表三。

analysis method)來蒐集台灣1996～2000年間的政策民調資料，撰寫《民意與公共政策》一書，嘗試著結合西方學理論述與本土實證研究來省思與檢驗民眾意見、菁英意見與政府決策在台灣民主化之後的一致程度。表4-3列舉出該書中有關一般民眾與各類菁英針對52項政策議題的多數意見。知識菁英包含政經法學者（黃榮護、余致力，1997年的調查對象），公共政策學者（曹俊漢，1998年與1999年的調查對象），以及各類學者專家（大眾傳播媒體所進行或報導過，以學者專家為對象的調查）；行政菁英係以余致力(1999)的調

表4-3　民眾與菁英政策意見相關資料

政策議題	一般民眾多數意見	知識菁英多數意見	行政菁英多數意見	企業菁英多數意見	政治菁英多數意見
壹、政治體制運作					
一、公投與選舉					
1.以公投決定重大政策	贊成	贊成	不確定**		贊成
2.以公投決定台灣前途	不確定*			不贊成	
3.以公投決定拜耳設廠案	贊成			不贊成	不贊成
4.投票年齡降為十八歲	不贊成	不贊成	不贊成		
5.立法委員選舉採單一選區兩票制	贊成	贊成			
6.總統選舉採絕對多數制	贊成	贊成	贊成		
二、中央與地方政府體制					
1.廢除國大	贊成	贊成	贊成	贊成	不贊成
2.雙首長制	不贊成	不贊成	不贊成		
3.審計權改由立法院行使	不贊成	贊成	不確定**		
4.立委總額減半	贊成	贊成			
5.立委任期延長為四年	不確定*	贊成			
6.政黨停止營利活動與黨產交付信託	贊成	贊成	贊成		贊成
7.停止省級選舉,精簡省府組織	不確定*	贊成	贊成		
8.停辦鄉鎮市長選舉,改為官派	不贊成	贊成	贊成		
貳、兩岸與外交					
一、兩岸					
1.統獨爭議上維持現狀	贊成		贊成		
2.特殊兩國論	贊成	不贊成	不贊成	贊成	贊成
3.三通	贊成		贊成		

表4-3 民衆與菁英政策意見相關資料（續）

政策議題	一般民眾多數意見	知識菁英多數意見	行政菁英多數意見	企業菁英多數意見	政治菁英多數意見
4.戒急用忍	不確定*		贊成	贊成	
5.兩岸進行政治談判	不確定*		贊成		
6.設立兩岸關係委員會	贊成	不贊成			
二、外交					
1.元首外交	贊成		贊成		
2.經援外交	不贊成			不贊成	
3.南向政策	不贊成		贊成		
4.積極加入聯合國	贊成	不贊成	不贊成		
5.加入世界貿易組織（WTO）	贊成		贊成		
6.加入戰區飛彈防禦系統（TMD）	贊成			贊成	
參、內政與民生					
一、經建、土地、環保、勞工					
1.亞太營運中心	不贊成		贊成	不確定**	
2.興建核四	贊成	不贊成	贊成	贊成	贊成
3.拜耳投資案	贊成				不贊成
4.開放農地自由買賣	贊成				贊成
5.維持農地農用	贊成		贊成		
6.勞工週休二日	贊成			贊成	
二、財政、博奕、彩券、社福					
1.取消教科文預算下限的憲法規定	不贊成	不贊成	贊成		
2.徵收證所稅	贊成	贊成	贊成		
3.賭博合法化、設立觀光賭場	不贊成	贊成	贊成		不贊成

表4-3　民眾與菁英政策意見相關資料（續）

政策議題	一般民眾多數意見	知識菁英多數意見	行政菁英多數意見	企業菁英多數意見	政治菁英多數意見
4.國民年金	贊成	贊成	贊成		
5.開辦失業保險	贊成		贊成		
6.發放敬老津貼	不確定**	贊成	贊成		
7.發放兒童津貼	贊成		贊成		
三、治安、司法、警政、國防					
1.廢除死刑	不贊成	不贊成			
2.假釋標準從嚴	贊成	不確定**	贊成		
3.廢除公娼	不確定*	不確定*	不確定**		
4.賭博性電玩合法化	不贊定				不贊成
5.替代役	贊成		贊成		
四、教育、健保、醫療、其他					
1.常態編班	贊成		贊成		
2.資優兒童提早入學	不贊成	不贊成			
3.學校以打手心方式來處罰學生	贊成	贊成			
4.全民健保各項措施	贊成	不確定**	贊成	贊成	贊成
5.醫藥分業制度	不確定*	贊成	贊成		
6.代理孕母合法化	不贊成	不確定*	贊成		
7.成立公共電視台	贊成		贊成		贊成
8.國民卡	贊成		不贊成		

註：*表多次民調結果不一致。

　　**表單次民調結果在誤差範圍內。

資料來源：整理自余致力(2002)，附錄五。

查對象為主，包括行政與考試兩院九職等以上十二職等以下的公共管理者；
企業菁英與政治菁英的民調均來自各大眾傳播媒體，前者包含如一千大製造

業、五百大服務業與一百五十大金融業經理級以上或是部門最高主管的企業經理人等，後者則涵蓋立法委員、縣市長與鄉鎮市長等政治人物。

表4-4從表4-3的資料中彙整計算了一般民眾與各類菁英意見異同的政策議題數目。以一般民眾vs.知識菁英為例，從表4-3的資料中得知，共計有29項政策曾經針對一般民眾與知識菁英進行過意見調查，其中4項政策一般民眾之多數意見為「不確定」（「立委任期延長為4年」、「停止省級選舉，精簡省府組織」、「發放敬老津貼」，以及「醫藥分業制度」）；3項政策知識菁英之多數意見「不確定」（「假釋標準從嚴」、「全民健保各項措施」與「代理孕母合法化」），以及1項政策兩者的多數意見均「不確定」（「廢除公娼」），故無法比較一般民眾與知識菁英多數意見之異同。扣除掉這8項政策後剩下的21項政策中，一般民眾與知識菁英多數意見相同的有14項，相異的有7項，在表4-4中「一般民眾vs.知識菁英」的部分，以「同：14，異：7」來表示。

表4-4　一般民眾與各類菁英政策意見異同之比較分析

	知識菁英	行政菁英	企業菁英	政治菁英	次數總計
一般民眾	同：14 異：7	同：20 異：9	同：7 異：1	同：9 異：3	同：50(71%) 異：20(29%)

資料來源：余致力(2002)，表6-4部分資料。

依此方式將一般民眾的政策意見與其他三類菁英的多數意見做比較後，統計出一般民眾與行政菁英意見相同的政策有20項，相異的9項；一般民眾與企業菁英意見相同的政策有7項，相異的有1項；一般民眾與政治菁英意見相同的有9項，相異的有3項；總計一般民眾與各類菁英兩兩相比較後，意見相同的總次數為50次(71%)，相異20次(29%)，顯示一般民眾與各類菁英政策意見同大於異，「兩段溝通論」比起「兩個世界模型」對台灣一般民眾與菁英意見異同的現象，有較高的描述、解釋與預測的能力。這一點可能與台灣在民主化後所形成的政治傳播環境有關。台灣在民主化後，民眾對吸收公共事

務相關資訊以及參與公共事務的對話討論都有較高的興致，加上大眾傳播媒體的發達，使得民眾與菁英間有十分暢通的意見交流管道，打破了兩個世界的藩籬，對於許多公共事務都有類似的看法。因此，倘若我們認為菁英是理性的，則台灣民眾大體上也是理性的，而非無知。

除了探討一般民眾與菁英在政策議題上意見的異同外，不同類別的菁英對特定政策議題也可能會有不同的意見，這一點在外國的一些實證研究中獲得驗證。以核能政策為例，Rothman與Lichter(1987)針對十類菁英進行調查，便發現不同類型的菁英對核能電廠安全程度的認知有極大的差異（詳表4-5）。研究者以一份「七分量表」向受訪者探詢他們對核能電廠安全程度的看法，1代表非常不安全，7代表非常安全，在72位受訪的核能專家中有98.7%認為核能電廠安全程度在5分以上，是各類專業社群中對核能安全最有信心的一群。對核能安全最沒信心的是公益團體領袖，在154位受訪者中，只有6.4%認為核能電廠安全程度在5分以上。其他八類專業社群對核能安全的認知程度依序為：軍事領袖(75.8%，N＝279)，自然科學家(60.2%，N＝925)，高級行政官員(52.0%，N＝199)，律師(48.6%，N＝149)，國會助理(39.1%，N＝132)，新聞從業人員(36.5%，N＝156)，電影製作人(14.3%，N＝90)，電視製作人(12.5%，N＝103)，可說是有極大的差異。

菁英間對特定政策議題存在著意見的差異，在台灣的資料中也有一些例子（詳表4-3）。例如，（一）多數政治菁英不贊成廢除國民大會，但多數的知識菁英、行政菁英與企業菁英均贊成廢除國民大會；（二）多數知識菁英與行政菁英不贊成李登輝前總統所提的「特殊兩國論」，與多數企業菁英及政治菁英的意見相左；（三）多數知識菁英不贊成興建核四，與行政菁英、企業菁英、政治菁英的多數意見不一致；（四）多數知識菁英不贊成取消教科文預算下限，但多數行政菁英贊成；（五）多數政治菁英不贊成賭博合法化、設立觀光賭場，與多數知識菁英及行政菁英的見解有歧異。未來的研究，如能發掘這些異同關係的結構因素，則將能進一步釐清與瞭解民眾意見、菁英意見與公共政策的關係。

表4-5 核能電廠安全嗎？

	認為核能電廠安全程度 在5分以上之百分比*	樣本數
公益團體領袖	6.4%	154
電視製作人	12.5%	103
電影製作人	14.3%	90
新聞媒體從業人員	36.5%	156
國會助理	39.1%	132
律師	48.6%	149
高級行政官員	52.0%	199
自然科學家	60.2%	925
核能專家	98.7%	72
能源專家	75.8%	279
軍事領袖	86.0%	152

註：*表受訪者針對「七分量表」作答，1代表非常不安全，7代表非常安全。
資料來源：Rothman & Lichter(1987).

第四節　結論

　　菁英決策理論認為政府的決策資訊主要來自菁英而非一般民眾，公共政策是由菁英所制定的，是符合菁英而非民眾的意見。此一論述，大體上似無不妥，但嚴格說來，卻是稍嫌簡略。從本章彙整的文獻中可得知，不同菁英間的意見未必一致，當意見紛歧時，誰的意見應該主導政策走向呢？即使有時各類菁英呈現高度共識的政策意見，但政府的政策就一定會與菁英意見一致嗎？

　　以賭博合法化、設立觀光賭場的政策議題為例，行政菁英中有59%贊成（含非常贊成）、26%反對（含非常不贊成），知識菁英中有65%贊成（含

非常贊成）、23%反對（含非常不贊成），可說是頗有共識、多數贊成，但
台灣政府迄今尚未同意開放觀光賭場。政府政策與多數菁英意見不一致。類
似這樣的例子，在余致力(2002)分析41項政策中，占了39%，也就是說有16項
政策，政府的決定與多數菁英的意見並不一致，顯示西方菁英理論對台灣政
治運作與政策抉擇的描述，解釋與預測能力均有其不足之處。

媒體與公共政策

學習目標

- 瞭解媒體反映民意的功能與限制。
- 瞭解沉默螺旋理論的意涵與啓示。
- 瞭解媒體對民意形塑的影響。
- 瞭解媒體對政策形成的影響。
- 瞭解議程設定研究的成果與不足之處。

第一節　前言

　　大眾傳播媒體的功能之一是為民喉舌，也是反映民意的管道。無論是平面媒體或電子媒體，無論是媒體從業人員所製播的新聞或是民眾透過大眾傳媒以投書、叩應的方式發聲，都被視為是民意表達的方式。王旭(1999a)在一份「關於民意的民眾意見」研究調查中發現，針對六項民意指標，在從0～10，分數愈高表示反映民意程度愈高的測量表尺上，全體受訪者(N＝699)認為各個民意指標反映民意的程度，由高至低依序是：讀者投書5.62、民意調查5.56、報紙新聞5.34、電視叩應5.31、電視新聞5.17、民意代表3.55。顯示出透過媒體反映民意的讀者投書、報紙新聞、電視叩應、電視新聞等四項民意指標，在民眾心目中，其所能反映民意的程度與民意調查相去不遠，且遠高於民意代表。

　　媒體除了是反映民意的管道外，更是塑造民意的利器。特別是大眾傳播媒體，可說是影響民眾去關心什麼議題及形成何種意見的重要社會公器(Protess & McCombs, 1991)。誠如本書第二章提及，McCombs與Shaw(1972)以1968年的美國總統選舉做研究，在《民意季刊》上發表了〈大眾傳播媒體的議題設定功能〉("The Agenda-Setting Function of Mass Media")一文，率先提出議程設定的觀念，指出大眾傳播媒體報導的重點，與民眾腦海中認為重要的題材間，有強烈密切的關係。部分學者運用這個理論架構來檢視台灣的資料，也驗證了大眾傳播媒體在形成閱聽人腦海中圖像所扮演的重要角色（例如，王旭，1999b；郭良文，1999；徐美苓，1999）。而由於媒體對民意有著這麼顯著與強大的影響力，它便成了政商團體謀求利益的必爭之地。台灣2000年總統大選之後，許多大眾傳播媒體紛紛發起自清自律的自強運動，誓言要斬斷操控扭曲新聞專業背後的那隻黑手，也讓民眾深切體認到，有時媒體內容未必反映民意，而只是幕後黑手的傳聲筒，企圖為主子的利益來影響民意走向與政策方向。

　　有關媒體與公共政策關係的探討可以區分為三個部分，本章第二節首先

探討大眾傳播媒體在反映民意上所具有的功能與限制。第三節與第四節則分別論述媒體在民意形塑與政策形成過程中所扮演的角色與所具備的影響。

第二節　媒體反映民意的功能與限制

　　民眾對公共事務的意見，除了可透過代理人（如民意代表）間接表達外，亦可由本人主動直接予以表達。民眾可以主動透過投書、叩應、遊說、請願、申訴、連署、示威、抗議與遊行等方式來直接表達意見。當民眾採取這些方式來主動表達意見時，不但能讓他人瞭解其意見偏好(preference)，更能令人感受到其意見的強度(intensity)。

　　對於民意的衡量，偏好與強度這兩個概念是必須加以區分的。偏好指的是對特定政策持贊成或反對的立場。例如，有人主張停建核四電廠，也有人反對，調查多少人贊成、多少人反對，是測量民意的第一步。但是只知道有多少人贊成、多少人反對，仍不足以展現民意的全貌。具有同樣偏好的民眾，其對所持立場的堅持程度，也就是意見的強度，可能有著相當大的差異。以主張停建核四電廠為例，有人對其所持立場是一種可有可無的贊成，另外有人則願意為表達這樣的立場走上街頭，甚至絕食抗議。其間支持的程度，就是意見強度之差距，此也是想要充分瞭解民意者所不能忽視的層面。

　　台灣自1987年解嚴以來，愈來愈多的民眾有機會、也有意願採用主動且直接的方式來表達其對公共事務的意見。遊說、請願、申訴案例激增，連署、示威、抗議、遊行頻繁，是眾所周知的現象。至於投書與叩應，自1988年解除報禁後，報紙版面、張數不再受到政府管制，讀者投書有了固定且較大的篇幅得以刊載，而1993年通過有線電視法，電視頻道數目大增，叩應節目也得到較寬廣的播出空間，再加上近20年來台灣在政治上經歷急遽轉型，讀者投書和叩應節目獲得豐沛的社會力量支持，在供給與需求兩相增加的條件下，使投書與叩應成為愈來愈受重視的民意表達管道與認定方式（王旭，1999a）。

　　然而，投書與叩應的表達過程充滿著操控與扭曲的空間，使其所表達出來的意見，並不一定代表多數民眾的心聲。叩應存在著自我選擇偏差、有心人士操控、叩應部隊干擾等潛在的問題，使得我們無法以多數叩應者的意見來推估多數民意。至於讀者投書，根據過去研究顯示，部分平面媒體的編輯並未扮演好客觀中立「守門人」(gatekeepers)的角色，只有在投書者意見與編輯相同的情況下，投書才被採納而刊登（陳蔓蒂，1991）。在這種情況之下，對特定政策，原本持反對意見投書的人多，持贊成意見投書的人少，但由於編輯的操控與篩選，致使登出來的投書意見與多數反對的意見正好相反，因而造成錯誤的民意認知。另外有一種情形則是，大多數民眾與投書是支持某一政策，少數反對，但編輯為了平衡報導，便給正反意見的投書者相同版面來表達意見，如此一來，讀者可能會誤以為民眾對此政策呈現偏執兩極的意見，沒有共識，這也是想從投書來推估多數民意可能犯的錯誤。

　　除了投書與叩應會透過大眾傳播媒體向外擴散外，上述這些直接且主動表達出來的民意，特別是透過連署、示威、抗議、遊行等較激烈的手段所表達出的民意，往往會受到媒體的報導與全國的關注。也正因為如此，有時即便只是少數人的意見表達，卻會讓人誤以為是全民意旨或是多數民意的表現，迫使政府加速回應。其實，這種少數的顯性民意與多數的隱性民意是否吻合，實有再加以深思釐清的必要。

　　在有關民意的研究裡有一個重要的理論——「沉默螺旋」(spiral of silence)，係出自於德國學者Noelle-Neumann（翁秀琪等譯，1994）。沉默螺旋理論立基於「服從論」的觀點，認為「多數影響」是社會成員態度與行為改變的準則。人是害怕被社會孤立的，而因為這種害怕被孤立的心態，人會主動偵測社會環境，瞭解周遭的主流意見，當支持甲意見的人感受到主流意見對自己有利時，他們就會將意見表達出來，成為顯性民意；相反地，支持乙意見的人很可能會感受到民意氣氛不利於己，就會保持緘默。經過一段時間後，表達意見者造勢愈強，保持緘默者失去言論空間而愈弱，強者在螺旋中往上升成為顯性民意，弱者則往下沉，成了隱性民意。沉默螺旋理論幫助我們瞭解民意，有助於描述與解釋多數顯性民意與少數隱性民意的形成與互

動關係。

　　然而，有時多數意見未必一定會彰顯，少數意見也不見得就一定沉默，在社會上有一些人能克服被孤立的恐懼，勇於表達少數意見，Noelle-Neumann將這些人稱爲「克服害怕孤立」的「死硬派」（孫秀蕙，1994）。「死硬派」呈現出一種與「沉默螺旋」相左的「投射效果」(projection effects)：他們將自己的意見推估到他人身上，認定大多數人與他們意見相同，無視於外在的民意氣氛或拒絕由外在民意氣候來形塑他們的意見。這些「死硬派」在議題的建構與擴散過程中，很有可能操控民意氣候，將「認知多數」與「量化多數」的距離拉至最大，從「沉默螺旋」底下竄升上來，成爲顯性民意，而多數人的意見反而成了隱性民意。

　　總之，死硬派的產生，往往會使少數人主導民意，少數人的意見成了顯性民意，而大多數人反而保持沉默，成爲隱性民意。所以在一片強調參與及重視民意聲中，Thomas(1995)提醒吾人，過度遷就少數民眾的強烈偏好，任由擺布，往往會形成「會吵的有糖吃」、「愛絕食的有飯吃」的不合理與不公平之現象。本節所提到的各種民意表達方式，特別是再經過大眾傳媒暴露報導的民意，雖是政策分析與制定過程中不可忽視的因素，但它卻不一定是代表多數民眾的心聲，而其主張與立場，更不一定是符合全民的長遠利益，政策分析師與決策者不可不察。

第三節　　媒體對民意的影響

　　McCombs與Shaw(1972)發表了議程設定的論文後，許多學者跟隨他們的步伐，進行了一系列議程設定的研究，在在驗證了媒體議程設定的功能，並更進一步以各種進階研究方法釐清界定媒體報導與民意形成的因果關係。茲以發表時間順序列舉幾項重要的研究成果如下。

　　一、Gordon與Heath(1981)以美國芝加哥、三藩市與費城三大城市爲對象，針對犯罪率、犯罪新聞的報導、民眾對治安的看法進行比較分析，其結

果顯示，在客觀世界犯罪率一樣的情況下，閱讀大量報導犯罪事件報紙的閱聽人比起其他報紙的閱聽人對治安有更負面的看法與更大的恐懼，再次證實了媒體議程設定的功能。

二、Iyengar等人(1982)採用實驗研究法(laboratory experiments)驗證了電視新聞對閱聽人的影響力，該研究不僅控制了時間順序的因素，更排除了可能存在的虛假關係(spurious relationship)，明確地建立了媒體報導與民意形成間的因果關係，證實了媒體議程設定的功能。

三、Smith(1987)採用內容分析法蒐集了8年的地方報紙資料，將其結果與民意調查資料相比較，透過兩種進階統計分析工具(cross-lagged correlations and Granger analysis)，控制時間順序因素，驗證了媒體報導是因、民意形成是果的因果關係。

四、Sahr(1997)針對經濟政策報導效果所做的一個研究顯示，民眾腦海中的圖像，是由媒體所幫忙繪製出來的；民眾對於經濟的好壞，並不是由個人的經驗來做判斷，而是透過媒體的報導得知，藉由媒體提供的許多資訊來判斷。

五、透過分析多次的民調結果，Gilens(1999)發現美國民眾對社會福利改革存在著相互矛盾的觀點。一方面，多數民意支持增加政府支出以照顧弱勢族群；另一方面，多數民眾認為多數社會福利的支領人濫用社福資源，因而主張刪減社會福利支出。經過深入地分析發現，這個矛盾的根源來自媒體所造成的刻板印象。例如，檢視1950～1992年美國三大新聞雜誌(Time, Newsweek, U. S. News and World Report)的照片內容，Gilens發現多數有關貧窮的負面報導，其所使用的照片大多為黑人，因而造成多數民眾認為黑人是懶惰的、與貧窮是劃上等號的觀念。另外，民眾亦誤以為黑人占社會福利支付的最大比例，但事實上，黑人僅占社福支領人的27%。從媒體形塑的刻板印象及獲得的錯誤資訊，造成民眾對社會福利政策的特定觀感，進而影響政府政策之抉擇。

六、Hester與Gibson(2003)蒐集了48個月有關經濟狀況的報導，透過內容分析結合客觀經濟指標，運用時間序列分析來探討第二層議程設定功能

(second-level agenda-setting effects)。有別於傳統的第一層議程設定研究，僅注重計算媒體報導的數量與版面位置安排，第二層議程設定的研究重視更深入去分析報導內容的特性與筆調。第一層議程設定的假設是媒體的報導影響閱聽人關注思考哪些議題，第二層議程設定的假設則是媒體的報導影響閱聽人對議題的思考或建構。Hester與Gibson的研究結果發現，媒體多以悲觀的框架來報導經濟狀況，而其報導影響了消費者對未來經濟狀況的期待，更進一步，甚至對未來經濟狀況的表現產生實質的負面影響。

七、Cooper與Nownes(2004)以前測－後測實驗組、控制組之實驗設計，針對利益團體運用媒體刊登廣告對民眾意見的影響做研究，其結果發現，廣告雖然不能改變民眾對利益團體形象的認知，但卻能提升民眾對廣告議題的關注程度。

上述七篇論文，針對不同的主題，透過不同的研究方法，驗證了媒體議程設定的功能。誠然，過去許多有關議程設定功能的研究，並不是全部都驗證媒體具有議程設定的功能，而即使證實了媒體報導對民意形成有影響的研究，其影響力之大小亦會因不同情境條件(contingent factors)而有所差異。因此，傳播學門對議程設定的研究有一部分是著重在發掘議程設定的情境條件，過去研究發現：

一、高學歷的社會菁英對所處的公共環境有較高的好奇心與求知慾，因而有閱聽新聞之習慣，也較易受到媒體的影響(Weaver, 1977; Hill, 1985)。

二、對政治愈有興趣的人，受媒體議程設定效果的影響愈大，而這些人通常也會成為社群中的意見領袖，更進一步強化媒體議程設定效果在社群中的影響力(Wanta, 1997)。

三、議題的地理鄰近性(geographic proximity)及議題與閱聽人的切身利害程度(obtrusiveness)會影響議程設定的功能。過去的研究發現，與閱聽人比較疏遠、缺乏切身利害關係的事件(unobstrusive events)，如國際事務，媒體會有比較強大的議程設定效果；相對地，對於閱聽人比較能夠親自取得第一手相關資訊的事件，如地方政府或居住社區內的公共議題，媒體就比較缺乏議程設定的效果(Palmgreen & Clarke, 1977; Atwood et al., 1978)。

四、媒體的型態會影響議程設定的功能，一般研究發現，報紙比其他媒體有更強大的議程設定功能(Protess & McCombs, 1991)。

五、媒體報導的時間長短(duration of exposure)與消息來源的可靠性都會影響議程設定功能的大小(Winter & Eyal, 1981)。

除了上述這些因素外，還有許多可能影響議程設定功能的內在和外在因素，吾人不宜一廂情願地認定各種傳播媒體必然會對所有的閱聽人產生相同的議程設定效果，議程設定功能的情境條件之相關研究仍有待加強(Winter, 1981; Protess & McCombs, 1991)。此外，媒體本身的議程究竟是如何決定的，也是值得更深入探討研究的課題。換言之，哪些公共議題能擠上媒體的版面或時段？媒體如何來報導這些公共議題？而這些選擇（報導什麼內容及如何報導）對民意的形成乃至政策的抉擇有何影響？似乎是過去研究所較為忽視的課題。

針對這一項課題，Maney與Plutzer(1996)的研究頗有啟發，值得參考。如本書第3章提及，Maney與Plutzer以食品安全為例，透過電話訪談三類菁英——新聞媒體從業人員（119人）、自然科學家[1]（116人）與政府部門決策者（110人），以探詢其對現代化的食品技術，例如，輻射殺菌(irradiation)、基因工程(genetic engineering)、生長激素(growth hormones)，以及化學殺蟲劑(chemical pesticides)的安全性之意見，其結果顯示這三類菁英頗具共識，肯定現代食品科技與科技食品之安全性。然而，消費者卻未能察覺或接受這樣的共識，而是對現代食品科技與科技食品之安全性抱持懷疑的態度(Forbes, 1988)，呈現出明顯的差距。

為什麼一般民眾與學者專家對食品安全的認知有差距？Maney與Plutzer指出，民眾對現代食品科技與科技食品安全性的認知並非直接來自食品科學學術社群的研究報告，而是間接透過媒體的披露與報導，進而形成意見與偏好，因此，媒體在此扮演重要的角色。而美國新聞媒體從業人員較之一般民

---

[1] 自然科學家並不限於食品科學領域的科學家。

眾有左傾的傾向(left-leaning)[2]，他們傾向於誇大現代科技發展的危險性與其對人類社會的負面影響[3]。再者，媒體在處理科技問題的爭辯過程中，由於強調平衡報導，因而給予正反雙方相同的篇幅來論述其觀點，誤導讀者以為學術社群對現代食品科技與科技食品的安全欠缺共識。因此，民眾對現代食品科技與科技食品安全性的疑慮主要是來自媒體的影響，來自媒體在報導時將本身的意識型態（左傾、自由派）帶進來的結果。

一般民眾與學術社群意見差距除了受到媒體報導立場的影響外，另外一個原因乃在於學術社群與一般民眾之間欠缺直接溝通的管道，民眾對特定問題的科學知識與判斷是來自少數能見度高、有發聲管道的科學家(visible scientists; Goodsell, 1977)。這些少數人的意見未必代表其學術社群之主流意見或多數意見，但由於這些知名科學家比較願意在報章雜誌等大眾傳播媒體（而非不太有人閱讀的學術期刊）撰寫文章宣揚特定理念，使其少數觀點能廣泛傳播，影響一般民眾，終究成為多數民眾的主流意見，而與學術社群之多數意見形成差距。

從Maney與Plutzer的研究可以發現一個有趣的現象，少數菁英透過大眾媒體影響民意的形成，很可能打敗了多數菁英在政策議程設定的影響力。這樣的發現顛覆了過去菁英理論將菁英簡化為具有共識的同質性團體之觀點，

---

[2] 所謂「自由派」(liberal)或「左派」(left)，其意涵是多面向且頗具爭議的，Maney與Plutzer(1996)在文中所稱的「自由派」或「左派」具有下列三種特性：(1)主張政府透過福利政策與累進稅制追求平等的財富分配結果(egalitarian outcome)；(2)主張政府對企業予以管制，以保護民眾免受市場失靈之害（如負面外部性、資訊不對稱、自然獨占等）；(3)主張人民享有個人自由與隱私(personal liberty and privacy)，不受政府的干預與侵害。前兩項特點，一般稱之為經濟自由主義(economic liberalism)，而第三項特點屬於社會自由主義(social liberalism)。

[3] 美國許多學術研究認同此一觀點。例如，Aviel(2001)之研究提出，菁英對現代科技的發展與運用，持保留與批判的態度。由於他們善於運用電子及平面媒體去影響民眾的觀感，因而在美國形成了一股阻礙科技發展的趨勢，如果美國不能扭轉此一趨勢，則美國未來科技發展將從全球領先的地位退化到落後的地位。

值得學術界重視。從另一個角度而言，有時媒體能跳過民眾而對公共政策產生影響，這是本章下一節所要加以探討的課題。

第四節　媒體對政策的影響

在討論媒體對政府決策影響的相關理論架構裡面，有三個相當基本的理論架構值得一提，以供參考。首先，根據Easton(1953)的政治系統模型，任何一個政治系統有三個基本因素：投入、過程與產出，而媒體就是政策制定過程中相當具有影響力的一個投入因素。其次，Schattschneider(1975)在其所著《半主權民眾》(*The Semisovereign People*)一書中提到，公共政策決策過程最重要的一個關鍵因素就是衝突的範圍(scope of conflict)，衝突範圍的大小往往決定了一個政策的結果，而媒體則是掌握特定政策議題衝突範圍大小的主要因素[4]。最後，從比較動態、非線性的思維觀點來看，媒體對特定政策議題的報導型態提供了政策利害關係人一個建構政治符號(political symbols)與形塑議題文化(issue cultures)的場域(Stone, 1988; Schneider & Ingram, 1990; Gamson & Modigliani, 1989)，進而影響決策窗(policy windows)的開啟(Kingdon, 1984)，促使特定政策的形成與制定(Broquez, 1993)。

根據過去相關文獻彙整發現，學者針對公共政策與媒體間互動關係的學術研究著作並不多見（如Alger, 1996; Borquez, 1993; Protess & McCombs, 1991），在這相當少的幾本研究著作裡，都會提到媒體在公共政策形成中的角色。Spitzer(1993)在其所編著的《媒體與公共政策》(*Media and Public Policy*)中提到，媒體工作人員或新聞記者可幫助社會大眾瞭解一個政策的重要內涵，並釐清政策的許多面向，對於制定良善政策有相當的貢獻。但是水

---

[4] 如1950、1960年代美國南方之黑人企圖改變民意趨勢、對抗白人的種族隔離主義，即是將衝突擴大，透過媒體報導引起全國的注意，促使聯邦政府介入，以改變地方政府隔離制度。

可載舟、亦可覆舟，媒體記者有時對於公共政策過早的報導與揭露，就好像對一個尚未沖洗完成的底片，突然間打開暗房的門讓光線進去，會導致它的毀壞。

Cohen(1963)曾經描述媒體所扮演的三種角色是：觀察者(observer)、參與者(participant)與催化者(catalyst)。媒體觀察記錄並報導在政策決策過程中的許多事件，其扮演觀察者的角色是顯而易見的。除此之外，媒體同時也是政策決策過程中的參與者；媒體透過監督政府或是倡議特定政策立場等作為，來完成一個參與者的角色。最後，媒體同時也扮演著催化者的角色，因為媒體報導的內容會促使特定的政策議題變成民眾所關注的議題，同時也極可能影響民眾對這些議題的反應，一些原本會被忽視或是淡化的公共議題，經過了媒體的報導之後，很可能就在公共辯論中受到重視。同理，Davis(1996)指出媒體不但扮演著一般我們理解認知到的被動角色，有時也扮演著相當主動的角色，採取主動的途徑來影響公共政策。有關媒體對公共政策的影響力，主要是來自於他們的「扒糞行為」(muckraking)與「引爆效果」(priming effect)，也就是經由媒體揭發弊端，詬病某些社會問題之所在，報導與強調特定議題或政策，讓人們認知到這些議題或政策的顯著性，進而影響政府的決策。

媒體報導對於公共政策的決定究竟有無影響呢？各家有不同的看法。有幾個實證研究證實了媒體對公共政策的影響。例如，Nelson(1984)以虐童議題(child abuse)為例，顯示媒體對特定社會議題大幅與持續報導會引起民眾的關注、形成民意，進而影響政府官員的決策，使該社會問題進入政策議程。

在《衝擊：平面媒體如何影響聯邦政府的政策決定》(*Impact: How the Press Affects Federal Policymaking*)一書中，Linsky(1986)透過問卷調查、深度訪談，以及個案研究等方法，針對美國聯邦政府的高級官員及媒體資深記者進行調查與訪問，發現媒體對於公共政策的制定有相當程度的影響。媒體報導的影響力，大致可分為兩種。第一種是十分具體的報導會加速政策制定的過程。媒體的報導，使得政府官員承受很大的壓力，而且會設法儘快地對於問題予以回應。Linsky指出，特別是電視的報導，當媒體記者站在白宮草坪

上，對著1500萬的民眾報導：「總統針對昨天所發生的危機並未採取任何行動回應」時，對白宮或總統來說，會形成很大的壓力。第二種是大幅的負面報導會提升決策的層級。換句話說，原本可能只是在行政體系內中下層的官員就可以處理解決的事務，在經過媒體的大幅報導後，其決策層次很可能就提高到上層乃至於到白宮。

此外，更有學者認為媒體對公共政策的制定有非常大的影響力，甚至大到危及民主政治正常運作的程序。Rivers(1982)便稱美國的媒體為「影子政府」(shadow government)，批評在華府的新聞記者擁有一般民眾所沒有的特權與影響力。政府官員，包括總統本人，都需要依靠媒體的報導來獲取他們關心的資訊。Rivers文中引述前新澤西州參議員Alexander Smith列舉了國會議員十三種不同的資訊來源，但他強調：「媒體是基礎，建構了國會議員對時事的基本知識，其他的資訊來源不過是媒體的補強罷了。」此外，甘迺迪總統亦承認他是從紐約時報獲得有關他要入侵豬玀灣的一些相關資訊。美國中情局在入侵前曾小心地監督保密事宜，但仍被紐約時報的編輯得知此事，甘迺迪總統乃要求該報等到美軍登陸古巴以後再刊登此一訊息。在與時報編輯溝通的過程中，甘迺迪總統從紐約時報中獲得其他有關登陸的一些新資訊。之後，甘迺迪總統對紐約時報的執行主編Turner Catledge說：「如果你們多刊載一些作戰行動，你們可能把我們從巨大的錯誤中拯救出來。」即使是最強勢的總統也需要媒體的報導，因為總統不可能篩選並吸收所有行政部門的資訊，有時他也會被他的行政幕僚所蒙蔽。Protess等人(1987)針對媒體調查報導(investigative reporting)影響力之研究亦發現，媒體對政府決策的影響是毋需透過民意的中介變項；換言之，在一般大眾尚未受到影響，民意未曾改變或展現前，政府就已經快速地針對媒體議題有所回應，將調查報告的標的事件排入了政策議程。Alger(1996)以美國的健康保險政策為例，指出健保相關利益團體花費了大約6,000萬美元在電視與平面媒體上做廣告，企圖影響民眾與決策者在政策議題論辯中的偏好與立場。但是，廣告真有影響力嗎？關於這個問題的研究顯示，這些廣告對於一般民眾的政策偏好並沒有太大的影響力，但是對於決策者則有相當程度的影響，主要是因為決策者會誤認為這

些廣告影響了民眾的政策偏好。所以利益團體透過大眾傳播媒體所表達出來的意見，如與多數民眾的意見相左時，雖不足以改變大多數的民意，但卻會被決策者誤以爲是多數民意而有所回應或據以作爲決策依據，這是媒體跳過民眾而直接影響政策議程的另一案例。

當然，亦有部分學者並不同意上述看法，甚至認爲媒體對政府決策並沒有太大的影響力。Kingdon(1984)在其所著《議程、可擇方案與公共政策》(*Agendas, Alternatives, and Public Policies*)一書中便指出，媒體對公共政策的影響十分有限。Kingdon認爲，公共政策的參與者(policy actors)對其所支持或反對的政策擁有相當充分的資訊與不易改變的定見，因而不容易受到媒體報導的影響。這個論點與Cook等人(1983)採用社會心理研究途徑研究政策菁英政策態度轉變不易的結論相呼應。此外，Kingdon亦指出，媒體重視「新聞價值」(newsworthiness)的特質，使其傾向於報導即時性的、衝突性的、名人軼聞等閱聽人有興趣的議題，而對於嚴肅的公共政策議題的關注週期(issue-attention cycle; Downs, 1972)無法持久，因此，在政策議程設定上無法產生影響力。

根據過去的一些研究發現，媒體對公共政策的報導不論在量或質方面都顯著的不足與有待改善（如Alger, 1996; Borquez, 1993; Protess & McCombs, 1991）。具體而言，Sahr(1997)在其所著《新聞媒體、總統與公共政策》(*The News Median, President and Public Policy*)一書中，發現媒體在報導經濟政策時，有幾個特徵或問題。第一、媒體偏重於報導政策發展的整個政治過程，而對於政策本身的實質內涵與極可能產生的影響之報導卻是相對的不足。第二、在報導政策制定的政治過程當中，媒體傾向於強調各個制度(institutions)或人員之間的衝突，特別是總統與國會之間的衝突。第三、媒體過於強調特定經濟政策的採行或是經濟狀況的好壞，對於不同政治人物或政黨的利弊得失，也就是強調政治的成本與效益，而不是著重於經濟政策與經濟狀況本身的一些分析。第四、媒體傾向於假定經濟狀況的改變，主要是來自於總統採取特定的行動，而不是深入去分析這樣的行動是否真有影響，或深入探討經濟狀況的改變，究竟受到哪些相關因素的影響；換句話說，媒體常常使用過

度簡化的假定立場來報導經濟政策的問題。第五、媒體在報導公共政策，特別是經濟政策的過程中，常常喜歡使用許多的圖表數字，不過這些圖表數字的意涵究竟是什麼，則未能說明清楚，而這些圖表數字要讓讀者理解並不是件容易的事。最後，媒體記者傾向於假定通貨膨脹的下降就是一件好事，失業率的下降也是一件好事，並沒有很深入地探討通貨膨脹或失業率的下降究竟是好是壞，而事實上這兩者之間是會相互影響的。也正因為媒體對公共政策報導量少質劣的特性，使其對政府決策並未能產生太大的影響。

第五節　結論

綜上所論，媒體對政府決策影響力的大小，乃至於媒體對民意形成的影響，學界有相當不同的看法與研究結論，是有待進一步研究與釐清的課題。過去的研究常常產生相互矛盾的結果，一方面可能是未能運用議程設定整體理論模型去觀照所擬研究的現象，而僅以片段模型（如媒體議程與政策議程的互動關係、媒體議程與公共議程的互動關係、公共議程與政策議程的互動關係）切入所導致的結果；另一方面，則可能是受到不同政策議題的影響。換言之，在議程設定的研究中，政策議題的特性應該是不可忽略的重要變數。

在過去，有關議程設定的實證研究中，能以議程設定整體模型去觀照媒體議程、公共議程與政策議程三者間的互動關係，並將政策議題特性納入考量的實證研究並不多見，Soroka(2002)的研究是少數的例外。Soroka運用議程設定模式（詳見圖5-1），針對加拿大通貨膨脹、環境保護，以及政府赤字預算與債務三大政策議題，運用內容分析法及現有資料分析法，蒐集相關資料進行實證檢驗，以釐清媒體、民意與公共政策間之動態關係。

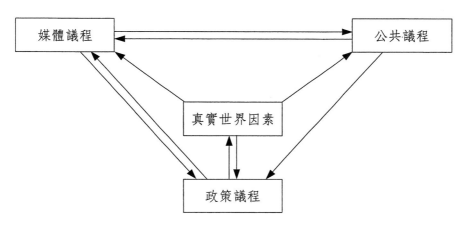

圖5-1　Soroka的議程設定模型

資料來源：Soroka(2002: 270).

在圖5-1模型中包含媒體議程、公共議程、政策議程與真實世界因素（如通貨膨脹的高低、環境品質的客觀指標、政府赤字預算與債務的多寡）四大變數。變數間的關係，有相互影響與單向影響兩種不同的類型。例如，媒體議程與政策議程、媒體議程與公共議程，以及政策議程與真實世界因素間，便存在著相互影響的關係。而其他變數間則存在著單向影響的關係，如公共議程影響政策議程，但政策議程對公共議程無直接的影響力，而是必須透過媒體或真實世界因素去影響公共議程。此外，真實世界的因素會影響媒體議程與公共議程，但媒體議程與公共議程不會直接影響真實世界因素，而必須透過政策議程才能對真實世界因素產生影響。

透過實證資料的蒐集與分析，Soroka的研究發現，不同的政策議題會呈現出不同的議程設定動態關係，茲詳述如下：

一、通貨膨脹議題是真實世界因素主導的政策議題：在民眾對通貨膨脹的感受中，真實世界因素的影響遠大於媒體議程與政策議程之影響。

二、政府赤字預算與債務是政策議程主導的政策議題：政策議程對媒體議程的影響力遠大於媒體議程對政策議程的影響力，而公共議程對此議題則並無太大的影響力。

　　三、環境保護的議題是媒體議程主導的政策議題：媒體議程對公共議程與政策議程的影響力，遠大於公共議程與政策議程對媒體議程的影響，亦大於真實世界因素對公共議程與政策議程的影響力。

　　總結而言，Soroka的最大貢獻，在於指出議程設定之研究必須將議題特性納入考量，進而界定與區分出不同型態的議程設定路徑。也唯有如此，議程設定之理論探討與實證研究才能跨入另一個更新的境界，而我們也才能更清楚地瞭解到媒體對民意形塑與政策形成的影響力。

政策規劃概論

學習目標

- 瞭解政策規劃的定義與特色。
- 熟悉各類政策規劃模式的內涵與重點。
- 指出政策規劃過程中,各方參與者及其影響政策規劃的途徑。
- 明白政策規劃的完整流程與詳細步驟。
- 能够瞭解我國政策規劃的缺失,並指出改進之道。

第一節　政策規劃的意義

　　政策規劃(planning)是任何政策付諸實現之前所不可或缺的步驟。政策規劃除了明定所要完成的政策目標、分配與政策相關的有限資源，以及調度可供運用的人力資源之外，最重要的功能在於可確保政策執行的效果。換言之，良善而完備的規劃過程，已奠定了成功執行的穩定基礎。與社會大眾息息相關的公共政策，在規劃時更應加倍謹慎，因為事關社會民眾福祉，倘若因規劃不佳而導致政策失敗，付出成本的將是全體民眾，而不僅僅是規劃當局而已。既然政策規劃如此重要，本章首先將說明政策規劃的定義與特色，次而介紹政策規劃的執行者，進而說明政策規劃的模式與流程，最後則說明台灣政策規劃的缺失與改進之道。

一、政策規劃的定義

　　Jones(1984)認為，「政策規劃係指發展一個計畫、方法和對策，以滿足某種需求，解決某項問題」；Anderson(1979)將其界定為：「發展中肯且可接受的行動過程，用以處理公共問題」；Dror(1973)界定計畫為：「為達成目標，藉希欲之手段，對未來採取之行動做決定之準備過程。」台灣學者吳定(1991, 1997)則認為，「政策規劃是政策制定過程中，決定目標、目的與替選方案優先順序的過程，因此，它主要是涉及設計並評估政策替選方案，使該方案(alternative)能夠達成期望的目標或目的；同時，政策設計應設法瞭解政策與執行之方案間的關係」。從上述定義中可看出，規劃是發展行動方案以解決問題的一種「過程」。如同「規劃」(formulation)的英文乃源自於「方案」(formula)一詞，是一動態的過程；也有如「計劃」(planning)是源自於「計畫」(plan)，意即計劃出計畫，是一種動態的過程。學者吳定(1991)認為此一過程應包含以下幾項要點：

　　（一）政策規劃是為了解決經由政策分析人員明確認定的政策問題，而非未經認定的公共問題。

（二）從事政策規劃時，必須採取系統科學的方法來蒐集資料，如問卷法、訪問法、觀察法等，廣泛地蒐集資料來源與備選方案。

（三）備選方案應是目標取向的，意即備選方案必須要能夠解決問題才得以成立。

（四）備選方案應以變革為取向，意即備選方案必須要能夠解決問題、改善現狀才得以成立。

（五）規劃的過程就是選擇取向的過程，任何一項活動都是在從事選擇。

（六）規劃過程原則上是理性的，應於客觀與科學的考量下做決定，並且應將個人的主觀降到最低。

（七）政策規劃的活動通常是經由集體互動的方式完成。

（八）政策規劃是一項動態過程，從問題界定、備選方案設計到評估比較等，其中任何一個環節均可能會隨時發生變化，所以考慮的重點與作法也應當隨時加以調整。

二、政策規劃的特色

根據上述規劃的定義，規劃被視為是一種設計與選擇公共行動的理性過程，主要目的便是達成所欲追求的目標。根據學者Mayer(1985)指出，大部分的規劃都含有以下特色（丘昌泰，2000）：

（一）目標取向(goal orientation)

規劃最明顯的特色即在於目標取向；而決策為了達到未來期望的情境與狀態，所進行的任何活動皆屬於規劃。因此，目標取向通常是「未來主義」，也就是強調未來將如何做，而並非對於過去的描述。

（二）變遷取向(change orientation)

規劃的目的在於設立一些行動(actions)或干預手段(interventions)，主要的目的是企圖改變現有的狀態，以達成所追求的目標。

（三）選擇的呈現(expression of choice)

選擇的行為對於公共政策制定的重要性，可由兩項原因看出：第一，公共部門(public sector)總是追求多重的目標(goals)，而許多目標又是相衝突的，因此，規劃的用意便是在協助選擇最佳或可接受的備選方案；第二，因為政府的資源有限，不可能執行所有方案，即使是由理性規劃模式所提供的利益較大的方案也並非皆可被採納，這表示決策者必須在有限的資源之下，妥善處理許多競爭性的需求(demands)，最終仍必須做出選擇，因此，規劃的另一項特性，便是選擇的呈現。

（四）理性(rationality)

規劃的另一項特徵是理性，意指在規劃之初設定了許多標準以作為最後決定的基礎；當選擇的結果和設立的標準符合且一致時，即稱為有理性。

（五）集體性(collective basis)

政策規劃並非單一決策者就可以完成，所謂集體性是指許多不同的團體有意採取一致性的行動之意，這表示政策規劃是需要透過群體的力量，共同參與、群策群力，以產生集體行動的共識。

第二節　政策規劃的執行者

政策規劃很難由一個人或是某一單位進行全權的處理與規劃，在規劃過程中，通常會因為政策的性質、發生時間及國家制度不同的關係，而導致在同一時間內會有許多不同規劃單位先後介入，彼此相互競爭，並提出政策方案。學者林水波、張世賢(1991)與Dye(2002)提出了參與政策規劃的執行者大致可分為以下四種：

一、行政機關

行政機關具有實務經驗的人與專業人員,具備處理複雜、專精問題的能力。現在行政機關已成為政策規劃的主要發源地。

二、立法機關

立法機關人員有時也參與政策的規劃。例如,美國的空氣污染防制、老人福利、交通運輸、能源儲備等,政策國會議員就是主要的政策規劃者;其他尚包括國會中的內部職員與單位。

三、研究機構

在美國,研究機構包括布魯金斯研究所(Brookings Institution)、美國企業研究所(American Enterprise Institute)、蘭德公司(Rand Corporation)等,這些研究機構幾乎等於政府本身的延伸。

以美國的蘭德公司為例,1930年代由Gen. H. Arnold所創立的「蘭德方案小組」,剛開始只是實驗性質,並僅配合空軍做策劃研究,後來在空軍部門的長期支援之下,該公司不斷成長,終於在1948年藉由福特基金會(Ford Fundation)提供的創辦費,讓蘭德公司成為一個獨特的研究機構。到了1967年左右,蘭德公司的研究項目已相當繁多,包括太空發展政策、預算政策、通訊政策、教育與人力政策、社會福利政策以及都市政策等。

此外,大學的研究工作,雖不若前述專門的研究機構直接地從事政策規劃工作,但是卻能提供相關且重要的專業知識;其方式是政府的有關部門與大學訂定契約,要求大學提供政策規劃有關的專業知識,政府有關部門也會相對地給予研究設備與經費或獎助等。

四、利益團體

社會上代表各種利益的團體,常會介入政策規劃的過程中施展壓力,伸張他們的觀點。吳定(1991)認為,台灣利益團體與行政部門的互動關係大致

上是協調多於衝突。利益團體影響行政部門的政策規劃管道一般可分為以下三種關係：

（一）情報交換關係：由於利益團體在其利害相關的政策議題上所擁有的資訊有時比行政機關還豐富；藉由資訊的提供可使行政機關瞭解利益團體的主張，進一步成為行政機關在政策議程設定與方案規劃方面的重要參考依據。

（二）參與規劃的關係：利益團體可藉由參與行政機關所舉辦的公聽會或其他制度的管道，表達意見、參與方案規劃工作，進而影響決策的制定。

（三）協力執行的關係：利益團體對符合其利益的政策、方案、計畫等，為求其貫徹，會協助行政機關共同推動執行的工作。

但是比較特殊的情況是，一項政策的規劃如果很難奏效，而常在立法院引起爭論時，此時，利益團體的活動大可不必介入規劃過程，若是選擇在政策合法化過程中施展遊說活動，有時反而較容易有所斬獲。

第三節　政策規劃的模式

政策規劃有多種模式，常見有發展規劃模式、漸進主義模式、經濟選擇模式等，茲分述如下：

一、發展規劃模式

根據John Friedman(1967)的界定，發展規劃模式(developmental planning model)是「一種長期的承諾，對於一般性的目標已界定清楚，但特定的目標與達成目標的手段則必須透過規劃程序加以選擇。」。Mayer(1985)指出，此一模式乃強調民主社會中，透過政治制度與過程決定政策目標，並且政策規劃者可藉由理性選擇方式達成政策目標，因而政策規劃的本質係為問題解決導向的（丘昌泰，2000）。學者翁興利(1998)則指出，發展規劃模式的特點

有以下五項：

（一）政治與規劃中心的匯合
(convergence of political and planning centers)

在公共政策制定的過程中，政治與規劃是一種互動關係，通常是由政治首長決定一般性的政策目標，而後再由規劃機構決定特定、具體的政策目標。

（二）一般性目標的明確性(clarity of general ends)

在發展規劃的模式中，一般性目標可以引導特定和特殊目標的設立，以利政策之執行。

（三）一般性目標的共識(consensus regarding general ends)

一般性目標必須在政策上獲得廣泛的支持，以便於授權規劃機關進行特定目標之規劃。

（四）實質與無限制的理性(substantive and nonbounded rationality)

由於發展的規劃模式涉及手段與目標的選擇，具有典型實質理性（工具理性）的特徵，故爲價值中立的。此外，發展規劃模式必須選定長期的目標與目的，而長期的目標設定又植基於決策者本身的信仰系統(belief system)與意識型態(ideology)，所以此種長期目標可說是一種無限制理性(nonbounded rationality)的選擇行爲。

（五）廣博性(comprehensiveness)

所謂廣博性係指規劃者在規劃未來事務時，必須注意系統內不同部分(part)的相互關係(interrelations)，以便於掌握整個變遷的過程。

由上述特點可發現，發展規劃較適用於不涉及價值衝突以及結構良好的問題；然而在真實情況下，政策問題往往充滿了倫理與經濟利益的衝突，其

中各方的利害關係人更是缺乏共識。因此，決策者於規劃或分析政策之時，除須考量純經濟面向之外，複雜的政治面向也是應該注意的地方。

二、漸進主義模式

　　學者Lindblom(1959)反對「規劃發展模式」，他認為此一模式不符合實際狀況，因為人類並沒有能力將所有的目的與手段做一完整的考量，也因為決策的情境都相當複雜，若要將此一併考量，其成本將會十分龐大，導致有時分析規劃的成本反而超過所得的利益；為此，Lindblom提出一個較可行的方法，即以邊際利益(marginal benefits)為規劃起點，當規劃的邊際利益大於邊際成本時，才可稱為是具有經濟效益的方案。

　　基於以上論點，Lindblom(1959)提倡所謂的「漸進調適的科學」(science of muddling through)，認為決策者只要選定少數的目標，所考慮的也只是少數的替選方案，且這些替選方案與以往的政策相比，只稍做修正，相差不遠。漸進主義模式具有下列幾點特色：

（一）政治與規劃中心分離

　　以漸進主義來說，規劃與政治的決策中心是分離的，且兩者間的互動是有層級性的(hierarchical)；規劃的決策中心(planning center)必須從政治的決策中心獲取一些方向與指示，規劃是依據政治的指導而行事的。某些特定的目標已在政治過程中完成；而負責規劃的機構，則只需做達成手段之選擇即可。因此，政治與規劃中心的互賴性較小。

（二）缺乏價值共識(lack of value consensus)

　　政策的利害關係人對於解決問題的價值認知往往不盡相同，因此，政策目標之釐定往往是各利益團體角力、衝突與妥協的結果；從而，有關政策的規劃也只能達成有限的共識而已。

（三）缺乏一般性目標

由於政治決策者往往以所代表的選區利益為優先考量，對整體利益往往缺乏一致性的價值共識，因此，通常難以建立一般性目標或目的。換言之，政治決策者只能制定一些模糊不清的目標或目的。

（四）特定的目標是修訂的、機會主義的或不明確的

為了避免或減少不愉快的事情發生，規劃的特定目標與目的通常以修正(remedial)的形式表示；規劃所需的資源與資金也是以模糊的形式呈現，以避免不必要的衝突、爭端與反彈。

（五）功能理性

漸進主義強調只做手段的選擇，因此，具有功能理性的特質；它十分強調規劃的技術面與事實資訊的詮釋，不做衝突價值的分析與選擇。

三、經濟選擇模式

經濟選擇模式(economic model of choice)就像經濟學家對於理性的認知一樣，是比較理想性的(idealistic)。簡言之，經濟選擇模式主要在處理「在不同的目標下，如何分配稀少資源」的問題(Mayer, 1985)。經濟模式有以下四項基本假設：

（一）對不同方案的目標或手段有同等的偏好
(equal desirability of alternative ends or means)

以經濟選擇模式為基礎的規劃者，對於達成同一目標的不同手段與目的通常都有相同的偏好，如市議會對於醫療服務品質的改進、學校硬體建設的提升，以及公園的設立等，可能都有相同的偏好。

（二）資源稀少性(scarcity of resources)

規劃通常會面臨資源有限的問題；亦即政府想要做的事總是比其能力範

圍內能做的事還多。

（三）經濟人(economic man)

經濟選擇模式假定人是自利的(self interest)，因此，效用最大化(utility maximization)是選擇的一項重要依據。例如，對於醫院、學校、公園之興建問題，議會與政府會選擇對人民效用最大者來興建。

（四）社會福利即個人福利(social welfare as individual welfare)

經濟選擇模式的最後一項假設是，社會福利係來自於個人的福利；因此，將個人福利整合之後，即可說是社會福利的達成。是以，政策規劃應設法將所有個人的利益予以考量，以作為選擇公共目標的準則。

經濟選擇模式將選擇行為轉化成為計量之分析，雖可提供某種程度的精準性，但往往由於太過簡化，而不易選擇。此外，由於經濟選擇模式所能提供的是功能性的理性(functional rationality)，而不是實質性的理性(substantive rationality)，因此，假如決策者太過於依賴模式的分析，便極有可能造成選擇的錯誤。然而，經濟選擇模式雖有其不足之處，但是亦有其分析與規劃上的優點。首先，該模式提供了「最適化」(optimization)的觀念；「最適化」代表在不同利益中取得一平衡點，並非只為了某些利益的極大化，而忽略了其他面向。其次，該模式提出了效率(efficiency)的概念；效率的達成代表可用資源的效用最大化。最後，在不同的替選方案中，藉由成本效益分析(cost benefit analysis)與成本效能分析(cost effectiveness analysis)等。經濟選擇模式，可選出一最有效率方案的方法（此於第8章中再詳細說明）。

第四節　政策規劃的流程

有關政策規劃的流程，Mayer(1985)所提出的「理性規劃過程」(rational planning process)甚為完備。茲將各階段的內容說明如下：

一、目標決定(determination of goals)

所謂「目標」係指一種價值觀,一種理想未來;所以,目標是一種廣博的方向,不僅提供解決特定問題之基礎,而且代表一種價值偏好,唯有目標受到政策相關人員的支持與擁護時,它才會顯現出其意義。一般而言,決定目標的方法有以下幾種:

第一,可藉由分析次級資料的內容,而後決定政策目標。次級資料包括公共出版品、立法院公報、報紙、新聞、雜誌及期刊等。

第二,係來自「市民諮詢團體組織」(citizen advisory group)的期望與目標。倘若諮詢團體的成員具備代表性,則將可以影響社會輿論。

第三,政策目標的來源可透過「德爾菲技術」(Delphi technique)的運用,以協助決策者與規劃者決定目標。德爾菲技術是一種群體決策的過程,應用此種方法,專家無須與其他專家面對面的接觸,主要係利用多回合問卷的方式,歸納統計不同領域專家的意見,以形成普遍接受的共識,便可據此決定政策目標。

二、需求評量(needs assessment)

需求評量的先決條件在於界定需求的範圍;但是由於需求(need)的概念十分模糊,以致於增加了需求評量的困難度。因此,為了解決需求概念模糊的問題,Bradshow(1977)提出了以下四種需求的分類:

(一)規範性需求(normative need):係指個人之情況遠低於政府所規定的標準;由於此一標準是由官方所認定,因此稱之為規範性需求。

(二)感覺性需求(felt need):係指個人感受到之需求;是一種個人對於政府所能提供服務的期待。

(三)明示性需求(expressed need):係指個人將需求轉換成一種意圖(attempt),希望政府去實現或完成,此種意圖即稱之為明示性需求。明示性需求與經濟學上的需要是相當的,皆是反映出個人對於政府提供服務的期待與寄望。

（四）比較性需求(comparative need)：係指個人的情況低於一般團體或個人的平均水準，而產生被剝奪的感覺；其與社會學的「相對剝奪」(relative deprivation)概念相類似。以台北縣市教育政策為例，台北縣民或許感覺當地教育已合乎一定的水準，但與台北市相比較，可能會產生比較性需求，台北縣民因此會希望能增加教育的資源與訓練的機會。

至於需求評量的資料來源與方法主要有二，一為次級資料(secondary sources)之評量；另一為初級資料(primary sources)之評量。次級評量包括文獻探討或既有資料的分析，或是大學研究機構的研究報告，皆可作為需求評量的參考；而初級資料之評量則包括了研究調查(survey)與田野調查(field observation)等。

三、目的陳述(specification of objectives)

一般而言，目的的界定包含以下幾項特色：

（一）可測量的(measurable)：目的陳述在將第一階段所確定的目標(goals)明確化、具體化。

（二）有限人口(finite population)：目的陳述必須侷限在有限的人口與標的團體之內，才能精確計算。

（三）變遷的幅度(amount of change)：亦可說是決策者希望改變的幅度，藉以使標的團體符合某些標準或是達到一定數量。

（四）時間的期限(time period)：當政策於規劃的時間內如期完成，並達到當初所規劃的目的時，即可稱之為成功的政策。

四、行動方案之設計(design of alternative actions)

政策規劃者可在此階段中發揮自己的創造力與想像力，找出許多可以達成目標的方案，之後再從中進行分析與權衡的工作。許多方案能創新地被加以考量，但是由於方案通常是一組相互排斥的行動，選擇了某一方案，通常就必須捨棄另一方案，因此，該如何做一權衡取捨呢？以下四項步驟可作為

參考：

（一）建構概念性的分析架構(conceptual framework)：通常藉由概念性的分析架構可促使規劃者有系統地考量政策執行的助力與阻力因素。

（二）產生行動方案：當規劃問題的架構確立之後，下一步驟即是積極找出解決問題的方案。規劃者可檢視既有的行動方案，或是新設計的行動方案；此一步驟可由規劃者自行決定。

（三）檢視方案的可行性：當方案產生之後，規劃者必須檢視方案的可行性。檢視標準包括了資源可行性(availability of resources)、技術可行性(availability of technology)、價值可接受性(value acceptability)以及適當性(adequacy)等。

（四）敘述方案：當各方案的成本與效益均已完成評估之後，規劃者即須進行方案的敘述，使各方皆能瞭解不同方案的利弊得失。

五、檢視政策方案之結果

檢視政策方案之標準至少有二：效率(efficiency)與公平性(equity)。

「效率」的意義係指以最少的成本達到最大的利益(benefit)。至於檢視方案效率的方法包括「成本效益分析」和「成本效能分析」兩種方法。前者是計算政策方案所獲得之效益與所花費成本的比值(ratio)；後者則是計算方案執行所花費的成本以及方案執行後標的團體情況(conditions)的改變情形，求出兩者的比值，以決定政策是否達成規劃的目標。但是，由於許多「間接成本」與「外部成本」在實際計算上並不容易；另一方面，也由於許多成本與效益的計算上難以「貨幣化」(monetary)，所以在此情況下，成本效能分析是較為有效的分析工具。關於成本、效益與效能在整個政策系統的分配情形，必須以「公平性」此一標準加以衡量與檢視，才能較完整地考量政策之利弊得失。

六、方案選定(selection of courses of action)

如何選定政策方案之過程通常包含以下五個步驟：

（一）準備備選方案報告：報告(report)的形式分為書面與口頭的報告，通常以圖形、表格及數字等方式，將報告呈現給決策者。

（二）外界評論：可以利用公眾之評論(public review)與「公聽會」(public hearing)的方式讓全民皆能參與規劃案之討論；而另一種常用的方式就是「公民諮商委員會」(citizens' advisory committee)，係由重要團體中選出代表參加會議，透過彼此之討論，最後達成協議或結論。

（三）內部審核：將外界的意見與方案內容之規劃進行內部審核；可透過「群體過程之技術」(group process techniques)，包括德爾菲技術、具名群體技術(Nominal group technique)等方法，協助方案之選擇。

（四）修正：對方案進行檢視與補充；疏漏則予以修正和調整。

（五）對外說明：最後便是對外說明將採納哪些建議，或是不採納的理由。倘若這一步驟未被確切地執行，將會影響民眾參與規劃過程的意願，規劃者不得不謹慎為之。

七、執行(implementation)

在執行的階段裡，主要的兩項活動如下：

（一）說明運作程序

在政策的執行階段，必須說明基本的運作程序，以作為執行的基礎。至於運作的程序則包含以下幾個要素：活動的順序(sequence of activities)、幕僚人員(staff)、地點(location)、設備(facilities)、財源(financing mechanism)與執行機關(organizational auspices)。

（二）說明管制程序

通常管制程序包含下列兩項控制活動：

1.行政上的控制

在行政上的控制(administrative control)分為：

(1)方案監測：意指對方案進度進行系統性監控的過程。但必須對主要活動做出清楚的界定，才能確認所要監測的範疇與應該由誰負責。

(2)經費監測：意指監測金錢使用的情形。但監測人員必須對預算的金額與種類有所瞭解，才能確實做好經費監測。

(3)時間監測：主要在於確認執行進度是否如預期一般，以及是否有進度落後之情形發生。

2.方案的控制

在方案的控制方面包括：

(1)外包制

當行政上的控制無法奏效時，外包制就能適時地替代政府提供服務功能，政府只要標明政策方案活動與價格，再透過公開投標的方式，就能選出較佳的私人廠商來進行方案的執行工作。但是外包制要成功須有兩項前提，一是在投標過程中必須有相互競爭的廠商投入競標；其次便是將方案執行的細節於合約中詳細記載，才能使得標廠商有所遵循。

(2)創造政策執行的市場化環境

主要目的在於政策的執行並不單局限於某一特定機關，而是讓相當數量的機關單位參與，彼此競爭，讓最有能力者參與政策之執行。政府的角色只在於創造一公平競爭的市場而已，如此將能排除一些無效率的機關，達到有效率的政策執行。

(3)能力建立

許多研究指出，在執行過程中之所以會有不順服(noncompliance)的現象發生，主要在於執行機關缺乏技術能力(technical capacity)，因此，增加執行者的執行能力，對於政策目標的達成，應有相當多的助益。

八、評估

　　評估(evaluation)乃是一種政策分析程序，評估的功能可用於政策與方案的修正、調整或終結，藉以瞭解錯誤來源，以及責任歸屬，並建議一套責任制度，以作爲推動政策參考之依據。根據Dunn(1994)與Poister(1978)的看法，一般的評估標準包括下列六項（李明寰，2002）：

　　（一）效能：指將某項政策的預期成果與實際達成的情況做一比較，以瞭解方案是否產生所期望的結果或影響。

　　（二）效率：指政策產出與所投入成本的比例。投入固定而產出極大化，或是產出固定而投入極小化，都是效率追求的原則。

　　（三）充分性：指將政策目標達成之後，對於政策問題解決的程度。

　　（四）公正性：指政策有關資源、效益及成本公平分配的程度。

　　（五）回應性：指政策結果滿足標的團體需求偏好或價值的程度。

　　（六）適當性：指政策目標的價值是否適合社會，以及這些政策目標所根據之假定的穩當性如何？

九、回饋

　　所謂回饋過程，係指藉著新的投入做自我修正的工作，以縮短政策執行結果與目標間的差距，進而達成政策目標。

第五節　結論

　　上述各節說明了政策規劃的定義與特色，並介紹政策規劃的執行者；此外，也針對政策規劃的模式與流程逐一闡明，回歸台灣政策規劃實務。學者吳定(1991)曾指出，台灣政策規劃的缺失主要有下列數項：

　　一、行政機關常囿於本位主義，以致從事政策規劃時常缺乏溝通與協調，影響政策品質。

二、行政機關規劃政策時，常缺乏整體性與前瞻性，使政策於執行上經常是「頭痛醫頭，腳痛醫腳」。

三、各級行政機關尚未建立完整的長、中、短程計畫體系，以致政策常缺乏系統性與連貫性。

四、各級行政機關缺乏足夠的政策分析人員與行政規劃人員，以致政策難以有效落實。

五、行政機關內部的各種諮詢委員會或顧問委員會常未能發揮功能，以致政策無法收到集思廣益之效。

六、行政機關從事政策規劃時，常未邀請機關以外有關人員或團體參與，以致常遭閉門造車之譏。

七、各機關的政策分析人員與行政規劃人員常缺乏從事政策規劃所需的知識與能力，以致政策規劃品質不佳。

八、政策分析人員與行政規劃人員常未能充分考慮標的人口的需求，且溝通不良、缺乏設身處地的同理心，使政策未能獲得標的人口的充分支持。

九、政策分析人員與行政規劃人員常誤以為每個問題只有一個理想解決方案，而缺乏適當的備選方案供作選擇，以致決策者難以做最適當的選擇。

十、政策分析人員與行政規劃人員常採取固定的方法與技術規劃方案，缺乏創新性與突破性。

十一、政策分析人員與行政規劃人員對政策方案的可行性研究，常不夠詳盡，以致影響政策的執行程度。

十二、政策規劃過程的公開程度或保密程度，常未能依照政策性質做最佳判斷；亦即政策在規劃過程中，其內容與論辯應做適度公開而未做，以致在合法化時遭到抗拒。

十三、決策者未充分尊重政策分析人員與行政規劃人員的專業知識，隨意變動備選方案的優先順序，使規劃人員頗受挫折。

上述問題目前於行政機關進行政策規劃時仍十分常見，其改善之道可歸納為下列數項（吳定，1991）：

一、政策規劃主要負責機構與人員，應肯定其他有關機關與人員參與政

策規劃的必要性及重要性。

二、政策規劃負責機關對於重大方案的規劃，應盡可能從事民調或舉辦大型座談會，以收集思廣益之效。

三、大量招募培訓政策分析與行政規劃人才，並強化各機關研考單位與業務單位的政策規劃能力。

四、各級機關應儘速訂定長、中、短程計畫體系。

五、各機關從事政策規劃時，應加強內外、上下、平行單位與人員間溝通協調工作，並以整體性與前瞻性的眼光進行規劃。

六、善用現代規劃方法與技術，以提高決策品質。

七、強化各機關諮詢委員會在政策規劃方面的功能。

八、政策方案應做詳盡的可行性研究，以增加方案的執行力。

九、政策規劃活動的參與面應盡量擴大，使利害關係人均有發言機會；必要時可採取「吸納」(cooptation)策略，以減少政策會遭遇到的阻礙。

十、行政機關應加速建立管理資訊系統及決策支援系統，並推動辦公室自動化以提高政策品質。

十一、政策方案在經過政策分析與行政規劃人員精心規劃，排出優先順序並做推薦後，決策者勿太過遷就特殊因素而輕易變動備選方案的優先順序。

十二、行政機關宜盡量減少制定「管制性政策」，增加「自我管制性政策」，以減少政府業務量的累增。

菁英規劃與民衆參與規劃

學習目標

- 瞭解菁英規劃的特色、優缺點及執行狀況。
- 瞭解民衆參與規劃的特色、優缺點及執行狀況。
- 能够知悉民意的特性，並且瞭解民意與公共政策之間的連結。
- 明白民衆參與規劃的各類型。
- 瞭解民意融入政策規劃的各種作法。

第一節　前言

學者朱志宏(1991)曾提出公共政策的規劃必須包括下列四項原則：

一、政策規劃應具開放性；

二、政策規劃應具前瞻性；

三、政策規劃應具策略性；

四、政策規劃應具權變性。

其中第一項「開放性」原則是較受關注的。主要是因為過去政策規劃的過程中，往往是由行政部門的幕僚或人員與菁英負責政策規劃工作，民眾參與政策規劃的機會少之又少；然而，鑒於「開放性」原則的提倡，同時也受到民主概念與民主社會的影響，民眾參與政策規劃的角色與過程漸受重視。在此，本章將分述「菁英規劃」與「民眾參與規劃」的內涵與特色。

於政策規劃過程中，Dye(2002)認為，菁英與民眾皆會對政策議題的界定產生相當程度的影響；就菁英的偏好與公共政策的關係而言，其認為菁英的偏好會較一般社會大眾更符合公共政策。Shapiro與Jacobs(1989)更指出，公共政策走向與民眾意見不同的情況甚至達到三分之一；菁英的意見較符合公共政策走向，主要是因為其對事件或情境較為瞭解，或其教育程度較高，對政策有較完整的認知，也較為支持政府政策並對政府與公務員的運作較為知悉或較有信心。

固然菁英偏好往往較符合公共政策的走向，然而，民眾意見對公共政策也有舉足輕重的影響力；古典有關民主論述的文獻即提及民眾意見的重要性。十八世紀偉大的政治思想家Edmud Burke(1909)認為，民主代理人必須照顧人民的利益，但不必然表示公共政策的決定需完全按照民眾的意志；不過，有些強調民主理論的學者認為，民眾若可掌握公共政策走向，則民主制度較容易成功。菁英規劃與民眾參與規劃皆為政策規劃常見的方式，也有其重要影響，本章即針對此兩種不同規劃方式加以探討。

Gupta(2001)於其《分析公共政策》(*Analyzing Public Policy: Concepts*

Tools and Techniques)一書中提及政策規劃過程中議程設定是重要的一環,而議程設定包含菁英模型(the elitist model)與多元模型(the pluralist model)。

　　菁英模型強調政治與經濟菁英透過科層體制決策議程,從而決策權力僅落入少數人手中。如圖7-1所示,政治與經濟菁英握有主導議程的權力,從而對政策規劃有重要影響力,權力流向由上至下依序為政治與經濟菁英、官僚而至一般民眾團體。對於菁英掌握議程有兩種看法,第一種看法主要由March與Olsen(1976)所提出,其認為菁英係由以下三方面挑選出關注的議題:(一)菁英從大量可能性中隨機選擇議題;(二)菁英依據其專長選擇議題;(三)菁英會按照議題優先順序(hierarchy)來選擇。第二種菁英掌握議程的看法係由政治學者Dye與Ziegler(1981)所提出,其認為政治菁英選擇議題乃依據其個人利益;換言之,當議題對其有利時,才會置於政策議程中。

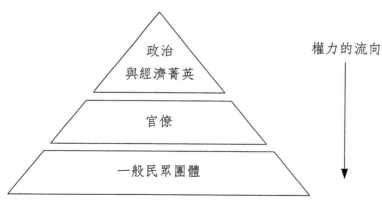

資料來源:Gupta(2001: 51).

圖7-1　議程設定的菁英模型(The Elitist Model of Agenda Setting)

　　另外,Gupta(2001)所提之多元模型乃奠基於1950~1960年代美國發展的民主理論(Truman, 1951; Dahl, 1961),強調美國權力結構中,權力的主要來源為一般民眾團體,只要是一般民眾團體所重視的議題,常有可能成為正式議程;然而,透過科層體制,菁英對議程的設定也有部分影響力。議程設定的多元模型如圖7-2所示。

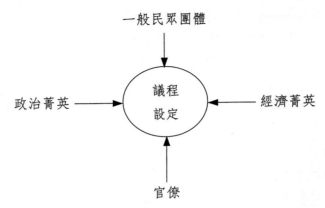

資料來源：Gupta(2001: 49).

圖7-2 議程設定的多元模型(The Pluralist Model of Agenda Setting)

由Gupta(2001)所闡述之菁英模型，可瞭解政治與經濟菁英對議程設定有相當的影響力；然而，由多元模型可看出，一般民眾團體才是控制議程的主體。究竟菁英規劃對政策規劃有較大影響力，或者民眾參與規劃才會對政策規劃產生作用呢？本章將分別說明菁英規劃與民眾參與規劃的內容及其對政策規劃的影響。

第二節　菁英規劃的內涵

菁英係指社會中居於政治、社會、經濟、學術等各層面的上階層，對公共政策的運作可透過權力、金錢、聲望、專業知識等，行使主要影響力（吳定，1997）。菁英或專家對政策規劃有其重要性，無論是政治菁英、經濟菁英或其他專業人士，其所具備的專門知識與科技能力，為行政機關提供了解決問題的能力；因為他們擅長解釋與預測，所以他們常有先見之明，能夠預見未來可能發展的問題，並提供預防或解決問題的方法。

菁英規劃係依據菁英主義模型的理論而來，強調公共政策係統治菁英之

價值與偏好的表現結果（丘昌泰，2000），其重要主張約有下列數項（Dye & Zeigler, 1981；丘昌泰，2000）：

一、社會係由少數擁有權力的菁英與多數沒有權力的民眾所組成；菁英可參與決定公共政策，民眾則否。

二、由於菁英來自於極高社經地位階層，少數菁英並非是多數民眾的典型代表。

三、非菁英邁向菁英地位的流動速度緩慢，且須獲得菁英的共識方能進入統治階層。

四、菁英具有社會基本價值與系統維護的共識，如私有財產、有限政府、個人自由等共識。

五、公共政策反映的菁英價值，而非多數民眾的價值或需求。

六、菁英影響民眾多過於民眾影響菁英，菁英甚至不受民眾影響。

七、公共政策或政策規劃的方向乃「由上至下」，而非「由下至上」。

主張菁英理論者強調，公共政策的制定與規劃主要由少數菁英份子所擁有，絕大多數的社會大眾並未參與政策規劃過程。菁英藉由其所占據之公私機關組織的重要職位而決定政策，通常對於政策的穩定性與持續性具有共識的觀念；此外，菁英也可能藉由財富、資訊及專業知識的控制，而握有決定政策的較高層次資源。簡言之，菁英係指在政治、經濟、學術、社會及大眾傳播媒體具有優勢地位者，主導公共政策的規劃與制定（吳定，1997）。

就菁英規劃的角度而言，Meltsner(1976: 1)依據分析技術(analytical skill)與政治技術(political skill)兩個指標，將菁英或專業政策分析人員分為以下三種類型：

一、「技術家」型(technicians)

此類菁英分析技術能力較高，政治技術則較低，多為行政機關裡的學者，是行政機關裡的知識份子(intellectuals)，常自稱為「工程師」或「科學家」，其主要任務係從事政策研究。他們是「政治性最薄弱的政策分析人

員」，認為政治是一種非理性的「推銷術」(selling)，是理性政策制定的障礙。「技術家」型的政策分析人員主張把分析與政治分開，並且強調其所追求為「最佳政策」，而非「最受歡迎的政策」。由於他們缺乏政治技術，且對政治的瞭解有限，所以他們所規劃的政策時常會忽略了政治層面的因素。

二、「政客」型(politicians)

「政客」型菁英之政治技術較高，分析技術則較低，多為擅長使用政治技術的「通才」。他們洞悉政策規劃過程中種種微妙的政治因素，且熱衷於政策的推銷；其所追求為「最受歡迎的政策」，而非「最佳政策」。他們重視與「顧客」維持一定良好的工作關係，並且深悉博得「顧客」青睞、贏得其信任的訣竅。

三、「企業家」型(entrepreneurs)

此類菁英的分析技術與政治技術均高。他們一方面深切瞭解「數字」的奧妙，另一方面又重視如何爭取「顧客」的信任、如何推銷政策。他們兼顧「分配公平」與「政策效率」的原則，並且兼顧政策規劃的近程需要與遠程影響。「企業家」型菁英將專業精神與實用主義融會於一身，幾乎可被視為「理想型態」的菁英。

然而，不同菁英與專家之間往往對政策規劃的看法並不一致，而常發生意見衝突的情形。就核四議題而言，主張環保的專家認為，核輻射與核廢料對生命與環境有極大威脅，因而極力強調應該廢核四電廠；反之，贊成興建核四的專家則認為，核能電廠可補足台灣電力，解決缺電或限電的危機，進而促使國內產業電力供應不虞匱乏，經濟得以發展。由於各有理論或事實作為論證依據，不同菁英或專家間的衝突有時極為激進，對政策規劃也產生相當影響；是以，該如何協調菁英間的意見，往往也成為政策規劃過程中的重要議題。

在政策規劃過程中，菁英與專家往往需藉由普通行政人員的協助以完成

工作。菁英或專家固然能貢獻其卓越的科技知識與創新的精神，卻常固執己見，較容易一意孤行，而對於外界對政策的反應不加理會。因此，若任由菁英從事政策規劃，其所制定出來的政策，往往可能窒礙難行，甚至受到各方的抵制。相對地，由於普通行政人員不僅知道如何運用有限的資源以達到最佳效果，並且知道如何調整行政機關與社區團體間的需要和利益，因而，普通行政人員往往可協助菁英在政策規劃過程中扮演調和社區利益的角色；兩者相輔相成之下，可使政策規劃順利推行（朱志宏，1991）。

　　學者菁英對政府公共政策的規劃有其貢獻，因此，如何使其所提供之政策建議能為政府當局所接受，是一重要議題。參加政府政策規劃的學者，態度要嚴正、立場要堅定，且應力求理論與實務的兼顧，並據理力爭。由於政府各個部門日趨專業化，政策規劃已不再是憑經驗就能勝任的工作，科學的知識與方法，在政策規劃裡已成為不可或缺的要素。有些政府機關缺乏專業人才，因而對於學者菁英的需要感較為迫切；學術與實務合一，已逐漸由理想走向現實。學者菁英應擔任主動、積極角色，從客觀的立場、學術的眼光，就政策上的問題詳加研析，並提出建議，俾使行政首長於做決策時，能夠有充分的理論基礎，以提高政策的正確性與正當性（朱志宏，1991）。

第三節　民眾參與規劃的內涵

　　台灣的社會結構，因實行工業化與都市化的結果而漸趨複雜化與多元化；再者，解嚴後，政治逐漸走向民主，政府施政強調以民意為依歸，以往僅憑菁英或專家規劃的觀念已逐漸式微。Tribe(1972)與Torgerson(1986)亦指出，菁英與專家背負著自身的意識型態，絕不是客觀中立的。套用學者Lindblom(1959)的說法則是，以民眾偏好或民意為主的社會(a preference or volition guided society)已逐漸取代以理性思考為主的社會(an intellectual guided society)。在政策規劃過程中，政策規劃人員應將民眾的意願視為探測社會需求最好的指標；此即如Robert A. Dahl所言：「民主最重要的特徵就是政府能

夠持續回應民眾的偏好」(1971: 1-2)。若干學者亦指出，1980年代是台灣民意政策孳根茁壯的年代；而1990年代則是民意政治開花結果的年代；今天，民意政治的潮流更是無法抵擋。面對此一情勢，政府與社會的領導者，不僅不應遏阻這股潮流，反而要給予全力的支持（朱志宏，1991）。

　　學者吳定(1991)也強調，政策規劃應加強與民眾的意見溝通及協調；其認為政府進行政策規劃時應確實掌握民眾的意向，除盡量考慮標的人口的需求，避免計畫執行時橫生枝節外，更須在規劃期間視需要舉辦公聽會、民意調查，邀請學者菁英、機關代表、當事人代表等參加規劃小組，以增加計畫的可行性。

　　公共政策的制定是否符合民眾的選擇偏好，一直都是民主政治理論所關切的主題。在理論方面，民主理論中連結民意與公共政策命題關係者，應是古典民主理論(classical model of democracy)、企業民主理論(entrepreneurial model of democracy)以及參與民主理論(participatory model of democracy)。古典民主理論對民意的看法，主要是基於Aristotle「多數人意見優於少數人看法」的命題，認為「單一個人的判斷可能比菁英差，但是當這些人聚集一起判斷時，就會比菁英更好，或至少不會更壞。」而企業民主理論的代表學者Schumpeter(1942)認為，選民應只是在選舉過程中選擇具有專業能力的政治企業家所提出的公共政策；此看法比較不強調民眾的直接角色。不可諱言的，企業民主論比較接近現實，但大多數民眾顯然較傾向古典民主理論的觀點。但事實上，前述兩種民主理論經過人類實際體驗相當長期的民主生活之後，仍無法解釋下列現象，包括：民眾感受民選決策者並未能正確地反映公共意志(public will)、利益團體往往扭曲公眾的意願、強勢團體控制選舉過程，甚至影響選舉結果，也無法解釋高社會地位的選民投票參與率為何總是高於較低社會階層的民眾，進而導致公共政策的制定無法反映弱勢團體的偏好。因此，參與民主理論提出「在先進民主國家的民眾應有擁有同等政治資源以參與政治生活」(Dahl, 1989: 322)的論點，用以互補上述兩項理論的缺失。該項理論認為，每一個公民皆應有一定的政治資源，從而才能公平地參與公共生活；強調民眾與政府面對面地接觸、相互學習，進而能尋求共同利益，解決

共同問題。這項理論不是強調公民責任,而是著重政治參與的教育意義(柯三吉,1998)。

　　理想的民主政治應該具有大眾參與、政治平等與多數決三大特徵的直接民主;在這種情況下,公共政策的制定應由全體民眾參與討論,以多數民意的抉擇爲依據(余致力,2002)。Bryce(1895)《美利堅合眾國》(*America*)一書認爲,每個公民對於公共事務都應該有自己的意見與判斷,這些意見與判斷絕不亞於菁英的意見與判斷,所以公共政策應以多數民眾的意見與判斷爲依歸。Schumpeter(1942)於《資本主義、社會主義與民主》(*Capitalism, Socialism and Democracy*)一書中主張,民主政治基本上只有一種人民選擇決策者的特殊程序,只要在制度設計上允許有意擔任決策者的菁英們透過公平、公開的競爭來爭取人民的選擇,人民即有權以自己的自由意志來做此選擇,這就是民主的制度。

　　然而,間接民主論者認爲,一般民眾對於公共事務是理性無知的,他們在經過理性計算後,常會認爲自己在政治過程的影響力微乎其微,因而喪失動機完成民主政治中一個理想公民應完成的義務。不過,民眾雖無知,但對公共事務表達意見時又有過高的義務感,使得他們一旦有機會被詢問對特定政策的意見時,往往會在資訊不充分且未仔細思考下輕率地表達意見。這種情況下所展現的民意會有兩種結果,一種是呈現不穩定的意見;另一種結果是對其意見有升高承諾、堅持下去的傾向,使民眾在一無所知的問題上大放厥詞,所表現的民意是堅持固執、膚淺謬誤的。但是,Page與Shapiro(1992)在《理性的民眾》(*The Rational Public*)一書中,反駁「民意是無知與善變的」;並提出有許多個案研究證實了現代公民對公共事務有參與的熱誠與能力,而參與式決策亦帶來更好的政策抉擇。

　　反對完全以民意爲政策抉擇依據的論者也指出民意的一些特性與潛在問題:民眾慾望無窮但政府資源有限,有時人民慾望太高、政府能力不足,更是無法在政策上完全滿足民眾要求;特別是多數民眾通常具有「白吃午餐」的傾向,想要更多更好的政府作爲,但又不願承擔政策成本。

　　深究民意與公共政策的關係,吳定(1991)強調民意與公共政策運作有雙

向的互動關係，民意有可能影響公共政策，公共政策也有可能影響民意，兩者皆有可能互為因果，因此，兩者均可視為自變數，也可視為依變數。民意與政策規劃之關係如下：

一、民意（自變數）對政策規劃（依變數）的影響

民意扮演引導政府機關設計方案的角色，不同的民意提出不同的政策備選方案，並且積極爭取方案被政府機關考慮。各標的團體為了爭取政府機關規劃對其有利的政策方案，除主動提出若干對其有利的方案作為參考外，並採取各種遊說行動，藉以影響政府機關的選擇。

二、政策規劃（自變數）對民意（依變數）的影響

在任何一個社會或國家中，由於大多數的人對於無關自己利害的政策，通常未多加以注意，也不會做太多的投入，所以對於政策問題是如何形成的、政策方案是如何規劃的、方案是如何執行的，以及執行之後所產生的影響等問題，也就所知不多。所以，政府機關的決策者以及政策執行人員，如認為有必要，可透過各種方式，例如，行政首長談話、記者會、意見領袖表示看法、大眾傳播媒體的報導或評論等，設法影響大多數沉默者的看法、想法及意見等；亦即可將政策運作各階段的活動視為自變數，而研究運作結果對民眾、社會產生何種影響。一般而言，在已開發國家，例如，英、美、日、德等國，因為民眾參與政治的興趣較高，民意表達的管道與自由度也較高，所以民意常對政策運作產生極大的影響力；而在開發中國家，例如，亞、非、拉丁美洲等許多國家，則以政策運作過程影響民意的情形較為常見。

此外，Dye(2002)認為，公共政策形塑民意比民意形塑公共政策更為常見，主要有三個理由支持此項說法；第一，大部分的政策問題係與國家的決策制定者有關，少有民眾對其表達意見；第二，民意是非常善變的，往往會跟隨新的事件發生即改變；第三，領導者並沒有很清楚地瞭解民眾意見，而

且決策制定者大部分的傳遞溝通係來自於其他菁英，而非來自一般民眾。

且不論公共政策形塑民意或民意形塑公共政策，政策規劃過程中，民眾參與規劃已逐漸受到重視；William L. Morrow(1980)從參與民主的觀點認為，民眾是為政府政策的直接消費者，對於民眾本身的需求應比政府的決策菁英來得敏感，民眾參與政策過程當可增進公共決策品質與反映民眾需求。民眾參與規劃有下列幾項優點（柯三吉，1998）：

一、民眾參與可促使政府行政分權化，使決策的執行更有效。

二、民眾參與可有蒐集與徵詢意見的功能，透過如公聽會等途徑，可對政策制定提供建設性的意見。

三、民眾參與可化解政府和民眾間的對立，使政策制定免於敵對的困擾。

此外，根據美國學者Mary G. Kweit與Robert W. Kweit的說法，民眾參與可有如下三種層次的功能：

一、重整社會結構。即認為民眾參與可消除政府與民眾間的區分；因容許民眾參與決策和執行過程，乃可使民主理念之平等與政治自由具體化。

二、權力的再分配。即認為以「補償策略」的方式，將弱勢團體或個人納入政治生活之內，此乃保證民眾與政府官員在互動過程中，能取得平等的權力資源，而影響政府的決策與執行。

三、人類本性的自我實現。社會心理學的實證結果顯示，人類較滿足於民主控制的團體生活；使其參與自己社會的事務，將會讓民眾瞭解對社會發展的責任，擴大他私人生活的面向，使抽象的正義融入政治合法性達成的過程中。

然而，民眾參與規劃亦有如下之限制（吳定，1997）：

一、公民本身的限制：個人成本效益方面的考量如何？接近決策者及資訊的管道如何？接近決策過程的關鍵點如何？

二、政策制定者的限制：決策者對公民參與目的的認知問題；決策者與公民角色的合法性問題；如何評估民意的問題。

三、制度設計上的限制：誰應參與？應有多少人參與？公民參與如何整

合？

此外，民眾參與規劃也可能遭遇下列困難（丘昌泰，2000）：

一、民眾參與規劃與專業知識的衝突

民眾參與規劃的前提是要求民眾具有「參政知識」，然而，受限於公共政策的複雜與多元特性，也受限於當今政府走向專業主義之科技官僚體系，由於民眾往往缺乏專業知識，是以，要參與政策規劃有其困難。不過，為了實現民主政治，融入民意於政策規劃中，如何教育或告知民眾使其具備有關公共政策的專業知識乃為重要課題；政府理性溝通或審慎思辯民調的應用，或許是可採行的方法。

二、民眾參與規劃與行政效率的衝突

民眾參與規劃往往耗時費力，此與當前政府所標榜的效率與經濟不符。政府強調施政的效率目標，可能犧牲或減少民眾參與規劃的機會；再者，民眾參與規劃也增加行政與時間成本，使政府行政效率降低。因而，如何兼顧行政效率與民眾參與規劃，乃是另一個值得深思的問題。

第四節　民眾參與規劃的方式

民眾參與規劃的方式通常可區分為直接與間接兩種。誠如張世賢與陳恆鈞(2001)兩位學者所言，以直接方式來看，主要為直接民主的機制，係強調「公共政策的制定直接由公民參與，以投票來表決政策方案的抉擇」，主要的制度有公民複決制(referendum)、公民投票制(plebiscite)，以及行政首長的公民直接選舉與罷免制。在政策制定過程中，參與者是以個別公民為單位，政策制定的最大效益要是能最符合最大多數人的政策主張；若能獲得全體一致支持則最佳（張世賢、陳恆鈞，2001）。以間接參與規劃而言，主要為代

議制度；英國哲學家Burke(1909)認為，民主代議士在為公共政策做抉擇時，應當考慮人民利益所在。代議政府的機制是某些少數人（菁英）相互競爭，爭取選民的選票，以獲得決策的權力，這些人的權力是由人民同意，即政府是由人民同意而組成的。選舉所產生的菁英是用以制定與執行公共政策，不同的國家有不同的選舉制度，大部分代議民主體制的選民所選出的菁英，大多是扮演立法、行政甚至司法的角色，立法代表通常藉法律的通過與監督政府預算及運作狀況，來突顯本身在公共政策上的重要地位；行政首長主要的工作在於根據立法機關所通過的法律，執行公務與解決公共問題；司法代表者主要的工作是審判與審判過程中詮釋並應用法律。被視為人民公僕的立法、行政及司法代表，在多數的政府決策中是代表並反映社會多數的意見，但通常會遭到兩難的處境，即如何增進社會利益及反映選民的偏好（張世賢、陳恆鈞，2001）。

學者柯三吉引申Yeric與Todd(1989)的說法，認為民眾參與規劃的主要途徑有政黨與選舉、利益團體、大眾傳播媒體、社會運動、民意調查與公民投票等（柯三吉，1998），茲分述如下。

一、政黨與選舉

政黨的主要功能為匯集民意，其方式則為對各種公共議題採取立場，以形成政綱，再透過其候選人向選民訴求，贏得選舉，進而執政，制定符合選民偏好的政策；此一理性的過程，即稱為「公共政策的大眾控制」(popular control of public policy)。

二、利益團體

利益團體往往透過直接與間接的遊說途徑來影響行政官員和立法委員。直接遊說是指直接接觸與說服官員和議員、提供政治獻金、出席公聽會與聽證會、參與街頭示威，甚至發動罷工等行動；間接遊說則是指訴諸民眾使形成民意以影響決策者，其方式可透過傳播媒體、草根遊說等。但值得注意的

是，開發中國家往往缺乏其對利益團體的法律規範，結果造成許多公共政策都傾向於符合強勢團體的利益。

三、大衆傳播媒體

　　大衆傳播媒體對公共政策的影響途徑主要有兩方面，即塑造政策偏好與議程設定。在塑造政策偏好方面，大衆傳播媒體是藉著散布訊息與資料，觸發民衆過去的信念(past beliefs)與認知掃描(perceptual screening)而形成意見變遷(opinion change)與政策偏好。換言之，電視新聞報導對某項特定政策變遷的辯護，就會導致民意同方向相當程度的變動，而影響政策決策的選擇。而在議程設定方面，由於大衆傳播媒體具守門(gate-keeping)功能，對社會事件的反應與設立優先順序，往往改變與限定民衆對政府施政的評價。

四、社會運動

　　社會運動是指一群人以集體行動方式，針對某一特定議題，由積極參與者運用組織動員或自發參與手段引起大衆(attentive public)與同情大衆(sympathetic public)的支持，企圖影響政府的決策。一般而言，社會運動的主題可能有憲法體制、經濟改革、勞工運動及學生運動等。

五、民意調查與公民投票

　　因為以上四種民意表達對公共政策偏好的途徑是具菁英特性的，所以只能反映社會中上階層的民意，不見得能充分表達全體民衆的看法；因此，為達此目標，則必須透過民意調查。民意調查的方式有郵寄問卷、實地訪問與電話訪問；雖然問卷方法都各有其優缺點，一般而言，以任一方式的民意調查來探知民意，其代表性仍算充足。

　　除了上述各項民意匯集方式，余致力(2002)進一步將民意的表達方式系統化整理如第三章圖3-1所示。民衆參與規劃可分為間接表達與直接表達方式，間接表達又分為正式管道與非正式管道；而直接表達則可分為主動表達

與間接表達兩種方式。各項表達方式涵蓋之內容如圖3-1所示。

　　分析政策制定的利弊得失時，民意雖是重要的因素，卻不是唯一至高的考量；政府除了要設法滿足民之所欲(public opinion)外，也需考量民之所益(public interest)以及民之所義(public justice)（余致力，2002）。

第五節　民意融入政策規劃之作法

　　瞭解菁英規劃與民眾參與規劃的內涵後，學者朱志宏(1991)曾指出，要將民意融入政策規劃的過程，可先從以下幾點做起：

一、領導者要有編織夢想的能力

　　今後應多重視政策制定政治層面的問題，重視政策制定過程中的民意取向，以建立公共意識，提出「贏的策略」。更有人認為，公共政策應有哲學做基礎，決策者應有描繪國家未來發展藍圖的能力，並能向全體國民清楚地傳達該項意念。

二、公共政策須做好管理與促銷

　　在一個民主自由的國家，政府不能將制定好的公共政策強加在人民身上，因此，政策的管理與促銷工作就變的極其重要。所謂政策管理與促銷，就是爭取人民對公共政策的支持。而產品要好，促銷才會成功；因而要求公共政策品質的提升，就要加強政府的決策能力。為了加強政府的決策能力，行政院應廣甄訓練有素、學有專精的政策分析家進入政府參與政策規劃；對於政府現有的政策規劃人員，則應施以在職訓練，以加強其政策分析力，並應引進最新的決策與情報蒐集的科技，以強化決策的架構。

三、領導者應勇於表達政策概念

在西方民主先進國家，政府首長利用各種機會，如大學畢業典禮、企業界的演講等，以宣揚政策、提出政策主張，甚至放出政治氣球，乃司空見慣之事。反觀台灣早期因受到特殊政治文化的影響，政府首長多抱持沉默是金、只管做事不必有聲音的心態，對影響國人福祉、生計的政策大多不願多談；而今值得慶幸的是，這種普遍保守拘謹的作風已有所改變了。

四、強調聽證制度的重要性

為使公共政策能符合民意，政府對於決策過程中舉行的聽證會應加以重視，因為聽證制度實乃「參與式民主政治」之要素，其不僅能促進政治參與，並且能提高行政效能，因此，今日民主國家皆有聽證制度之設置。聽證制度具有多項功能：為研擬中之政策方案提供重要的參考依據；幫助人民瞭解規劃中政策方案的內涵及其可能產生的後果；使決策過程顯得合情、合理、合法；抑有進者，聽證制度尚有緩和社會情緒的功能，經過聽證程序所制定的政策較容易為大眾所接受。誠如張劍寒教授所言，從消極面而言，聽證制度具有防止政府腐化、消除政治偏失，以及杜絕專權弊害的功能；從積極面而言，它有加強政治溝通、促進政治參與，以及提高行政效能的作用。

聽證制度固然有其理論上的優點與實用上的價值，但並非毫無缺失。其主要的缺失可能包括：主持聽證者地位不夠超然公正，甚至徇私偏袒；證人立場不夠客觀超然，而其所提供之證詞又悖離「事實」；當事人利用聽證之機會，阻撓立法之進行、阻礙法規之制定、羈延行政處分之執行、拖延爭執案件之裁決；聽證檢察官為行政機關御用之工具，常是奉命行事，不能獨立超然。

聽證制度的缺陷應速謀改進，但該制度本身有其價值，絕不可輕言廢棄。須知，聽證制度乃落實政府決策「透明化」，可以說是「為人民做計畫，和人民一起做計畫」的具體理想作法。台灣社會已逐漸演變成以民眾偏好為主的社會，因此，政策規劃人員在決策的觀念及作法上，也必須適時調

整，以資因應，並克盡職責。從人的觀點來看，政策規劃人員必須有智慧、有決心及毅力，並且說到做到。從政策的觀點來看，他們必須避開機會主義(opportunism)與理想主義(utopianism)，亦即他們必須一方面能避免追求短期利益，另一方面能避免過度擴張政策目標。綜合言之，盡責的政策規劃人員應走在理想主義與機會主義之間，並應隨時注意社會的變化與政策的改造。

經濟可欲性分析

學習目標

- 瞭解經濟可欲性分析的意義與內涵。
- 瞭解成本效益分析發展脈絡及國內外文獻對成本效益分析的探討與應用。
- 知悉成本效益分析的理論基礎與各種計算方式。
- 瞭解線性規劃的源起、發展及其與作業研究的關係。
- 學習線性規劃的內涵與適用的問題類型。
- 瞭解資源分配模型問題的建構方式、操作過程與步驟。
- 探討資源分配模型的優點與限制。

第一節　經濟可欲性分析的意義

政策規劃過程中，常見對備選方案執行各項可行性分析，如經濟、政治、技術、法律、時間可行性等。本書特別針對經濟可欲性(economic desirability)分析與政治可行性分析兩項加以深入探討；本章主要說明經濟可欲性分析的內容與方法。

經濟可欲性係指從事政策方案設計時，必須考量是否具有足夠的一般性資源與特殊性資源可以使用。一般性資源係指金錢預算的可得性如何；特殊性資源則指專業性人力、物材設備、相關資訊等（吳定，1991，1997）。一般而言，國家重大政策的經濟可行性主要考量以下各項（吳定，1997）：

一、國家資源的數量和品質情況。

二、農、工、商、漁、林、牧業等的發展情況。

三、人口、物資、財務、資本的結構狀況。

四、財政金融制度，包括銀行、稅制、股市等情況。

五、國際貿易情況。

六、教育制度與衛生醫療設施情況。

七、國民所得分配情況。

此外，經濟可欲性分析更強調分析經濟資源的配置是否充分，以實現某項備選方案（丘昌泰，2000）。故經濟可欲性分析常見的問題為：何種方案為耗用成本最少、產生效益最大的方案？何種方案是最經濟且有效率的方案？（林水波、張世賢，1991；丘昌泰，2000）為解決上述問題，通常採用成本效益分析，將成本與效益同樣化為貨幣單位後加以比較。本章介紹的經濟可欲性分析，除了說明成本效益分析內容外，也將介紹線性規劃(linear programming)與資源分配模型(resource allocation model)，以作為資源配置的參考。

第二節　成本效益分析

一、成本效益分析的發展

　　成本效益分析技術的發展可追溯至1808年，美國財政部長Albert Gallatin建議比較水資源相關計畫的成本效益；到了二十世紀初期，美國土地管理局要求灌溉計畫應做經濟分析；1946年，美國聯邦河流委員會中並成本效益委員會成立；1952年美國預算局鼓勵編製預算應以成本效益分析為參考；1970～1980年代，成本效益分析的應用從水資源的研究擴展至公共財，如生態保育、空氣品質及健康福利等；而1981年，Reagan總統的12291號行政命令明確要求所有新的管制都要執行成本效益分析，使得成本效益分析成為美國政府決策的重要工具。近年來，成本效益分析於各國的應用，如Layard與Glaister(1994)編著的《成本效益分析》(*Cost-Benefit Analysis*)，以及Kirkpatrick與Weiss(1996)編著的《發展中國家的成本效益分析及方案評估》(*Cost-Benefit Analysis and Project Appraisal in Developing Countries*)書中所示，諸如：評估英國投資熱帶林的內在報酬回收率、分析歐洲的水供應計畫、探討巴西鐵工廠的所得分配效果，以及探究波蘭於過渡經濟中的民營化情形等。成本效益分析於各國與各項政策的應用漸廣（郭昱瑩，2002）。

　　國內成本效益分析的發展相對較為新近，約30餘年。1970年代主要著重於成本效益分析理論、觀念與意義的引進，鮮有實際應用成本效益分析的個案；陳成興(1980)算是早期文獻中以成本效益分析討論公共投資決策的先驅。1980年代後，隨著台灣經濟發展與政府角色的擴張，在多元政策方案推動而公共支出逐年增加的情形下，成本效益分析個案應用愈趨多元；其中，陳天賜(1990)對於台鐵西部幹線多軌化進行成本效益分析；曾子芬(1992)則針對台灣在因應國際自由貿易加入GATT對於台灣稻米生產的成本效益加以分析；郭秋勳(1992)接受教育部委託，分析各級補習學校學習成本與效益及其發展模式；葉明亮(1994)則利用成本效益分析方法分析毛豬運輸卡車對於養豬農民豬隻運送的效益之提升是否有所助益；黃月桂(1997)於《全民健保預

防保健服務之利用與成本效益分析》中，以成本效益分析探討全民健保政策提供不同服務的成本效益；周麗芳(2000)於《國民年金的成本效益分析》中分析國民年金對於台灣長期財政的影響與衝擊。由此可看出，成本效益分析被廣泛應用於交通、農業、教育、環保、社會福利等政策議題上。

　　台灣近來在面臨財政困窘與經濟失衡之際，政府對於資本支出計畫往往產生矛盾心理；一則希望藉由公共投資或公共建設等資本支出計畫的投入以刺激景氣復甦，另一方面，由於資本支出計畫通常需要大量資金，囿於財政困難之考量，政府可能又希望撙節資本支出計畫的鉅額投資。此兩種態度競逐下，資本支出計畫的優劣順序與評比相形重要；「預算法」、「總預算編製原則」與「中程計畫預算編製辦法」等皆規定資本支出計畫必須執行成本效益分析，以為資本支出計畫評比之依據。茲分別說明如下：

　　（一）「預算法」第34條規定：「重要公共工程建設及重大施政計畫，應先行製作選擇方案及替代方案之成本效益分析報告，並提供財源籌措及資金運用之說明，始得編列概算及預算案，並送立法院備查。」

　　（二）另「九十二年度中央及地方政府預算籌編原則」第四項第九款規定：「……各機關在歲出概算額度內編製概算時，應切實把握零基預算之精神檢討所有計畫之成本效益，排列優先次序，凡基於法律或義務與必須之支出，及其他可於額度內容納者，列入概算；凡績效不彰之計畫及不經濟或無必要之支出，均不得列入。」第五項第八款亦規定：「各公營事業與非營業特種基金應審慎規劃及評估固定資產投資計畫，檢討已執行計畫進度績效，據以核實編列年度預算。新興計畫應先行製作選擇方案與替代方案及其成本效益分析，並妥適規劃財源籌措及資金之運用。」

　　（三）「中央政府中程計畫預算編製辦法」第五章第25條規定：「有關政府公共建設、科技發展及社會發展個案計畫之擬編，應加強財務規劃，對於具有自償性者，須列明自償比率；並對所需經費及其成本效益詳加評估。其中屬重要公共工程建設應先徵詢民間投資意願，並製作替代方案，俾供選擇。」而成本效益分析的內涵與理論基礎將於下段說明。

二、成本效益分析的內涵

　　Key(1940)曾提出一值得深思的問題：「在什麼基礎上決定分配X元於A活動而非B活動？」(On what basis shall it be decided to allocate X dollars to activity A instead of B?)成本效益分析在某個程度上回應了上述問題；就學理而言，成本效益分析的理論基礎源自於經濟學的概念，強調於效率概念上，分配資源給創造最高效率的活動與計畫。本質上，應用成本效益分析必須符合以下假設：市場為完全競爭市場、產品具市場型態及消費者是理性的；成本效益分析以追求潛在的薄瑞多效率(potential Pareto efficiency)為目標，採用願意支付[1](Willingness-To-Pay, WTP)、消費者剩餘[2](consumer surplus)、生產者剩餘[3] (producer surplus)、社會剩餘[4](social surplus)及機會成本[5](opportunity costs)等基本概念（張四明，2001），來測量與政策相關的各種成本與效益分配情形。所謂潛在的薄瑞多效率，係指在所有人福利水準沒有改變的情況下，有些人的福利提升。由於大多數的公共政策都可能讓某些人獲得利益，同時也讓另一部分的人負擔成本，因此，締造了一群獲益者與另一群損失者，取捨標準在於這項政策的獲益者是否可補償損失者，此即為Kaldor-Hicks準則；意謂若某政策受益者的福利可補償受損者的損失，則此一政策值得採行。學者Weimer與Vining(1992)指出，典型的成本效益分析是透過以下四個步驟來進行：

　　（一）選定一項公共政策所有相關的影響(identifying relevant impacts)。

　　（二）以貨幣單位來估算各種政策影響的成本與效益(monetizing impacts)。

---

[1]　願意支付代表消費者願意支付某種物品或服務的價格。

[2]　消費者剩餘是消費者願意支付的價格扣除其實際支付的價格，乘以所購買的物品或服務的數量。

[3]　生產者剩餘即為生產者賣出物品或服務的實際所得扣除成本後的剩餘。

[4]　社會剩餘是消費者剩餘與生產者剩餘的加總。

[5]　機會成本的概念是選擇一方案，所要放棄次佳方案能帶來的效益。

（三）處理時間、風險及不確定性的因素(discounting for time and risk)。

（四）考慮預算限制與分配效果，來選擇最適當的政策(choosing among policies)。

由經濟學的角度觀之，成本效益分析即在於求取最大淨社會效益(net social benefit)。常見的計算方式與決策準則有下列數項：

（一）淨現值法

淨現值法(Net Present Value, NPV)之計算方法是將各期淨效益（即總成本與總效益之差值）之現值加總，即可求得，如下式：

$$NPV = \sum_{t=0}^{n} \frac{B_t - C_t}{(1+i)^t}$$

其中，NPV：計畫方案的整體淨效益；B_t：第t年之總效益；C_t：第t年之總成本；n：計畫預期使用年限；i：折現率(discounting rate)。其決策準則為淨現值愈大的計畫，愈值得採行。

（二）益本比法

益本比法(Benefit-Cost Ratio, B/C)係指所有效益現值總和除以成本現值總和之比例。如下式：

$$B/C = \frac{\sum_{t=0}^{n} \frac{B_t}{(1+i)^t}}{\sum_{t=0}^{n} \frac{C_t}{(1+i)^t}}$$

其決策準則為若益本比大於1，表示此計畫的整體效益大於整體成本，值得投資。

（三）內部報酬率

內部報酬率(Internal Rate of Return, IRR)係用來表達計畫的效率，其計算方法是求得使總體淨效益等於零之折現率。如下式：

$$\text{IRR}: \sum_{t=0}^{n} \frac{B_t - C_t}{(1+r)^t} = 0$$

其中，r為內部報酬率。其決策準則為內部報酬率愈大之計畫，愈值得投資。

（四）還本期法

針對某項投資方案，計算該投資額回收的年限，即為還本期；再以年限來評估投資方案的優劣。一般使用還本期法(Payback Period, PP)來評估方案時，決策者都會有一個最大的還本期限，並選擇該還本期小於該最大還本期限之方案。而當有多個方案做比較選擇時，則選擇還本期愈小的方案愈好。求出下列計算式中的t，即為還本期數：

$$\text{PP}: \sum_{t=0}^{n} \frac{B_t - C_t}{(1+i)^t} = 0$$

以「國營事業固定資產投資計畫編製評估要點」來看，其內容詳細規定了成本效益分析的計算基礎與計算方式，其中提及投資計畫之效益分析，應以現值報酬率法及淨現值法為主、收回年限法為輔，並做風險與不確定性分析；分析時，應揭露預測之假設條件與資料來源。

成本效益分析中另一重要的觀念在於折現率的選擇。所謂折現率的意義，在於未來與現在的社會大眾對所得的時間偏好。上述淨現值法、益本比法與還本期法三項計算方式皆牽涉到折現率的選擇，一般考量折現率選擇的基礎在於公共投資計畫或資本計畫的機會成本為何(Weimer & Vining, 1992)？假如此計畫係以當期的消費為機會成本，則消費的折現率即為適當的折現率；然若計畫係以私人投資為機會成本，則私部門的投資報酬率可作為折現

率；也有以上述兩者加權平均作爲折現率。實務上，折現率的選擇還可輔以敏感度分析方式進行，提供不同折現率計算所產生的淨現值、益本比與還本期，作爲決策者判斷的依據(Rosen, 1999; Weimer & Vining, 1992)。

三、小結

　　然鑑於有些投資計畫的效益不易量化，成本效能分析乃成爲另一備選方式；其與成本效益分析的目的相同，都是在比較各備選方案的成本與效益之差別，以選擇最佳方案。兩者相同之處在於計算成本部分均以貨幣價值計算；相異處則在於成本效能分析在計算效益部分並非以貨幣爲單位，而是以財貨、服務或其他相關價值之產出來衡量，因此，成本效能分析較成本效益分析容易操作。

　　不過，成本效益分析本身亦有其應用限制。如上所述，成本效益分析難以處理不易量化的項目；再者，重效率而忽視公平概念亦爲成本效益分析備受質疑之處。此外，成本效益分析執行時也往往因考量法律、行政、時間、成本、政治等各方面因素，而捨棄或扭曲成本效益分析的過程或結果；甚且公共投資產出有時不易以市場價格衡量，藉由評估影子價格，並考量未來市場價值的不確定性，而採用不確定的折現率，也增加成本效益分析的困難度（張四明，2001）。

第三節　線性規劃

一、線性規劃的發展

　　線性規劃的發展與作業研究(operations research)有相當密切的關係；欲窺線性規劃究竟，有必要先瞭解作業研究的內涵。作業研究受到重視，乃始於二次世界大戰時，政府欲探討如何對軍事補給做有效運用的資源分配；當時，美、英等國積極從事各種軍事作業系統之研究，如英國贏得空戰、愛爾

蘭贏得北大西洋戰爭、美國贏得太平洋戰爭等，其中作業研究均扮演了重要角色。1990年之波斯灣戰爭，作業研究又再一次受到重用。

　　二次世界大戰後，作業研究之應用更拓展到其他領域，此係因應當時資源缺乏、經濟急待復甦的環境，將曾經在戰爭中接觸到的作業研究方法，大量用於政府與民間企業。此種發展固然是針對實際環境的需要，同時也是大批學者投入作業研究中所獲得的結果。於作業研究的各種形式中，線性規劃是最高度發展也最常被使用的(Stokey & Zeckhauser, 1978)。由於線性規劃常有不等式的存在，一般的數學運算並無法求解，直到1947年，George Dantzig針對美國空軍規劃才發展出線性規劃的求解方法，稱為「簡捷法」(Simplex Method)；然據 Stokey 與 Zeckhauser(1978) 的說法，蘇聯數學家 Leonid Kantorovich早在1939年已找到求解的方法，只是沒有被注意到。簡言之，線性規劃包含於數學規劃(mathematical)之中，而數學規劃又是作業研究的一部分。線性規劃可說是作業研究最常見的一種，其關懷的是，如何將有限資源在最大化利潤或最小化成本的特定目標下，且變數呈線性關係時的決策。線性規劃通常滿足下列條件(Feiring, 1986)：

　　（一）決策變數(decision variables)非負數。
　　（二）用以選擇最佳備選方案的目標函數與決策變數呈線性關係。
　　（三）限制式可用線性等式或不等式表示。

　　值得注意的是，電腦的應用加速了作業研究與線性規劃的發展，如1984年在美國AT&T通訊公司任職的Karmarkar提出解決大型線性規劃之「內點法」即為一例。內點法之提出不僅堪與縱橫40年之簡捷法相抗衡，同時，亦為數學規劃的應用與發展開創一新的紀元。由於電腦的發展與應用，也陸續出現了許多線性規劃軟體，如MPSX、OPHEIE、UMPIRE等，可以很便捷、快速地求解幾千個變數的線性規劃問題。

二、國內外文獻對線性規劃的探討

　　線性規劃的內容引起許多學者與實務者的討論（黃華民，2000；方述

誠，1993），如學者Dantzig(1963)說明線性規劃的求解方法及其可應用之處；Gass(1975)、Srinath(1983)、Ignizio(1985)、Feiring(1986)也都曾專書討論線性規劃的內容與原則，並說明線性規劃問題的求解方法及線性規劃常見的應用。線性規劃主要係用來作為資源最適分配的分析架構，分配稀少資源於相互競爭的活動，或於特定產出要求下，如何達成成本極小化的選擇，是以，線性規劃不僅可用於小型圖書館的預算估計上，也可用於大型水力發電廠的要素選擇(Stokey & Zeckhauser, 1978)。

　　線性規劃的應用非常廣泛。就農業而言，包含農場經濟之農作物最佳場所分配、農場管理關於勞工、薪水、周轉資金的分配；就工業而言，有煤礦工業的運送量規劃、商業航空的航線規劃、通訊工業的傳訊轉播規劃、鋼鐵工業的生產成本最小化規劃、紙業工業的運輸與裁剪運作、石油工業的利潤最大化規劃、鐵路工業的最佳路線規劃等。其他像是軍事飛機調度規劃、有限人力資源分配、生產進度與存貨控制、交通路線規劃等，亦皆是線性規劃實務應用的個案（吳建平譯，1972）。整體而言，線性規劃可適用的問題類型相當多。

　　如上所言，線性規劃應用的個案相當多元，有些學者將線性規劃更積極地應用於農林牧業的規劃管理，例如，楊明璧、周世玉、李龍斌(2000)應用線性規劃於茶廠之產銷計畫；林聖泉、黃裕益、鄭經偉(1997)將其應用於盆栽作物栽培體系之規劃；李宗儒、都鈺堂(1997)將其應用於毛豬屠體運輸最適轉運量及其肉品批發市場最適家數；林文亮(1996)將其應用於台灣木材生產中心之規劃；陳景雄(1991)應用線性規劃探討桂竹林施業；劉浚明(1991)應用其於伐採規劃問題；葉維煜、張森富(1994)將其用來分析台灣農業機械化的發展等。此外，有些學者將線性規劃應用於水資源的相關議題，例如，簡傳彬、方文村(2001)將其應用於池塘灌溉系統聯合營運；張斐章、王文清(1995)將其應用於水資源規劃；鄭欽龍(1994)將其應用於水的經濟價值評估。另有學者應用線性規劃處理人力資源分配問題，例如，何盈芬(2000)將其應用於飛行員排班問題；楊承亮、粘飛豹(1997)將其應用於國軍兵力整建。

　　一般管理問題與其他議題亦可藉由線性規劃的決策輔助獲得解決方案，

例如，王貳瑞(2001)採用線性規劃探討在污染總量管制條件下，電力發展環境的抉擇；陳基國(2001)將線性規劃應用於討論如何使水費結構合理化；陳凱俐、陳子英(2000)將其應用於台灣濕地保護網之建立；藍俊雄等(2000)應用於電力工程在工期限制下之最佳化排程；劉明德(1999)將其運用於運輸轉運；葉若春、蘇玲慧、李衍儀(1995)將其應用於探討血庫存量政策；蘇雄義、涂保民(1994)將其應用於專案管理；葉堂宇(1994)將其應用在自動化技術的選擇；余信雄(1993)將其運用於煉油計畫等。凡此總總，各種類型之個案利用線性規劃，主要目的無非是在尋求最小成本或最大利潤的資源配置。

三、線性規劃的內涵

一般而言，建立線性規劃模型包括下列步驟(Feiring, 1986)：

（一）明確界定問題的目標及限定決策實施的範圍。

（二）決策目標表達成決策變數的線性函數（稱為目標函數）。

（三）選定決策變數和參數：決策變數就是待決定問題的未知變數，一組決策變數的價值即構成一個規劃方案；決策變數的選定往往需要對問題進行仔細的分析。

（四）建立限制條件：問題的每一個限制條件均表達成決策變數的線性函數應滿足的等式或不等式；而限制條件往往不只一個，通常會表達成一組線性等式或不等式。限制式一般有下列幾種形式：

1.限制特定變數不得為負數。

2.特定變數不得超過某個範圍。

3.限制式可能為政治的、社會的、經濟的或其他機關對某些變數價值的限制。

線性規劃問題就是在決策變數滿足一組限制條件的情況下，使目標函數達到極大值或極小值。

舉例而言，某工廠生產A、B兩種產品，已知生產A產品1公斤耗煤9噸、耗電4千瓦、需要3位勞工；生產B產品1公斤耗煤4噸、耗電5千瓦、需要10位

勞工。已知生產1公斤的A產品利潤為500元，生產1公斤的B產品利潤是900元。現在根據工廠條件，只能提供煤360噸、電力200千瓦、300位勞工，那麼如何安排兩種產品的生產量，方可使利潤最大？

（一）表示法：假設A、B的產量分別為X、Y公斤，則上述問題的線性規劃模型為：

極大化Z＝500X＋900Y

受限於：
①$9X+4Y \leq 360$
②$4X+5Y \leq 200$
③$3X+10Y \leq 300$
④$X \geq 0$
⑤$Y \geq 0$

（二）畫圖求解

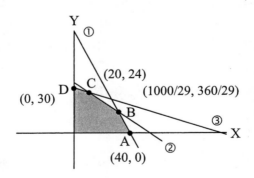

經由畫圖求得灰色部分ABCD為問題可能的解答，邊界四點A(40, 0)、B(1000/29, 360/29)、C(20, 24)、D(0, 30)，帶入目標函數，得到C點X＝20（公斤），Y＝24（公斤），最大利潤為3.16萬元。

四、小結

　　分配有限資源於相互競爭的活動，是相當常見的問題，縱然線性規劃要求所有變數可被量化，可是線性規劃也要求決策者仔細思考什麼問題需要被解決、有哪些備選方案存在；線性規劃量化問題不但提供求解的方法，也提供一般問題的思考途徑。事實上，線性規劃不管是作為正式的分析架構，或作為思考方向的指引，都有相當大的用處。誠如前面各章所述，線性規劃於決策過程中亦只是扮演輔助的角色，並不取代決策者。學者Stokey與Zeckhauser(1978)提及於政策分析建立系絡(establishing the context)、鋪陳備選方案(laying out the alternatives)、預測後果(predicting the consequences)、評估結果(valuing the outcomes)及選擇(making a choice)五階段中，線性規劃可產生決策輔助的功能，協助系統化建構問題。然而，決策問題本質的認定與決策方式的選擇，仍須視決策者的想法而定。

　　就方法上，線性規劃有其本質上的限制，若遇到下列情況，線性規劃亦無法求解：

　　第一，有些關係可能非線性的或有些變數可能為整數。

　　第二，限制式有時可能會造成，沒有任一個既符合目標函數又可被接受的解決方法。

　　第三，對於相互衝突的目標，線性規劃無法求解。

　　第四，線性規劃問題中可能有些部分無法被量化。

　　就實務應用而言，線性規劃於政府部門的應用時有困難之處，政府部門的目標函數衡量有其困難。政府要考量所有人的福利，可是每個人的偏好不同；再者，政府的服務常無法以市場價格來量化，且有時政府的產出不易衡量；更有甚者，政府的行動與目標間的關係可能是相當遙遠的，具體的目標都不易訂出，更遑論目標函數中係數的訂定。這些都造成政府部門設定目標函數的困難。

　　固然線性規劃有其方法與實務應用的限制，然而遇到有限人力、物力、財力等資源配置問題，只要其決策變數可量化、與目標函數存在線性關係，

且限制條件不相衝突的情況下，線性規劃仍有其用處；亦即，可輔助找出利潤極大化或成本極小化的最佳決策。

第四節　資源分配模型

一、國內外文獻對資源分配模型的探討

　　資源分配模型與成本效益分析及線性規劃有許多共同之處，皆是在處理有限資源的最佳配置，然處理的過程與資料呈現的方式有些許不同。本節將先探討國內外文獻對資源分配模型的探討，進而說明資源分配模型的內涵，再介紹資源分配模型於個案的應用。

　　許多學者嘗試探討資源分配模型的應用與益處(Murnane, 1991; Bruno & Sachs, 1982; Mills, 1967)，並有學者以電腦輔助模擬資源分配決策過程(Bocheck & Chang, 1998; Unger, 1977)。各項應用中，對教育領域相關議題的應用似乎最為普遍，例如，Haeuser(1998)以資源分配模型探討各學院、各科系學生課程所需的學分小時、學生程度，並提出修改此模型的條件與政治考量。另外，Hughes、Moon及Barnett(1993)探討公立中小學教育的資源分配；Lankford與Wyckoff(1996)研究特殊教育的資源分配問題；Miles與Darling-Hammond(1998)及Miles(1997)兩篇文章則深入反思教學資源分配的內容與適切性。另有學者強調對應預算緊縮，各大學預算分配應更客觀謹慎(Shick, 1985; Chaffee, 1983; Hills & Mahoney, 1978; Pfeffer & Moore, 1980; Rubin, 1977)。

　　此外，有些國外大學對於校內的教育資源與設備的分配已採用資源分配模型，如英國University of Birmingham的模型稱RAM(Resource Allocation Model)以及University of Durham的模型稱DRAM(Durham Resource Allocation Model)；美國大學如University of Wisconsin-Madison也採用資源分配模型為其教育資源分配的基礎(Rossmiller, 1986; Accountability for Achievement, 1997

Report)。

　　台灣許多學者探討資源分配問題，主要關注教育資源的分配問題。鄭勝耀(1999)、許璋瑤(1998)、林本炫(1996)及馬信行(1993)著重於台灣地區教育資源分配與公平等問題；於1996年的《教改通訊》中，王顯達、孫震、蘇彩足、徐偉初、鄭光甫等教授注重國家總體教育資源；另有張清溪(1996)、林全、周逸衡、陳德華、黃鎮臺、蓋浙生、劉三錡(1995)及顧志遠(1994)等學者著重於高等教育資源分配；張鈿富(1999)、張玉茹(1997)學者偏重於中等教育資源的分配；李安明(1999)則探討國民教育資源分配問題；丁守中、洪秀柱、袁頌西、羅心安、劉三錡等(1993)則為文檢視公私校教育資源分配公平與否議題。然而，這些探討教育資源分配問題的著作中，多將重心置於教育資源分配的現況與問題，較少提及資源分配模型或分配的決策過程。似乎僅顧志遠(1994)一篇專文論述較為明顯，其餘文章則較少著墨。

　　中外學者也有提及資源分配決策及資源分配政策評估的關係（曹俊漢主編，1998；翟本瑞，1992；Quade, 1989）。Quade(1989)曾言，在公共部門中，資源分配是一再出現的問題(ever-present problem, 1989: 16)，政策分析師最主要的工作即是提供有關所有備選方案的成本及效益資訊。也有學者強調資源分配過程的管理（周齊武、吳安妮、Awasthi，1998；高強、高重光，1994；Fisher, 1998；Bower, 1986）。此外，美國於1993年所通過的「政府績效與成果法案」(Government Performance and Results Act, GPRA)便要求聯邦政府所有組織的成果須與其資源相連結，因而客觀且資料導向的分析可使聯邦政府做成較合理且能被接受的預算決策。使預算過程更加合理與客觀是當今重要課題（余致力、郭昱瑩，2000；蘇彩足，2000，1998；李允傑，1999，1997；徐仁輝，1999，1998；黃世鑫、徐仁輝、張哲琛，1995），而資源分配也確實是預算過程中重要的一環（韋端，1997；葉金成、李蕭傳，1995；吳文弘，1994）。

　　綜上所述，可見資源分配問題受到許多學者與實務界人士的重視，而資源分配決策也一再被探討。然而，本章所欲介紹之資源分配模型與上述所提的資源分配模型不一定完全相同，但同樣是為解決資源分配問題，實各有其

公共政策
Public Policy

實用之處。後續將詳細說明資源分配模型的操作過程與步驟。

二、資源分配模型的內涵

資源分配模型可協助有系統地達成資源分配決策；資源分配模型結合成本效益分析的益本比與線性規劃的效率邊界概念，其步驟為(Milter, 1987; Adelman, 1984)：

（一）列出所有將配置資源的備選方案，以及每個備選方案欲達成的不同層級(level)。

（二）指定每項備選方案的權數。

（三）評估每個備選方案欲達成不同層級的效益與成本。

（四）計算每個備選方案增加一層級所衍生的效益($\triangle$B)與成本($\triangle$C)，並算出此邊際效益除以邊際成本的值($\triangle$B/$\triangle$C)。

（五）將各層級依$\triangle$B/$\triangle$C值的大小排序，找出效率邊界(efficient frontier)。

（六）選出各層級於效率邊界內具最高$\triangle$B/$\triangle$C值者。

針對上述六個步驟，將舉例說明其操作過程。以筆者日常研究案的工作而言，目前有關於行政管理、決策分析及預算過程人為判斷三個研究案，筆者欲安排這星期工作時數40小時於此三個研究案；依據上述步驟，分析如下：

（一）列出所有將配置資源的備選方案，及每個備選方案欲達成的不同層級。欲執行的研究案包含行政管理、決策分析及預算過程人為判斷三個研究案，簡稱行政、決策、預算研究案，其分別有3、5、4層級。行政研究案的最低層級為不做、次而為初步分析、再為文獻調查；決策研究案的層級依序為不做、問卷資料整理、統計分析、期中報告、期末報告；而預算研究案的層級依序為不做、統計分析、期中報告、期末報告。如表8-1所示。

（二）指定每項備選方案的權數。行政、決策、預算研究案所占的權數依序為10、30、60，標準化後成為0.1、0.3、0.6，如表8-1所示。

表8-1　列出備選方案與層級；指定備選方案權數

備選方案	層級1	層級2	層級3	層級4	層級5
1.行政研究案10(0.1)	不做	初步分析	文獻調查		
2.決策研究案30(0.3)	不做	問卷資料整理	統計分析	期中報告	期末報告
3.預算研究案60(0.6)	不做	統計分析	期中報告	期末報告	

．（三）評估每個備選方案欲達成不同層級的效益與成本。每個備選方案的效益以效用分數表示（效益不限於只用效用分數表示，也可用金錢或其他單位），如表8-2所示。每個備選方案的成本單位為小時，如表8-3所示。

表8-2　指定效益（效用分數）

備選方案	層級2	層級3	層級1	層級4	層級5
1.行政研究案	初步分析 40	文獻調查 100	不做 0		
2.決策研究案	問卷資料整理 30	統計分析 60	不做 0	期中報告 80	期末報告 100
3.預算研究案	統計分析 50	期中報告 70	不做 0	期末報告 100	

表8-3　指定成本（小時）

備選方案	層級1	層級2	層級3	層級4	層級5
1.行政研究案	不做 0	初步分析 5	文獻調查 15		
2.決策研究案	不做 0	問卷資料整理 10	統計分析 20	期中報告 25	期末報告 30
3.預算研究案	不做 0	統計分析 10	期中報告 12	期末報告 16	

（四）計算每個備選方案增加一層級所衍生的效益(△B)與成本(△C)，並計算出此邊際效益除以邊際成本的值(△B/△C)。如表8-4所示，可將相關數據鍵入Excel的試算表中，各欄位依序為權數、方案、層級、效益、成本、邊際效益、邊際成本、邊際效益／邊際成本、（權數）乘以（邊際效益／邊際成本）及檢查。帶入相關數值計算，結果如表8-4所示。

表8-4　計算方式

權數	方案	層級	效益	成本	△B	△C	△B/△C	權數×△B/△C	檢查
0.1	1	1	0	0	0	0	0	0	
0.1	1	2	40	5	40	5	8	0.8	Check
0.1	1	3	100	15	60	10	6	0.6	
0.3	2	1	0	0	0	0	0	0	
0.3	2	2	30	10	30	10	3	0.9	
0.3	2	3	60	20	30	10	3	0.9	
0.3	2	4	80	25	20	5	4	1.2	Check
0.3	2	5	100	30	20	5	4	1.2	Check
0.6	3	1	0	0	0	0	0	0	
0.6	3	2	50	10	50	10	5	3.0	
0.6	3	3	70	12	20	2	10	6	Check
0.6	3	4	100	16	30	4	7.5	4.5	

（五）將各層級依△B／△C值的大小排序，找出效率邊界。結果即為表8-4中，權數×△B／△C此欄所示。

（六）選出各層級於效率邊界內具最高△B/△C值者。由表8-4可知，行政、決策、預算研究案的最高權數×△B／△C依序為0.8、1.2、6，其分別為

行政研究案的第2層級、決策研究案的第4或5層級、預算研究案的第3層級；限於個人的工作時數為40小時，最佳組合為行政研究案至第2層級（花費5小時），加上決策研究案至第4層級（花費25小時）及預算研究案至第2層級（花費10小時）；且限於工作時數40小時，達不到預算研究案的第3層級。

三、小結

由於資源分配模型過程合理，堪稱具有實務價值，且易於為人接受，其受爭論處不多；充其量，其有爭議處在於個人於判斷時可能不知該建構多少備選方案與層級，或判斷成本、效益及權數時，因不知該給多大多小的數值而顯得有些困難。然整體而言，資源分配模型有下列各項優點：

（一）於過程中的每一步驟裡，關於問題的每個要素的量化與質化判斷會同時產生。就質化判斷而言，主要是羅列問題的每個備選方案與層級；就量化判斷而言，包含效益、成本、權數多少的判斷。

（二）藉由效益成本比值的計算，可清楚地瞭解消耗每個單位成本可獲取多少效益，也能知道為了產生最大效益所需投資的成本。

（三）由於資源分配模型可透過試算表將效益、成本及權數清楚列出，因而容易進行敏感度分析；假如效益、成本或權數任一項需要變動（如增加成本、計畫幅度擴增、效益減少等），可於試算表將數字做些微改變，結果便能及時呈現。

於群體決策的過程中，資源分配模型亦可提供助益；其不僅建構群體成員相互溝通的共用語言（何謂成本、何謂效益、何謂層級），也於資源分配過程進行中涵蓋群體成員的信念、態度及價值。

第五節　結論

成本效益分析、線性規劃與資源分配模型皆為經濟可欲性分析常見的方

式，其應用建構於可量化或貨幣化的基礎上；然而，許多方案往往牽涉到無法量化或貨幣化的無形成本與效益，此時往往需要依靠成本效能分析。例如，許多環保政策的實質效益是無法貨幣化的，像是環境改善有利維護自然生態、促進觀光產業等，因而採用成本效能分析，嘗試比較各種政策的成效，並分別予以列等，以作爲進一步抉擇和資源分配的依據。

政治可行性分析

學習目標

- 瞭解政治可行性分析的意義。
- 掌握政治可行性分析的內容。
- 說明利害關係人分析的重要性與進行方式。
- 瞭解多屬性效用模型於政治可行性分析的應用。
- 探討政治可行性分析於政策規劃過程的重要性與未來發展方向。

公共政策

第一節　政治可行性分析的意義

從事政策方案的規劃過程中，必須針對各項備選方案進行可行性的分析研究，以預測該方案未來能否順利執行。公共政策的政治可行性分析便是評價政策備選方案在政治系統中被接受的程度（丘昌泰、余致力、羅清俊、張四明、李允傑，2001）。

林水波、張世賢(1991)引用Majone(1977)的看法認為，政治可行性係指公共政策受到制度、政治資源與分配的限制，茲分述如下。

一、制度的限制

政策規劃不能為所欲為，必須在制度內行之，制度自然約束了政策規劃的範圍；例如，美國的聯邦主義、權力分立、立法兩院制，以及台灣行政、立法、司法、考試、監察五權分立等憲法上的原則，便限制了政策規劃。當政策方案不具政治可行性，保守的方法便是修改政策方案，安置在現在環境的框架內；激進的方法則是改造現有的環境、或提升政府的政治資源、或對遭受損害的民眾給予合理的補償、或是修改現行政治制度與法令規章等（張世賢、陳恆鈞，2001）。

二、政治資源限制

政治資源係指政治支持度、政治及行政技術。政策規劃如缺乏相關的政治資源，其可行性便低；例如，未能獲得有力人士的支持，且在爭取有力人士的支持時，缺乏運用政治與行政技術，使規劃在政治上的可行性為之降低。

三、分配的限制

David Easton(1971)認為，政治是整個社會對價值做權威性地分配，然此一分配的差距有一定的限度，如超越此一差距，相關人之間彼此均會感到不

舒服或不利；是以，政策的規劃，其政治可行性必須落實在此分配差距的幅度之內。

由於公共政策受到制度、政治資源與分配的限制，因而政策規劃過程必須進行政治可行性分析。具體來說，政治可行性分析在公共政策的過程中至少蘊含以下三個層次的意義：

第一，藉由政治可行性分析協助政策規劃人員的雇主，意即決策者，發現社會的偏好。政策規劃人員可從社會指標的變動、焦點議題，以及民意輿論的回饋等得知公共問題所在，進而界定政策問題在政治層面上的實質內涵。

第二，藉由政治可行性分析的過程，瞭解政治系統對於決策者偏好的備選方案之反應，例如，應用政治風向球的釋放來檢測民意的動向。經過各種政治可行性的分析與觀察，政策規劃人員可在眾多的政策備選方案中選擇受到政策參與者高度支持的方案。

第三，藉由政治可行性分析的結果，瞭解究竟政策規劃人員與決策者應採取什麼樣的行動，才能讓備選方案在決策與執行的過程中為其他參與者所接受(Patton & Sawicki, 1993)。

吳定(1991)認為，政策方案分析包含政治可行性、經濟可行性[1]、行政可行性[2]、技術可行性[3]與時間可行性[4]等。其中，政治可行性係指政策方案在政治方面受到支持的可能性，包括一般人民、標的團體、行政首長、上級機關、平行機關、意見領袖、政黨、利益團體、大眾傳播媒體、民意機構等。政治可行性分析可說是藝術運用重於科學計算，可採用「腳本撰寫」方式，

---

[1] 係指執行政策方案時所需的一般性資源與特殊性資源之可得性如何。

[2] 係指行政機關及其能力是否足以承擔政策方案的執行工作；行政能力涉及三項變數：績效、結構、環境。

[3] 係指是否有足夠的技術知識與能力，以執行政策方案對此，需考慮下列三項要素：專業知識的權威性、專業知識的發展水準，以及專業知識的認知差異。

[4] 係指從時間幅度考慮政策方案執行的可能性如何；包括：政策方案規劃的研究發展時間、政策方案執行所需時間，以及政策方案產生預期後果所需時間等。

分析主要行為者的角色，以瞭解其支持或反對某方案的立場與理由，再設法加以克服。政治可行性分析的內涵為（吳定，1997）：

一、確定哪些人或機關為主要行為者。

二、分析行為者的動機，以瞭解其需要、願望與目的。

三、分析行為者的信念，以瞭解其價值系統或參考架構。

四、分析行為者的資源，以瞭解其在政治上擁有哪些權力、地位及影響力。

五、分析方案被決定的場合、時間與機關等，以便謀求因應對策，提高該方案政策可行性。

朱志宏(1991)提出政策制定好壞的真正準繩是：制定出來的政策是否實際可行、是否對實際情況有所改善。一項政策必須實際可行，才能發揮其作用；而政策要能實際可行，則有其政治上、經濟上的條件。政策的「政治可行性」，乃指次級決策人員(secondary decision-makers)、行政人員、利益團體，以及可能受到該項政策影響的公眾，充分接受該項政策的可能性而言；受到廣泛接受的政策，就是具有高度「政治可行性」的政策。政治上的可行性，與政治系統的權力結構以及決策人員的素質均有密切關係。

丘昌泰(2000)認為，任何備選方案均有其優缺點，必須進行可行性分析，才能知道如何選擇可行性較高的方案。而備選方案可行性分析包含經濟或技術可行性、行政或法律可行性、社會或環境可行性與政治可行性分析。其中，在關於政治可行性分析的說明中，強調政治是權威價值分配活動；在民主社會中，影響權威性價值分配的行動者非常之多，如政黨、壓力團體、選民、傳播媒體、政治評論家等；政治可行性分析的主要內涵就是分析這些行動者對於備選方案的態度。換言之，政治可行性分析係指，備選方案的推動會不會遭到壓力團體的反對？選民意見如何？政黨對備選方案的態度如何？大眾傳播媒體的態度如何？亦即必須分析每一項備選方案在這些問題上的可行性。

第二節　政治可行性分析的內容

　　政策規劃過程中，往往牽涉相當多的政治考量，政治可行性分析也因而突顯其重要性。Meltsner(1972)於其「政治可行性與政策分析」(Political Feasibility and Policy Analysis)一文中即提出政治可行性分析的清單，強調政治可行性分析係釐清與政策有關的參與者(actors)、參與者的動機(motivations)、參與者的信念(beliefs)、參與者擁有的資源(resources)、政策制定的地點(sites)以及參與者間的交易(exchanges)等各項（Meltsner, 1972；丘昌泰、余致力、羅清俊、張四明、李允傑，2001），其可作為評量政治可行性所需資訊的指導性原則。茲逐項說明如下：

一、參與者

　　各項政策議題中，參與者的政策立場往往是不同的，他們彼此可能是朋友、也可能是敵人或中立者；參與者的態度可能隨著利益損失或是獲益程度的不同，而對議題發展情形表現出積極或是冷漠的態度，因而他們可能反對或是支持一項特定政策。由於參與者可能是個人、團體、委員會、行政官僚組織，或甚至是國家，是以，政策規劃人員應採多元管道，以瞭解參與人數的多寡與性質，透過建立一份政策相關參與者的清單，作為判斷政策問題在此政治環境中的範圍。

二、動機

　　任何一個參與者都會有其動機、欲望、要求或目標的排列順序，以促使其維護個人政策之優先選擇順序。參與者的動機會因為具有高度的特殊性而難以捉摸，政治可行性即在尋求盡可能滿足各方需要的方案；而政策規劃人員必須站在「當事人的立場」，洞察參與者的動機強度。

三、信念

參與者的信念、態度和價值，與上述參與者的動機密切相關。參與者會藉由他們的指涉架構(frames of reference)來理解政策，而此指涉架構可能是從政治的意識型態所構成，也可能僅是一組無關聯的信念。

四、資源

通常每一個重要的參與者在政策議題中都擁有其他參與者想要獲得的資源，因此，政策參與者之間的關係就變得相當複雜。因為資源的種類相當繁多，例如，金錢、影響力、人脈等，故而建立一份參與者所擁有的資源清單，可幫助政策規劃人員瞭解哪些資源會被政策利害關係人當作支持某一政策的依據，進而成為策略聯盟的籌碼。

五、地點

政策規劃人員可以判斷，究竟是由民意機構做決策，或是行政機構做決策？政策規劃人員必須設法將政策問題置於對決策者較有利的政治舞台(political arena)，以便一旦政策視窗(policy windows)打開之際，有助於政策議程的建立。

六、交易

交易的概念係使用於政治行為的合作，參與者往往藉由資源的互換以換取政治支持度，進而提升政策的可行性。

除了上述Meltsner所提出的政治可行性分析所應關注的各項，利害關係人分析(stakeholder analysis)一直是政治可行性分析重要的一環。如Rowley與Mihneanu(2003)即提出，利害關係人或利益團體乃以利益為基礎(interest-based)或認同為基礎(identity-based)而動員或集合在一起。以利益為基礎的觀點強調利害關係人或利益團體如同理性行為者，他們為尋求相同的利益而聚集，鑑於利益團體的利益強度不同，其潛在的重要性或資源流動能力是不同

的；而以認同爲基礎的觀點則強調，認同的力量如同行爲的動力，很明顯的是從社會心理學領域和參與的社會認同理論所衍生而來，提供利害關係人或利益團體團結與行動的基礎。許多學者均提及利害關係人分析的方式，可作爲政治可行性分析的依據，茲說明如下：

一、Crosby(1997)認爲，不同利害關係人或利益團體(group)對其所關注之議題有重要或潛在的影響，進而影響政策制定者對某項政策行動或不行動。Crosby所提利害關係人分析架構如表9-1所示，強調可列表說明利害關係人或利益團體的影響力，藉由表格標示利益團體的名稱、利益團體有興趣的議題(group's interest in issues)、利益團體所擁有的資源(resources)、利益團體促使資源流動的能力(capacity to mobilize resources)及利益團體在議題的立場(position on issues)等各項，如此可瞭解各利害關係人或利益團體對政策的關注焦點或影響力。

表9-1　Crosby(1997)利害關係人分析架構

內容	利益團體	團體有興趣的議題	資源	促使資源流動的能力	議題的立場
定義與說明	團體的名稱	評估利益團體有興趣的議題有哪些	考量利益團體或利害關係人所擁有的資源	評估團體如何流動資源	評估團體在議題上的立場

資料來源：Crosby(1997: 261-286).

二、Malvey、Fottler與Slovnsky(2002)提出「利害關係人策略管理過程」；亦即在策略管理的過程中，藉由規劃與執行各步驟及其回饋過程，藉此評估利害關係人管理策略執行的成功或失敗。利害關係人策略管理過程依序爲（如圖9-1所示）：

（一）定義所有外部相關的、有接觸的，以及內部的利害關係人。

（二）定義誰是關鍵的次要利害關係人。

（三）評斷關鍵的利害關係人。

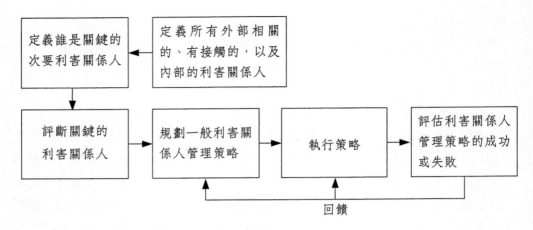

圖9-1　利害關係人策略管理過程

　　資料來源：Malvey, Fottler, & Slovensky(2002: 66-79).

　　（四）規劃一般利害關係人管理策略。

　　（五）執行策略。

　　（六）評估利害關係人管理策略的成功或失敗，並將其回饋至當初規劃與執行的策略。

　　三、海外發展行政(Overseas Development Administration)於1995年提出援助計畫如何執行利害關係人分析的指導原則，主要內容與步驟包含下列各項：

　　（一）利害關係人分析的首要步驟：

　　1.製作利害關係人表。

　　2.評估利害關係人的重要性及與其相關的影響力和權力。

　　3.界定影響計畫設計或成功與否的風險與假設。

　　（二）利害關係人表提供簡明法則(rules of thumb)與檢驗清單(checklist)。

　　（三）利害關係人表的內容：

　　1.界定與表列所有潛在的利害關係人。

2.界定利害關係人對計畫或政策目標的利益（包含明顯與潛在的）。其中，須注意到利害關係人可能有多重的利益考量。

3.評估利害關係人對計畫的利益是傾向支持、反對或未知的。

4.指出每個利害關係人所要求相關方案的利益先後順序。

（四）表列與分類主要與次要的利害關係人。

（五）主要利害關係人是受計畫最終影響的一群人，通常區分為受益者與受害者，可就性別、社會經濟地位、職業或服務使用者等加以分類。

（六）次要利害關係人係指亦受計畫影響的個人或特定群體，也可能為非正式群體。

（七）一些組織內部的次級團體(sub-groups)有時也必須被列為利害關係人。

（八）利害關係人列表的結果，可呈現利害關係人對計畫的利益與計畫對利害關係人的影響。

（九）藉由訪談利害關係人的期望(expectations)、效益(benefits)、資源及其與其他利害關係人的利益衝突等，可更明確地列出利害關係人的利益。

（十）應評估計畫真實與可能的影響對利害關係人利益所產生的作用。

（十一）界定所有利害關係人的利益及其各項利益的優先順序。

（十二）關鍵利害關係人通常對計畫有重要的影響力，應於利害關係人表中標示。

（十三）在圖表中顯示利害關係人的影響力與重要性，藉由分類各利害關係人，可協助管理計畫的假設與風險。

（十四）評估利害關係人對計畫與對其他利害關係人的影響力。

（十五）利害關係人的權力可能來自利害關係人的組織或其職位，故亦須加以評估。

（十六）可由利害關係人於正式組織的角色、是否為命令發號者或預算掌控者、是否為領導者、是否掌控計畫資源、是否具有特殊知識、是否具有談判職位等因素，判斷利害關係人的影響力。

（十七）評估滿足利害關係人需求與利益的計畫優先順序。

（十八）於利害關係人表中標示利害關係人的重要性。有些利害關係人對計畫影響力低，然其可能爲某計畫或政策的標的團體，因而具高度重要性。

（十九）藉由表格標示各利害關係人的影響力與重要性，可清楚地界定各利害關係人的角色。

（二十）界定利害關係人促使計畫成功的假設，並界定利害關係人如何因應計畫產生的風險。

（二十一）界定利害關係人參與計畫的方式、何時參與計畫、對計畫有何貢獻。

（二十二）評估利害關係人結盟支持的可能性及其潛在的合夥人。

四、學者Dunn(1992)認爲，在政治衝突或不對稱權力結構的情形下，可以政治可行性分析嘗試對可能的結果進行評估，藉此使政策選案合法化（李明寰，2002）。政治可行性分析可協助政策規劃人員瞭解政策利害關係人對不同政策選案是否採納、採取支持或反對的立場，以及將可能造成何種影響。

依據Dunn的看法，政治可行性分析將焦點置於政治與組織行爲的幾個面向上（李明寰，2002）：

（一）議題的立場(issue position)

政策規劃人員針對「各個利害關係人對政策選案表示支持、反對或漠不關心的可能性」進行估計。各種立場將被編碼爲：支持(＋1)、反對(－1)，或漠不關心(0)，進而由政策規劃人員對每個利害關係人所採取的立場進行主觀估計。這項估計將指出：該項議題對每個利害關係人的顯著性與重要性。

（二）可得資源(available resources)

政策規劃人員對「利害關係人在陳述個別立場時，所可獲得的資源」進行主觀估計。可獲得的資源包含：特權、合法性、預算、人員、獲得資訊的門路，以及傳播網絡。由於每個利害關係人對各議題均抱持某種特定立場，

所以可得資源是影響他們立場的重要參考來源。值的注意的是，下述情形很有可能發生：某位特定利害關係人對某項政策的支持度很高，但是卻對該政策的採納或執行不具影響力。這種情形是「過度強調資源」的結果。

（三）相對的資源排序(relative resource rank)

政策規劃人員以資源決定出每一位利害關係人的「權力」與「影響力」，藉此可以得知每位利害關係人可以獲得多大規模的政治或組織資源。若一位支持某項政策的利害關係人可有高度的可得資源，則其對政策的採納或執行將極具影響力。

五、Schmeer(1999)於《衛生改革工具系列輯》(*Health Reform Tools Series*)中提出「執行利害關係人分析的指引」(Guidelines for Conducting a Stakeholder Analysis)，強調利害關係人表應包含下列十項：

（一）編號：給予每個或每群利害關係人編號。

（二）職位與組織：標示利害關係人職位與組織名稱。

（三）區分內部或外部利害關係人：與政策直接相關者為內部利害關係人；其餘為外部利害關係人。

（四）政策知識：區分利害關係人對政策知識的瞭解程度；最瞭解者可給予3分，依序類推，不瞭解者給予0分。

（五）立場：包含自我評價的立場與他人評價的立場；可將利害關係人區分為支持者(Supporters, S)、普通支持者(Moderate Supporter, MS)、中立者(Neutral, N)、普通反對者(Moderate Opponents, MO)與反對者(Opponents, O)。

（六）利益：評估政策執行對每一利害關係人有利(advantages)或不利(disadvantages)。

（七）結盟關係：界定利害關係人彼此的結盟關係。

（八）資源：可用分數分別表示每一利害關係人擁有資源的品質與動員資源的能力。

（九）權力：可用分數表示每一利害關係人擁有的權力，例如，最有權力者3分，權力較小者1分。

（十）領導能力：標示每一利害關係人是否具有引導或反對政策的能力。

歸納言之，由於政治可行性分析的目的在於檢視政策利害關係人的行為態樣，所以政策規劃人員必須盡可能地找出最具代表性與權力的利害關係人團體，以瞭解其所扮演的角色，並評估其所具備的資源，進而瞭解改變政策選案的可得資源或相對資源的排序。

第三節　多屬性效用模型於政治可行性分析的應用

除了上述利害關係人分析為政治可行性分析常用的架構，多屬性效用模型(Multi-Attribute Utility Model, MAU Model)也可應用於政治可行性分析(Chareonwong & Cameron, 2001)。

多屬性效用模型之理論主要包含多屬性效用理論之發展、偏好關係與效用函數等，可將之應用於如各項方案選擇、人事選擇、都市環境評估、技術及績效標準選擇、公車路線選擇、消費選擇行為、產品選擇行為等多樣問題（朱偉廷，1999；梁定澎，1982；鄧振源、曾國雄，1981；Edwards & Mellers, 1998；Weber, 1983；Edwards & Newman, 1982），這些問題的共同特色是同時有多個方案被考量，以及多個評比這些方案的準則，而這多方案、多準則構成多項屬性，是此模型得名的由來。

具體言之，多屬性效用模型的步驟如下：

第一、定義方案及準則。

第二、依據每項準則評估每個方案，給予每個方案效用分數，效用分數代表個人的滿意程度。

第三、指定每項準則的相對權數並將權數標準化。

第四、配合權數，加總所有方案的效用。

第五、執行敏感度分析(sensitivity analysis)，並建議總效用分數最高的方案。

多屬性效用模型的函數形式為：

$$TU^i = U^1W^{1j} + U^2W^{2j} + \cdots + U^nW^{nj}$$

於此等式中，TU^i代表 i 方案的總效用，U^1W^{1j}代表 i 方案 j 準則的效用分數乘以 j 準則的權數，函數意義即為每一方案的總效用等於此一方案各準則下的效用分數乘以權數加總。對於效用分數與權數的給予，一般而言，由受訪者自己任意決定效用分數與權數的範圍，不受任何限制。透過標準化過程，不同受訪者會給予不同的效用分數與權數範圍，對結果並無太大影響。

將多屬性效用模型應用於政治可行性分析，可將準則取代為利害關係人或利益團體的考量；換言之，當牽涉到多項方案的選擇，且多個利害關係人或利益團體介入或與此多項方案選擇有關時，則可採用多屬性效用模型作為政治可行性分析的參考。以全民健康保險政策為例，當面臨支出成長高於收入成長的情形，即出現健保財政赤字，為了弭平收支短絀，假設衛生署與健保局研擬各項開源節流方案，如：調高健保費率、增加部分負擔、減少健保給付等；然而，任何有關健保政策備選方案的調整或修改必然牽涉到多元利害關係人或利益團體。假設主要的利害關係人或利益團體包含：衛生署與健保局（負責政策規劃之行政機關）、立法委員、醫事團體（包含醫師、藥師與醫院代表）、病友團體、社會福利團體（簡稱社福團體）及一般大眾等，政策規劃人員面對此多方案與多元利害關係人或利益團體的問題，即可採用多屬性效用模型來作為參考，進行政治可行性分析。以下即逐一說明多屬性效用模型的各項步驟：

一、定義方案及利害關係人或利益團體

與此假設的案例中，弭平健保財政赤字的方案歸納有：（一）調高健保費率；（二）增加部分負擔；（三）調高健保費率並增加部分負擔；（四）減少健保給付。

而主要的利害關係人或利益團體則包含：（一）衛生署與健保局；

（二）立法委員；（三）醫事團體；（四）病友團體；（五）社會福利團體；（六）一般大眾。

二、依據每個利害關係人或利益團體的考量評估每個方案（給予效用分數）

於此案例中，政策規劃人員乃依照各個利害關係人或利益團體偏好各方案的情形，給予效用分數。假設限制效用分數範圍介於1～10之間，愈大愈優者分數愈高，愈小愈劣者分數愈低，假設給予的效用分數如表9-2所示。

表9-2　依各利害關係人或利益團體的考量給予各方案效用分數

利害關係人 / 方案	衛生署與健保局	立法委員	醫事團體	病友團體	社會福利團體	一般大眾
調高健保費率	8	6	5	3	4	3
增加部分負擔	5	6	5	3	4	5
調高健保費率並增加部分負擔	10	4	6	2	2	2
減少健保給付	6	5	3	1	3	3

然而，有些學者建議，在某一準則下，原始效用值愈大愈好時，可採用下列公式標準化效用分數：$(X-min/max-min)\times100$；若原始效用值愈小愈好時，則以此公式標準化效用$(max-X/max-min)\times100$。例如，考量「衛生署與健保局」的立場，其愈偏好的方案則效用值愈大；以「增加部分負擔」的效用分數5分而言，公式標準化後為44.44[＝$(5-1/10-1)\times100$]。然而，本個案為簡明起見，採用原始效用分數而不加以標準化。

三、指定每個利害關係人或利益團體的相對權數並將權數標準化

此一步驟乃考量各個利害關係人或利益團體的支持或反對立場、已擁有

的資源或可獲得、可動員的資源等，評估各個利害關係人或利益團體的重要性或影響力，較重要或較具影響力的利害關係人或利益團體給予較高權數；反之，則給予較低權數。假設此案例權數亦是介於1～10之間，如表9-3所示。

表9-3　給予每個利害關係人或利益團體權數

利害關係人	衛生署與健保局	立法委員	醫事團體	病友團體	社會福利團體	一般大眾
權數	9	9	8	7	6	6

得到上述每個利害關係人或利益團體的權數之後，將所有權數相加，總和為45，再將權數標準化（＝原始權數／權數加總）後，則可得知每個利害關係人或利益團體的相對重要性，如表9-4所示。

表9-4　每個利害關係人或利益團體的標準化權數

準則	廣泛程度	信賴程度	專業性	服務態度	即時保險單	售後服務
權數	9	9	8	7	6	6
標準化權數	9/45	9/45	8/45	7/45	6/45	6/45

四、效用分數與權數相乘並加總各方案的分數

獲得上述效用分數與權數之後，將其相乘，再橫向加總每一方案的分數，即可得知各方案的分數。如表9-5所示。

權數與效用分數相乘結果，以及橫向加總每方格的分數，如表9-6所示。

五、執行敏感度分析並建議方案

上述效用分數與權數的給予往往涉及政策規劃人員的主觀判斷，政策規

表9-5　效用分數乘以標準化權數

標準化權數	9/45	9/45	8/45	7/45	6/45	6/45
方案＼利害關係人	衛生署與健保局	立法委員	醫事團體	病友團體	社會福利團體	一般大眾
調高健保費率	8×9/45	6×9/45	5×8/45	3×7/45	4×6/45	3×6/45
增加部分負擔	5×9/45	6×9/45	5×8/45	3×7/45	4×6/45	5×6/45
調高健保費率並增加部分負擔	10×9/45	4×9/45	6×8/45	2×7/45	2×6/45	2×6/45
減少健保給付	6×9/45	5×9/45	3×8/45	1×7/45	3×6/45	3×6/45

表9-6　橫向加總各方案總分

方案＼利害關係人	衛生署與健保局	立法委員	醫事團體	病友團體	社會福利團體	一般大眾	橫向加總
調高健保費率	72/45	54/45	40/45	21/45	24/45	18/45	229/45
增加部分負擔	45/45	54/45	40/45	21/45	24/45	30/45	214/45
調高健保費率並增加部分負擔	90/45	36/45	48/45	14/45	12/45	12/45	212/45
減少健保給付	54/45	45/45	24/45	7/45	18/45	18/45	166/45

劃人員宜多徵詢不同利害關係人與利益團體的意見，不斷嘗試上述各步驟，以求得給予較合適的效用分數與權數，此一過程即為敏感度分析。由表9-6的結果得知，「調高健保費率」為各利害關係人較偏好的方案。有興趣的讀者可執行敏感度分析，看看最終結果是否會隨著不同效用分數或權數的給予而變動。

　　多屬性效用模型的優點是，在遇及多方案與多元利害關係人或利益團體的問題時，可提供政治可行性分析的依據；誠如上述，將各方案依列、各利害關係人或利益團體依欄的方式列表排出，分別給予屬性效用分數與權數，

再橫向加總計分，即可評估每項方案獲得的分數，以供政策規劃者或最後決策者參考。

多屬性效用模型的第二個優點是在於未來方案或準則修改時，提供評估的詳實內容；也就是之前所做的判斷與資料，可作爲任何人想推理其內容時的依據，亦即鑑諸於過去的經驗修正未來決策方向。

多屬性效用模型的第三個優點是，此模型結合了客觀資料與主觀判斷。客觀資料是指方案與各利害關係人或利益團體的指定；而主觀判斷是指個人給予的效用分數與準則權數。結合客觀資料與主觀判斷可提供決策時的理性基礎，但是此一優點亦是其具挑戰之處，由於每個人的主觀判斷不同，若涉及整體的利益，則如何整合每個人的判斷是另一個問題。此外，主觀判斷方面，亦可能受資訊不足或其他利益考量而影響，有時很難維持主觀判斷的信度與一致性；這是值得進一步研究，以求此模型完善的議題。不過，結合客觀資料與主觀判斷的優勢，作爲政治可行性分析的基礎，仍是此一模型的貢獻之處。

第四節　結論

民主政治是民意政治，政府的施政要以民意爲依歸，所以任何公共政策之制定，皆必須得到人民的政治支持，方能順利取得政策合法化的地位。一般而言，行政機關所擬訂的政策方案，若能獲致一般人民的支持，喚起輿論的同情，其便能利用此一有力資產，增加自身的辯護力，勸服反對方案的政府官員採行贊同的立場，使政策獲致通過，付之實施。再者，行政機關得到人民的支持後，其在政策資源的控制與分配上，較能運用自如，質量較能適時的支援與配合（林水波、張世賢，1991）。

在眾多備選方案當中，僅有少數的方案能夠正式成爲公共政策而付諸實行，因此，政治可行性的分析便愈顯重要。事實上，一位成功的政策規劃人員不可能獨自從事政策規劃的工作，而是要建立起多元的管道，以克服政治

資訊不足的限制。另一方面，學者Meltsner(1972)也建議，政策規劃人員可以與某些政治專家保持密切關係，例如，議會的遊說者、國會助理等，隨時掌握這些實務政治人物的政治資訊與動態，有助於檢視政策議題中與政治相關聯的部分。

　　行政機關在政策規劃過程中，必須極力爭取一般民眾、利害關係人、利益團體、大眾傳播、總統及國會等的政治支持，用以去除中間的杯葛，而建立多數聯盟，俾使政策取得合法的地位。政策規劃人員必須盡可能掌握所有與政策相關的政治資訊，並且在眾多不同的利害關係人當中取得一個平衡點。政治可行性分析的目的便在於縮小政策利害關係人對於政策認知的差距，使政策能夠順利進行；因此，政策規劃必須考量政治可行性的因素，政策規劃人員也必須掌握相關的政治因素，以協助政策制定者或決策者做出最佳的決定。

政策合法化概論

學習目標

- 瞭解「政策合法化」在政策過程論中的階段地位與意義。
- 從正義、民主和程序等三個概念出發,討論和瞭解政策合法化過程中公共政策正當性的問題。
- 從多元利害關係人、制度參與者和政策次級系統等分析單位出發,討論和瞭解政策合法化過程中的現實政治行動者之互動情形。
- 從國會的策略與分配、立法程序和行政-立法關係等面向出發,討論和瞭解政策合法化過程中的程序問題。

「要求某些事合法比要求它正當來得容易多了。」[1]
——Sebastien-Roch Nicolas de Chamfort（1741-1794，法國劇作家）

第一節　前言

「政策合法化」(policy legitimation)是國內外學界使用的一個政策過程論的階段名稱（吳定，2003：123-170；Jones, 1984: 110-139; Ripley & Franklin, 1987: 2）[2]。如果就公共政策的階段論來觀察，Harold D. Lasswell(1956)最早是以七個「知識」的概念——「消息」(intelligence)、「推銷」(promotion)、「指令」(prescription)、「發動」(invocation)、「應用」(application)、「終結」(termination)、與「評估」(appraisal)——來呈現政策過程的意義，其中，本章所稱的合法化過程，係包含「推銷」與「指令」兩種概念的政策活動，意指：「公共政策推動者，一方面進行政策方案的擴散與說服的工作；另一方面，則是推動方案通過立法，讓規劃好的政策通過正式立法過程，並且獲得民眾的支持。」

然而，國外關於政策過程論的論著，除了Jones(1984)及Ripley與Franklin (1987)之外，較少使用「合法化」的概念，主要原因乃是這個概念如果單指

---

[1] 英文如下：“Some things are easier to legalize than to legitimate.”

[2] 本章之所以使用「合法化」一辭但是英文採用legitimation，有下面的考量。首先，中文「合法化」如果是單指通過國會立法，它正確的英文翻譯應該是legalization或是legislation，然而，不論是公共政策採納、決策或是形成的階段，都會牽涉到公共事務正當性的問題，因此，本章認為中文「合法化」是包括程序性的通過立法，以及政治上的正當性獲取的意義；再者，英文部分作者還沒有見過國外政策學者使用legalization一詞來代表政策合法化的階段，但是以policy adoption或是policy formulation又太過程序性，作者想突顯公共政策正當性的重要，故採用legitimation一詞，該字強調「行動」(an act of)，意指讓一個人或一個法案被視為正當的活動。

立法過程，代表政策方案能否通過國會成為法案，或是行政部門藉由立法授權而做出的行政命令，顯然太過狹隘；另一方面，若政策合法化是指公共政策的「正當性」(legitimacy)，又牽涉到政治哲學的討論，對實務工作者難以掌握。因此，不論國內外，公共政策過程論中的合法化環節，最常用的是 James E. Anderson(2003: 28)五階段論中的「政策採納」(policy adoption)[3]一詞，我們可以從兩者的定義看出這種相似性。根據Anderson的定義，「政策採納」是指：「發展對於某個政策解決方案的支持，以致於可以讓該方案正當化與權威化」[4]；而Jones對於「政策合法化」的定義是：「瞭解誰支持這個政策，以及如何維繫政策支持多數的問題。」綜合而言，本章將政策合法化定義為：「統治者（政府）與被統治者（人民）賦予某個政策方案具有正當強制力之過程，這其中，政策推動者（政府或非政府組織或個人），一方面進行政策方案的擴散與說服的工作；另一方面則是推動方案通過立法，讓規劃好的政策通過正式立法過程，並且獲得民眾的支持。」統合前面相關論述，政策合法化過程有下列五方面的意義：

（一）正當性的意義

民主社會公共政策須經人民同意(consent)，是其正當性的重要來源；政

---

[3] Anderson(2003: 28)的五階段論如下：「政策議程」(policy agenda)、「政策形成」(policy formulation)、「政策採納」、「政策執行」(policy implementation)與「政策評估」(policy evaluation)。相似於公共政策合法化的用詞還有下面四種：(1)從政策分析的角度來看公共政策的階段論，Weimer與Vining(2005: 261)將政策分析後分為「政策採納」與「政策執行」(implementation)兩階段；(2)Dunn(1981)將這個階段稱為「建議政策行動」(recommending policy actions)；(3)Lester與Stewart(2000)將政策採納併入「政策形成」(policy formulation)階段，在政策評估之後加上政策變遷與終止；(4)Howlett與Ramesh(1995)將Anderson的政策採納直接簡化為「公共政策決策」(public policy decision-making)。

[4] 原文如下："Development of support for a specific proposal so that a policy can be legitimized or authorized."

策價值的適當程度、決策過程的程序正義，以及執行的有效程度，都會影響
政策合法化的正當性。

（二）政治性的意義

政策合法化是公共政策過程論中，政治性最強的一個環節，相對於公共
政策專業性的問題，不論是討論公共政策正當性，或是瞭解政策合法化的主
要場域──國會，都是高度政治性的問題。

（三）權威性的意義

政策合法化也是公私部門決策最大的差異所在，私部門決策一樣有問題
發現、規劃、執行與評估的問題，但是只有公部門政策決定具有產生公共強
制力的合法化過程(Ranney, 2001: 28)。

（四）公共性的意義

政策合法化牽涉到大眾事務，對於政策利害關係人(stakeholders)產生成
本與利益的重分配問題，政策合法化的過程也可視為尋找政策問題公共利益
(public interest)的過程。

（五）選擇性的意義

政策合法化的過程，也是一個集體選擇(collective choice)的過程，民主國
家以多數決的原則(majority rule)為其基本精神，重視程序正義(procedural
justice)，其中也包含行動者為了通過法案，而進行制度性的策略考量等。

前述公共政策合法化的五種意義，可以簡單劃分為三個面向，作為本章
接下來討論的架構。其一，正當性的問題是公共事務的核心，本章第二部分
將以專節先論述政策正當性的定義，再分為理念、民主，以及程序等三個面
向來討論公共政策合法化的內容。

其二，政策合法化也是「價值之權威性分配」的政治問題，政策學者在

這方面創造了許多重要概念,包括多元利害關係人、早期的決策理論、「鐵三角」(iron triangle)與政策論述(policy arguments)等,除了決策理論方面將在本書第11章當中專章探討、政策論述於第13章政策行銷當中處理之外,本章的第三部分將以多元利害關係人的參與、制度參與者互動,以及政策次級系統論的來討論。

其三,政策合法化也是一種公共選擇(public choice)的程序問題,這個過程是在一定的制度結構之下,各種利害關係團體或個人的策略選擇,它最主要的場域是國會。本章的第四部分將先從國會的起源與意義、國會中的程序與決策,以及憲政體制下的政策決定來討論之。

第二節　政策合法化的正當性問題

何謂「正當性」?又何謂「公共政策正當性」(policy legitimacy)?公共政策正當性的內容為何?本節將一一解答。

一、公共政策正當性的定義

與私部門的決策相較下,正當性是討論公共事務特有的概念。根據政治學的定義,「正當性」是指:「社會成員一般性的一種信念,認為政府制定或是執行規則的權力是適當的、合法的,也是必須要被遵守的」[5],它可被視為一種檢驗「政治支持」(political support)的概念(Rogowski, 1974),它也被稱為一種「整合的權力」(integrative power; Boulding, 1993: 739-740),是被統治者同意的前提下所展現的集體宰制力量[6]。另外,社會學者Max Weber(1968)

---

[5] 原文如下:"the general belief of the members of a society that the government's powers to make and enforce rules are proper, lawful, and its rules are entitled to obedience." (Ranny, 2001: 30)

[6] 例如,「社區」(community)、「認同」(identity)、「情感依託」(affection)等都是這

提出「正當宰制」(legitimate domination)的三種形式：「傳統的」(traditional)、「魅力的」(charismatic)，以及「理性－律法的」(rational-legal)，開啓社會科學瞭解統治正當性之門。

　　公共政策需要正當性的加持，因此，學者給「公共政策正當性」下的定義是：「對於特定的公共政策，相關社會成員對該政策的支持、接受或是忍受的程度」[7]，公共政策是政治權力展現的實際，一般而言，人民對政府正當性的信念，往往是透過對於公共政策制定與執行的「順服」(compliance)程度來表達的；然而，這樣對於政策正當性的分析性概念是有爭議的，關鍵問題在於：「當人民順服政府某項政策時，是否就代表人民正當性信念的展現？」如果從嚴格的分析性要求來看，答案是否定的，主要原因在於人民順服政策有下列幾種可能性，但卻不能被視爲人民正當性信念的展現(Held, 1989: 101-102)：

（一）被強制接受(coercion)沒有其他的選擇

　　例如，成年男性有遵守義務兵役政策的義務，違者受罰。

（二）接受傳統(tradition)

　　只是做過去一直都會做的事，例如，開車開在路的右邊。

（三）無所謂(apathy)

　　接受不會困擾自己的政策，例如，非商人對商業法規的接受。

（四）現實的接受(pragmatic acquiescence)

　　雖不滿意，但可接受，例如，全民健保政策雖然不完美，但是在更好的辦法出現之前，暫時接受之。

種權力模式，能夠統合人民的信念與行動的力量。

[7] 原文如下："Policy legitimacy is a degree of support, acceptance, or tolerance accorded by relevant actors to a particular policy." (Sakamato, 1999: 22)

（五）工具性的接受(instrumental acceptance)

遵守規範是為了達到其他目的，例如，母親平時可能會闖越馬路，但是帶著小孩的母親不會違規穿越馬路，是為了要教育孩子守法。

因為上述這些原因而有自主性較低的政策順服，故討論政策合法化當中的正當性概念，必須針對政策順服的經驗面向進行考察。

二、政策正當性的經驗面向：政策順服(policy compliance)

公共政策正當性從最嚴格的定義出發，必須是理智選擇的結果[8]；然而，人民並沒有足夠的資訊及能力做這樣的決策，政府要如何獲得公共政策的正當性呢？從經驗上來看，大多數人民仍然順服大多數的公共政策，因此，只要人民順服，不論是何種動機，都可視為政策正當性的表徵。由理性選擇理論(rational choice theory)所導引出來的「順服理論」(compliance theory; Rodgers & Bullock, 1976)認為[9]，如果人民順服政策與否是政策正當性的一個重要的判準，則人民如何做出這個決定即成為問題的核心。順服理論認為，人民決定是否要順服某一個政策是順服與不順服兩種狀況下成本效益的考量 (benefit and cost analysis)，例如，Bc代表順服的利益，Cc代表順服的成本，而Bn代表不順服的利益，Cn代表不順服的成本，一位民眾決定要順服政府政策的核心原因是在於下列不等式的成立：

$$Bc - Cc > Bn - Cn$$

如果順服政策的效用（效益減掉成本）大於不順服政策的效用（效益減成本），行動者就會順服政策；反之則不順服。當然，這樣的理論將複雜的公共政策正當性問題，簡化成為成本效益分析的問題，但是這個簡單的決策

---

[8] David Held(1989: 101)稱這種狀況為「理想的倫理性同意」(ideal normative agreement)。

[9] 本段關於順服理論的文獻皆取自Meier與Morgan(1982)。

問題，仍然受到下列八項因素的影響(Rodgers & Bullock, 1976: 3)：

（一）法令的清晰程度；

（二）懲罰的確定與嚴重程度；

（三）對該政策正當性的認知；

（四）強制力的需求程度；

（五）人民對該項政策的同意程度；

（六）政府測量順服程度的能力；

（七）監控的廣泛程度；

（八）是否存在特定的執行機構。

　　一般而言，法令愈清晰、懲罰愈確定且愈嚴重、民眾對政策正當性的認知愈強、強制力的需求程度愈低、政府測量順服的能力愈強、監控廣泛的程度愈高，以及存在一個特定的執行機構，民眾對於政策的順服程度就愈強[10]。

三、政策正當性的內容

　　最後，正當性的內容包含什麼？日本學者Takayuki Sakamoto(1999: 23-27)認爲應該包括理念、民主，以及程序等三部分，他認爲，某項政策方案在這三方面獲致愈多的正當性，該方案成爲法案的機會就愈高。當然，這些理念、民主與程序，都需要有「行動者」(actors)來推動，政策正當性的推動，包括個別的政策企業家(policy entrepreneurs; Kingdon, 1995: 122-124)、政黨(political parties; Sakamoto, 1999: 28-35)，以及政治領導人(political leader; George, 1980: 234)，通常在民主社會中，這些正當性的推動，是以公共論述

---

[10] 學者Meier與Morgan(1982)將順服理論的各項因素綜合歸納爲三大面向：第一是環境因素，例如，環境的改變會改變人的行爲，住在鄉下人際關係緊密的地方不敢同居，但是到大都市就敢；第二是公民態度，主要是民眾對於政策本身的態度，包括正義感或是公平性等；第三則是執行因素，主要是增加人們不順服的成本，也就是懲罰，前面八項因素中的（二）、（四）、（六）、（七）、（八）都是與執行相關的部分，也是政策順服最重要的推動力量。

(public discourse)的形式在進行的,正如Sakamoto所言:「因為政策正當性的建構打開了政治領導與說服在政治運作的機會之門,它能夠協助政策方案獲得政治系統的認可。」[11]

（一）理念：正義原則的遵循

首先,理念包含價值與信念、理性計算（成本效益分析或效率原則）、意識型態,以及公共利益、公義或適當性等理念,Anderson(1979)就認為,政策方案分析需要提供正當性的原則性論述,主要包括權威(authority)、正義(justice),以及效率(efficiency)。就正義來說,它是公共政策分析中的「非以效率為基礎的價值」(non-efficiency based value; Heineman et al., 1997: 40),當代政治哲學巨擘John Rawls就認為,國家正當性的來源,並非是大家有一樣的生活方式,而是大家對社會正義(social justice)有一定的共識。根據Rawls最著名的思想實驗,將人放在無知之幕(veil of ignorance)後面,社會對於正義將會有兩點共識:第一原則是自由（平等）原則,第二原則是差異原則[12],簡單來說,公共政策如果要符合社會正義的要求,最少要做到「相同對待相同的個體,不同對待不同的個體」(treat like cases alike and different cases differently, Anderson, 1979: 719),因此,政策方案如果要對相同的人給予不同

---

[11] 原文如下："The building of policy legitimacy also helps facilitate policy approval, because it opens up room for political leadership and persuasion to play in politics." (Sakamoto, 1999: 32)

[12] 依照John Rawls自己的說法,第一個原則是「每一個人對於最廣泛的基本自由,都應有相同的權利享受,而這個對個人自由的保護,必須與尊重他人自由的機制相容(Each person is to have an equal right to the most extensive basic liberty compatible with a similar liberty for others.)」(1971: 60),第二原則是社會與經濟上的不平等必須要受到下面兩個原則的牽制:(1)對最弱勢的人給予最大的獲益機會;(2)在機會平等的前提下,將重要社會職位開放給所有的人。(Social and economic inequalities are to be arranged so that they are both (a) to the greatest benefit of the least advantaged and (b) attached to offices and positions open to all under conditions of fair equality of opportunity.)」(1971: 83)

對待，或是對不同的人給予相同對待，都必須要提出可以信服的說法，以獲致理念層面的正當性[13]。

（二）民主：人民意志的展現

　　再者，民主(democracy)是當代最具有正當性的政治制度，其核心概念是政府必須要依循「人民意志」(popular will)而行，而人民意志的展現，在當代被稱爲「民意」(public opinion)，公共政策的正當性主要是來自於民意的支持，有民意支持的政策合法化過程較沒有民意支持的來得順逐，通常選舉勝利有助於某項政策正當性的獲取，而公投就是一種更直接取得政策民主正當性的機制。當然，民意是一個複雜的概念，有以下三個問題值得更多的思考：第一，民意通常是分裂的，要依循哪一個民意需要決策原則的協助，民主最常用的決策原則就是多數決，循此原則，只要達到表決人數的50%且再加一人的政策就是符合民意的政策。然而，某些更嚴肅的議題（例如修憲），需要高於50%的民意支持；另外，民主政治也應該注意「少數正當性」(legitimate minority; Heim, 1990)的問題，免得成爲「多數暴力」(majority tyranny)；第二，民眾對於公共政策專業的理解通常是不足的，即便使用調查結果出來的也只是「欠缺資訊的民意」(uninformed opinion)。近年從審議式民主(deliberative democracy; Fishkin, 1991)來關注對話的民主正當性，爲尋找「知情民意」(informed opinion)而努力，但是這種知情民意的尋找通常是非常昂貴的；第三，民意調查(opinion polls)與選舉是展現民意的兩大機制，但是兩者都是可以被操控的，被操控的民意，通常對失敗的一方是沒有正當性可言的。

---

[13] 舉例來說，全民健保是社會保險，如果強調保險的層面，保費收費標準應該以被保險人生病的風險程度大小訂定保費，因此，如果改以收入水平來繳保費，就會讓與窮人有相同生病風險的有錢人，必須付出更多的保費，違反「相同對待相同個體」的原則，除非台灣全民健保強調社會福利的層面，讓經濟支付能力成為差異原則，才能滿足正義的要求。

（三）程序：程序正義的滿足

最後，公共政策的正當性也包含了程序的意義，也就是說，公共政策正當性的獲取，必須遵循程序上的要求，這包括法案通過的過程必須經過既定的程序，或是公共政策的規劃、制定或執行時，必須接受行政程序的規範等，其主要目的是過程中的「失敗者」(loser)願意承擔失敗。通常，程序是由法律所規定的，因此，公共政策的程序正義問題，也是它程序面的法治議題(rule of law)。我們可以從下面三個公共政策合法化場域來討論公共政策程序正當性的問題。第一，相較於行政與司法，國會的決策程序是最公開的，從議程的決定（程序委員會）、提案的程序、審查的程序，以及三讀的程序，都是在程序上一方面保障更多的利害關係人聲音被聽見，另一方面讓足夠的資訊得以進入，讓政策得到最好的考量，因此，通過國會立法程序的公共政策，也會有其一定的程序正當性；第二，行政部門攸關公共政策的決策程序，也必須具備正當性，行政行為帶有權威性及強制性，有時會侵犯到民眾正當的權益，必須要有事前與事後的救濟措施（請參閱1999年通過的行政程序法）；第三，政府獨立的管制機關，例如，通訊傳播委員會、金融監理委員會等，一樣必須受到相關行政法程序的規範。

從前述公共政策合法化的正當性面向出發，公共政策制定必須滿足一些規範性(normative)的原則；然而，相對於規範性的看法，公共政策合法化也可從「現實性」(realistic)的政治層面出發。

第三節　政策合法化的政治性問題

公共政策合法化的政治性意義，有三個面向：第一是多元利害關係人的參與；第二就是制度參與者互動與公共政策的關聯性；第三則是公共政策的次級系統論，讓我們一一檢視之。

一、多元利害關係人的參與

　　從多元主義(pluralism)的政治觀點出發，公共政策制定是：「在正式與非正式的決策場域中，一種多層次、多參與者的互動過程」，任何政府政策的決定都有強制性的，會影響政策利害關係人之間的資源配置，因此，具有利害關係意識的個人或是團體，都會試圖影響政策合法化的過程，以獲取各自的利益。

　　因此，討論政策合法化的政治性質，我們必須瞭解政策「利害關係人」的意義爲何。根據Brinkerhoff與Crosby(2002: 141)，利害關係人就是「那些能夠對一個組織的目標達成造成影響或是受到組織目標達成影響的個人或是團體」[14]，但是這樣的定義可能太過廣泛了，因爲政府所做的決策，大部分都是以全民爲考量而爲之的，且公共政策與私人公司的生產決策不同，當一項公共政策通過之後，所有的人都必須遵守，具有由國家政權機關所賦予的強制力，因此，若要將所有人民都當作利害關係人，則我們又回到了民主理論規範性範疇的原點，對實務工作的幫助可能不大。因此，Brinkerhoff與Crosby(2002: 142)就提出三個標準，來篩選政策利害關係人之間的相對重要性：

　　（一）如果一個組織對於該項政策在民眾支持上能夠產生建設或破壞的影響，這個組織即必須被考量。（社會團體）

　　（二）如果一個組織的出現，能夠對政策合法化或是執行單位的正當性產生正面影響，這個組織即必須被考量。（政府機關、政治團體）

　　（三）如果一個組織能夠影響政策的內涵與方向，這個組織也必須被考量。（專業團體）

　　然若聚焦於政治的影響力，利害關係人的指涉又太過於遷就政治菁英，無法顧及到社會中弱勢團體的代表性。因此，對於政策利害關係人的定義，

---

[14] 原文如下："A Stakeholder is defined as an individual or group that makes a difference, or that can affect or be affected by the achievement of the organization's objects."(Brinkerhoff & Crosby, 2002: 141)

我們仍需要在經驗中尋找能夠符合現實社會組成的比例原則。在利害關係人的特性的指涉上，Mitchell、Agle與Wood(1997)指出利害關係人的判斷標準在於正當性[15]、影響力(power)[16]，以及緊急性(urgency)[17]等三個標準。並以此三種利害關係人的特性為衡量基礎，建構了利害關係人的分類，如圖10-1所示。基本的利害關係人總共有七種類型，或有具備合理性、影響力和緊急性特質的一種，或是其中兩種，或者是三者兼具，茲分類如下：

（一）被稱為「潛在的」利害關係人(dormant)；

（二）被稱為「具裁量空間的」利害關係人(discretionary)；

（三）被稱為「要求的」利害關係人(demanding)；

（四）被稱為「主要的」利害關係人(dominant)；

（五）被稱為「引起危險的」利害關係人(dangerous)；

（六）被稱為「依賴的」利害關係人(dependent)；

（七）最後是「決定性」的利害關係人(definitive)。

政策利害關係人的討論，是以個人或是團體利益需求的角度出發，試圖回答：「誰的意見應該被考量」(Who should be counted)的問題，它最重要的問題是指認哪些個人或團體應被視為政策利害關係人（陳敦源、劉宜君、蕭乃沂、林昭吟，2004）；但是這些人或是團體在決策程序中的地位，以及他們的意見對政策選擇之影響，需要下面的討論。

---

[15] 正當性意指組織認為利害關係人對其權益要求的合理性與適切度，若以全民健保政策而言，被保險人團體或是醫事團體，均可向政府主張權利。

[16] 影響力意指能影響組織原決策結果的能力，若以全民健保政策而言，我們大致可以將所謂的菁英決策者納入此一指標的指涉範圍內。

[17] 緊急性意指利害關係人需要組織對其回應的緊急程度，事實上，大多依賴健保的多屬弱勢族群，相較於弱勢族群以外的民眾，弱勢族群對於健保的需求度較高，也較符合緊急性的指標定義。

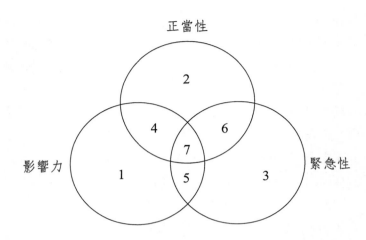

圖10-1　利害關係人類型圖

資料來源：Mitchell, Agle, & Wood(1997: 874).

二、制度參與者互動與公共政策的關聯性

公共政策因為性質的不同，多元場域中政策合法化過程之參與結構會呈現不同的面貌，也就是說，多元場域中的制度參與者在不同政策的類型之下，會展現不同的參與結構。美國學者Ripley與Franklin(1987)觀察美國公共政策合法化過程，歸納出一個從政策性質到決策結構的政策合法化圖像，這個圖像中有以下三個元素：

（一）政策的性質

總共有七種，包括分配政策（如中央補助地方興建捷運的政策）、管制政策（如消費者保護法）、重分配政策（各項增減或改變稅制結構的政策）、結構政策（如軍隊國家化相關政策）、策略政策（如援外法案），以及危機政策（如兩岸關係政策），前三項是國內政策，後三項是外交與國防政策。

（二）政策參與者

一共有五個行動者，分別是總統及其高級幕僚、專業文官、國會、國會的委員會，以及私人部門（包括個人、公司與利益團體）。

（三）互動的性質

此可由三個方面來檢視，包括關係的內容、關係的穩定度，以及決策的透明度等三方面，總括而言，這三項元素所組成的政策合法化圖像如表10-1所示。例如，管制政策的參與者之間是相對較為平等的參與，彼此間的關係也以協商為主，因此，管制政策往往有很高的政治妥協性；再者，危機政策的權威形成過程，例如921大地震，領導者（總統）是最重要的核心，其他參與者的影響就相對較低，其主要的關係是圍繞在合作之上。

當然，若將各制度參與者的決策重要性放在同等的地位上，前面的討論已經足夠；但是20世紀行政國(administrative state)興起的過程中，過去以分權制衡為核心的政府，已從「憲政分權機構轉變成各院共享影響官僚體系公共政策決策的系統」(McCubbins & Sullivan, 1987: 403)[18]，因此，公共政策合法化的政治活動，也可解讀為政府行動者之間一種既競爭又合作的關係，其目的是對官僚體系進行政治控制（political control of bureaucracy；陳敦源，2000）。一般來說，「官僚體系的政治控制論」可分為以下五種說法：

（一）國會宰制

Weingast與Moran(1983: 767-768)認為，「國會宰制」(congressional dominance)是官僚與民主關係中的常態，國會從整體、委員會與議員個人，都會應用介入的方式試圖控制官僚體系(Fiorina, 1979: 134)，其介入方式可分

---

[18] 原文如下："In this century, the nexus of policy making has largely shifted from the constitutionally designated branches of government to the bureaucracy: the system of shared powers created by the Constitution has become a system of shared influence over bureaucratic decision making."

表10-1　政策合法化過程中行動者的關係表

政策類型	主要行動者	關係性質			過程影響力				
		行動者關係	關係穩定度	關係透明度	總統(P)	文官(B)	國會(C)	國會委員會(M)	私人部門(I)
分配	C, B, M, I	滾木型[a]（利益均霑）	穩定	低	低	高	低（委員會決定）	高	高（受補助團體）
管制	C, B, M, I	協商與調解	不穩定	中	中高	中	中高	中	中高（被管制利益）
重分配	P, C, M, I	意識型態與階級衝突	穩定	高	高	中低	高	中低	高（領導的利益團體）
結構	C, B, I	滾木型（利益均霑）	穩定	低	低	高	低（委員會決定）	高	高（受補助團體與公司）
策略	P, B	協商與調停	不穩定	低，一但曝光就升高	高	低	高（回應行政部門）	低	中度（利益團體與公司）
危機	P	合作	不穩定	低，一但曝光就一直高	高	低	低	低	低

註：a表後詳。

資料來源：Ripley & Franklin(1987: 22-23).

為各種事前機制(ex ante controls; McCubbins, Noll, & Weingast, 1987, 1989)與事後機制（ex post controls；例如，「獎」預算增加與「懲」收回授權等動作，請參閱Weingast(1981)、McCubbins & Schwartz(1984)）。

（二）行政總統

　　另一批學者則認為，總統在行政與立法爭取控制官僚體系的爭奪戰中，屢屢獲勝而形成所謂的「行政總統」現象(administrative presidency; West & Cooper, 1989-1990)，其中以應用預算權力來控制官僚的現象最為明顯(Kiewiet & McCubbins, 1991)。

（三）司法審查

　　也有學者認為是法院在影響官僚的行為，特別是法院從行政程序控制的相關審判來監視官僚的行事過程與結果(Macey, 1992)。

（四）多頭控制

　　另一批學者也認為體系的控制是來自多方面的(Hammond & Knott, 1996)，例如，學者Moe(1985b)及Wood與Waterman(1991)就認為官僚體系最主要的影響力是來自於總統與國會。

（五）官僚自主

　　最後，也有一批學者認為，官僚體系事實上是自主的，因為總統或國會偏好上無異議而產生的充分授權(Weingast, 1981)、因為資訊不對稱所產生的自主(Miller, 1992)，以及因為官僚面對多重委託人情況而產生的自主性(Bryner, 1987: 74; Wilson, 1989: 237)。

　　總括來說，討論官僚控制的起點常從Finer(1941)與Friedrich(1940)之間對於官僚體系內部與外部控制孰憂孰劣的爭議開始。Finer認為，官僚與其他人一樣有愛恨情仇，單單以內在修為、道德要求來規範其行為是明顯不足的，最好追求官僚行政責任的方法就是建構一套嚴密的外在監控機制，賞善罰惡，才能收效；而Fredrich卻認為，單有制度節制而沒有將民主與公共價值內化成官僚個人的價值，控制的功效一定事倍功半，因此，官僚必須備有正確的內在價值系統，才能真正達到控制的目的。事實上，這兩者是官僚控制理論的雙翼，缺一不可(Levine, Peters, & Thompson, 1990: 191)。

三、公共政策的次級系統

前面以制度參與者為核心的討論，有時無法掌握非正式制度與網絡對公共政策的影響，因此，過去數十年以來，英美公共政策學者對於政策利害關係人之間所形成非正式的合作關係，如何影響政策合法化的過程，一直保持高度興趣，我們可以稱這個看法為「政策次級系統」的理論。

McCool(1998: 562)將「政策次級系統」(policy subsystem)的概念以兩個面向分為四種。分類的兩個面向分別為：政策次級系統間的競爭程度(subsystem competitiveness)，以及政策本質「零和」(zero sum)的程度。次級系統競爭程度意指政策次級系統間的相對權力關係(relative power)，如果兩個次級系統間的權力愈不對等，競爭程度就愈低；反之則愈高。另外，政策零合的意義，意指政策資源配置到某一個次級系統時，對另外次級系統直接損害的程度，如果是「拆東牆補西牆」式的資源配置，其零和程度就愈高。該分類如表10-2所示。

表10-2 次級系統分類

競爭性質 零合性質	低	高
低	1.自主性的次級系統	3.多元化的次級系統
高	2.主／從的次級系統	4.衝突性的次級系統

資料來源：McCool(1998: 562).

這四類次級系統，描繪公共政策合法化過程不同的策略系絡，從左上到右下，政策次級系統內外的衝突性愈高；當然，這樣的分類仍無法深刻描繪政策合法化過程中的複雜性，因此，許多英美學者使用各式與次級系統相關的名詞，來討論政策合法化複雜的政治性問題。在此讓我們一一來理解這些概念。

（一）次級政府與鐵三角

次級政府(subgovernment)是由三種重要元素所構成。專研利益團體政治的學者Berry(1989: 239)認爲：「次級政府是有限數目的利益團體、議會議員及其助理，以及相關行政部門之行政人員之間，一種穩定、持續且具決定性影響力的政策決策行動。」而利益團體、國會內的委員會，以及政府主管機關，在政策過程中產生出如鐵三角般的合謀能力，把持政策過程，並將結果導向私利而非公益，因而稱爲「鐵三角」(iron triangle)。

（二）議題網絡

議題網絡(issue network)可說是從次級政府與鐵三角的概念而來，Heclo(1978: 102)認爲：「在美國的政治圈中，有些是有組織性的利益制度化的表達，有些則否。像鐵三角就在政策次及系統的中間位置，而在外圍的就是議題網絡。」議題網絡中的參與者並不如鐵三角或是次級政府有明確的經濟利益，對公眾計畫的控制力也低，且更替程度較高；議題網絡的穩定性是比較低度的，其制度組織化的程度也低。

（三）倡議聯盟

這是有關在政策次級系統中更爲複雜的政治行動者的行爲表現。Jenkins-Smith與Sabatier(1993: 5)認爲：「倡議聯盟(advocacy coalition)的組成來自於許多不同的組成，可能來自於官方或者是民間層級。這些成員基於共同的信仰（如政策目標）去分享各自的想法，並且尋求運用法律、預算、政府組織等去達成他們的目標。」

（四）政策網絡

Katzenstein(1977: 879-920)認爲：「政策網絡(policy networks)指的是在政策參與的過程中，中央政府和社會場域中行動者進行連結與聚集的作爲。」英國的Rhodes(1984: 14-15)則對政策網絡有更深一層的分析，他認爲：「根據網絡中聚合(integration)的層級，團體會顯現出不同的樣貌，像是網絡中成

員穩定性、成員的限制、和其他網絡與公眾的隔絕性，以及可控制的資源。」Wilks與Wright(1987: 301)更據此加強說明其五個面向：(1)網絡中成員的利益；(2)成員的身份地位；(3)成員間互相依賴的程度；(4)網絡的幅度並和其他網絡隔絕的程度；(5)成員間資源的分配。而建構政策網絡是以利益爲基礎，這參與者希望藉由網絡來達成自我的願望。

（五）政策社群

政策社群(policy community)和政策網絡在名詞中雖然相近，但是是有所不同的，根據Wilks與Wright(1987: 298)所述：「政策社群指的是關注政策的潛在或非潛在的行動者描繪出的政策場域；而政策網絡則是在一個政策社群中，或者是在兩個以上的多個社群中去連接的過程。」政策社群的基礎係來自於某些專家或專業知識，而政策網絡的基礎則是支持某些特定利益，不過兩種不同的方向卻會在政策形成的過程中去組合，而影響政策產出。

前面的論述是以結構的、描述性的討論爲主，著重在現象的描繪，然而，Horn(1995)係以「現勢聯盟」(enacting coalition)的概念分析政治系統的政策（制度）選擇問題，認爲任何政策的選擇，都是「立法者」（legislators；民選政治人物，包括行政與立法部門的人士）、「行政者」（administrators；包含政治任命人員與文官人員或參與政策的專業人士），以及「選民」（constituents；選民個人或是任何壓力團體）之間某種結合的結果，也就是現勢聯盟的意義。在這樣的思考架構結合政策合法化的過程中，正式與非正式的參與者及其之間的互動關係，又具有政治分析的功能，可以作爲公共政策合法化過程政治性面向的一種綜合性的理解框架[19]。

---

[19] 結合新制度論(new institutionalism)與網絡分析(network analysis)是一個可能的出路，請參考劉宜君、陳敦源(2007)。

第四節　政策合法化的公共選擇問題

　　政策合法化除了正當性與政治的意義之外，還有程序上公共選擇的意義，公共選擇理論試圖在「政府部門個別行動者（包括選民、候選人、代議士、政黨及其領導人、官僚等公共選擇過程中可能的角色），以及個人所能觀察到公共集體產出之間做一種連結」(Buchanan, 1984: 13)，此是一個程序的概念，而這個程序的核心，就是國會。為了讓讀者瞭解，本節將依序處理下面的問題：其一，民主國家為何需要國會來進行政策選擇？其二，國會與公共政策選擇的關係是什麼？其三，國會是如何進行政策選擇的？讓我們一一檢視之。

一、為何需要國會？

　　國會是民主政治最為重要、最為複雜，但卻是最被負面看待的政治制度。若從民主與非民主的分野來看，獨立運作的國會是民主與非民主政體最顯著的制度性差異所在；再從行政與立法的分野來看，相較於行政部門的封閉與層級節制，立法部門是較為開放的政權機構，它可以說是民主精神的制度性表徵；然而，若與行政與司法機構比較起來，國會也是最受抨擊的民主制度環節，主要原因在於，民主政治過程中最「油膩」的利益協調與分配，因為國會的開放而呈現在民眾眼前，往往讓國會成為民眾揶揄民主政治最主要的對象。

　　民主政治正當性的源頭就是國會，它最重要的功能就是作為維繫個人自由的承諾。學者North與Weingast(1989)研究英國十七世紀的政治發展史發現，個人自由的保護必須來自於憲政承諾(constitutional commitment; Darke & McCubbins, 1998)，也就是統治者必須在限制自我權力的事上，做出「可信的承諾」(credible commitment)，國會就是制度性承諾的主要發展。

　　當然，民主政治將統治的正當性建構在被統治者「同意」(consent)的基礎之上，這種正當性的維繫，必須要有一個審議的場域(deliberative arena)，

以選舉代表(representatives)的方式，讓被統治者的利益獲得平等的保護。近年來，審議式民主已成為民主正當性的主要來源，而國會本來就是憲政體制設計當中最重要的「審議部門」(deliberative branch)。

最後，國會是監督行政部門的關鍵，有時國會被視為是權力過大的帝國主義者(Congressional Imperialism; Jones & Marini, 1988)，影響國家政策專業的運作；另一方面，學者也將國會視為「監控之眼」(watchful eyes; Aberbach, 1990; 2002)，避免行政部門「失去控制」(running away)，傷害到民主課責(democratic accountability)。

國會的重要性在於它主要是一國政策合法化的必經場域，而造就國會與公共政策之間緊密的關係，這層關係的特徵為何？讓我們接著討論之。

二、國會與公共政策關係的特徵

如果從公共政策的角度討論國會政治來看，國會是公共政策過程中政策合法化最關鍵的場域。學者Jones(1984: 116-117)認為，瞭解國會的立法過程有助於瞭解公共政策合法化的階段，但是，與行政部門比較起來，國會與公共政策之間複雜的關係，具有下面四項特徵：

（一）國會議員的多重政策角色

國會議員除了扮演公共政策合法化推手的角色以外，也扮演其他的公共政策角色，包括政策議程設定、政策規劃。更重要的是，國會議員往往藉由媒體扮演政策資訊提供者的角色，讓民眾瞭解複雜的政策問題，由於民主課責(democratic accountability)存在民眾與政府間政策資訊不對稱(information asymmetry)的問題，使得國會的這個政策角色在公共政策過程中任何一個階段都是重要的。

（二）國會政策場域中多元參與者

國會的政策場域並非只是國會議員的場域，行政部門的政治任命人員與一般文官，其中包括一般業務幕僚人員或是專業的國會聯絡人(legislative

liaison; Holtzman, 1970)，甚至政府體系外的各種利益團體的遊說代表(lobbyist)，隨著不同的政策議題，不同的人員會在不同的政策階段相互折衝連橫，意圖獲取自己想要的或是阻擋自己不願意承受的政策方案，它是一個「有目的性」(purposive)、「策略性」的(strategic)多元參與過程。

（三）國會多數建構的制度性意義

在民主政治的運作中，國會立法程序最重要的策略焦點是「多數建構」(majority building)，然而，不論從行政立法關係、國會提案機制、國會黨團系統、到委員會審查機制，維繫國會多數是一種多重制度環節的政治管理(political management)，它的進程是一個「法案」變成「法律」的整個錯綜複雜的過程(the intricate process of a bill becoming a law)，由於這樣的程序性質，不同的人在不同的程序決策點上，也會具有不同的決策權力。

（四）協商是國會制度運作的核心

由於國會是一個平等的民主機構，理論上，每一位議員都是等值的，因此，為了建構多數通過法案，彼此間的協商(bargaining; Baron & Ferejohn, 1989)是十分重要的。協商的過程是策略性的，有政黨或是議員個人的考量；協商的過程會受到各種國會制度的影響，包括提案權、委員會等，協商最後所產生最終的政策方案，絕對不會讓任何人完全滿意，因此，協商必定包括適當的讓步在其中，這也是民主政治最關鍵的衝突處理場域。

從上述這些特徵中可以看出，國會的「民主」性格，是它作為政策合法化正當性來源最主要的基礎，然而，分析國會與公共政策關係，也不能忽略程序上必須滿足多數決的原則(majority rule)，這樣的原則引導我們從程序的角度來理解國會運作的策略性問題，以及這個策略架構與公共政策產出之間的邏輯關聯性。以下我們將從策略與分配、立法程序，以及行政－立法關係來討論之。

三、國會的政策選擇過程

　　國會的運作是一個集體決策的過程(collective decision-making)，這過程的政策結果，對一國公共政策產生決定性的影響，因此，瞭解民主國家國會政治的運作，成為瞭解該國公共政策過程與結果無可迴避的工作，這一節將從以下三個部分來談這個過程。

（一）策略與分配

　　學者R. Douglas Arnold(1990)將國會議員在國會的行為，視為一連串結構制約與理性選擇公共政策方案的過程，要瞭解國會政治，就必須瞭解這個過程。這個過程有三種元素，分別為「行為人」(agents)、「選擇」(choices)，以及「決策結構」(decision structure)，國會在民主政治當中的運作，就是在這些元素所組合的結構當中。就行為人來說，國會行動牽涉到「選民」、「立委」（包括候選人的身分與當選之後立委的身分），以及立委中的「聯盟領袖」三種人[20]，他（她）們的選擇行為，包括下面四個時序性步驟中的各項決策：

　　1.第一步：「選民」藉由評估政策建議與其結果而產生政策偏好。

　　2.第二步：「選民」藉由評估「立委候選人」政策立場，以及該政策立場與政策結果的關聯性來投票選擇「立委」。

　　3.第三步：進入國會的「立委」選擇支持法案的決策，是評估「選民」對於該項政策可能的偏好，以及下次選舉中，「選民」要如何將該政策納入投票的考量中來定奪。

　　4.第四步：「聯盟領導者」推動法案時，同時考量個別「立委」的再選考量，以及「選民」的潛在政策偏好和「選民」下次選舉的政策考量。

　　聯盟領導者必須瞭解多數決的框架下，選票交換(vote trading)是必要的策略工作，這就是所謂的「滾木立法」(Logrolling)。意指議員之間，因為選區

---

[20] 這些人也是立委，不過有不同的領導地位，例如，立法院長，黨團總召，甚至是次級團體的領導人物，例如厚生會。

利益的需要，會在不同的法案上交換支持之謂，因為國會通過法律必須過半，個別議員如果想要分到預算回選區，必須與其他議員合作。

舉例而言，三位議員要選擇X與Y兩種政策，他們個別的政策結果如下表10-3[21]，我們都知道，平常選舉的賄選是犯法的，但是在國會當中，議員之間進行選票交換卻是很難偵查的，在這個例子裡，如果政策X與Y分開以多數決來投票，兩個法案都不會通過，X法案甲與丙會投反對票，Y法案甲與乙會投反對票。

表10-3　滾木立法範例

議員	政策選項	
	X	Y
甲	-2	-4
乙	5	-4
丙	-2	5

但是如果乙與丙有機會見面商量，彼此約定交換選票，這個約定內容是當國會表決X案時，丙不依照原來的偏好投反對票，幫助乙過半通過X案，乙就會在Y案表決時，從反對變成支持，協助丙通過Y案；當然，這種換票的活動，會讓許多本來不會通過的法案通過。Tullock(1959)就認為，滾木立法的結果有兩種：一是政府支出中會有很高的比例是這種分配性的法案，例如，一鄉一個停車場政策；再者，第二個後果就可能是政府支出擴張，造成赤字問題。

當然，這些策略考量與行動選擇，都是在一個公開與長期穩定的立法程系當中被推動，接下來我們就來看台灣立法院的立法程序。

---

[21] 這個案例修改自Mueller(2003: 105)。

（二）立法程序

　　若就台灣國會的立法程序來看，這是一個策略的過程，依照先後順序一共有七個步驟（請參見圖10-2）。

　　1.提案是立法的第一個步驟，其來源為：行政院、司法院、考試院、監察院、立法委員，以及符合立法院組織法規定之黨團。至於預算案之提出，則專屬於行政院。

　　2.提案先送程序委員會，由秘書長編擬議事日程，經程序委員會審定後付印。院會審議法案的先後順序，由程序委員會決定。

　　3.政府提案或委員所提法律案列入議程報告事項，於院會中朗讀標題（一讀）後，即應交付有關委員會審查或逕付二讀。

　　4.委員會審查議案時，可邀請政府人員及社會上有關係人員列席就所詢事項說明事實或發表意見，以供委員參考。各委員會為審查院會交付之議案，得依規定舉行公聽會，邀請正、反意見相當比例之政府人員及社會上有關係之士出席表達意見，並交由立法院全體委員與出席者，作為審查該議案之參考。

　　5.二讀會會討論經各委員會審查之議案，或經院會決議逕付二讀之議案。二讀時先朗讀議案，再依次進行廣泛討論與逐條討論。二讀會是相當重要的一個環節，對於議案之深入討論、修正、重付審查、撤銷、撤回等，均是在這個階段做成決議。經過二讀之議案，應於下次會議進行三讀；但如有出席委員提議，30人以上連署或附議，經表決通過，得於二讀後繼續三讀。

　　6.三讀會除發現議案內容有互相牴觸，或與憲法、其他法律相牴觸者外，只得為文字之修正。立法院議事，除法律案、預算案應經三讀程序議決外，其餘議案僅需經二讀會議決。

　　7.完成三讀之法律案與預算案，須由立法院咨請總統公布並函送行政院。總統應於收到10日內公布之，或依憲法增修條文第3條規定之程序，由行政院移請立法院覆議。

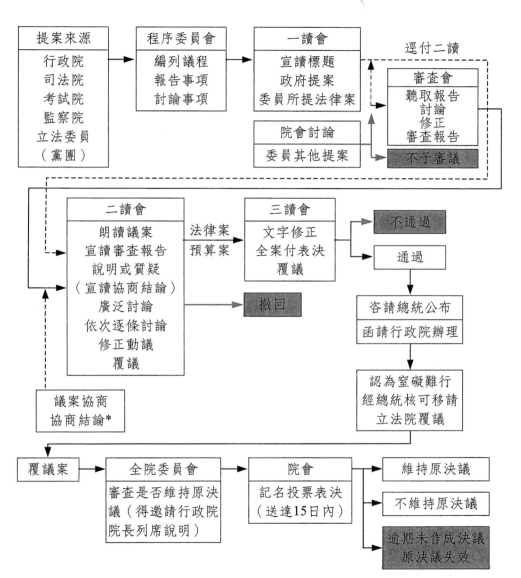

圖10-2　台灣立法院立法程序圖

註：*表黨團協商結論，經院會同意後，出席委員不得反對。

資料來源：立法院網站：http://www.ly.gov.tw/ly/01_introduce/0101_int

　　　　　/0101_int_09.jsp?ItemNO＝01010900

　　這些程序中的衝突解決機制，就是多數決，因此，如何維繫在國會當中各階段的多數優勢，是獲取政策影響力的核心，是所謂「聯盟政治」(coalitional politics; Laver & Schofield, 1990)問題；各黨的委員會找黨內或是他黨的立法委員進行政策結盟，以求法案的通過。例如，第六屆立法委員剛當選時的台灣立法院，總席次225席，過半113席：國民黨80席（包括新黨1席）、民進黨89席、親民黨34席、台聯12席、無黨聯盟6席、無黨籍4席，其中國民黨＋親民黨＝114，民進黨＋親民黨＝123，都是過半的席次，然而，親民黨與民進黨意識型態不同，比較可能的是以「泛藍」與「泛綠」分類，泛藍有114席，剛剛好過半，泛綠民進黨＋台聯黨＝101，並沒有過半；而另一方面，泛藍的過半是很脆弱的，需要無黨聯盟及無黨籍的支援，才能維持穩定的過半，而泛綠如果加上無黨聯盟及無黨籍也沒有過半，因此，國民黨所主導的泛藍在國會是有通過或是阻擋法案的實力。

　　當然，討論國會的程序與公共政策的關係，必須注意行政部門在過程中對政策內容龐大的影響力，因此，我們也必須瞭解行政與立法關係在這個過程中的影響。

（三）行政－立法關係

　　首先，就憲政層次公共政策產出合法化而言，立法院於制定法律、行使職權時，必須經過法定的程序，通過的法律與達成的決議才合法，但是這個過程如果從憲政制度所提供「否決點」(veto points)的角度觀察，在公共政策合法化的過程中，真正的議程權力(agenda power)才能展現，否決點是「決策體制中所創造出來法案否決的制度性機會」(Immergut, 1992: 63)，例如，國會當中的程序委員會，就是一個重要的政策否決點；政策決策過程中，某些站在這些否決點上的個人或團體，必須進行結盟之後才有可能制定政策，這些人或團體被稱為「否決者」(veto players; Tsebelis, 2002: 2)，例如，第六屆國會當中的泛藍聯盟，就是國會中的否決者。

　　如果從否決點的角度看政策合法化的問題，如圖10-3所示，官僚體系從政策現狀(Status Quo, SQ)提出政策草案，一直到政策產出的整個過程，其間

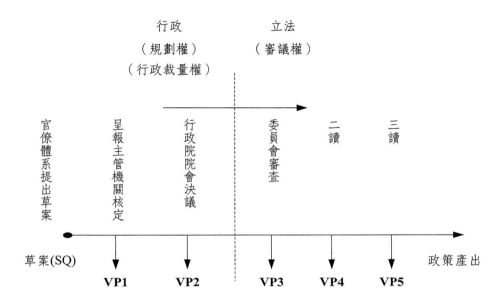

圖10-3　政策過程的否決點(VP1～VP5)

資料來源：陳敦源、王光旭(2005)。

政策草案必須歷經上級主管機關的核可、行政院院會決議、立法院中委員會審查、二讀及三讀等五個否決點，每一個環節都有可能改變由官僚體系所提出的政策草案。啓動一個政策議題經過合法化的過程，其程序在文官體系、行政首長與立法機關三者間各有規定，也相互制衡。基本的原則是，否決點愈多，政策合法化的難度就愈高，也就愈需要政治資源推動決策場域中的集體行動(collective action)。

　　再者，國會最重要的功能，事實上是將政策資訊公諸於世，也就是政策合法化過程中「透明」(transparency; Fung, Graham, & Weil, 2006)價值的維繫，也是制衡行政部門最重要的途徑。國會的資訊問題分爲對外及對內，對外主要是透明課責(accountability)的需要，然而，國會在立法效率與資訊公開之間，有一個困難的「取捨」（trade-off；陳敦源、李酲蒂，2005），國會改革如果一方面是要滿足民眾的認知，另一方面要維持一定的立法效率，就必

須從資訊公開的關鍵上，建構某種不公開的機制；也就是說，當國會議員能夠有不受環境壓力的協商空間，國會整體議事效率就會上升。但是當國會因為民眾害怕密室政治而做更多的議事公開，就會因為「責難規避」(blame avoidance; Weaver, 1986)或是協商的「第三人效果」[22]，而產生集體行動的困境，最終則降低了議事效率。

　　另一方面來說，公共政策審議需要百種萬端的政策資訊，立法委員並非政策百科全書，因此，除了將立法院視為一個利益交換的場域之外，立法機構的設計也是為了要更有效地處理龐雜的政策資訊(Krehbiel, 1991)；從表10-4國內調查資料的比較當中，我們可看出國會法案助理與行政機關主管不論就學歷、年齡或年資上，都有不小的落差。根據調查，立委問政最主要的資訊來源就是行政部門，而比較立委的幕僚與行政部門的主管，我們發現立委的法案助理平均年齡約30歲，在立院平均待了約5年，但是行政部門主管的平均年齡約50歲，在官僚體係平均待了約25年，這種行政立法關係「政策默會知識」(policy tacit knowledge)上嚴重的「專業不對稱」問題，造成立委無法培養其專業性，議會無法累積政策知識的嚴重問題，我們也可以說，在政策專業上，立委與行政官員之間，存在所謂「專業不對稱」(professional asymmetry)的問題。

　　國會與行政部門之間政策上專業不對稱的問題，通常會以制度或是組織的設計來減緩之，例如，國會的委員會設計，就是為了專業分工的目的，當然，國會中的助理制度、幕僚機構如國會圖書館、法治局，以及預算中心等，都是協助國會議員克服專業不對稱的單位；這其中，行政部門的國會連絡機制(legislative liaison)也是一個重要的部分，以台北市政府的府會連絡機

---

[22] 學者Groseclose與Nolan(2001: 100-119)指出美國國會在通過「家庭理由休假法案」(Family Leave Bill)時，協商的法案內容令人大為不解，經過研究發現，原來當協商雙方在談判取捨之間，若有利害相關的第三者在場，將使得協商兩造的行為策略改變，此時的決策者會去衡量第三者的喜好，並且妥協於較適中的策略，甚至通過較符合第三者期望的法案，事實上，這其中也有規避責難的效果。

表10-4　行政與立法機構政策資訊之比較

	國會法案助理		行政機關主管
教育程度	大學及以下	56%	29%
	研究所	43%	71%
平均年齡	29.8歲		51.7歲
年　資	同一位立委	2.5年	24.7年
	在立法院	4.5年	

資料來源：Chen & Huang(2001).

制為例（陳敦源、郭政偉，2003），就工作內容來說府會聯絡人主要的工作包括下列四項：第一，行政部門運作資訊的提供；第二，議員選民服務工作的協助；第三、法案預算審議的遊說與議程掌控；第四、質詢內容的預知與答詢的準備等。這些工作如果從資訊傳遞的角度來看，處處顯示出府會聯絡人身處連接結構間隙「資訊節點」(informational node)的關鍵位置。

　　綜括而言，國會是台灣政策合法化過程中最弱的環節，要如何以公開透明及相關政策資訊輔助機制來強化這個環節，是台灣未來民主深化的焦點之一。

第五節　結論

　　正如本章一開始引用法國18世紀的劇作家所言，單從法律條文的角度理解政策合法化是過於簡化的，由於政策合法化是公共政策過程中最核心的一個環節，我們必須從更為深刻的角度來理解之。本章從政策合法化的定義中，找出正當、政治、權威、公共，以及選擇五種意義，並整併為正當性、政治性，以及公共選擇等三個面向作為本章論述的主要架構。首先，從政策合法化中理念層次最高的正當性問題先做論述，討論政策順服及政策正當性

概念中正義、民主、與程序三個理念；再者，政策合法化除了必須重視規範性的問題之外，也應該注意現實政治的議題，本章從多元利害關係人、制度參與者，以及政策次級系統等三個從個人到系統分析單位的概念，討論政策合法化過程的政治性議題；最後，本章也從公共選擇的角度討論政策合法化的議題，這個部分的討論是將重心放在國會這個民主政體最重要的機構上，討論其策略與分配的問題、立法程序與多數聯盟的問題，以及行政－立法關係等，在行政－立法關係中，本章也討論透明課責與政策資訊處理、否決者與否決點，以及國會聯絡機制等問題。總括而言，研究並瞭解公共政策合法化的過程，是回答公共政策能否具備正當性，能否即為何能夠通過法定程序等立法策略問題的關鍵。由於台灣已經從威權體制轉型到民主政體，可以預期的是，公共政策合法化過程將會更趨複雜但卻更加重要，值得學術研究者與實務工作者投注持續的關懷。

公共政策決策模型

學習目標

- 瞭解本章從個人、集體及規範性等決策層次出發,介紹並討論十三種決策模型。

- 協助讀者從簡化模型開始理解公共事務決策的產出過程中更為複雜的決策相關變數。

- 以理性決策模型為核心,討論修正或擴大理性選擇的其他決策模型,讓讀者從批判的角度去認識各類決策模型。

- 本章利用公共決策心理、民主政治運作及公共哲學的互動關係來討論決策的規範性議題,特別協助讀者認識公共政策決策的「公共性」特質。

「沒有任何事比做決策更艱難，因此，也沒有任何事比它更珍貴。」

——拿破崙(1804)

第一節　前言

　　研究公共政策的學者們，對於如何將政府公共政策決策，簡化成為能夠綜合理解的「模型」(model)都有著高度的興趣，這也是1950年代公共政策成為獨立的學門以來，核心的問題之一。

　　這個趨勢有兩個重要的起源：其一是1978年諾貝爾經濟學獎得主Herbert A. Simon在1957年所撰寫的《行政行為》(*Administrative Behavior*)一書，將組織決策(organizational decision-making)提升到讓公共行政研究無法忽視的地位，他曾說：「行政過程就是一種決策過程」(the administrative processes are decisional processes; Simon, 1997: 7)，也認為瞭解組織決策內涵，是通往瞭解政府決策的關鍵。另外，根據對人類決策行為的觀察，Simon挑戰經濟學對個人計算「主觀期望效用」(Subject Expected Utility, SEU)能力並追求極大化(maximization)的假定，提出在有限理性(bounded rationality)下以「滿足」為標準(satisficing)的決策模型(decision-making model)，持續對研究決策與問題解決的領域，提供重要的研究主題。

　　其二是由政治學者Graham Allison的名著《決策的基礎》(*The Essence of Decision*)所引發的，書中以三種決策模型討論美國政府處理古巴飛彈危機的決策過程與結果[1]。Allison的核心問題是：「應該如何瞭解政府的決策作為？」例如，蘇聯為何要在古巴放置飛彈？日本人為何要攻擊珍珠港？有系統地解釋這些歷史事件的決策背景，成為研究政策決策的重要任務。Allison

---

[1] 本書於1999年已再版(Allison & Zelikow, 1999)，作者在理論方面加入了最新的發展，在案例方面也因為美國政府以及蘇聯前政府的許多檔案相繼曝光，而做了些修改，但是整本書的原始動機與架構都沒有太大改變。

(1999: 11)說這樣的方法論建構：「可讓分析者可以藉由不同模型所描繪的因果關係，一方面充實決策者對於歷史事件的理解，另一方面消除對當前決策的認識落差，成爲許多影響未來抉擇的參考。」

從表面上看來，公共政策領域討論決策模型都是圍繞在對於理性決策模型的闡述與批判，事實上是一種「虛妄」的討論(Gilbert & May, 1980)，因爲這種討論缺乏對於公共政策「公共性」(publicness)特質的系統性理解，這其中主要包括公共政策決策與決策心理(decision psychology)、民主政治(democracy)，以及公共哲學(public philosophy)的互動關係，因此，本章將從一個焦點（理性決策模型）三個層次（個人、集體與規範）出發，討論公共政策研究中應該注意的相關議題，以提供初學者對於公共政策決策一個較爲全面的研習架構。

第二節　決策模型的意義、功能與範圍

決策模型的定義就決策的角度來看，爭議不大。決策(decision)簡單來說就是「經過考慮之後所達至的立場、意見或是判斷」，它代表一個人類最常見的心智「過程」，也可以代表個人或是社會集體選擇的「結果」；然而，「決策模型是什麼？」、「模型要談的內容是什麼？」以及「決策模型可以使用在公共政策過程的哪些方面？」等問題，學界的意見較爲紛歧[2]。模型在

---

[2] 決策模型這個概念，對於公共政策學者來說，有不同的用法。例如，在台灣最受歡迎的兩本英文教科書，一本是Thomas Dye(2004)，一本是William Dunn(2003)，書中對於公共政策模型有大異其趣的鋪陳方式，前者將模型視爲一種概念建構與瞭解現實的工具，並將決策模型也歸類爲這種架構下的一種模型；而後者將公共政策模型從功能與形式分類，試圖對學者使用模型的方法進行討論。台灣最主要的兩位學者吳定教授與丘昌泰教授的教科書，吳定教授將這個部分的議題放在「政策規劃本質」的章節中，稱這些決策模型爲「政策方案決策途徑」；而丘教授則是放在「理性途徑與決策制定」一章中，視爲政策決策最重要的核心。

社會科學方法論中意指「一個理論的建構，將複雜的世界簡化爲一組以因果邏輯以及數理語言相結合的變數，用來分析、演繹或預測社會結果」，然而，本文將對模型採取最寬鬆的定義，也就是說，使用者在論述上不一定要有嚴謹的「形式理論」（formal theory；數學算式）才算是建構模型；而模型化的對象可以是決策的環境、參與決策的機制，甚至是決策者的基本特質。更重要的，如果從公共政策決策過程論的角度來思考，決策模型是一種可以應用任何一個決策環節的分析或是指導工具，包括議程設定、政策規劃與分析、政策接受與合法化、政策執行與政策評估。

再者，決策模型對於公共政策研究，至少有兩方面的功能，一是描述性的(descriptive)，另一則是指導性的(prescriptive)。前者的功能，是讓決策（研究）者能夠正確地描繪或甚至預測人類的決策行爲，例如，賽局理論(game theory)就是一種具有預測價值的互動決策理論(interactive decision theory)，它是一組試圖回答關於決策「實然面」(what is)問題的理論建構；而後者則是藉由一組計算方法或是模式，協助決策者做出「正確」的決策[3]，例如，期望貨幣價值(expected monetary value)、決策樹(decision tree)，或是所謂決策支援系統(Decision Support System, DSS)等，都是爲了回答決策者「應然面」(should be)如何下決定的問題，這個部分通常也受到決策目標量化可能性、決策資料完整性，以及計算方式適當與否等問題的挑戰。當然，這兩種功能往往也是相互包含的，描述性的工具也可能成爲具有指導性的功能[4]；而指導性的功能如果真能遂行指導，事實上也描繪了真實世界的狀態。

最後，決策模型使用的範圍，除了前述在政策決策過程論（或是決策時

---

[3] 決策程序「正確」與否，與決策者目標與價值的選擇有關，決策模型可以只考慮程序上的精確或是效率的問題，但是公共政策無法避免價值的選擇，對於結果選擇過程中可能隱含的價值選擇，也是無法迴避的，因此，本章將在決策模型的規範層次中再討論。

[4] Jon Elster(1984)就認爲，理性選擇理論(rational choice theory)基本上是一種「規範性」的理論，因爲它無法阻止自己停留在描述性的理論層次。

序上）的範圍之外，決策模型的討論也應該涉及決策的層次(level)範圍問題。本章在決策模型的範圍上，將採用兩個面向來討論各式決策模型：第一個面向是模型的分析層次，以個人、集體，以及規範性三個層次來討論；第二個面向是以「理性選擇」或是「批判或是擴大理性選擇」的基本假定來分類，意指該模型是否是承襲理性選擇的假定，還是站在對理性選擇的修正或擴大的基礎上，總共有十三種決策模型（如表11-1）。本章仍然要先討論理性決策模型，再從個人、集體，以及規範性層次分別討論另外十二個決策模型。

表11-1　決策模型分類

	理性選擇	理性選擇的修正與擴大
個人決策層次	(A)理性決策模型 　1.定義與假定 　2.決策樹 　3.決策準則 　4.風險	(B)有限理性模型 (C)展望理論模型 (D)非理性決策模型 (E)整合性決策模型
集體決策層次	(F)水平決策模型 　1.協商 　2.投票 　3.合作 (G)垂直決策模型	(H)政府（制度）決策模型 (I)組織決策模型 (J)漸進決策模型
規範性層次	(K)公共決策的公共利益模型：巴瑞多最適 (L)公共決策的共識模型：外部成本vs.決策成本 (M)公共政策介入正當性模型：市場失靈與政府介入	

綜上所述，從政府運作的角度來看，公共政策是一種政策產出的過程，對於這個過程的瞭解，有助於我們瞭解政府的運作，以及尋找更好的公共政策；學者Lindblom與Woodhouse(1993)在其著名的《政策決策過程》(*The*

Policy-Making Process)一書中指出：「任何人試圖瞭解政府解決社會議題所產生的問題，就必須深入瞭解決策過程中的權力關係，是如何對公共政策造成正面以及負面的影響。」過去在公共政策學者的努力之下，公共政策決策模型已成為研究公共政策的基本概念架構，因此本章認為，公共政策決策模型建構，是一種「系統性的努力，讓決策者或是研究者在公共政策過程中每個階段，從個人、集體與規範等三個層次上，分析公共政策決策的決策者、機制與環境，以期能夠預測、指導和檢討各種公共政策決策，並從中學習經驗與教訓，作為處理眼前與未來公共政策決策的基礎。」

第三節　理性決策模型(A)

理性(rationality)是決策理論一個最核心的名詞，為了理解公共政策決策的需要，學者常以「理性選擇理論」(rational choice theory)來瞭解經驗世界中的真實決策案例，這個以機率理論(probability theory)、個體主義(methodological individualism)，以及效用理論(utility theory)為基礎的決策理論，在管理科學、經濟學及其相關領域有著主導的地位。在公共政策科學發展初期，與理性選擇理論關係密切的「理性決策模型」曾經是一個主導的模型，它不但被用來分析公共政策決策發生的過程與結果的預測，它也進入規範性領域，告訴實務決策者應該如何做決策；當然，後者造成了公共政策學界內的反彈，許多「另類」(alternative)的決策模型被提出，也產生了與理性決策模型對話的機會，在這個過程中，理性決策模型雖然有許多明顯的缺點，但是當其他模型無法完全取而代之以前[5]，理性決策模型在公共政策的重

---

[5] 例如，利他主義可用理性自利來解釋，但是利他主義並無法解釋人類的自利行為，諾貝爾經濟學獎得主Sen也曾說：「若是站在為實際行為等同於理性行為這個假定答辯的立場，我們會說，雖然這個假定可能導致錯誤，但是任何不理性的特殊類型的假定，非常可能導致更多的錯誤。」（劉楚俊譯，2000：12）

要性必將持續。套用Max　Weber的概念，理性決策模型是研究決策的「理想型」(ideal type)，它被批評的愈多，反而代表它愈是決策理論發展最不可或缺的一套理論。

　　然而，許多學子是從批評理性決策模型來學習決策模型的，對這個決策模型的內涵反而最不瞭解，因此，本章要從討論理性決策模型開始，再從對理性決策模型的批判切入，使讀者對於決策模型能有全盤的瞭解。

一、理性的定義

　　「理性」在日常生活的語意，與理性決策的概念有根本的不同，例如，形容一個人很「理性」，常常代表他（她）行為表現出自制、冷靜，甚至是一種相對於暴怒的行為表現；但是從理性決策模型的角度來看，一個理性的人就是一個知道自己要什麼、清楚自己有什麼可用資源，以及要如何安排行動策略去得到自己所要東西的人；因此，他可能在協商中，應用暴怒的威脅這看似「非理性」的方式，讓對方讓步而得到自己所要的。理性決策模型就是試圖一般化人類行為背後的行動選擇機制，並據此來分析各種經驗世界發生的決策議題，小到一個人選擇婚姻對象，大到一個國家決定要不要與另一個國家宣戰，都可以用這一套理論來分析。回歸到理性決策模型演繹邏輯的角度，理性是一套對於個人選擇的「公理系統」(axioms)，這也是「工具理性」(instrumental　rationality)的理念核心，它包括下列五個元素(Shepsle　&　Bonchek, 1997: 15-35; Heap & others, 1992: 3-25)：

　　（一）偏好與選擇：對於可以選擇的項目A與B，行為者可依自己的偏好(preference)對A與B產生固定的選擇行為。

　　（二）選擇關係的「完全性」(completeness)：選擇行為的第一個條件，就是這個選擇的關係必須是「完全的」，也就是說，行為者不是偏好A勝過B，就是偏好B勝過A，不然就是對兩者偏好相同(indifference)。

　　（三）選擇關係的「遞移性」(transitivity)：選擇行為的第二個條件，就是行為者偏好A勝過B，又偏好B勝過C，那我們可以確定他偏好A勝過C。

　　（四）極大化準則(the maximization criterion)：滿足前述兩個條件的選擇就是一種偏好排序(preference ordering)，而行動者行動的選擇，就是看如何選擇能夠讓行動者在目前的選擇環境下，極大化其達成目標的可能與結果，一個行為人如果能夠具有偏好排序的能力，又能夠依照決策準則行動，他（她）就應該被稱為一個理性的人。

　　（五）期望值原則(principle of expected utility)：當外在環境存在不確定，行為者的行為是依據其計算各種行動方案、各種行動方案的發生機率與結果來決定行動。例如，有兩個行動方案A_1與A_2，有兩種未來可能的現態S_1與S_2，其結果的效用分別是[6]：$U(A_1 | S_1) = O_{11}$、$U(A_1 | S_2) = O_{12}$、$U(A_2 | S_1) = O_{21}$與$U(A_2 | S_2) = O_{22}$，假設狀態S發生的機率分別為P_1以及$1 - P_1$，則行動者會選擇行動A_1的條件為：

$$U(A_1 | S_1) \times P_1 + U(A_1 | S_2) \times (1 - P_1) \geq U(A_2 | S_1) \times P_1 + U(A_2 | S_2) \times (1 - P_1)$$

　　這五項元素，構成理性決策模型的基礎，通常，研究者會再從「決策樹」與「決策原則」兩個方面，分別討論理性決策的內涵與過程。

二、決策樹

　　學者也常使用決策樹來表示，我們以次來分析下述行為人甲出門要不要帶雨傘的決策。假設A_1是「帶傘」，A_2是「不帶傘」，而外在世界的狀態，S_1是「沒下雨」，而S_2是「下雨」，其表達的結構如圖11-1。

　　從理性模型的角度來做分析，我們還需要一組估計今天下雨機率(probability)的數值。假設甲看了昨晚的氣象，知道今天降雨機率是0.2，那麼他應不應該帶傘出門呢？如果觀察前面的決策樹，我們判斷的標準就是比較帶傘與不帶傘行動，哪一個的期望效用比較高，就選擇哪個行動。在此案例中，甲若依照理性選擇的計算，應該會選擇不帶傘出門。

---

[6]　$U(A_1|S_1) = O_{11}$，讀做行動者在外在環境S_1之下，選擇行動A_1，結果得到O_1的效用，以此類推。

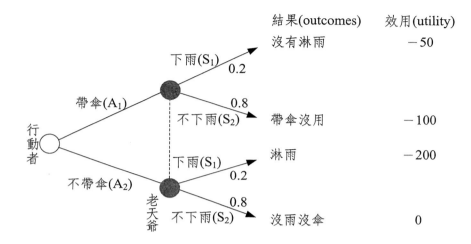

圖11-1 決策樹

$$U(A_1) = \sum_{i=1}^{2} P(S_i) \times U(A_1, S_i) = 0.2 \times (-50) + 0.8 \times (-100) = -90$$

$$U(A_2) = \sum_{i=1}^{2} P(S_i) \times U(A_2, S_i) = 0.2 \times (200) + 0.8 \times 0 = -40$$

三、決策原則

在決策理論當中，「風險」(risk)與「不確定」(uncertainty)是有所分別的。所謂「風險之下的決策」通常指決策者對環境的「原初狀態」(the states of nature)有固定的認知，能夠對不同狀態做主觀判斷。以前述「今天出門帶不帶傘」的決定為例，決策者收看氣象預報之後，給予下雨與不下雨這「互斥」(mutual exclusive)的原初狀態一個機率分佈，之後，依據這些資訊，決策者可依照效用極大化的決策標準，決定要不要帶傘出門。

至於所謂「不確定之下的決策」，是指決策者對於原初狀態的主觀機率判斷「有所不知或是不可知的」(unknown or unknowable)，以前述出門帶傘的例子來說，決策者可能忘了看氣象預報，但早晨出門時仍要做帶不帶傘的

決定，因爲資訊不足，決策者可能選擇效用極大化之外的一些決策標準決策法則，也就是做理性決策所依循的途徑，通常決策原則(decision criterion)會因著個人對於風險的態度，而有所不同。基本上，決策法則有五個基本種類，分別是：「最低獲利極大化原則」(maximin principle)、「最大獲利極大化原則」(maximax principle)、最大平均原則(maximum-average principle)、樂觀－悲觀原則(optimism-pessimism principle; Resnik, 1987: 32-35)，以及「最大後悔極小化」(minimax regret principle)，試以表11-2舉下例說明之[7]。

表11-2 甲決策者的決策背景[8]

		原初狀態			
		S_1	S_2	S_3	S_4
甲可能採取的行動	A_1	4	3	1	0
	A_2	2	2	2	2
	A_3	3	3	3	0
	A_4	3	2	2	1

假定原初狀態的機率分布是不可知的，決策者應如何決定採取哪一種行動呢？在此介紹五種決策標準：

（一）最低獲利極大原則

決策者首先找出每一可能行動中最低的獲利，不論原初狀態爲何。例如，若甲採取行動A_1，其最低獲利是0，以此類推，甲其他可能行動的最低獲利分別爲：$Min(A_2)=2$; $Min(A_3)=0$; $Min(A_4)=1$。接下來，甲選擇最低獲利最大的行動而爲之，這個例子中，決策者應選擇行動A_2，因爲它保證決策

---

[7] 範例修改自Hamburger(1979: 6-7)。

[8] 每一個框內的數字代表決策者所得的效用，例如，若原初狀態是S_1選擇行動A_1，得效用是爲4，以此類推。

者的獲利，在任何原初狀態決不低於2單位效用。

（二）最大獲利極大原則

決策者首先找出各個可能行動中最大的獲利，結果是：Max(A_1)＝4; Max(A_2)＝2; Max(A_3)＝3; Max(A_4)＝3，接著，甲再選擇最大獲利可能的行動為之，此例當中，甲應選擇行動A_1，因為這是唯一使甲有機會得到4單位效用的行動。與前面最低獲利極大的原則比較起來，最大獲利是在不確定中願意「博大」的一種原則。

（三）最大平均原則

決策者假定每種原初狀態的出現機率相同，理性的甲會挑選「期望效用」最高的行動為之，在此例之中，若甲採取行動A_1，他的期望效用MAV(A_1)＝$0.25 \times 4 + 0.25 \times 3 + 0.25 \times 1 + 0.25 \times 0 = 2$如下所示；而甲其他行動的期望效用分別為：MAV($A_2$)＝2; MAV($A_3$)＝2.25; MAV($A_4$)＝2，因此，甲會採取行動$A_3$。

（四）樂觀－悲觀原則

決策者對於任何行動的最小報酬與最大報酬之間，給予一個固定的權數c（與$1-c$），例如，行動者甲給最大報酬：0.6，最小報酬0.4的權數，他應該選擇哪一個行動？若甲採取行動A_1，他的加權期望值應該是HC(A_1)＝$0.6 \times 4 + 0.4 \times 0 = 2.4$，其他各項可能行動分別計算的結果為：HC($A_2$)＝2, HC($A_3$)＝1.8, HC($A_4$)＝2.2，甲應該會採取行動$A_1$。

（五）最大懊悔極小化

「懊悔值」的定義如下，假定甲選擇行動A_2，事後發現原初狀態為S_1，甲的報酬為2，但是甲如果事先能夠知道S_1將會是原初狀態，甲一定會選擇選擇行動A_1，因為其報酬為所有可能行動中最高的，因此，甲在原初狀態S_1之下，選擇行動A_2的懊悔值是U(A_1, S_1)－U(A_2, S_1)＝$4-3=1$。以此類推，針對

每一種原初狀態之下的每一種行動選擇，甲都可以計算出他的「懊悔值」來，就如表11-3所示。接著，甲從表三中各種可能行動中，找出在原初狀態不明之下的最大可能懊悔值，行動A_1、A_2、A_3都是2，而行動A_4爲1，依照最大懊悔值極小化決策標準，甲會選擇行動A_4，因爲不論原初狀態爲何，甲可以保證他的懊悔值不會高於1，換句話說，如果甲最怕行動後懊悔的煎熬，行動A_4保證他在任何原初狀態之下都只有1個單位的懊悔，絕對不會更大，這是其他行動選擇所沒有的特色。

表11-3 決策者甲的「懊悔值」表

| | | 原初狀態 | | | |
		S_1	S_2	S_3	S_4
甲可能採取的行動	A_1	0	0	2	2
	A_2	2	1	1	0
	A_3	1	0	0	2
	A_4	1	1	1	1

　　當然，如果行動者甲事先能夠知道各項原初狀態可能的機率分布，前面關於決策原則的問題，就回到一個風險下各種可能行動「期望值」(expected value)的抉擇問題了。例如，如果原初狀態未來發生的機率分布是$(S_1, S_2, S_3, S_4)=(0.2, 0.3, 0.4, 0.1)$，行動選項$A_1$的「期望貨幣價值」(expected monetary value, EMV)是$EMV(A_1)=0.2\times4+0.3\times3+0.4\times1+0.1\times0=2.1$（請參表11-2），以此類推，$EMV(A_2)=2.0, EMV(A_3)=2.7, EMV(A_4)=2.1$，因此，甲應該選擇行動$A_2$，因爲它給甲帶來最高的期望貨幣價值；相反地，如果決策者是以「期望機會損失」(Expected Opportunity Loss, EOL)來做決策，選擇期望機會損失最少的行動爲之，決策者的計算基礎應該是表11-3的懊悔值，例如，對於行動A_1，甲的期望機會損失是$EOL(A_1)=0.2\times0+0.3\times0+0.4\times2+0.1\times2=1$，以此類推，$EOL(A_2)=1.1, EOL(A_3)=0.4, EOL(A_4)=1$，因此，甲

應該選擇行動A₃，因為它給甲最低的期望損失。

四、對理性決策模型的挑戰與擴大

Simon認為，公共決策就是追求決策「正確性」(correctness)的行動，而其內涵就是區分「價值」與「事實」兩個層面，「尋找達到目的的有效手段」(to select appropriate means to reach designated ends)；然而，Simon所提出這種理性決策的觀念，也引起了公共行政學者Dwight Waldo對於實證主義、效率觀，以及價值中立在公共行政研究滋長的憂心，兩位學術巨人間也產生精采的Waldo-Simon爭辯[9]。事實上，學界對理性決策模型的批判，從未停止過，Lindblom對理性決策模型提出「漸進主義」(incrementalism)的修正概念，更清楚地描繪展現在「走一步算一步」(muddling through)現象中的決策政治性格；而James G. March將決策視為人類循著「適當邏輯」(a logic of appropriateness)的一種「規則遵循」行為(rule-following; March, 1994: 57-102)，與純粹的理性選擇做出重要的區隔。本章將這些修正或是擴大理性決策理論的論述分別放在三個層次下面來鋪陳，包括個人選擇、集體選擇，以及公共選擇的規範性議題等，以下分別討論之。

第四節　個人選擇

理性決策模型從個人選擇的角度，對理性選擇的批判主要有四個方面，分別是「有限理性」、「展望理論」、「非理性」，以及「整合決策」。

---

[9] 　請參閱Dubnick, M., 1999, "The Waldo / Simon Debate: Who Won? What Was [Almost] Lost?" 另外，Waldo與Simon爭辯的原始文件，請參閱Waldo(1952)、Simon(1952)。這個爭辯的起源，就是Simon所提倡的「價值與事實決策二分」(value vs. factual decisions)的決策理論。

一、有限理性模型(B)

Simon提倡組織理性決策研究的同時，也從認知心理與行為主義的觀察角度，對理性決策的「主觀預期效用」(Subject Expected Utility, SEU)模型提出了「有限理性」的修正，在《人的模型》(*Models of Man*; 1957: 198)一書中，Simon指出：「相對於問題內涵的龐大，人們建構與處理複雜問題的能力是十分有限的」；他認為，行為人面對未來的不確定與獲取資訊的成本壓力之下，並不能依照經濟學家所言的方式進行理性決策，他們因此並不能「極大化」(maximization)什麼，而只是在現有的一些限制之下，做「滿意的」(satisficing)的決定。有限理性是對人的一種現實的認知，人不是上帝，並非全知全能[10]。主觀預期效用模型是一種「全知模型」，但在有限理性的現實下，人類至少有三項事務無法做決策：(1)涵蓋整個時間的決策；(2)涵蓋人類價值的整個範圍；(3)每個問題都與任何其他問題有關的問題。因此，「有限理性」決策最重要的意義，就是讓受到決策需求環繞的有限理性個人，在社會當中生存下來，這些實用價值包括：(1)可以具備集中注意力的能力，專心處理一項問題；(2)能夠不斷改變優先順序(priority)，以處理威脅生存最主要的問題；(3)必須要有生產應變方案的能力；(4)讓自己決策時處在一個「淨空」的世界，才能解決生存問題。當然，Simon的這個想法，並未離開理性選擇的範疇，只是更精確地指出理性選擇外在的限制。

二、展望理論模型(C)

心理學者Amos Tversky與Daniel Kahneman(1981)所提出決策的「展望理論」(prospect theory)[11]，他們主要是從人類內在風險認知的層面檢視理性選

---

[10] Migrom與Roberts(1992: 129)就曾如此說：「真實的人不是全知全能，也不能預知未來。他們無法在精確、無成本，以及立即反應的狀態下，絲毫不差地處理複雜的問題，也無法完全地與自由地和其他的人溝通，他們的理性是有限的，他們自己也知道。」

[11] Kahneman因著這些研究，獲得2002年諾貝爾經濟學獎。

擇的限制，我們可以用下面這個例子來說明。假定面對新一波禽流感流行的可能性，衛生署預測如果什麼都不做，一旦流行起來，會有600人因而死亡。衛生署在兩個情境下，分別想出兩個防疫方案來選擇。

選擇情境一：

(1)甲案：200位民眾將會得救

(2)乙案：有1/3機會全部600人都會得救，但有2/3機會沒有一個人得救

選擇情境二：

(1)丙案：400位民眾將會死亡

(2)丁案：有1/3機會沒有一位民眾死亡，但有2/3機會600民眾全部死亡

根據兩位學者實驗的結果，雖然期望效用理論告訴我們，四個方案的期望值都是相同的，200位民眾得救（甲案）等於400位民眾死亡（丙案），如果將搶救的生命視為＋1，兩者都是200，乙案的期望值等於200(＝1/3×600＋2/3×0)，而丁案的期望值也是200。也就是說，不論在哪一個情境中，使用期望效用理論的理性決策者都應該對方案的偏好是「無異」(indifference)的，然而，真實民眾在前述的兩個情境下，決策的反應與期望效用理論預測有很大的不同。

面對決策情境一，根據實驗，有72%的人會選擇方案甲，只有28%的民眾會選方案乙，而在選擇情境二中，只有22%的民眾會選擇方案丙，但是卻有高達78%的民眾會選方案丁。這個研究的重要意涵有三點：(1)人們在面對風險行動結果的評估，不是聚焦在最終的總額，而是看這事件對自己得失的意義而定，例如，少輸為贏的概念就是一個明顯的例子；(2)人們對得失，有十分不同的風險反應，面對得，人們傾向規避風險(risk-averse)，但如果面對失，人們傾向追逐風險(risk-seeking)，而人們對「失」比對「得」的反應要更為激烈；(3)人們對於得與失的判斷，是受到如何表達這些得失的「框架效果」(framing effects)的影響，這研究也影響到公共政策風險溝通(risk communication)的領域。

三、非理性決策模型(D)

非理性決策模型有下面三個例子。第一，Amitai Etzioni(1988)提出的「規範與情感」決策模型(normative-affective decision-making)完全顛覆理性決策模型，他認為人類決策最常用的方式，並不是為了做理性決策的資料蒐集與處理，而是情感上的涉入與道德上的承諾。當然，這種決策並未包括人類所有的決策，更重要的，對Etzioni來說，這種規範與感情決策也有其簡化決策選項的效率功能在內，甚至有時為了節約充分討論(deliberation)的時間，將選項先依規範性理念或是意識型態「染色」，再做出決策都是有可能的。這種決策理論告訴我們，在情感與道德論述下的決策，不只有激發對立的效果而已，也有協助有限理性的個人做出重大的決策。第二，James March 與 Johan Olsen的「垃圾桶決策模式」(the garbage can model, 1976)認為因為決策的高度不確定性，理性決策中的「意圖性」(intentionality)是一個假像；March說(1994: 200-201)：「垃圾桶決策假定選擇機會、問題、解決方案，甚至是決策者，是依循外生的、時間依賴的因素而變動，問題與解決方案在選擇當中，不是依照手段與目的的方式連結，而是因為時間上的出現時機而連結在一起……因此，這種系統所產製出來的決策，是受限於各種（選擇、問題、方案）元素出現的時間，以及組織的結構限制。」第三，Jon Elster (1979: 157-179; 2000)討論「非理性」(irrationality)的決策行為，也就是一種「沒有選擇的選擇」(choice without choice)，包括愛、恨、上癮、自我欺騙等，都對人類許多決策行為造成決定性的影響。

四、整合性決策模型(E)

對於試圖整合理性決策理論與其批判的學者，大約可分為兩股。其一，學者認為自利動機只是人類各種動機之一，而分析上則以「多重自我」(multiple self; Elster, 1988)的方式處理；這種方式在個體的效用函數當中，直接加入不同的動機(Harsanyi, 1969; Brennan & Hamlin, 2000)，而將人類動機的

哲學性議題，簡化成不同動機之間「加權」(weights)的分析性議題[12]；其二，學者Etzioni(1967)提出「混合掃描決策模型」(mixed-scanning)，認為最適的決策模型，是一種混合了理性決策模型與漸進決策模型（後詳），先是以大範圍掃描的方式尋找可行的方案，再針對最有可能的方案進行深入的探討。這樣的一種混合的決策模式，會避開漸進決策模式無法做創新突破的問題，以及減緩理性決策模型要求大量資訊與決策能力的缺點。

以上這些針對理性決策模型從個人層次來的批判與修正意見，事實上都還是沒有脫出理性決策理論的範疇，有限理性仍然是一種理性決策，只不過對決策的資訊要求，回歸到真實人性的基本面。展望理論是在理性決策的架構中，加入「認知心理學」的干擾因素，調整理性決策的預測。最後，針對非理性決策的討論，仍然必須考慮研究決策行為的系統性思維，例如，如何討論各種行為的目的性及其效用，如果非理性決策就是「隨機」決策，也沒有目的性，使用這樣的一種決策模型，可能比使用一個知道其缺陷的理性決策模型還要糟糕。

第五節　集體選擇

集體選擇的決策模型，有「水平決策模型」、「垂直決策模型」、「組織決策模型」、「政府（制度）決策模型」，以及「漸進決策模型」等五個類型，這五個類型從清楚界定的參與者與決策過程的水平與垂直模型，一直

---

[12] 經濟學家對於「多重自我」的問題已有初步的思考，這種「高層次選擇」(meta-choice)，以Schelling(1992)「自我控制」(self-command)理論為主。他認為，人的外在行為是內在的不同「自我」(self)妥協之結果，常是「短視自我」(myopic self)與「遠見自我」(farsighted self)間的權衡；Margolis(1982)則認為個人決策是在「自利」與「利他」兩種動機之間取得平衡的活動有異曲同工之妙。另外，學者Noll與Weingast(1991)也利用Harsanyi對於理性選擇理論開放動機的看法，討論立法、行政關係與官僚文化的形成等有趣的議題。

到參與者模糊，以結果爲導向的漸進決策模型，這其中也有從理性決策模型走向批判與擴大的意義。集體選擇基本上是指組織或是制度需要超過一個人做成決策，不論是水平的投票與協商之下的選擇，或是在既有組織科層當中所做出的決策，都是討論公共政策模型不可或缺的討論範圍。不論垂直或是水平的決策，集體決策都是一種「團體的決策」(group decision making; Patton et al., 1989)，總合觀察這種多元決策的類型，依照 Allison 與 Zelikow(1999: 264-294)的說法，總共有下列七點研究的重點問題：(1)決策品質的問題；(2)委託人－代理人問題；(3)參與者是誰（誰有資格或是意願參與）的問題；(4)決策規則的問題；(5)議題的框架與議程的設定問題；(6)團體盲思(group think)的問題；(7)決策與行動互動的複雜性問題。

一、水平決策模型(F)

水平決策模型可包括「協商」、「投票」與「合作」等三種決策的組態。第一個協商部分，主要是諾貝爾經濟學獎得主 Ronald Coase 所提出的「交易成本」(transaction costs)概念所引發的討論。Coase 認爲，完全競爭市場理論是一種由個人的生產與消費選擇所建構的治理結構；然而，這個理論必須假定個人之間交易的花費等於零才可能存在[13]，如果交易成本不等於零，各式組織設計與管理的意義，就是降低交易成本，醫治協商失靈。將這個定理引申到民主治理的領域當中，它的推論邏輯也是相通的[14]。我們可以凡事運用協商共識來運作國政，是一種「共識基礎的決策模型」(consensus-based decision models; Susskind & others, 1999; Gastil, 1993: 49-68)，好比經濟學的新古典市場中，以個人選擇來運作一樣。但是這種方式的「交易成本」太高，一致同意(unanimity)有其侷限性，等於給所有參與者否決權，因此，

---

[13] 這就是經濟體系運作的成本，包括人際間進行協商、溝通、起草與監控合約、解決爭端，以及因協調需要所產生的機會成本，都稱爲交易成本。

[14] North(1990)應用交易成本的觀念討論政治交換，將公部門做成決定的需要所花費的互動成本，也視爲一種交易成本。

我們不得不藉由層級節制（或是說非直接民主）的組織（包括政黨組織、官僚組織、國會組織等），來降低民主的交易成本。也就是說，民主社會中真的讓民眾自己做決策，由於交易成本太高，需要各式組織的介入，在既有的制度環境之下，以多數決的方式做成公共決策，唯有兼顧民主與效率，民主決策才可行。

第二項投票的部分，水平決策離開成本太高的共識決策，以多數決的投票運作，是否就沒有問題了呢？諾貝爾經濟學家Kenneth Arrow的「不可能定理」(impossibility theorem)給我們一個負面的答案。該定理指出，民主社會中並不存在一種「聚合」(aggregate)人民偏好成為社會集體偏好的程式，不能同時滿足將民眾分歧的偏好聚合成一種唯一的集體偏好，或是我們意識當中某些選擇機制的核心價值（例如，非獨裁決策就是一種集體選擇的價值）。民主「多數決策」(majority decision)的偏好聚合程式，因為投票循環(voting cycle)的問題，只有相對、沒有絕對的意義。這個理論對於醉心於民主決策，或是認定民主決策具有不可質疑正當性的論者，無異是一項極大的打擊。由於民主決策有著偏好結構的問題，讓「人民的選擇」、或是「人民的聲音」這種概念充滿著被菁英操控的可能性，不但傷害了民眾在民主決策中選擇自主性，也讓「集體不理性」(collective rationality)的概念成為民主集體選擇最難以磨滅的正當性瑕疵。

第三，集體決策的本質當中，也有討論「合作」(cooperation)的需要，主要是來自賽局理論對於「囚犯困境」(prisoner's dilemma)的相關研究(McLean, 1987: 125-53)。這些研究最重要的核心，認為集體決策是一種互動決策(interactive decision-making)的情境，也就是說，一個人決策的結果，與其他人如何決策有密切關係。設想警察捉住了一起犯罪的兩位強盜（甲與乙），將之分開偵訊，分別告知下面的話：例如，警察對甲說，如果能將乙的罪行給供出來，就可以獲得緩刑，但是如果沒有供出，但是乙卻將之供出，將加重其刑，試問甲是否應該供出乙的犯行？賽局理論的預測是甲、乙兩位都會放棄合作，選擇出賣對方，這種討論人類合作決策本質的理論，有助於研究者瞭解個人理性決策對「集體行動」(collective action)追求公共利益所可能產

生的傷害，以及從公共政策的角度，如何以政策介入或是制度設計的方式介入改變之，以獲取公共利益。

　　總體來說，地位平等參與者之間的集體決策，必須先處理共識決策交易成本太高的問題，尤其在民主社會當中，民眾參與公共政策決策的要求，必須與決策效率做出適當的平衡，不然是不可行的。因此，代議機制、利益團體、政黨、官僚體系等組織性或制度性解決方案，都是為了要減輕民主集體決策水平失靈的問題。然而，即便真有可能讓所有民眾都參與決策，因為偏好聚合的問題，在多數決或是囚犯困境的架構下，個別參與者的理性並無法聚合成為集體的決策理性，這種問題，讓民主集體選擇的基本正當性受到了影響。補救的方式，是讓集體決策體系有更多的制度性制衡與監控，防止明顯不符合大眾利益的集體選擇出現。

二、垂直決策模型(G)

　　人類的決策除了在平等的個體之間發生之外，也會出現在既存的垂直架構當中。水平協商需要支付交易成本，選擇以科層組織運作，就是一種降低交易成本的方式。在理性選擇的領域中，相關的議題常以「委託人－代理人」(principle-agent)理論為核心，可視為一種科層決策的理論。垂直決策模型內，有三個應該注意的內容。首先，科層中資訊的傳遞有篩選功能(Downs, 1993)，如果一個單位有三個階層，最下面的階層收到100%的資訊，每向上送一層，就篩選掉20%的資訊，到了最高層領導者的手中，資訊只剩下64%($0.8 \times 0.8 = 0.64$)，當然，領導者並不需要知道所有的資訊，但是這種篩選如果是用來隱藏關鍵資訊，例如，關於下屬貪汙的資訊，就會扭曲領導者的決策；再者，關於決策風險分擔的問題，在垂直決策模型中，上下之間決策結果的責任分擔的方式，也會影響到垂直決策的產出。根據經驗，上位者通常是風險中立的(risk-neutral)，而下位者則通常是較為保守的風險規避者(risk-averse)，如何以「合約」(contract)或是「可信的承諾」(credible commitment)的形式釐清彼此的決策責任，建立信任(trust)關係，而不會扭曲

理性決策的要求，是領導者必須正視的垂直決策問題；最後，前述「合約」訂定的前後，要如何避免「逆向選擇」（adverse selection；合約前以隱藏資訊來影響決策）與「道德危機」（moral hazard；合約後以隱藏行動來影響決策）所產生的偏差，也是垂直決策模型所關注的主要議題。垂直決策模型是所有集體決策模型中，最關注領導統馭(leadership)的一種模型，一方面，許多關鍵決策，事實上也是由領導者(leader)所做的；另一方面，組織目標的達致，通常與領導者的領導統馭決策有絕對的關係。

三、政府（制度）決策模型(H)

組織與制度的不同，依照Douglass C. North(1990: 4-5)的說法，制度是一種「遊戲規則」，而組織則是在遊戲規則下具有目標的集合體，因此，政府決策模型的重點，就是在於政府決策是在既定的憲政框架之下所做成的決策，也就是說，政府行動是一種「以衝突與妥協為本質，在制度環境下，不同公權力者與各種利害關係個人或團體之間互動的結果」，是一種「政治的合產物」(political resultant; Allison & Zelikow, 1999: 29405)；例如，當代民主政府，不論是總統制、內閣制，還是其他各種混合制，都會受到行政立法關係、政治與行政關係、國會政治、政務領導，以及司法審查等制度性規範的影響。更重要的，研究者如果將決策場域擴大到國際政治的舞臺，國內政策的決定，在全球化的大環境之下，更會受到國際公約或是規範的影響。這個決策模型與Thomas Dye(2004)討論公共政策時的「制度模型」，有著異曲同工之妙；也與當代「新制度論」(institutionalism; Hall & Taylor, 1996)的理論發展，有若干切合之處，主要內涵就是「制度環境對公共決策產出是有影響力的」(institution matters)，行動者不論是組織或是個人，都受到制度環境的制約，但是制度環境也是可以經過某些大家認可的決策程式而改變，如修憲。以這個模型討論公共事務決策，應該有下列四個重點：

1.遊戲規則是什麼？例如，如果要研究國會決策產出，就不能不瞭解國會的決策遊戲規則，有時被稱為應該去瞭解政治制度上的「否決點」或「否

決者」(veto point or veto players; Immergut, 1992; Tsebelis, 2002)。

2.參與者是誰？有什麼能力影響決策？參與者之間彼此的差異為何？

3.決策資源分布的狀況，以及參與者之間的資源配置狀況。

4.決策者如何評價政策產出對自己的影響，以及如何回應其他參與者的決策行動選擇。

四、組織決策模型(I)

相對於政府決策模型，組織決策模型意指公共事務決定的過程中，主要是受到政府組織既定的規範所影響，我們可以說，在公共決策的範疇中，組織決策模型可以說是研究「官僚政治」(bureaucratic politics; Rourke, 1984)與「政黨政治」(party politics)不可或缺的工具。任何公共決策都是受到該決策出現前，許多既有的組織法令或是標準作業程序(Standard Operating Procedures, SOP)的影響。例如，2000年發生的八掌溪事件，空軍海鷗直升機就在四位溪中待援民眾的不遠處，因為2500公尺以上才出機的規定而見死不救，就是一個典型的案例。March與Simon(1993: 8)在其著名的《組織》(*Organization*)一書中，認為決策研究應該從理性決策理論以目的為導向的行動邏輯(logic of consequences)，轉向以「規則遵循」(rule-following)下，接受規範制約的行動邏輯(logic of appropriateness)，也就是說，理性人追求手段與目的的連結，往往受到許多組織既有決策環境的制約，因此，政府決策應該被視為一種組織的產出(organizational outputs)，行動者都是組織的行動者，受到許多橫向或是縱向的組織規範制約，根據Allison與Zelikow(1999)對於組織決策模型的描述，政府決策的組織產出有下列七項特點：

1.組織目標的達致與否，就是組織成員的績效表現標的。

2.組織目標會隨著時空改變，組織在不同時刻有不同的焦點。

3.為了保證關鍵任務的達成，組織需要在事先訂立標準作業程式。

4.組織為了協調相關工作者，會提出各種方案作為行動框架。

5.組織不精算可能狀況的發生率，而是以事先協調規範的方式，規避風險。

6.當組織發現例外情況,也會在現有的工作架構中以問題為導向尋找解套。

7.組織決策行為多為穩定不變的,但是也有因組織學習產生改變的可能性。

由於組織是一個具有共同目標的集合體,以組織為決策場域的分析單位,雖可看清楚許多決策背後的組織意涵,但是在實務上,必須防止組織生存目標超越公共利益的狀況發生,這種公共決策偏差的情況,有下列三種可能:首先,決策者自己社經地位的偏誤,決策者忽略組織當中社經地位圖像的偏差,而做出偏頗的決策,這也直接造成公共行政理論中,提倡官僚體系必須具備社經地位代表性的「代表官僚」概念的出現(representative bureaucracy; Dolan & Rosenbloom, 2003),意欲糾正政策決策可能隱藏的社經地位偏差;再者,集體行動會因為有利益組織能力較強,而在政治領域當中享有較大的影響力,這是多元主義最大的缺陷所在,也是「利益團體政治」(interest group politics; Berry, 1989)所必須面對的組織性議題;最後,組織決策因為「團體盲思」的可能,在意識型態上缺乏反省以及包容的能力,成為偏激政策(radical policy)的助力所在,這也是公共行政理論提倡官僚體系應有獨立自主判斷力的「黑堡宣言」(Blacksburg Manifesto; Wamsley & others, 1990)背後的主要動機所在。

五、漸進決策模型(J)

最後,從組織決策模型再往更結構性的面向觀察集體決策,最重要的是「漸進決策」模型(incremental model),或是「離間的漸進決策」(disjointed incrementalism),它有三個主要性質:第一,它是描繪多元社會(pluralist society)公共決策的模型,是一種多元主義觀點下的決策模型;第二,它也是一種「現實」的模型,因為人的理性是有限的,漸進決策模型會比理性決策模型更貼近現實決策狀況;第三,它更是一種「路徑依循」(path dependence; Pierson, 2000),或是「現狀至上」(status quo dominance)的政策變遷觀點,最

明顯的應用就是民主國家預算審議的場域(Wildavsky, 1964)。根據Charles Lindblom(1959)自己的看法，漸進決策模型係依循下列六個相互依存的路徑進行（參閱Howlett & Ramesh, 1995: 141-142）：

（一）決策者專注在少數幾個方案，這些方案與現狀只有些微的差異。

（二）政策目標與政策價值在政策分析過程中不斷相互糾纏與修正，政策價值與目標並非在一開始就決定清楚。

（三）政策分析的標的是政策相關的急症必須被醫治，而非某項正面目標的達成。

（四）一系列的嘗試錯誤與改變。

（五）針對某一個政策選項的結果考量，無法將所有可能結果都考量進去。

（六）政策分析的工作是由多元割裂的參與者共同進行，

如果從漸進決策模型回顧前面九種決策模型，我們可歸納下列三點看法：第一，漸進決策模型是建構在對理性決策模型的修正之上，不論是有限理性的概念[15]，或是政策價值多元性的概念，都是理性決策模型的缺失所在，因此，它也常常被放置在與理性決策模型相對立的位置上來討論；第二，漸進決策模型是一種民主決策的模型，這個觀點在Lindblom與Woddhouse(1993)的「政策決策過程」中做了最好的發揮，因此，漸進決策模型也是一種「政治」決策模型，對於政策改變運作過程中，實務上的政治可行性評估(evaluation of political feasibility)是有正面效益的；第三，漸進決策模型是一種描繪性(descriptive)而非建議性(prescriptive)的模型，它整合了個人與集體、制度與結構、垂直與水平等面向，幾乎可以應用在任何狀況，但是這種整合也會造成事後描述有餘，事前分析與預測不足的問題，當然，它也是一種保守的、為現狀辯護的觀點，有可能讓政策系統創新與改革的動力減緩。

---

[15] Lindblom是用「接續有限的比較」(successive limited comparison)來表示人類比較不同政策選項的有限理性現象。

第六節　公共政策決策的規範性模型

　　前面討論各種分析性的決策模型之後，因為公共決策常常必須面對許多公共哲學上的根本問題，討論公共政策決策模型理應對政策選擇的規範性議題，做一個交代。本章將提出三個規範性模型：第一是公共決策的「公共利益模型」，主要建構在「巴瑞多最適」(Pareto optimality)的概念之上；第二是公共決策的「共識模型」，主要從兩種「成本」(costs)的概念討論最適的共識決策；第三是公共決策的「介入正當性模型」，是從個體經濟學的理論當中，政府以政策選擇介入社會資源配置的正當性問題。

一、公共決策的公共利益模型(K)

　　首先，公共政策決策與公共利益之間的關係到底是什麼？十九世紀的思想家 Vilfredo Pareto(1848-1923)從政策相對改變的角度，對這個問題提出了一個基本的看法(Holocombe, 1996: 33-50)，被稱作「巴瑞多準則」(Pareto criterion)。他認為，因為「人際間效用比較」(interpersonal comparison of utility; Elster & others, 1993)問題，比較兩個人的福利是不可能的。因此，政府公共政策從現狀挪移到新政策的正當性，其結果應該滿足「造成至少一個人獲益，但是沒有任何人受傷害」的原則，該政策改變如果滿足這項俗稱的「巴瑞多準則」，就是一種「巴瑞多改進」(Pareto improvement)；然而，這種改變如果一直追尋下去，直到一個政策點X^*，再也找不到另一個政策可以滿足巴瑞多準則而進行巴瑞多改進，X^*就應該被稱為「巴瑞多最適」，這也是一種經過相對改變之後所得到的「公共利益」(public intevest)。因此，假使一個政策已經是巴瑞多最適的政策，任何政策改變所產生某人獲益，都一定伴隨至少另外一人的受害。更近一步詮釋，假使一個政策不是巴瑞多最適，就一定有進行巴瑞多改進的可能；反之，則不可能。當我們判斷政策現狀與某個政策選項之間沒有巴瑞多改進的可能，政策現狀就是巴瑞多最適。然而，公共政策變遷實際上要滿足巴瑞多準則是十分困難的，因為幾乎所有

的政策改變都會傷害到某些人，如果公共政策決策真的要依循巴瑞多準則，就是一種保護政策現狀的說詞而已！因此，後來的學者又提出「凱多爾－希克斯準則」(Kaldor-Hicks criterion)[16]，是一種「補償原則」(compensation principle)，也就是說，「一個公共政策改變的受益者，如果能夠以某種移轉性支付的方式補償受害者，而且雙方在補償之後都喜愛新的政策勝過政策現況」，則從現況移動到新的政策就是一種巴瑞多改進，這種修正原則也成為許多環保補償原則的基礎；然而，對於受傷害的利害關係人，何時才能達到「足夠的補償」，因為牽涉到前述「人際效用比較」的問題，政策無法客觀地以金錢來衡量公共政策所帶來的損失，使得公共政策決策下的補償原則仍充滿了政治角力與抗爭的空間。

二、公共決策的共識模型(L)

再者，公共決策是需要支付決策成本的，在此前提下，社會公共決策建立共識的最適的決策參與水平為何？在公共選擇學者James M. Buchanan與Gordon Tullock(1962)的眼中，公共決策包含兩種成本，「外部成本」與「決策成本」(external costs and decision costs)，前者意指公共政策的強制性，讓不同意者負擔政策的外部成本[17]，只有「全體同意」(unanimity rule)的決策規則可以極小化外部成本，也就是說，沒有一個人是被迫接受統治的狀態之

---

[16] 由兩位英國的經濟學家所提出的重要福利經濟學原則，以兩人的姓命名之，Nicholas Kaldor(1908-1986)與Sir John Richard Hicks(1904-1989)，後者獲得1972年諾貝爾經濟學獎。

[17] 政策決定「外部成本」在這裡的意義，就是公權力在違反個人意志或利益之下，做成具有強制力的決定。例如，一棟公寓大樓有十戶人家，因為某種原因，管理委員會希望每戶加收管理費1,000元，在多數決之下，只要六戶人家贊成（有四戶反對），所有的人家就要多付1,000元，這個公權力的行使，對於那些反對的家戶來說，就是一種外部成本，也就是在非自願的狀況下，付出1,000元。然而，如果該棟公寓大樓的決策機制是一致同意，只要有一戶人家不同意，這個增加管理費的方案就不能通過，對個人來說，公共決策的外部成本當然是極小化。

下，社會集體的福祉就是極大化；然而，另一方面，個人參與決策的行動本身會耗費資源，愈多的人參與，所耗費的「決策成本」(decision costs)將會愈高，因此，最適社會「共識」的產生，是一個平衡外部成本與決策成本的計算(calculus)，因為，讓愈多的人參與公共決策，雖然能夠降低公共決策的外部成本，但是卻會增加決策成本[18]；而「最適參與」就是極小化兩種成本的總合，請參見圖11-2[19]。

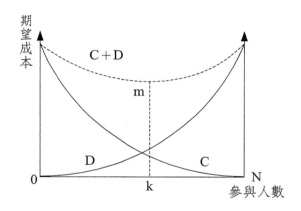

圖11-2　公共決策的共識模型

資料來源：Mueller(2003: 75).

圖11-2的Y軸代表成本的計量，愈高代表成本愈高；圖中的C曲線，代表當愈多的人參與決策，決策的外部成本持續下降的狀況（左高右低）；而圖中的D曲線，代表當愈多的人參與決策，決策成本愈高的狀況（左低右

---

[18] 舉一個簡單的例子，開票的唱票過程，每多一個人投票，就要多花一些時間唱票，人數愈多，唱票的時間也就愈長。

[19] 圖11-2中X軸代表參與的人數，假設決策體總共有N人，X軸上的任何一點代表集體決策需要多少人的同意。當N＝1時，是一種「獨裁」體制，只要一個人就可以決定整個決策體的事務；而當N＝N時，就是「全體同意」的決策體制，也就是每一個人的同意都必須得到的狀況之下，才能做成決定。

高）；圖中C＋D的中凹曲線，代表在每一個決策人數之下，外部成本與決策成本的加總值，該曲線相對於Y軸有一個最低點m，代表外部成本與決策成本加總的最小值，這個最小值延伸到X軸的K點，代表最適的參與水平，也就是說，從社會整體極小化外部成本與決策成本加總的算計上，K人參與決策是社會最適當的參與水平。上述論點主要告訴我們，公民參與決策具有降低對個人外部成本的效果在其中，這是民主治理「共識統治」(rule by consent)的基礎，也是公民參與的正當性來源，但是整體社會也因為更多人民參與決策，必須付出更高的成本；由此而兩者平衡的結果，我們可以找到一個社會最適的參與水平。

三、公共決策介入正當性模型(M)

最後，公共決策由政府公權力介入社會集體決策，也應該討論政府介入的正當性問題，也就是說，政府在什麼狀況下才能以公共政策干預人民事務，這種介入或不介入的判斷，隱含政府可能犯兩種錯誤，一是在應該介入的時候決定不介入，另一則是在不該介入的時候介入，什麼是錯誤的政府角色扮演，從市場理論出發的討論，可以給關心政治決策者一個重要的規範性模型(Averch, 1990; Weimer & Vining, 1993)，如圖11-3。

圖11-3　政府公共決策介入正當性模型

如圖11-3所示，社會資源配置的工作，在新古典主義(neo-classicalism)的概念下，是由市場看不見的手來運作，就能達致效率，而政府的角色就只有外交國防與司法（財產權維繫），這也是自由主義當中最小政府(minimalist state)概念的來源。然而，市場運作是有條件的，正常的市場運作有下列五項

條件(Veseth, 1984)：

（一）為數眾多的生產與消費者：沒有任何一位可以單獨影響市場價格。

（二）產品等質：只有價差造成的市場運作，沒有廣告宣傳的空間。

（三）資訊完全：市場之內所有的參與者知道所有關於買賣的資訊。

（四）參與者自由進出市場：資源流通無限制，買賣雙方得以自由進出。

（五）零交易成本：買賣雙方交易無成本，搭便車(free-riding)狀況不存在。

然而，前述的條件如果不能滿足，就有「市場失靈」的可能，其中包括公共財、外部性、自然獨占，以及資訊不對稱等問題，福利經濟學觀點認為，此時社會需要政府以公共政策決策介入(government intervention)，導正市場的不效率。例如，某工廠排放污水，污染成本由社會大眾負擔，廠商也會因此超量生產，政府介入課徵污染稅，將廠商的外部成本內部化，回歸到市場原本應該達到的最適生產水平。然而，這種政府介入的正當性的模型，有下列三項限制：其一，這個模型中，政府介入的最主要原因是經濟效率，但是實際上政府也會因為分配公平性的理由介入市場；其二，根據公共學擇學派的說法，政府介入並非萬靈丹，因為政府本身也是有政府失靈的問題，包括民主決策的問題、代議政府的問題、官僚體系的問題，以及地方分權政府的問題(Weimer & Vining, 1993: 159-195)；其三，在這個模型當中，人類的原初狀態是市場交換，這與政治哲學家眼中國家起源因為安全的需要有所不同，是一個有趣的「雞生蛋，蛋生雞」問題；換言之，前述市場正常運作的五個條件外，政府無所不在的強制力說不定也是另一個重要的條件。

第七節　結論

本章所描述的三種層次、十三種公共政策決策模型，主要是能協助研究

者與實務者，對於無所不在的公共決策中，從模型化的思維開始，深入瞭解公共事務決策的真實內涵，正如本章一開始所提出，公共政策模型的建構，是一種系統性的努力，讓決策者或研究者在公共政策過程中的每個階段，能夠預測、指導和檢討各種公共政策決策，並從中學習經驗與教訓，作為處理眼前與未來公共政策決策的基礎，這是本章所希冀能達到的唯一目的；然而，對於那些過分相信模型而忽略真實世界決策複雜性，或是過分排斥模型化而追求真實世界複雜性的學習者而言，本章也提出一點警告。本章所提及的各種模型，都是真實世界的某種簡化的版本，可能因為我們自己本身有限理性的限制，這種簡化的理解只是一個開始，真實世界決策過程中的變數，是十分複雜的，學者John Forester(1984)的歸類指出，討論決策的相關「變數」，有下列五個項目（請參見表11-4），分別為：決策者、決策面向、決策問題、決策資訊，以及決策時間。

表11-4　決策的各種變數

No.	變數名稱	變數的面向
1	決策者	一人↔多人
2	決策場域	單一封閉↔多元開放
3	決策問題	界定清楚↔多重模糊
4	決策資訊	完全資訊↔多方競逐
5	決策時間	無限制↔受操控

資料來源：修改自Howlett與Ramesh(1995: 147)。

　　然而，想從複雜入手而捨棄簡化模型版本的學習者，最後也會瞭解到研究者自身有限理性的真實限制。拿破崙從征戰與政治的決策當中，瞭解到決策的複雜性，但是他勢必要面對自己理性的限制，有系統地簡化問題，以致於能夠享受到決策最終的價值。無論如何，平衡真實世界與簡化模型間的價值，是探索決策奧秘的不二法門。

政策執行概論

學習目標

● 瞭解政策執行的意義與政策執行概念之界定。

● 瞭解第一、第二代政策執行與整合模式的理論發展、基本
概念與代表學者。

● 能知悉政策執行所需的資源,並瞭解各項資源的特性與相
互影響的程度。

● 明確界定政策執行的標的團體,並能掌握標的團體對政策
執行的影響因素。

● 瞭解政策網絡的理論發展、基本概念與類型。

第一節　政策執行的意義與特性

　　政策執行是政策目標落實的具體方式。一般而言，政策執行被視為是政策規劃之後的接續步驟。成功的政策執行不但可以實現政策規劃時所預設的目標，並能進一步提高人民對於政府的信賴感；反之，一項失敗的政策執行，不但無法達成政策目標，更有可能造成公眾資源的浪費與失去政府的公信力。因此，政策執行往往成為政策過程中重要的討論焦點之一；然而，影響政策執行成敗的因素眾多，可能是目標設計錯誤，也可能是未考量政策相關的多元價值等。但是也有學者指出，導致政策執行失敗的原因，是來自政策執行本身出現問題(implementation failure)，如執行的標準不夠清楚、執行者的操守不夠清廉等（李允傑、丘昌泰，1999）。以下將分別探究政策執行的意義與特性，進而說明政策執行的各種模式。

一、政策執行的意義

　　何謂「政策執行」？定義為何？關於政策執行的定義，國內外學者有多種看法，例如，Jeffrey L. Pressman與Aaron B. Wildavsky認為，執行乃是目標設定後與為達成目標所採取行動間的互動；Charles O. Jones(1977)認為，執行乃是導向方案實施的有關活動；國內的林水波與張世賢教授(1991)則認為，政策執行是一種動態的過程，在這個過程中，負責執行的機關與人員組合各種必要的要素，採取各項行動，扮演管理的角色進行適當的裁量，建立合理可行的例規，培塑目標共事與激勵士氣，應用議商化解衝突，冀以成就某些特殊的政策目標。此外，吳定教授(1996, 1997)則認為，政策執行乃是政策方案在經過合法化之後，擬訂施行細則，確定專責機構，配置必要資源，以適當的管理方式，採取必要的對應行動，使政策方案付諸實施，以達成預定目標或目的之所有相關活動的動態過程；換言之，政策執行主要有下列幾項工作：

　　（一）擬訂執行政策方案的詳細辦法。

（二）確定負責推動方案的機關或單位。

（三）配置執行政策方案所需的資源，包括人力、經費、物材、設備、權力、資訊等。

（四）必須採取適當的管理方法執行政策方案，包括計畫、組織、指揮、協調、激勵、溝通、管制等方法。

（五）採取必要的對應行動，包括實際去執行各項活動，以及促使執行人員與標的人口順服政策的獎勵措施等。

（六）政策執行是一種不斷修正調整的動態性過程。

二、政策執行的特性

儘管政策執行定義眾多，但仍不難從其中發現一些重要的特點。首先，政策執行強調其「動態過程」，政策執行絕對不是一個時間點或是政策過程的終點，而是一段過程，任何政策不可能「立竿見影」；一項成功的政策包含了許多的因素與投入的眾多成本，當然，這些政策執行的成本之中，也包含了「時間成本」，也因此眾多學者強調，政策執行乃是釐清執行分工、分配執行資源與配合適當的管理，以達成目標的一種「動態過程」。第二，政策執行強調規劃與落實之間的「連結性」，任何的政策規劃，如不能藉由政策執行加以落實，則所有的規劃將只是「紙上談兵」；因此，政策執行是一種實務面的研究途徑，所牽涉的範圍與可能影響執行的因素，自然便成爲在討論政策執行時的一個重點。

一般而言，學者(Ripley & Franklin, 1986: 11-29)研究指出，政策執行具有下列特性（轉引自李允傑、丘昌泰，2003）：

（一）政策執行包含多元行動者

在政策規劃的過程中，可能有相當多利益團體、政黨及其他的多元參與者介入，試圖影響政策的方向與目標。同樣地，當政策進入執行階段時，除了官方的執行機構與人員之外，仍有許多「非官方」與「民間」的執行者參

與其中；可能是利益團體，也可能是任何與政策相關的「非營利組織」、「非政府組織」等，均是政策執行過程中的多元參與者。

（二）政府規模的膨脹與公共計畫的繁複性

隨著多元社會的發展，形形色色的社會公共問題也隨之發生，政府機關為了進一步處理並解決這些公共問題，因而成立了各式各樣的機關任務小組或組織。也因為如此，造成政府規模膨脹、更多公務人力投入及更龐大的財政支出，這些特性都使得政策執行日益複雜。

（三）政策本身具有多元的、含糊的目標與期望

正如同前述所言，政策執行包含了多元參與者與相當程度的複雜性，因此，有關於政策目標的陳述便不能太過於清楚，有時也必須是含糊的。這是為了考量現實社會中，有太多因素會影響政策的執行，倘若政策目標過於「堅定」或「肯定」，讓執行者無法擁有自身的裁量權，無法於必要時進行調整與裁量，最終將導致執行失敗。因此，為考量落實政策目標與理想，有時政策目標必須是含糊的。

（四）政策執行必須在府際關係網絡上運作

政策執行的層次是跨越中央政府與地方政府的，幾乎所有的政策執行都需要中央與地方政府的緊密配合才得以完美執行。

（五）政策執行包括太多無法控制的外在因素

政策執行的環境相當複雜，影響政策執行成敗的因素可能是經費、人力與設備，但是也有可能是政黨之間的意識對立或民眾偏好的改變而影響政策執行。而在未來，國際間的共識或規範，也極有可能影響國內的政策執行。

第二節　第一代政策執行模式：由上而下模式

　　學者Smith(1975)曾說：「政策一旦制定，政策即被執行，而政策結果將與政策制定者所預期的相差無幾。」這句話傳神地描述了第一代政策執行的本質意涵。也就是說，在第一代政策執行的看法中，非常強調政策制定者的優越地位，認為上級單位一旦規劃完成政策，政策就會被忠實地執行與完成。此一模式強調的是執行過程中的「理性控制面」，並且深受古典行政的影響。

　　行政學家Gulick與Urwick(1937)結合了古典行政模式的三個特點：官僚體系、政治與行政的分離以及效率原則，形成了機械的古典行政模式。所謂「官僚體系」概念，係認為行政組織的結構是集權的、科層體制的，故上級所制定的政策與規範，下級單位有義務忠實地執行；而「政治與行政的分離」認為，政治負責制定政策、行政負責執行政策，兩者必須加以分離；「效率原則」則如同科學管理原則，強調任何事皆必須清楚地分工，最重要的目標便是在於追求效率。

一、基本概念

　　以古典行政模式為基礎，形成了第一代政策執行模式，學者Nakamura與Smallwood(1980: 10-12)並以下列四點說明第一代政策執行研究的基本概念：

　　（一）政策制定與政策執行是有界限的、分離的及連續的。

　　（二）政策制定與政策執行之所以有界限，有下列三項原因：(1)政策制定者與政策規劃者的分工相當明確；(2)政策制定者能同意目標彼此之間的優先順序並加以陳述；(3)政策執行者有能力並且願意執行政策。

　　（三）政策制定者與執行者分別接受彼此的任務界限，則政策執行必將發生於政策制定之後。

　　（四）執行者被視為是中立、客觀、理性且本質上是非政治性的。

二、主要學者

第一代政策執行研究的學者眾多，其中以Sabatier與Mazmanian(1979)的政策執行模式和Edwards Ⅲ(1980)提出的政策執行力模式最具代表性。

（一）Sabatier與Mazmanian的政策執行模式

該政策執行模式中，依變項為「政策執行過程中的每一個階段」，自變項則包含三大類：「問題的可處置性」、「法令規章的執行能力」與「影響執行的非法規變項」。其重點在於，模式中的自變項將會影響依變項中的每一個階段，如圖12-1所示。

（二）EdwardsⅢ的政策執行力模式

EdwardsⅢ提出了如圖12-2（頁240）的政策執行力模式，其中認為溝通、資源、執行者意向、官僚結構等四項主要變項之互動，將會直接、間接地影響政策執行的狀況。

茲將政策執行力模式四大項變數的主要內容簡述如下（曹俊漢，1990）：

（一）溝通

溝通(communication)是政策執行的首要條件，執行命令若是傳達的愈清晰，政策執行所受到的阻礙便會愈少，愈能收到預期的效果。因此，傳達錯誤是執行失敗的主要原因；而執行成功必是源於有效的溝通。一般而言，傳達錯誤或溝通不良的原因，有以下兩項：一是執行命令欠缺明晰性，例如，含糊的法規、籠統的術語，讓執行者無法明確地知道決策者的真正意圖；二是執行命令欠缺一致性，亦即雖然執行命令清楚明確，但卻發生矛盾相衝突的現象，則溝通仍是受到阻礙。另外，EdwardsⅢ也特別強調，利益團體的存在，對於執行命令的不一致具有重大的影響；因此，決策者應勇於擺脫利益團體的糾纏，使執行命令清晰而一致，決策者與執行者之間能溝通良好，則政策執行順利無礙。

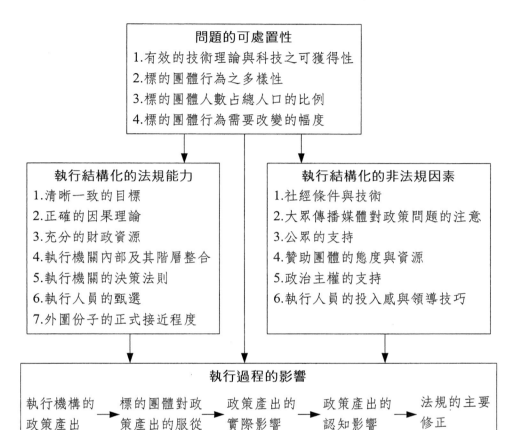

圖12-1　Sabatier與Mazmanian的政策執行模式

資料來源：李允傑、丘昌泰(2003: 54)。

（二）資源

　　充分的資源也是政策執行成功的因素之一；一旦執行政策沒有相關資源配合，一切也都只能束之高閣。一般而言，資源有分為有形與無形兩種形式，有形的資源包括了人員(staff)、設備(facilities)等。在人員方面，組織不但要有充足的人手，更要確保組織人員具備相關政策的執行技巧與專業，才

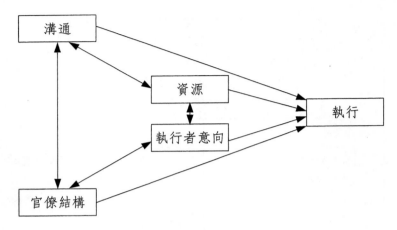

圖12-2 Edwards Ⅲ政策執行力模式

資料來源：曹俊漢(1990: 286)。

能確保政策的執行成功；而設備方面，小至辦公用品，大至相關儀器設備，都是成功的政策執行所不可或缺的。

在無形的資源方面，Edwards Ⅲ認為最重要的是資訊；充分而清楚的資訊，是政策執行的關鍵，倘若沒有充分的資訊，決策者可能設定了錯誤的政策目標，或是只能藉由不斷地摸索嘗試錯誤來學習，政策執行自然不易成功。第二項無形的資源，Edwards Ⅲ認為是權威(authority)；權威可能是下達執行命令，也可能是支援人員金錢等，皆是「權威」的表現。但有時權威可能受到國會或是其他團體的干涉，讓權威無法充分發揮與運用，抑或是一些根本沒有權威的機關，此時為求成功的政策執行，他們必須採取服務取向，而非管制取向的態度。

（三）執行者意向

任何政策執行者皆有其態度、意願與偏好，並且會對政策表現出己身的觀點與態度，此時，若執行者本身對於政策表現出反感甚至相當反對的態度情緒，毫無疑問地將會影響政策執行；反之，倘若執行者本身對政策的態度

傾向中立甚至是支持，這都有助於成功的政策執行。

因此，為確保成功的政策執行，除了可以僱用本身對於政策議題就支持的人為執行者，更可以進一步透過加薪、升遷、等獎勵誘因，以強化政策執行者的執行行為。

（四）官僚結構

執行者可能知道如何執行政策，也可能擁有充分的資源與合作的態度推行政策，但若無健全的組織結構來配合執行，政策仍無法有效地加以貫徹；因此，官僚結構也是政策執行的影響因素之一。而官僚結構有下列兩項顯著的特性可以加以討論：

1.標準作業程序

行政機關為處理日常事務所發展出來的一套慣例規則，稱為「標準作業程序」(Standard Operating Procedures, SOPs)，組織一旦建立標準作業程序，可以節省更多時間、處理更多事務，也較能應付繁雜的狀況，使政策趨於一致，達到公平的要求；然而相對地，也有可能造成行為本身缺乏彈性，更有可能讓執行者為了以遵守標準作業程序為目標，而放棄了原本的政策目標，形成「目標錯置」的現象。

2.分部化

分部化(fragmentation)是指執行政策責任分散至不同組織單位之現象。責任分部化的現象將導致政策協調日益困難，更有可能因為責任分部化，讓不同的單位執行相同的目標，導致金錢與人力資源的浪費。因此，應重新設計機關的責任分配，加強政策協調功能使責任分離的偏頗現象減至最低，提高政策執行的效能。

公共政策
Public Policy

第三節　第二代政策執行模式：由下而上模式

　　從1970年代末期到1980年代初期開始，許多學者開始批評由上而下的政策執行模式。Hjern與Porter(1981)指出，這種以Weber、 Wilson和Tayler爲基礎的古典行政模式，其強調理性與階層控制，在如此情形下，必須有一位藉由功績制所選出的一位能力極佳的領導人，組織任務才能順利完成。其次，Hjern與Porter也認爲，如此的組織型態容易出現孤獨組織症候群(lonely organization syndrome)，因爲沒有一個單一的組織可指揮所需的資源，導致組織無法順利完成組織任務與使命，故隨著工商社會、政治民主與福利國家的發展，各種公私組織相繼興起，彼此的互動性與互賴性也逐漸增加，在此情勢下，組織中的多元組織集群(multiorganizational clusters of organizations)決定了政策能否有效的執行。因此，Hjern與Porter希望彌補經濟學中的原子理論(atomistic theory)與公共行政中的廣博規劃與管理理論之缺陷，建構一個「執行結構」的研究途徑(implementation structures approach)。後來許多學者將這種研究途徑稱爲「由下而上模式」（李允傑、丘昌泰，1999）。

一、理論基礎

　　由下而上模式強調的是基層官僚與執行機關的自主裁量權，主要是希望基層官僚能夠因應複雜的政策環境，以確保政策執行的成功。而中央的政策制定者，其主要任務便是提供一個充分自主的空間，使基層官僚能夠視情況採行適當的措施。此種情況與第一代模式所強調的理性模式相反，因而有人稱爲後理性模式(post-rationalistic model)；政策學者Elmore(1979, 1985)則將這種執行方式稱爲向後推進(backward mapping)策略，以別於由上而下的向前推進(forward mapping)策略。因而由下而上模式的理論基礎如下：

　　（一）有效的政策執行繫於包含多元組織的執行結構。

　　（二）政策執行結構是有共識的自我選擇過程；換言之，有效的政策執行絕非取決於上級單位的完美規劃，而是在於上下階層間對於達成政策執行

的共識；一旦達成共識，才有可能實現政策目標。

（三）政策執行以計畫理性(program rationales)，而非以組織理性(organization rationales)為基礎；因此，必須要去瞭解每項計畫包含了多少執行單位？單位之間如何互動？有何問題？而不是從組織機關來看計畫。很明顯地，計畫理性的看法較為宏觀，不致流於機關本位主義，或是僅著重於中央政府機關的角色，而且也較符合實際情況。

（四）有效的政策執行取決於執行機關間的過程與產出，而非政策決定建構者的意圖與雄心。

（五）有效的政策執行是多元行動者複雜互動的結果，而非單一機構貫徹政策目標之行動結果。

（六）有效的政策執行繫於基層官僚或地方執行機構的裁量權，而非階層結構的指揮命令系統。

（七）有效的政策執行必然涉及妥協、交易或聯盟的活動，故「互惠性」(reciprocity)遠比「監督性」功能更為重要。

二、主要學者

主張由下而上執行模式的學者甚多(Barrett & Fudge, 1981; Elmore, 1979; Hanf, 1982; Hjern & Hull, 1982)，其中最具代表性的是Hjern及其同僚(Hjern, 1982; Hjern & Porter, 1981; Hjern & Hull, 1982; Hjern, Hanf, & Porter, 1978)。他們所主張的執行結構模式重點可歸納如下（李允傑、丘昌泰，1999）：

（一）執行結構為政策執行的核心

所謂執行結構並不完全是一種組織，它固然包含許多組織群體(pools of organization)，但它所包含的組織是由許多計畫所組成；它也不是行政實體(administrative entities)，因為它的組成不必然與政府機關的命令發生直接關係，而是基於執行計畫的需要而自動集結的結構體。因此，執行結構是指潛在地或實際地介入計畫或政策的官方或非官方結構；例如，以人力資源訓練

計畫而言，其執行結構包含全國性的、區域性的、地方性的勞動市場與政府機關、訓練中心、公部門與私部門的雇主、工會、規劃部門、社會福利機關等。

（二）執行結構係以計畫理性為取向

傳統的政策執行理論係以組織理論為基礎；一個組織內部當中包含許多計畫，每一個計畫有其各自的目標，因此，組織的任務便是如何以整體性的策略(holistic strategy)完成計畫。在此種情形下，計畫僅是促使組織生存的手段而已。

（三）執行結構的形成係基於完成計畫目標而自我選擇的過程

執行結構是一個自我組成的系統(self-organizing system)，透過自我參考過程(self-referential process)形成執行公共計畫的結構體。政策執行既以計畫理性為基礎，該結構存在的目的便是為了實現計畫，因此，計畫不是手段，而是組織生存的目的。

（四）執行結構包含多元的目標與動機

執行結構中的行動者與組織參與該結構的目標與動機是多元的，有的基於公眾利益，有的基於自己利益；利益的密度隨著行動者的目標與動機而不同。

（五）執行結構的權威關係並非以階層命令體系為主體

執行結構的權威關係，是以專業地位、協調能力、潛在或實際的權力，以及資源控制為焦點，傳統的階層命令體系無法發揮功效；同時，執行結構中的上層領導者以非權威的方式與下屬進行互動。

（六）地方自主性

每一個地方組織或行動者均有其自主權，雖然地區性或全國性的組織企

圖控制其行動，但掌控能力有限。因此，並不存在全國性計畫的執行結構，而僅存在地方化的執行結構組合體。

（七）執行結構內部包括許多次級結構

該次級結構是由執行特定角色的次級團體所構成。執行結構的凝聚力是相對的；有些組織發展到相當程度，成為相當凝聚的定型組織，形成網絡關係，而有些組織則尚未發展，僅以臨時編組的形式出現。

第四節　第三代政策執行模式：整合型模式

前述兩種政策執行模式，不論是由上到下，或是由下到上，都有其所注重但也卻有偏頗的觀察面向。因此，為取前述兩種政策執行模式之優點並且改善其缺點，學者嘗試提出一套「整合型」的政策執行模式。Elmore(1985: 39-68)主張整合「由前往後」與「由後往前」兩種途徑，才能促進分析政策執行時的周延性，採用「由前往後」途徑分析政策時，會依序分析：（一）政府打算採用哪些工具；（二）哪些外部因素會影響這些工具的使用；（三）哪些公私部門會參與政策執行；（四）執行的目標團體為何；以及（五）預期的政策結果為何。若採取「由後往前」途徑，則會依序釐清：（一）什麼決策對於政策問題會產生立即的影響；（二）政府預期這些決策會產生什麼結果；（三）哪些外部條件會影響這些結果；（四）執行機構應該做什麼來影響這些政策結果；以及（五）對於政策制定者而言，有哪些工具是可利用來影響政策結果的（李翠萍，2006）。

Matland(1995)認為，第一代與第二代研究途徑的發展，是基於對不同類型政策的觀察，例如，「由上而下」途徑的研究對象大都是具有明確目標的政策；而「由下而上」途徑的研究對象則大都屬於不確定性較高的政策。其次，他批評政策執行相關文獻不斷地發掘政策執行的因素，卻不關心哪些因素在哪些狀況下是較為重要的，也不探究這些變數之間的理論關係；所以他

提供一個分析的工具，以判斷「由上而下」或「由下而上」兩種途徑分別在何種情況下比較適用。這個分析工具就是「模糊／衝突模型」(ambiguity／conflict model)，係基於政策的模糊程度與參與者之間的衝突程度兩個面向，發展出四種分析政策執行的觀點，分別爲：（一）行政性執行(administrative implementation)：適用於政策衝突程度低且模糊程度低；（二）政治性執行(political implementation)：衝突程度高但模糊程度低；（三）實驗性執行(experimental implementation)：衝突程度低但模糊程度高；（四）象徵性執行(symbolic implementation)：衝突程度高且模糊程度高（李翠萍，2006）。

　　學者Goggin(1990)認爲，政策執行是一套相當複雜的動態過程，並不是僅把研究重點聚焦於官僚體系或基層官僚的身上。事實上，政策執行過程包括了各階層的行政單位與政治單位，因此，任何的政策執行研究，都不應忽視各種層次中執行動態面的探討；他所主張的研究途徑是第三代研究途徑，目的即在於探討政策執行的動態面向。而第三代政策執行模式中，主要的代表學者即爲Goggin(1990)的「第三代執行途徑」整合模式與Sabatier(1988)所提出的倡導聯盟架構。茲分述如下：

一、Goggin的第三代執行途徑

　　Goggin等人的第三代政策執行模式，主要採用混合方法(mixed-method approach)，運用各種蒐集與分析資料的多元方法。根據圖12-3，該模式係建立在下列假定之上：第一，中央政府與地方政府之間的衝突與合作關係；第二、州政府的裁量權，以解釋聯邦計畫的命令內容或地方急需謀求解決的問題；第三，不同時間或管轄權的執行型態變項，該模式包括以下三個變項：

　　（一）依變項：包括州政府的政策執行。

　　（二）自變項：包括兩項：第一項爲聯邦政府層次的誘因與限制；第二項爲州與地方政府層次的誘因與限制，兩者形成交互依賴之關係。

　　（三）中介變項：包括州政府本身的決策後果與州政府本身的能力。

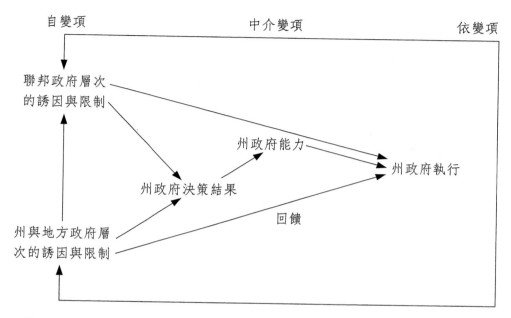

自變項　　　　　　　　　中介變項　　　　　　　　依變項

聯邦政府層次
的誘因與限制

州政府能力

州政府執行

州政府決策結果

州與地方政府層
次的誘因與限制

回饋

圖12-3　Goggin的「第三代執行途徑」整合模式

資料來源：李允傑、丘昌泰(2003: 88)。

　　前述自變項與中介變項係發生於州與地方政治的執行次級體系內
(implementation subsystem)，包括下列要素：州與地方政府機關首長、機關組
織、州發言人、州立法委員會、地方政府層次的行動者、州政府層次的能
力、回饋等，這些要素都是互動性、互賴性、多元性的動態過程。Goggin等
人為了使該模式能夠更具經驗性，提供兩項可驗證性的假設，調查者必須設
法探知下列問題：（一）執行時機；（二）計畫內容的性質與範疇；（三）
溝通型態；（四）組織能力。

　　總之，Goggin等人認為，政策執行在歷經兩代模式爭論之後，應從「理
論建構」(theory construction)轉向為「理論考驗」(theory testing)；基於此，
應特別重視概念的形成與相關變項的操作化與測量，長期在此比較基礎上運
用各種分析技術，並且使用多元方法，如此才能建立政策執行的動態面向。

二、Sabatier：倡導聯盟架構

　　Sabatier(1988)是第三代政策執行整合模式中極具代表性的學者；Sabatier
提出政策變遷的倡導聯盟架構(advocacy coalition framework of policy change)
如圖12-4所示，該架構中之所以用「政策變遷」代替「政策執行」一詞，主
要原因在於政策執行過程本身就是改變政策的內涵、政策取向學習(policy-
oriented learning)的過程。此外，Sabatier也論述政策次級體系(policy
subsystem)，此概念可追溯於Carter(1964)與McConnell(1966)提及私人利益介
入次級政府的程度會愈來愈多，甚至可能在某些政策領域上具有主導的地
位。Lowi(1964)也把政府與利益團體的關係做了更具體的呈現，認為行政部
門、國會委員會與利益團體形成了一個排他的三角關係，而且行政部門的自
主性受到國會委員會與利益團體的控制，這就是著名的「鐵三角」理論。
Ripley與Franklin(1981)認為，大部分例行性的公共政策決策制定都是由次級
政府所決定，而所謂的次級政府，就是由參眾議會成員、國會幕僚人員、行
政官僚、私人利益團體代表所組合而成。

（一）影響政策變遷的外在因素

　　政策變遷受到兩種外在因素影響：

　　1.相對穩定變項(relatively stable parameters)，包括：

　　(1)問題領域的基本特徵：具有排他性，或是對於量化數據有高度敏感性
的政策，都會影響政策之變遷。

　　(2)自然資源的基本分配：經濟部門的分配狀況絕對會影響社會的財富與
政府施政的預算結構。

　　(3)社會文化價值與社會結構：不同的文化價值與社會結構會影響政策執
行的變遷。

　　(4)基本憲政結構：憲政規範與法制結構會影響政策，如台灣憲法修正條
文通過有關「精省」的規定，省政府在台灣公共政策過程中的地位就會產生
劇烈的變遷。

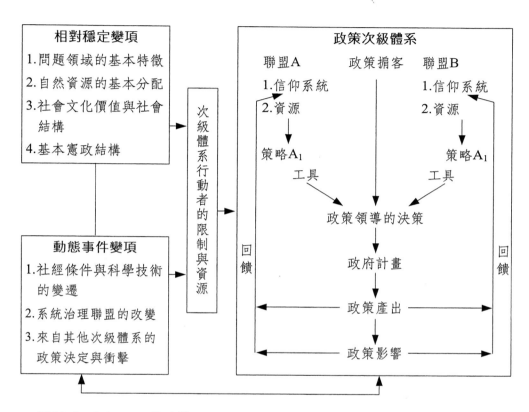

圖12-4 Sabatier的政策變遷倡導聯盟架構

資料來源：李允傑、丘昌泰(2003: 92)。

2.動態事件變項(dynamic events)，包括：

(1)社經條件與科學技術的變遷：例如，台灣社會近年來對於環境議題的普遍關切，強調發展導向的經濟政策的推動即容易受到阻力；拜耳撤資案就是明顯的實例。

(2)系統治理聯盟(systemic government coalitions)的改變：例如選舉過後，執政黨可能有所改變，國會生態也因而大幅改變，治理社會的聯盟當然也跟著改變，從而影響公共政策的變遷方向。

(3)來自其他次級（國）的政策決定與衝擊：例如，來自於「能源政策」

的決定與衝擊，必然影響「環境保護政策」的發展方向。

（二）政策次級體系：內在結構

　　政策次級體系存在的理由，在於一組行動者不滿當前的政策體系忽略了他們的問題所在，而希望透過聯盟的力量，改變當前的次級體系。因此，共同一致的信仰體系便是宣導聯盟之所以能夠形成的關鍵要素。所謂信仰體系包括三個層次：第一層次是深度核心(deep core)或規範核心(normative core)，其基本特性為基本的規範性與本體論思想，是某項政策立場的哲學基礎，是最無法改變的信仰概念；第二層次是核心邊緣(near core)或政策核心(policy core)，是指基本的政策立場，要改變也相當困難；第三層次是外環面向(secondary aspects)，其是執行政策的核心工具，如決策與資訊，要改變它則較為容易。

第五節　政策網絡

　　近年來，政策執行相關理論的探討，除了著重於整合型模型的應用與研究之外，更重要的是政策網絡(policy networks)途徑的崛起。政策網絡的概念濫觴於英國，然開始進行討論的則是美國學者Freeman(1965)，他提出政府的行政部門、國會委員會與利益團體組成次級體系，體系中成員彼此互動，對公共政策的制定與執行產生影響（李翠萍，2006）。英國學者Rhodes(1990)則認為，政策網絡廣泛應用於政治、社會、社會心理以及人類學等學科。以下就政策網絡的理論背景與主要學者加以說明。

一、政策網絡的理論背景與主要學者

　　傳統上，描述國家與社會間的關係與政策制定的模式上，依國家與利益團體涉入、參與的程度，大致可分為社會中心論（主要途徑為多元主義）及

國家中心論（主要途徑為統合主義）。以Schmitter(1979)的定義來看，「多元主義」的組成單元為「多數的」、「競爭的」、「自發的」、「非層級組織的」及「自主的」，無須透過國家機關的授權、認可或其他控制來影響其選任領導或表達利益，未形成代表性壟斷；「統合主義」的組成單元則為「少數獨占性」、「強迫性」、「無競爭性」、「層級組織的」及「不同功能的」，須國家認可或授權，以交換國家機關在其選任領導或表達需要和支持時能有一定的控制力，有完全的代表性壟斷。

　　政策網絡概念在公共政策領域的出現與應用，主要起源於現代國家機關推動公共政策時，愈來愈不容易透過相關部門動員到所有必要的政策資源，因而往往必須依賴與政策利害關係人合作，結合分散的政策資源，在和諧的集體行動過程中解決政策問題；而政策網絡即為此穩定與持續關係所衍生形成之互動型態（劉宜君，2001；Marin & Mayntz, 1991；Richardson & Jordan, 1979）。政策網絡理論對「多元主義」與「統合主義」之反省，因為其二者在解釋決策過程上有其限制。前者，重視利益團體，忽略制度、國家的重要性，故常因弱勢團體是否真能進入決策體系之問題屢受質疑；後者，則有「運用描述性研究方式，以致未能解釋關鍵問題」、「實施的結果很難通則化」及「交涉對象僅限於層峰」等情形，而忽視其他多元行動者的勢力。政策網絡理論所提出的修正觀點，認為政策形成過程的參與者是多元的，中央與地方政府機關、非營利組織、企業團體、勞工團體等，基於各自的利益與目標，必然都會涉入該過程當中，形成交互依賴的複雜關係，任何一個參與者都不能全面掌握網絡關係，而必須以相互合作與資源互賴的方式完成政策的制定與完成（丘昌泰，2000）。

　　綜觀來看，多元主義與統合主義均屬於利益匯集的制度，以及探討國家與社會在決策過程中互動關係的理論，二者之間的差異在於著重的焦點不同：多元主義強調利益團體為決策過程的核心，而統合主義則以國家為決策主體。然不論是社會中心論或國家中心論，其單一模式是無法解釋特定政府部門中決策之特性與複雜的利益互動關係；一個適當決策系統的設計，須藉由參與者彼此互賴、互動、連結公私部門等眾多行動者的力量，並奠基於多

元組織之共同參與行動之上，經由相互協商，一方面達成彼此所欲追求之目的，一方面提升政府的治理能力。如此的關係型態，係含括在政策網絡的理念之中（許敏娟，2004）。

　　政策網絡的主要學者可區分為美國學者與英國學者（劉宜君，2001）。就美國學者而言，Heclo(1978)認為，多數政策議題的決策方式並非鐵三角的封閉關係，而是在政黨系統、國會、行政系統等正式組織結構之外，所形成的一種非正式且複雜的議題網絡(issue network)型態。McFarland(1987)認為，議題網絡係在政策領域中，與該政策有利害關係之團體或個人形成的持續溝通網絡，參與者包含行政官僚、國會議員、遊說團體、學者專家與大眾傳媒等多元參與者。1970年代以來，利益團體數量激增並且遊說動作不斷，Heclo(1978)與McFarland(1987)觀察到其對美國行政體系自主性之影響，提出了議題網絡概念，其反對鐵三角的封閉系統說，認為很多對特定政策議題有興趣的行動者之間會透過不斷的溝通來建立一個開放性的溝通網絡。由此推論可見，議題網絡的概念並不強調民眾接近決策制定過程的任何限制，任何對特定議題有興趣的行動者都可加入影響公共政策制定過程的行列。顯然，從多元主義者的角度來看，在議題網絡中的每個行動者的權力都會相互制衡，因此，政策議題不會被單一利益所主導(Rhodes, 1997: 34)。

　　在英國方面，Rhodes(1997: 35-36)認為，Richardson與Jordan(1979)受到Heclo與Wildavsky(1974)在分析英國公共預算制定過程時，把英國財政部類比為一個「村落社群」(village community)的影響很大。Richardson與Jordan(1979: 74)認為，公共政策的制定是在政策社群(policy community)內完成的，這個社群的組成份子包含了國會委員會、行政機構與利益團體。在此政策社群中，有限數量的行動者彼此頻繁互動並且分享共同的價值；換言之，政策的制定是在政府機關與壓力團體相互談判妥協的網絡中完成。雖然Richardson與Jordan和多元主義者一樣，也觀察到了社會上利益團體不斷激增的現象，但是他們認為，社會上有各種不同的政策網絡，公共政策是在不同的政策網絡中制定完成的；而每一個政策網絡，都是由政府與該政策相關的部門，以及與政府關係密切的利益團體所組合而成。這種說法與多元主義者

的開放系統說大相逕庭。至於Rhodes(1981, 1988)則基於對英國中央與地方政府之間關係的觀察，發現中央政府與地方政府之間的互動關係並非多元競爭的，而是由地方政府整合為少數代言人，與中央政府進行談判與互動。他運用交易理論(transaction theory)，解釋國家機關與社會團體之間因互相需要而產生網絡關係，也就是一種資源交換的關係。與Richardson和Jordan不同的是，Rhodes將焦點放在政策網絡中政治組織之間的結構關係，分析的層次則是放在部門(sector)之間的關係，而不談次級部門(sub-sector)的問題（李翠萍，2006）。

不同學者對政策網絡的看法略有差異，歸納如表12-1。

二、政策網絡的類型

本節將針對政策網絡的不同類型分述如下：

（一）Rhodes：中央與地方政府關係(the central-local government)

Rhodes(1981)的主要論點在於強調政策網絡中機構之間的結構互動關係。基於權力依賴理論(power dependence theory)探討政策網絡，Rhodes將焦點集中於部門層次(sectoral level)，其模式主要係關切英國中央與地方政府在執行政策過程中的互動關係，普遍稱為「府際關係理論」(intergovernmental theory)，該模式有以下五個基本命題(Rhodes, 1981)：（一）任何組織都必須依賴其他組織提供資源；（二）組織間須透過資源的交換方能達成其目標；（三）雖然組織的決策制定受制於其他的組織，但是組織內部的「主導聯盟」(dominant coalition)仍握有相當的裁量權，可決定何種組織關係是有問題的、何種資源是組織需要的；（四）「主導聯盟」會運用策略來影響資源交換的過程；（五）「主導聯盟」裁量權的大小，源自於組織互動的目標以及相對權力，而相對權力的大小，端賴組織資源、競賽規則，以及資源交換過程而定（李翠萍，2006）。其劃分為如下五種網絡類型（李翠萍，2006；李允傑、丘昌泰，2003；Rhodes, 1981）：

表12-1　政策網絡的定義

代表性學者	政策網絡定義
Benson(1982)	係指一群因資源依賴而彼此連結之組織
Wright(1988)	藉由區分政策場域、政策社群、政策網絡等三個概念引出政策網絡的意涵
Martin與Mayntz (1991)	政策網絡的核心在於強調決策過程中獨立且相互依賴之行動者間，非正式、分散及水平的互動關係
Jordan與Schubert (1992)	「網絡」一詞意指決策過程包含來自政府與社會不同層次及社會不同層次與功能領域的公司部門參與者
van Waarden (1992)	以政策網絡概念探討國家與工業部門的關係。其認為所有國家與工業部門的關係類型皆奠基於政治人物、行政官僚與利益代理人間的互賴，而形成一種較為持久的連結模式
Smith(1993)	是一種藉由建立政府與利益團體協商機制，以允許更多利益團體涉入決策，並因此擴張社會基礎結構權力的工具
Powell(1995)	政策網絡間的互動關係並非如市場般強調理性自利，亦非如層級組織般強調上下服從關係，而是呈現一種不穩定，無法事先預知參與者互動的關係型態
Kickert、Klijn及 Koppenjan(1997)	互賴行動者之間具有或多或少穩定的社會關係型態，以形成政策問題或政策計畫
丁仁方(1999)	政策網絡可視為參與者與國家機關各部門之間建立例行化的互動模式，對關心的議題進行溝通與協商，使得參與者的政策偏好被滿足或是政策訴求獲得重視，以增進彼此的政策利益。通常政策網絡內的參與者包括行政人員、國會議員、學者專家、利益團體等與該政策有利害關係的個人或團體；這些個別參與者或團體因為法定權威、資金、資訊、專業技術與知識等資源的相互依賴，而結合成行動聯盟或是利益共同體

資料來源：歸納自許敏娟(2004: 22)。

1.政策社群

由一群數量有限的成員高度整合而成，這些成員間的關係相當穩定，但是此社群相當封閉，成員間垂直的相互依賴是建立在對服務輸送責任的共同分擔上。換言之，成員間有強烈的垂直依賴，但是水平依賴卻是相當有限。政策社群通常與政府的主要功能息息相關，例如，教育、消防等公共服務(Richardson & Jordan, 1979; Rhodes, 1986)。

2.專業網絡

通常是由一群對特定專業有興趣的人所組成；這群人的關係相當穩定，並有強烈的垂直依賴相關，但水平的依賴關係則相當有限。

3.府際網絡

係地方政府間具代表性的組織所構成的網絡關係，成員具有相當的限制性、垂直的互賴關係，以及水平意見表達也受到限制；其希望擴張水平式的影響力，因此，特別強調水平的意見表達。

4.製造者網絡

係基於經濟利益所構成的網絡關係，網絡成員具有相當的流動性、限制性的垂直互賴關係，主要在滿足製造者的經濟利益。

5.議題網絡

是一種相當不穩定、低度整合性的網絡。成員雖然很多，但來來去去，無法呈現成熟而穩定的網絡組織。此外，垂直的低度關係受到限制；而水平的意見表達雖未受限，但意見並未整合，因此無法形成堅強的網絡。

進一步，Rhodes 與其同儕Marsh對政策網絡有更具系統且深入的探討。Marsh與Rhodes(1992)基於四個標準來分類政策網絡，分別是：(1)成員：參與成員的數目、利益的類型；(2)整合性：成員之間互動的頻率、整合的持續性，以及成員間的共識；(3)資源：網絡內的資源分配、參與組織內的資源分配；(4)權力的分配。在此分類中，政策網絡意指政府與利益團體之間的關係，這與前述Rhodes單指中央政府與地方政府之間關係的分類有所不同。政

策社群與議題網絡分別處於光譜的兩個極端,政策社群中的成員有限,有些團體被刻意地排除在網絡之外,而網絡中所有成員會針對與政策相關的所有議題做頻繁且高品質的互動。成員之間具有高度的共識,成員的組成也相當穩定;最重要的是,每一個網絡裡的成員都擁有某種資源,因此,成員間的關係就是一種資源交換關係,也因此,「議價」(bargaining)是網絡內成員間的基本互動。至於政策社群內的權力關係則相當平衡;雖然每個成員的受益程度不一定相同,但至少成員皆認為他們是在一個有利可圖的賽局中(李翠萍,2006)。

(二)Wilks與Wright:政府與工業關係(the government-industry relation)

Wilks與Wright(1987)採取社會中心途徑(societal-centered approach)來觀察政府與工業之間的網絡關係,他們似乎關切「人際互動」更甚於「結構互動」;此模式與前述Rhodes模式的不同點在於,此一模式特別強調工業政策部門中的分裂(disaggregated)特質。因此,Wilks與Wright所建構的政策網絡具有以下三點特徵:(1)政府與工業部門的分疏化;(2)專業化組織與政策制定機構的影響力;(3)他們彼此互動,相互影響。

Wilks與Wright將政策網絡劃分為下列四個類型:政策場域、政策部門、政策次級部門及政策議題。茲分述如下(李翠萍,2006;李允傑、丘昌泰,2003):

1.政策場域

係基於某項公共政策的領域所形成的,例如,教育政策或是工業政策。在這個政策層級中,大量的行動者與潛在行動者(potential actors)基於同樣的利益,設法影響公共政策的過程,而這些行動者所組成的網絡,稱之為政策場域(policy universe)。

2.政策部門

係指在各政策領域裡的各部門所形成的網絡;例如,在工業政策領域

中，可分為化學部門、通訊部門等。所以在此網絡裡，行動者與潛在行動者基於其在工業政策中特定的利益而互動並交換資源，期能平衡並極大化彼此之間的相互關係；而這樣的網絡，Wilks與Wright將之定義為政策社群(policy community)。

3.政策次級部門

政策次級部門(policy sub-sector)又稱為政策焦點(policy focus)，是從政策部門中加以細分的次級部門。例如，把化學部門更細分為基本化學與藥學等次級部門。有趣的是，Wilks與Wright將此政策層級裡行動者所組成的網絡稱為政策網絡；而此網絡裡的成員，可能是從同一個政策領域中的不同政策社群而來，或甚至是從不同的政策領域而來。Wilks與Wright藉此說明，並非所有的政策議題都能在單一的網絡裡完成，往往需要不同網絡之間的彼此幫助與資源交換。顯然，對於Wilks與Wright而言，政策網絡變成了政策社群裡或社群之間資源交換的結果。

4.政策議題

政策議題(policy issue)是指每一政策次級部門中較具爭議性的議題；例如，藥品執照議題、健康與安全議題等。

國內學者林鍾沂(1994)於「政策分析的理論與實踐」中提及現代國家面臨的政策問題，相當複雜與專業化，須以專業知識來解決專門性問題，故與此種政策問題相關利害關係者形成的政策網絡便應運而生。張世賢(1995)的「中央與地方政策網絡之研究」，主要從中央與地方關係權力觀點的缺失，推論出中央、地方與利益團體應結合成政策社群；胡國堅(1996)於「政策網絡理論與其應用」中認為政策社群與議題網絡是兩種用來比較的標準，並認為在應用政策網絡理論時，必須注意網絡成員的多樣性、宏觀的政治背景對政策過程的影響，以及政策網絡的變化；丁仁方(1999)結合統合主義與政策網絡概念，應用分析我國在威權轉型過程的殘障福利政策之形成與發展，以殘障福利網絡概念說明國家機關（行政部門之社政單位）與殘障團體之間的互動關係與行為，及對於殘障福利政策推動的影響。林玉華(2001)的「政策

網絡的治理模式」與蔡允棟(2001)的「網絡治理」則強調政策網絡是多元聚合的群體，基於平權與協商合作的精神，尋求解決問題，象徵國家與公民分權的共同治理架構（許敏娟，2004），總括而言，政策網絡於政策應用的議題愈來愈多元，政策網絡提供政策執行探討除了上到下、下到上以及整合模式之外的另一種思維架構。

第六節　結論

隨著政治民化、經濟自由化與社會多元發展，傳統由上到下或由下到上模式所能解釋的政策執行有限，整合模型與政策網絡的論點從而興起，Kooiman(1993)指出：政府必須一方面強調社會政治體系的管理需求功能，另一方面也重視政府本身的治理能力，唯有兼具治理需求(governing needs)與治理能力(governing capacity)的政府才具備可治理性(governability)。因此，公部門、私部門與公民三者所構成的關係已經成為當代重要的治理模式，「公私合夥」(public-private-partnership)也成為重要的因應策略，以落實民間與國家共同治理的目標。政府應順勢運用民間與社會的力量來進行治理，而不再僅強調強制性的手段，政府應正視政策網絡出現的事實，加強與民間社會力量的合作，並靈活運用府際關係，如此方能事半功倍，實現成功的政策執行，達成政策目標（李允傑、丘昌泰，2003）。

公共政策行銷

學習目標

- 瞭解台灣政黨輪替後，政策行銷及其相關知識對於公共行政學界和公共管理者的重要性。

- 從行銷的定義、行銷與公關和廣告的不同、共同性行銷，以及公私部門的差異等概念探討，以理解策行銷於公共政策中的定位與其內涵，並瞭解政策行銷與商業行銷是有所不同的。

- 再者，本章將介紹議題設定等理論，使讀者瞭媒體本質，進而培養其政策行銷能力，並探討民主政治的資訊問題，使讀者認知到政策行銷之於政治策略的意義。

- 最後，藉由實例的討論，從政策行銷策略五問的角度，瞭解政策行銷的實務操作面問題。

「我們認為當代行銷概念，可以很自然地描繪所有組織活動的一個重要面向，所有組織皆須藉由傳播工具接觸，並提供產品來服務其消費團體，商業行銷所發展出來的概念，可以成為所有類型組織的引導。」

——Philip Kotler與Sidney J. Levy(1969)[1]

第一節　前言

二十世紀的最後10年，公共行政的實務界與學術界吹起了一陣「新公共管理」(New Public Management)的風潮(Kettl, 2005)，「政府向企業學習」的口號席捲人事、財務等重要的政府管理領域，讓政府改革成為社會大眾關懷的議題。這樣的風潮直接衝擊到公共管理者與民眾傳統以來的關係，在新的關係中。民眾被類比為商業活動中的「顧客」，公共管理者的一切作為，都必須以顧客為導向；在這樣的一個服務觀念之下，如何創造顧客價值與顧客滿意，成為公部門改革者追求的重要目標。

有趣的是，在顧客導向的改革中，公共行政學界與實務界卻很少認知到，顧客導向這個組織目標在企業中的地位，往往是以「行銷」(marketing)專業來主導的一種核心活動，管理大師Peter Drucker曾經說[2]：

　　顧客是企業的基石，是企業存活的命脈，唯有顧客才能創造就業機會。社會將能創造財富的資源托付給企業，也是為了供給顧客

---

[1] 取自Kotler與Levy(1969)一文結論。原文如下："It has been argued here that the modern marketing concept serves very naturally to describe an important facet of all organizational activity. All organization must develop appropriate products to serve their sundry consuming groups and must use modern tools of communication to reach their consuming publics. The business heritage of marketing provides a useful set of concepts for guiding all organizations."

[2] 請參閱齊若蘭譯(2004)。

> 所需。……行銷是企業的獨特功能。企業之所以有別於其他組織，
> 是因為企業會行銷產品或服務，而教會、軍隊、學校或政府都不會
> 這麼做。

公部門提倡「顧客導向」的同時，沒有同步引進行銷專業配合，是一個令人不解的缺口。然而，這並不代表在台灣公共行政實務上就沒有行銷的需要；相反地，台灣民主化之後，公部門對行銷專業的重視，是起因於政黨輪替後，善於應用媒體與民眾溝通的民進黨民選政治人物與政治任命人員，由上到下所注入的一種強烈需求，其目的是要讓民眾感受到政府施政績效，以利於執政者下次選舉的優勢；然而，這種需求的焦點往往不是在「更多地瞭解顧客需求」，而是「顧客應該更多地瞭解……」[3]，其重點乃是在應用行銷技術對公共政策進行辯護、論述與宣導等政策論證(policy argument; Dunn, 1994: 90-134)的層面，其重點是公共說服，不完全是顧客導向。

例如，2005年9月間代理高雄市長的葉菊蘭女士，首次的市政會議報上如此記載：「葉菊蘭說，她曾在廣告公司工作長達20年，非常重視行銷，她要求每位局處首長都是最佳的推銷員，必要時，必須挺身捍衛自己的局處。」[4]另外，為了宣導二代健保的改革，衛生署長侯勝茂先生，特別上華視新聞雜誌的節目接受專訪，向社會大眾推銷二代健保改革的正當性（如圖13-1）[5]；最後，新聞局長姚文智於2005年6月間，在行政院內要求高階公務

---

[3] 這裡的顧客未必等同於人民，事實上，政府對於「內部顧客」(internal customers)
的宣導也是不遺餘力的，例如，人事行政局推動績效獎金制度，自從全國行政會
議結論推動以來，人事行政局分別於政策執行、政策行銷及組織學習辦理各項具
體措施，如陸續辦理各種型態的說明會、研討會、觀摩會等，加強溝通與宣導，
就是一種對內的政策行銷，資料來源請參閱2004年4月29日績效獎金學術研討會新
聞稿，網站：http://www.cpa.gov.tw/cpa2004/cpanews/PSNW6135P.html
[4] 請參閱《中國時報》，2005年9月28日，C2版高市澎新聞。
[5] 二代健保相關緣起與改革方案，請參閱二代健保規劃叢書系列（共七本），其中
「全民健保改革綜論」中對於二代健保的整個過程有完整的交代。

人員投書媒體民意論壇，為政策辯護，說是讓文官「磨磨筆」，因為「發覺他們的筆都鈍了」[6]。不論管理大師如何界定行銷在企業組織的重要意義，目前行銷專業在公部門實務上受到重視的程度，讓公共行政學界無法忽略它的存在。

| 華視新聞雜誌片頭 | 主持人王薇 | 主持人與侯署長 | 侯署長闡述健保理念 |

圖13-1　2005年9月8日衛生署長侯勝茂先生在華視新聞雜誌節目闡述二代健保改革

資料來源：擷取自衛生署網站資料片，http://www.doh.gov.tw/cht/index.aspx

　　然而，公部門的管理者應該如何瞭解並學習行銷這個專業，並且能夠從公共利益而非執政黨的利益來使用這個專業，以達到「善治」(good governance)的目的，此為本章所要經營最主要的目標。筆者以為，不論是「更多瞭解人民的需求」或是「希望人民能夠更多地瞭解……」，都是當代政府公共管理者應該積極處理的問題，因此，本章將特別著重理論與實務結合的討論。本章將分為兩個部分：一個是公共管理者學習政策行銷所需要的知識背景，由於行銷本身是一個橫跨公共傳播、社會心理、企業管理與公共政策的專業，我們需要對其知識背景做一個深入的瞭解，才能將其融入公共管理者的核心能力與價值觀當中，這部分包括政策行銷的定義、媒體的認識，以及民主政治的資訊問題等；其次，本章將以案例討論的方式，以政策行銷策略五問的角度，將政策行銷實務操作的過程面，做一個交代，以利於

6　請參閱《聯合報》，2005年6月29日，A4版要聞。

實務取向公務人員的學習吸收。最後，本章也將從對這個專業未來發展可能的機會與限制，提出建議，作為結束。

第二節　政策行銷的定義

「政策行銷」的概念定位，必須要討論三層問題，首先，我們必須從商業行銷的概念中，尋找相同的焦點；再者，我們必須將行銷與其平行的概念，例如，廣告、公關等，進行區隔；最後，我們必須要從公私部門分野的角度，將政策行銷的概念進行釐清。本節一一討論這三層問題之後，將提出本章對「政策行銷」的一個定義。

一、行銷的定義

英文Marketing一詞，有「讓市場動起來」的文法意義在其中，意指一種「本於力行精神、有系統推動市場運作的管理過程」，早期的發展主要是實務界引領的結果，例如，60年前(1945)，美國森林保護局(the U. S. Forest Service)開始以一個名為Smokey的卡通大熊代言（如圖13-2），倡導森林保護，成為美國有史以來最成功的政府公關與政策行銷作為。政府的公共資訊傳遞(public information)，也可以擺脫教條，有趣也有效，創造公共價值(public value)，近年來也逐漸引起學界的重視，但是程度非常緩慢(Mokwa & Permut, 1981; Snavely, 1991; Cervera et al., 1999; Buurma, 2001)。

在1960年代的台灣，「Marketing」這個名詞有「市場學」、「銷售學」、「販賣學」等不同的翻譯，但是在1965年由政大的楊必立教授出版「行銷學」一書之後，就成為中文標準的譯名（黃俊英，2003：37）。與美國相同，政策行銷的研究慢於實務的操作（黃榮護，1998；翁興利，2004；吳定，2003；林博文，2002，2003；魯炳炎，2007）。根據美國行銷協會

圖13-2　美國森林保護局的Smokey Bear
資料來源：http://www.smokeybear.com/

(American Marketing Association, AMA)傳統的定義[7]：

> 行銷是指一種規劃和執行理念、貨品和服務之構想、定價、推
> 廣和分配的過程，用以創造交換，滿足個人和組織的目標。

近年來，由於行銷專業外在環境的改變，美國行銷協會於2004年9月
間，對行銷的定義重新進行定義，加入了更多策略管理的概念[8]：

---

[7]　原文如下："Marketing is the process of planning and executing the conception, pricing, promotion, and distribution of ideas, goods, services, organizations, and events to create exchanges that satisfy individual and organizational objectives."，中文翻譯取自黃俊英 (2003: 18)。

[8]　美國行銷學會於1935年對行銷做了一個正式的定義，這個原始的定義沿用了50年 才於1985年被修改，目前國內所用的都是這個定義；然而，由於行銷專業的環境

　　行銷是一種組織功能，是一組創造、溝通與傳遞價值給顧客的程序，其目的乃是管理顧客關係，以達到組織及其利害關係人獲益的目的。

　　從這兩個版本的定義中，我們可以看見行銷概念的三個重點：(1)行銷是「交換關係的創造」，藉由實物、理念或是價值的交換，交換過程中的各方因而得到滿足；(2)行銷是「人際溝通的活動」，藉由媒體或是通路，以語言、影像或是實體的傳遞，達到社會互動的效果；(3)行銷也是「組織功能的管理」，最主要內容是提供顧客價值活動的規劃與執行，目的是要讓組織及其利害關係人獲益。

二、行銷、公關與廣告

　　然而，行銷、廣告(advertising)與公共關係(public relations)這三個名詞間，有些什麼關聯？首先，根據美國行銷學會2003年對於廣告的定義如下：

　　廣告是由一位企業、非營利組織、政府機關或個人的廣告主，將關於他們的產品、服務、組織或理念，以付費購買時間與空間的方式，對其意屬的目標市場或受眾，提供宣傳資料或是說服的信息[9]。

不斷改變，策略管理的概念已經逐漸成為行銷專業的主流概念，因此，2004年美國行銷學會第二次修改其正式定義，其原文如下："Marketing is an organizational function and a set of processes for creating, communicating and delivering value to customers and for managing customer relationships in ways that benefit the organization and its stakeholders." 相關資料請參閱AMA網站：http://www.marketingpower.com

[9] 原文如下："The placement of announcements and persuasive messages in time or space purchased in any of the mass media by business firms, nonprofit organizations, government agencies, and individuals who seek to inform and/or persuade members of a particular target market or audience about their products, services, organizations, or ideas." 相關資料請參見AMA網站：http://www.marketingpower.com

　　再者，根據美國公關學會(the Public Relations Society of America, PRSA)對公關做了一個簡單的定義：「公關活動幫助組織與其公眾相互接受對方」[10]。綜觀這三個名詞的關係，我們可以從奧美集團董事長2003年接受經濟日報記者訪問時，談到台北銀行發行樂透彩的個案上，公關、廣告與行銷之間的關係[11]：

　　　　……以我們推出的「360度品牌管家」而言，在樂透彩這個案例上，我們先用公關手法操作議題，使社會輿論能接受樂透彩的公益性質；再用廣告包裝，塑造樂透彩的娛樂形象。兩者相互搭配，證明企業要在對的時機使用對的媒體，才能成功行銷。

　　要如何將行銷、公關與廣告進行區隔呢？首先，就管理層面來說，行銷是一個「統整的概念」(umbrella concept)，包含公關手法與廣告活動，藉由與外界溝通的策略規劃，而達成組織目標；再者，這三個名詞之間也有分工的關係，行銷著重實物、服務或觀念的交換，公關則是著重組織或個人形象的塑造與維繫，而廣告則是進行前面這些活動的溝通技巧與內容規劃；最後，三者在專業的發展上相互依存重疊，雖然很難區分誰主誰從，但一般仍以行銷爲組織進行溝通工作的代表概念。由於本書主題是談論公共政策，因此，本章將只討論政策行銷及其相關的概念，雖然政府正面的曝光(publicity)有助於人民對特定公共政策的支持，本章將只談論政策行銷的部分，必須割捨政府公關這個相等重要的概念[12]。

---

[10] 原文如下：“Public relations helps an organization and its publics adapt mutually to each other.”

[11] 請參閱《經濟日報》，2003年8月17日，2版經濟要聞。

[12] 黃榮護教授(1998)對政府公關與行銷有一個精闢的定義：「政府公關與行銷是公共管理者爲因應日益變動的政治與任務環境的挑戰，以『顧客導向』爲中心思想，運用各種公共資訊的傳播技術，協助組織界定並生產公共價值、塑造有利形象，以爭取公眾最大支持。」

三、共通性行銷(generic marketing)

對於公共政策領域來說，政策行銷是一個新近的概念(Buurma, 2001; Jones et al., 1996)，學界或實務界一般會追隨Kotler與Levy(1969a)將行銷概念從市場擴大到非營利領域的理念[13]，從企業行銷建構良好的知識系統中，尋找可以移植到公部門來使用的概念與方法。這種跨領域學習的正當性基礎，是在於Kotler與Levy認爲肥皂公司賣肥皂與政府推銷垃圾分類，在本質上是一樣的，是將行銷視爲一種「共通性」(generic)的觀點，Kotler(1972)隨後更清楚地定義這樣的概念，其認爲共通性行銷有四個「通則」(axioms)：

（一）通則一：行銷關涉到兩個或兩個以上的社會團體，其中包括單一或成眾的個人。

（二）通則二：「販賣」比「購買」的概念更接近傳統行銷的意義，因此，行銷是以賣方爲主的一種活動。

（三）通則三：行銷所創造的市場（或消費者）回應並非必然的，有「機率（風險）」的意義在其中。

（四）通則四：行銷的意義是爲了獲得正面回應的企圖，而創造與提供價值給市場的活動[14]。

這樣跨越公私領域的企圖，可以從行銷者試圖創造價值的角度來觀察，傳統以來，市場行銷者以四P（產品(product)、價格(price)、促銷(promotion)及通路(place)）來代表策略行銷的關鍵施力點，Kotler(1972: 50)認爲，共通性的行銷是以創造價值（包括獲得金錢報償，但是不只於此）爲主，其中非營利部門的行銷，更是從公眾的角度，創造社會價值，因此，以往以純商業考量出發的四P概念，得以更加擴大（如表13-1）。

---

[13] 早期反對的觀點請參閱Luck(1969)和Kotler與Levy(1969b)也有回應。

[14] 原文如下："Marketing is the attempt to produce the desired response by creating and offering values to the market." (Kotler, 1972: 50)

表13-1　市場行銷與共通性行銷的比較

	市場行銷的四Ps	共通性行銷	舉例說明
1	產品(product) 產品為何？是否可以滿足消費者需要？	意義建構(configuration) 議題有意義嗎？誰會關心？	化妝品公司不是賣口紅，是販賣「美麗」與「自信」
2	價格(price) 產品價格如何訂定？成本如何回收？	加值化(valuation) 民眾理念與行動的改變，對社會的利益為何？	人民對傳染性疾病警覺愈高，就愈不容易造成擴大傳染
3	促銷(promotion) 如何吸引消費者來購買產品？	符號化(symbolization) 如何應用符號有效地影響民眾的理念與行為？	台灣是我的母親，×××候選人是正港的台灣人，請支持
4	通路(place) 如何將產品送到消費者手上？	便捷化(facilitation) 如何藉由公共組織的傳統與新興通路來接觸民眾？	公共基層組織（鄰里系統）承擔政令宣導的任務

四、公私部門差異

　　然而，前述這種共通性的行銷概念，仍然不能逃避下面的三個問題，其一，在純粹公部門的環境中，行銷的意義到底為何？其二，公共政策的行銷與商業行銷的活動上，到底有什麼主要的不同？其三，政策行銷的主要類型有哪些？讓我們在此一一回答之。

　　首先，我們如果要將行銷類比到公部門的環境，必須知道「行銷」(marketing)一詞（市場的英文字加上動態）有「推動或是啟動市場運作之力量」的意義在其中，因此，相對於市場行銷，公部門推動公共治理的工作時，對應的英文應該是governing才對，也就是「推動或是啟動治理運作之力量」的相關知能；然而，目前governing一詞為Austin Ranney的「政治學」教科書使用多年，容易忽略它就是marketing的一個對應公部門的行銷概念。在純粹公部門的環境中，統治者與被統治者之間也有傳播的需要，這種需要在

技術層面上的差異不大，但是在價值層面會有很大的差異。

　　再者，商業行銷的活動，如果以黃俊英教授的行銷學教科書為主軸 (2004)，包括：購買、推銷、儲存、標準化與分級、資訊蒐集、融資、風險承擔、價格訂定與宣傳等九項；然而，因為公部門的行銷通常是無形的產品，例如，防電話詐騙或鼓勵母乳哺育（圖13-3為宣導手冊的封面）等理念，因此，比較沒有倉儲、標準化與分級的問題。另外，公共政策的行銷也沒有顧客回應與組織財務支持的直接連結，它不是一種基於「成本回收」 (cost recovery)的交換行動(Buurma, 2001)，而是政府以財政預算支持創造公共價值的活動(Moore, 1995)，因此，公共政策行銷也沒有融資、風險承擔與價格訂定等財務操作的問題，而公共政策行銷主要的活動，就剩下購買、推銷、資訊蒐集與宣傳等四項。當然，政策行銷仍然需要經費，我們必須再加回「資源整合」的概念，除了公部門的預算支應以外，如何運用社會資源，

圖13-3　行政院衛生署鼓勵母乳哺育宣導手冊

　　資料來源：國民健康局網站，http://www.bhp.doh.gov.tw/asp/breastfeeding/

包括企業履行社會責任及建構公益形象的需要[15]、第三部門參與社會改造的需要等，是一種整合性的資源運用；另外，政策行銷方案本身也是一種公共政策，需要公共政策管理的概念來協助，政策行銷最難做也最需要的就是評估，因此，也應當加入。如此一來，公共政策的行銷活動有下列五項：(1)資訊蒐集；(2)資源整合；(3)推銷；(4)宣傳；與(5)評估。

最後，政策行銷的種類有哪些？根據黃俊英教授的教科書，非營利行銷包括服務行銷、理念行銷、個人行銷、地方行銷，以及組織行銷等五種，如果從公共政策行銷的角度出發，可以如表13-2論述之。

前面五種公共政策行銷的種類，可以約略分為政策內容與執行單位的行銷兩種，服務與理念行銷比較偏重在政策的內容，組織與人物行銷比較偏重在執行政策的機關，地方行銷則是兩者皆具。當然，對於民選政治人物來說，這些公部門行銷的需要都是自己政治曝光的機會，例如，人物行銷在公部門當中應該是針對提升公務人員可以信賴的形象為主，但是在選舉前，執政的民選政治人物往往運用這些政策行銷的機會免費為自己曝光，而文官系統為了要順應上級，也會主動邀請需要選舉的首長代言公共政策，這也是政策行銷執行過程中，值得深入討論的政治與行政界限問題。

最後，本章將政策行銷定義為：「政府部門為了爭取民眾對施政的支持，應用資訊蒐集、資源整合、推銷、宣傳與評估等技巧，賦予公共政策及其機關適當意義，並予以加值化、符號化，以及便捷化的過程謂之。」

---

[15] Kotler與Andreasen(1991)稱此為「社會目標相關的行銷」(cause-related marketing)，意指「企業為了增加自己的銷售業績，主動為單一或是數個非營利組織的行動目標所做的捐輸(any effort by a corporation to increase its own sales by contributing to the objectives of one or more nonprofit organizations.)」。

表13-2 政策行銷的分類

類別	定義	舉例說明
服務行銷	為政府提供無形產品創造有利反應的行銷	台北市政府「垃圾費隨袋徵收」政策的行銷
理念行銷	政府用來推廣和爭取人們支持某一理念或議題的行銷	行政院衛生署國民健康局推動「菸害防治」相關理念[b]
地方行銷	地方政府爭取民眾對一特定地區做有利反應的行銷[a]	宜蘭縣政府年度「國際童玩節」地方行銷活動[c]
組織行銷	政府為某一特定組織爭取認同與支持的行銷	全民健保1995年實施,中央健保局從無到有的行銷[d]
人物行銷	爭取人們對政府官員(個人或團體)做有利反應的行銷	行政院研究發展考核委員會「行政院服務品質獎」的設置[e]

註:a垃圾費隨袋徵收相關資訊請參閱http://www.tcgdep.taipei.gov.tw/olddep/boep
/index.htm(宣傳海報請參閱圖13-4)。

b菸害防治相關理念資訊請參見http://tobacco.bhp.doh.gov.tw:8080/modules.
php?name =Content&pa=showpage&pid=32

c宜蘭童玩節相關資訊請參見http://www.folkgame.org.tw/

d請參見健保局網站:http://www.nhi.gov.tw/

e請參見行政院研考會服務品質獎專屬網站:http://quality.rdec.gov.tw/mp.
asp?mp=1

資料來源:修改自黃俊英(2004: 28)。

第三節　認識媒體

政策行銷能力養成的開始,是從瞭解媒體的本質開始。媒體雖然是一個

圖13-4　台北市政府垃圾費隨帶徵收海報

　　資料來源：台北市政府環保局網站 http://www.tcgdep.taipei.gov.tw/olddep
　　/boep/檔案下載/a-43.htm

資本主義市場[16]，但它也是一個重要的公共領域(public sphere)，它更是一個
擁有不同形式的公共資訊系統(public information system)，包括電視（無線、

---

[16] 根據世新大學余陽洲老師的整理，「台灣有474家報社、8140家雜誌社、174家廣
　播電台、5家無線電視台、64家有線電視系統業者(2003)；140個有線電視頻道／8
　個新聞專業頻道(2002)、186家電影院、4187家有聲出版（含唱片）業(2003)。台灣
　出版38953種的書籍(2002)。台灣電視普及率99.6%(2002)，84.8%的家庭裝接有線
　電視；每百戶擁有40.39份報紙、18.33份雜誌(2003)。台灣經常上網人口達883萬
　人，以及2509萬個行動電話業務客戶(2003)。台灣人每天平均觀看2小時46分鐘的
　電視(2003)、收聽近3.5小時廣播(2000)；在北中南三大都會區當中，約六成的讀書
　人口，每天平均閱讀時間為1.9小時(2001)；台灣人每週閱讀時間約7.5小時
　(2002)」。資料整理來自於余陽洲老師的「媒體識讀：當代公民的媒體防身術」，
　下載於http://www.mediaed.nccu.edu.tw/teach/dl_file/ll.htm

有線）、報紙、雜誌、廣播、網際網路等。媒體的正面功能是促進社會的溝通，連結人際或是組織溝通中的「傳輸者」(senders)與「接收者」(receivers)；然而，其負面功能則是有可能被有意識地傳播經過篩選的資訊，創造出政治意識型態或流行文化之後，成為一種社會宰制工具。媒體的影響力主要有三種來源，一是框架效果(framing effects)，二是沉默螺旋效果(spiral of silence)，三是議題設定(agenda setting)效果。

框架效果就是「事情怎麼被描述會影響到人們怎麼看事情」[17]，新聞媒體的框架效果來自於它如何框架這個新聞，以致於讓人可以產生不同的觀點，例如，同樣是陸委會發表的一份關於兩岸關係的民意調查，不同的報紙可能就有不同的新聞框架選擇，以至於會讓閱聽人產生十分不同的結論；再者，「沉默螺旋效果」意指個人為了避免在公共議題（如統獨態度）上被孤立，會受到由自己「準統計官能」所嗅出環境中主流意見的影響，如果發現自己是居於少數時，就選擇沉默；反之，則樂於發表自己的意見，在媒體的傳播下，「主流」意見就愈強勢，「另類」意見就會更加衰退，而所謂的「民意」就是在這樣一個過程中所產生的一種集體意見（翁秀琪，1994）。最後，議題設定效果是媒體最重要的一個功能，有趣的是，包括傳播學、政治學，以及政策科學對於議題設定的議題都有持續的關注，讓我們一一討論之。

一、傳播學

傳播學者中最早提出議程設定理論的是McCombs與Shaw(1972)，他們應用1968年總統選舉的機會，在北卡羅萊那州教堂山(Chapel Hill, NC)地區，以訪談與媒體觀察等方式，指出媒體報導的議題與民眾關注的議題間，存在統計上的關聯性，因而提出媒體具有所謂「議題設定」功能的理論。學界接下來的相關研究，試圖從人口特性、對政治的興趣與人際間溝通等因素解釋議

---

[17] 最著名的研究是由心裡學者Kahneman與Tversky(1984)的心理學實驗所發現的。傳播學與政治學的相關文獻請參閱Entman(1993)、Iyengar(1991)、張卿卿(2004)。

程設定效果的機制,例如,學者Hill(1985)發現,學歷愈高的人,愈容易受媒體議程設定效果的影響;而研究也發現(Wanta, 1997: 29-33),對政治愈有興趣的人,受媒體議程設定效果的影響愈大,而這類人通常也會成為社群中的意見領袖,更進一步強化媒體議程設定效果在社群中的影響力,但是這種人際溝通的行為到底能否強化媒體的議程設定效果,學界還有爭議(贊成:McLeod等人(1974);反對:Lasorsa與Wanta(1990)),後期的研究逐漸將問題焦點挪回媒體的內部,試圖回答「是什麼因素決定媒體議程?」部分研究發現,政治人物(尤其是焦點政治人物,如總統、首相等)對於媒體議程的影響是顯著的(Iyengar & Kinder, 1987)。總括來說,媒體議題設定功能意指大眾傳播媒體對於公共議題的報導,會直接影響社會大眾瞭解公共議題間的相對重要性,進而形成公共議程;換句話說,一個議題如果在媒體得到較多的報導,則該議題將較容易被大眾認定為現今社會上較重要的議題。

二、政治學

　　政治學者對於議程設定問題的重視,源於他們對於民主多數決不穩定的疑惑。多數決是民主制度的道德基石,從表面上來看,團體只要有談不攏的問題,似乎都可以用「多數決」來決定;但是,一群政治學者卻發現,多數決的結果並非唯一,不同的「議程」(agenda)所得出來的「多數民意」可以有所不同(Riker & Ordeshook, 1973: 78-115; Riker, 1982: 115-136)。在同一議題上,多數意見不是絕對的,而是看我們選擇什麼制度來尋找多數(Shepsle, 1979),而在社會許多議題同時出現的時刻,握有議程設定權力的人,就握有定義社會多數意見的絕對權力(McKelvey, 1976)。這種對於民主社會的洞見,使得過去一直以多元主義(pluralism)馬首是瞻的民主自由理論,必須開始深思「到底是誰掌握議程設定權力」這類實證性問題,在這其中,政治學者特別關注具有「目的行為能力」(purposive actions)的政治人物,如何操控政治過程使之對己有利,而政治人物可資運用「操控遊說」(heresthetical

manipulation; Riker, 1986)的手法又有哪些[18]；這些行為者之間互動的後果，深深地影響一國公共議程設定的方向與內涵，也決定了一國國內各政治勢力之間的權力消長，學者Riker(1993: 1)就曾說：「議程不但決定政策結果，它更影響到我們政治選擇的內涵。」

三、政策科學

對於政策學者而言，議程設定是政策循環的一個重要起點(Howlett & Ramesh, 1995: 103-121)，瞭解這個關鍵也能幫助我們掌握整個政策制定過程的內涵；而對於一國整體的公共政策議程變化的掌握，也有助於我們瞭解一國長期政治發展軌跡(Baumgartner & Jones, 1993)。早期學者的研究多著重在分類的問題上，也就是對於「政策起始」(policy initiation)現象從「正式體制內外」、「政權類型」與「社會經濟條件」等方面加以歸類(Cobb & Elder, 1972; Cobb, Rose, & Ross, 1976)。最新的突破是由學者John Kingdon(1995)所帶動的，他將議程設定過程分成三股不同的「支流」(streams)：問題、政策與政治。問題支流意指國家待解決的公共問題，政策支流則是指學者專家平

---

[18] 操控遊說(Heresthetics)是政治學者William H. Riker所創造的一個名詞。這個字源自於一個希臘文，代表「決定」與「選擇」的意義，其中包括行為者對所處環境遊戲規則的熟悉，或是對於遊戲規則本身的選擇與操控，以至於能夠在政治競爭場域勝出的意義；Riker如此說(1986: ix)：「『操控遊說』是一個由我創造出來，用以表達政治策略的字，它源自於希臘文中『決定』與『選擇』的意思，這個字包含了言詞遊說(rhetoric)，也就是說服藝術的意義，但是，它的內容又比華麗的辭藻來得豐富多了。政治人物在競爭場中獲勝，通常是他能夠讓更多的人願意與他建立聯盟關係，但是，這些勝利者所做的，大大超越單純的言詞說服；他們通常能夠建構一個環境，讓其他的人自己願意、或是出於無奈地加入他的聯盟，有時甚至不需要言詞的說服，『操控遊說』的意義就是：建構一個你可以贏的世界。……『操控遊說』是一種藝術，不是科學，沒有一組科學的法則，可以讓當事人機械性地發展出成功的策略；反之，一個操控遊說的新手，必須從實務操作當中，去獲得能讓自己勝出的策略，……。」請參閱陳敦源、吳秀光(2005)。

時對於各項政策的研究與建議，而政治支流則是指一國政治氣氛，該氣氛乃是由各方勢力（包括官僚體系、利益團體等）互動的結果；最後，Kingdon認為，當「政策時機」(policy windows)來臨時，某項政策會因這三股支流匯流的推動力量而一躍成為正式的政策。由上述可知，Kingdon的理論是「權變的」(contingent)，因果關係並不清楚，為了彌補這項缺陷，他的研究也指認出議程設定過程中，主要「議程設定者」(agenda-setters)的重要性與行為，包括：總統、官僚體系、國會、利益團體、學界暨專業社群、媒體、政黨與民意等。總括來說，議程設定理論對公共管理者處在民主時代瞭解媒體的意義，大致可以歸納為下列三項重點：

（一）傳播資源的有限性

從總體的角度來看，社會在同一時間意欲處理的公共議題是無限的，但所能處理的能量則是有限的。二十世紀隨著政府任務日益龐雜而資源相對有限的發展情勢，政府愈來愈不可能同時處理太多的事務，因此，它需要建立一個篩選公共議題並訂立優先處理順序的「議程」，依序解決各項公共問題。如此一來，政治運作的本質從「管理眾人的事」成為「資源的權威性分配」，一國政治運作最關鍵的過程就在於公共議程的設定，它不但決定了政府資源的配置與運用的方向，更決定了各政治團體未來實力的消長，因此，該過程是兵家必爭之地。在這個過程中，如市場機制一般，資訊傳播的重要性因為協調行動的需要而突顯出來，但是由於政治運作所追求的不只是經濟效率，市場中客觀的價格體系並不存在於政治領域當中，一方面，主觀上，意識型態、遊說技巧與政治符號的傳播成為政治領域中的特殊景象，「說法」比「事實」重要，政治溝通成為一種「修辭」的遊戲；另一方面，由於政治競爭的「零和」本質，媒體本身就是各方競逐的稀有資源，資訊傳播成為一個新興的權力場域，媒體本身在民主社會中的「議題設定」功能於是確立[19]。

---

[19] 2000年初台北市政府介入頻道商與系統業者的談判過程中，報載業者曾指著官員

（二）媒體的「通路」性格

　　相較於非民主的政治制度，民主政治是一種對於資訊傳輸質量要求很高的制度，它不但需要人民決定許多與生活息息相關的事務，更要他們在資訊與能力顯然不足的事務上表達意見[20]。公共哲學家Walter Lippmann(1922: 53)曾說：「我們在地球上生活作息所接觸的事務是有限的，當中只有極少數具有親身的經歷，對於影響範圍廣大的某項公共事務，我們頂多只經歷到它的一個面向而已。然而，我們對於公共事務的意見卻必須在時、地、物之上涵蓋廣泛，超過我們直接觀察到的範圍，因此，我們的意見事實上是由他人的描述與自己的想像所拼湊起來的。」從功能上來看，大眾傳播媒體雖然無從教導人民「如何思考」，但是卻有能力影響人民「該關注什麼事」，媒體篩選報導公共議題的行動本身，就提供人民對於公共事務「重要性的提示」(salience cues)，這是一種幫助人民形成政策偏好的定位性提示。因此，若從政治學者Schattschneider(1960: 68)所謂「議題定位的本身就是權力的表徵」的說法來看，媒體無疑也是握有權力的政治參與者(Cook, 1998)，它更是道地的政策議程設定者(Kingdon, 1995)。這就是為何在國內，媒體常被冠上「無冕王」的封號，而在美國，這也是媒體會被學者認為是三權分立以外第四權的原因(Carter, 1959)。

（三）政治人物的策略思惟與互動

　　民主制度設計之下，由於人民對於公共事務相關資訊的需求是必要的，

說：「搞清楚，中華民國總統是我們幾個人在決定的，你們算什麼」，此番話若屬實，可見這些經營者知道自己握有由議程設定功能而來的權力，請參閱《聯合報》，2000年1月6日，3版。

[20] 近來政治學界對於溝通傳播與民主政治之間的關連產生相當的興趣，請參閱Cobb與Ross(1997)、Cook(1998)、Elkin與Soltan(1999)、Elster(1998)、Lupia與McCubbins(1998)，本文將單從資訊傳播的角度來切入民主政治運作的品質問題，至於民主政治在程序上或本質上到底能否實現的問題，在此並不贅述，相關討論請參閱陳敦源（1998，頁136-150）。

議程設定過程在本質上成為一種利益相關人物或團體間，對於資訊傳播能量「競爭」與「操控」的政治過程。目的導向的政治人物或團體，對於各項議題能否進入政治議程，產生一定的偏好，個人或團體運用各項資源將對自己有利的議題，藉由媒體推上公共議程，或是將對自己有害的議題，藉由媒體加以忽略、壓抑、駁斥或轉移焦點(Cobb & Ross, 1997)，推下公共議程，不論是宣傳或掩飾，其目的都不外乎在下次選舉當中獲得勝利。從媒體與政治人物的互動關係上來看，媒體與政治人物各擁有推動議題排上（或推下）公共議程所需資源的一部分，媒體握有「通路」，可供政治人物傳達、強化、導正公眾視聽的管道，更可使他們在最短的時間之內直接 「接近」（access；彭芸，1992：98）到最多的人民；而政治人物則握有啟動（或是製造）新聞事件的能力，可供媒體在商業競爭的環境當中，尋找新聞事件藉以吸引閱聽大眾的最佳管道，這種持續的互動關係，被學者Cook(1998: 12-13)稱作一種「新聞性的磋商」過程(the negotiation of newsworthiness)，政治人物與媒體對於「誰可以控制議程、什麼是可以討論的議題，以及回答議題的方式、時機與內容的準則」等，攸關政治議程內涵設定的重要問題持續而深入磋商，其結果就成為社會上在該時段內的公共議程。接下來，媒體在民主政治的過程中所扮演的角色，是公私部門行銷最重要的差異所在，就實務的角度來說，近年政府機關對於政府公關與行銷的專業需求愈來愈殷切，但是一直缺乏以公共行政與公共政策理論的發展基礎，大多是從商業公關或是「社會行銷」(social marketing; Andreasen, 2002)等領域，商借某些概念與手法的即時操作，以建構公部門公關與行銷專業基礎的一種開始。接下來的一節中，本章將做更為深入的討論。

第四節　民主政治的資訊問題

　　80多年前，美國公共哲學家Lippmann從個人資訊處理能力的角度，對民主政治(democracy)的公共資訊困境做了坦率的描述，自此揭開研究民主社會

民眾意見形成過程的序幕，其著名的民意理論──「外在世界vs.腦中圖像」
(the world outside vs. pictures in your head)，提醒學界討論民主政治的關鍵，
應該是民眾政策偏好的形成過程，Lippmann說：

> 真實的世界往往過於龐大、複雜及瞬間即逝，直接理解它有其
> 困難，因為我們並不具備處理大量內容、繁瑣樣態，以及諸多排列
> 組合的能力，然而，我們無可避免要在這樣的環境中做決策，為了
> 處理這龐雜的世界，人們需要一個簡化的模型重建之，因此，在真
> 實的世界中穿梭，人們需要意義的地圖。[21]

再者，英國傳播學者Charles Curran認為，民主社會中的民眾，其政策判
斷的資訊來源主要是媒體，因此，媒體最重要的社會責任，就是提供民眾理
解公共政策的認知地圖，媒體儼然成為「第四權」的民主時代中，當然也應
該負起相對應的責任。他說：

> 大眾傳播工作者具有提供民眾平衡及理性新聞服務的責任，如
> 此讓社會上負責投票的公民，有能力對基本公共政策做出判斷。[22]

從這些學者的眼界中，我們看見研究民主政治一直被忽略的面向──
「公共資訊傳播」，缺乏對民主政治過程中「資訊問題」(problem of

---

[21] 節錄自Lippmann的《民意》一書的第一章，原文如下：“For the real environment is altogether too big, too complex, and too fleeting for direct acquaintance. We are not equipped to deal with so much subtlety, so much variety, so many permutations and combinations. And although we have to act in that environment, we have to reconstruct it on a simpler model before we can manage it.”

[22] 轉引自Negrine(1996: 1)，原文如下：“Broadcasters have a responsibility, therefore, to provide a rationally based and balanced service of news which will enable people to make basic judgments about public policy in their capacity as voting citizens of a democracy.” (Curran, 1979: 114-115)

information; Ferejohn & Kuklinski, 1990)的理解，我們無法窺知公共政策過程的全貌，當然就更無法對公共管理者如何藉由大眾傳播媒體，讓民眾成為「知情的民眾」(informed public)，並且支持政府的各項政策等工作上，提出有意義的建議。事實上，民主化之後的台灣，公共管理者從威權體制下的統治者轉換成公僕的過程中，要如何理解公共政策過程中與民眾之間資訊傳播的問題，以便能獲取政策推動的正當性，降低政策推動的成本，成為當務之急，事實上，這就是政策行銷的問題。

　　媒體作為處理民主政治資訊問題的關鍵機制，不論它本身願不願意，其已成為民主政治過程中的一種「政治制度」(political institutions; Cook, 1998)；從大眾傳播理論來看，這種政治制度的地位，主要來自於媒體時常扮演公共「議程設定者」及新聞「守門人」(gatekeepers)的角色。這樣的關鍵角色，也讓我們瞭解政策行銷並非只是單純的管理技巧，也是實實在在的政治活動，我們可以從民眾意見的形成及其影響，以及媒體與政府間的矛盾關係兩方面來加以說明。

一、民眾意見的形成及其影響

　　民意的形成是人民藉由理解外在真實世界開始，這個理解的過程形成個人的偏好，接下來，個人的偏好經過既定的公共決策制度（選舉、公投），成為民眾集體意見影響政府作為。圖13-5簡單型的民主政治模型中，傳統對民主政治的理解就是將個人的偏好加總(preference aggregation)，以形成民意來影響政府政策的過程（實線A）；然而，人民政策偏好的形成，不論是對政府施政的滿意度、對特定政策的偏好，或是對於政治人物的支持，皆非憑空產生，事實上，民意的形成是受到各方勢力影響的開放系統(open system)，民意並非自主產生，許多時候是被操控的（請參閱陳敦源，1998）。因此，傳統以來研究者試圖回答「民意能否影響政府政策決策？」的背後，似乎錯誤地假定民眾意見可以獨立形成，如果根據前述Lippmann對民主政治的觀察，學界應當同樣重視「是誰告訴人民他要什麼？」的問題，

這個問題就是圖13-5中實線B的部分，也是前述研究民主政治的「資訊問題」，這個部分的理解，將有助於學界瞭解政策行銷真正的運作背景。

近半世紀來，西方民主社會的研究漸次討論「公關國家興起」(the public relations state; Deacon & Golding, 1994: 4-7; Boorstin, 1992)的議題，由於民眾對龐雜的公共事務存在資訊上的先天劣勢，公共部門對於「知情公民」(an informed citizenry; Negrine, 1996)的產製過程，具有愈來愈關鍵的影響力。因此，探索民主政治的精髓並非只是瞭解個人偏好加總的過程而已，還必須瞭解民眾偏好形成的過程中，政府、媒體或其他利害關係人所扮演的角色，以及這些公共傳播行動對公共利益的維繫或是公共決策的運作，有何正面或是負面的影響。

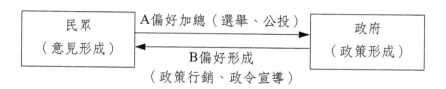

圖13-5　民主政治下政策行銷的基本模型

二、媒體與政府間的矛盾關係

媒體擁有議程設定者的的關鍵角色，但同時也必須面對經營的生存壓力，因此，媒體與政府之間產生一種監督及主雇同時存在的矛盾關係。如果以報社為例，在報社的新聞產業流程中，資訊透過層層守門人的選擇、過濾與整理，使得最終產品：「新聞」(news)，得以呈現在閱聽人面前，因此，新聞產製流程是經由一連串守門的過程完成的，這個守門過程往往是媒體監督政府的重要過程。

在傳播過程研究中，最早的傳播模式，首推美國政治學家Lasswell所提出的：「誰、說什麼、透過什麼管道、向誰、產生什麼效果？」(Who Says what in which channel To whom With what effect?)。在這基本傳播模式中，清

楚的點出who：傳播者在傳播過程中所扮演的角色。但傳播者研究在傳播領域中始終沒有受到重視，一直到David White(1951)提出「守門人」的概念，對新聞組織進行「守門人」研究之後，才開啓了針對「傳播者」研究的先河[23]。

　　守門行為是社會中的基本與重要機制，因為「守門人」控制了新聞媒體訊息散布的方式、內容及時機，他們藉此繪製公眾腦中對公共事務的意義地圖。然而，這樣龐大的權力，對於需要選民支持的政治人物來說，這是一個不能不搶攻的戰略高地。

　　當然，民主時代中，執政者需要藉由選舉定期向民眾尋求政治授權，愈來愈多的政府資源被投注在購買媒體通路，從政策專業上來看，是從事公共政策的行銷；但是，這個專業作為也同時向民眾傳遞有利於執政者凝聚正當性的訊息，增加執政者在下一次選舉中繼續執政的優勢。雖然政府所投注的資源不一定能隨己意形塑民意，但是政府與媒體講求「曝光」(publicity)、「拗術」(spin; Kurtz, 1998)的趨勢，影響民眾理解公共事務的意義地圖愈來愈明顯。

　　以台灣為例，行政院從2003年開始推動「媒體通路集中採購」作業，這個作法雖然有助於提升政府媒體採購效益，但是也因「置入性行銷」媒體宣導手段的曝光，引起偌大的爭議（廖淑君，2006）；幾乎同時在2005年的美國，小布希總統意圖推動一項名為「沒有孩子被放棄」(no child left behind law)的教育改革法案，過程中以政府資源挹注一位著名的媒體評論家Armstrong Williams為該法案宣傳，消息曝光後引起爭議，國會並因此一事件，立法規範政府出資的政策行銷作為必須明確署名，避免政府機關以人民的稅金宣傳並強化自己的重要性。當然，相對於執政者積極影響媒體，對於媒體人願意為特定買主出賣專業評論地位，也同樣引起爭議(Kurtz, 2005)。

---

[23] 學者White將具有過濾媒介內容權力的電訊編輯稱為「守門先生」(Mr. Gate)，後來將這種握有影響媒介內容權力者稱為「守門人」。

三、論述與框架的政治應用

政治傳播學者Timothy Cook認為，媒體人與政治人物之間存在一種「新聞性協商」關係(Cook, 1998)，也就是說，媒體需要政治人物製造新聞，政治人物需要媒體傳播資訊，事實上，有政治意圖的政治人物與媒體都會維持這樣的關係。通常來說，政治人物與媒體都必須具備執行「拗術」的能力，它是一種在擴大政治影響力的考量下，所設計的語言上的「操控遊說」活動，例如，政治人物必須學習媒體人需要新聞以「簡單」、「個人」及「象徵性」(simple, personal and symbolic)等原則呈現的要求，讓媒體可以為己所用(Behn, 1994)，而媒體也必須從民眾認知事件的角度，提供民眾可以消化的新聞資訊。

當然，前述這種新聞性協商的關係也被學者Leon V. Sigal(1973: 2)稱為一種「新聞製造的政治」(politics of newsmaking)，他認為在美國，新聞是由許多人而非少數人決定的結果，少數的報社老闆與政治領導人在幕後操控新聞的印象並不精確，真實的新聞產製過程，是一群記者、編輯、消息來源，以及閱聽人所集體決定的結果，而新聞工作在民主時代是一個事業體，受到社會價值及組織結構的制約，所有進行新聞性磋商及共識成形的過程，都是存在於一個既有的制度環境當中(institutional context)。

從這樣的一個環境當中，我們更可以知道，公共政策是「語言」的產物(Majone, 1992)，因此，William Dunn認為公共政策的論證(policy argument; 1984: 65)，包括政策資訊(information)、政策主張(claim)、政策保證(warrant)、政策依據(backing)、政策駁論(rebuttal)、政策信度(qualifier)等成分，也都可以具備有政治使用的目的，準備好為政策、政黨或意識型態服務，政策論證中，除了前面的元素之外，也常常會加入「框架」(framing; Fairhurst & Sarr, 1996)的語言效果，影響民眾的選擇，政策領導者的語言框架策略，能夠傳輸政策語言框架的人，就是對民眾政策選擇有影響力的人，共有表13-3中的五種。

表13-3　政策語言的框架種類

	項　目	舉　例
1	喻意(metaphors)	支持凍省，提出花蓮海洋公園要蓋700多個章才能通過，隱喻政府層級太多[a]
2	術語(jargon/catch phrases)	民進黨2008總統大選批評找蕭萬長掌財經是「請鬼拿藥單」[b]
3	反差(contrast)	交通部與遠傳電通行銷ETC，沒有裝ETC的就要在收費站排長龍（請參閱圖13-6）
4	拗術	陳水扁總統2000年提出「新中間」的政策總路線；布希總統2000年提出自己是「仁慈的保守派」(compassionate conservative)等
5	故事(Stories)	商業周刊以「小如的故事」突顯台灣愈來愈嚴重的貧富差距問題[c]

註：a 請參閱《聯合晚報》，1997年6月22日，2版。

　　b 請參閱〈當年找蕭拼經濟，扁：請鬼拿藥單〉，《聯合報》，2007年7月27
　　　日，A2版。

　　c 請參閱一個台灣兩個世界專屬網站，http://forums.chinatimes.com/report
　　　/Taiwan_world/2003/2003_01.htm

　　綜括來看，民主政治過程中的資訊問題，是以大眾傳播媒體為基礎，各類「利害關係人」釋放設計過的資訊，試圖影響民眾偏好形成的一個更為複雜的過程，圖13-5實線A當中，政府被動地接受民意的指揮之情景並不單獨存在，因此，承認民主政治也有其「易受操控」(manipulability)的一面，這也是一種充實Michael「寡頭政治鐵律」內在機制的一個途徑。因此，本章將圖13-5做進一步的修正，圖13-7中是考量到解決資訊問題的民主政治結構，也是目前台灣真正在實施的民主政治完整模型。

| 廣告開始高速公路
收費站塞車 | 左側裝ETC的車
可以快速通過 | 一位目睹的老闆要求
司機馬上去辦ETC |

圖13-6　國道高速公路ETC廣告

資料來源：遠通電收授權提供。

　　圖13-7為民主政治的完整模型，可以從三方面來討論之：其一，媒體是民眾獲取公共事務資訊最主要的來源，所有政府、政黨、利益團體及專業人士對民眾的溝通，都必須經過媒體，符合大眾傳播理論中媒體是守門人及議程設定者的定義，然而，在民主社會中，媒體是一個競爭的市場環境，傳遞給民眾的資訊，不論從媒體工具的選擇及內容都是多元的；其二，政黨、利益團體，以及專業人士與政府之間，對於媒體來說都是消息來源，但是媒體

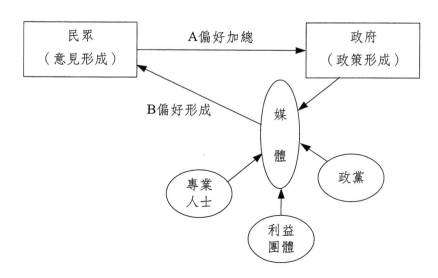

圖13-7　民主政治的完整模型

對他們來說，都是傳播工具，這些意圖與民眾溝通的團體之間，也是一個多元的環境，提供給媒體的訊息可能因為政黨立場、政策立場而有所不同；其三，政府機關在圖13-7中並非是一個單一的新聞來源，事實上，行政與立法部門之間，可能會對特定政策議題提供不同觀點的資訊，政務人員與官僚體系之間，也可能提供不同的資訊，由於行政部門是以首長制統治，通常都有統一的新聞聯絡人或單位，但是，這並不表示官僚體系中意見不同的人不能向媒體洩露(leak)上級不准發布的新聞，這也是政務與事務關係的一環（陳敦源，2006）。

總括而言，行銷專業在私部門管理上的蓬勃發展，並不代表它在公部門的應用，只是私部門行銷技術的一種延伸而已，因為，公部門與私部門的環境有著基本的不同[24]。從前面關於行銷定義中的三個重點來看，我們可以歸納為三點：

（一）從交換關係到公民參與(citizen participation; OECD, 2001)

政策行銷不是單純的創造交換關係，它更是一種公民參與的實踐，其中必須包含輔佐民主政治運作的重要意義，例如，衛生署於2005年9月間舉行代理孕母公民會議[25]，主要討論代理孕母是否應該合法化及如何規範的問題，當整個活動圓滿完成之後，衛生署除了注意會議結論作為決策的參考依據，以及為衛生署進行成功的公關之外，也應該評估該活動對於衛生署內部員工

---

[24] 單純地以行銷的概念套用到民主政治運作的公共領域，依據Collins與Butler(2003)的看法，會有三個適應不良的問題：第一，行銷強調對顧客迅速的回應，但是，在顧客都不一定知道什麼是對自己最好的前提下，這種快速的回應未必會帶來好的結果；其二，行銷強調不斷地擴大消費者選擇範圍及標準化產品，但是公部門的服務是非常個人化的，也強調選擇權的平等分享問題，因此，行銷的第二個運作特色不一定能帶來公共利益；其三，行銷的技術如民調、焦點團體等，通常只注意個別顧客偏好的搜尋，因而忽略民主審議(democratic deliberation)與相互討論的過程。

[25] 請參閱《聯合報》，2004年9月19日，A1版要聞。

與外部民眾在公民參與的認知與意願上，是否有正面的作用；也就是說，公部門使用行銷技術為政策，除了評估對達成部會政策目標以外，還必須考量到對整體社會大眾激發參與的效果。

（二）從人際溝通到媒體識讀（media literacy；成露茜、羅曉南，2005；張宏源，2001）

　　行銷不僅是操作人際溝通技巧的，它的出現成為公共行政專業認識與吸納大眾傳播領域難得的機會，對大眾傳播媒體生疏的公部門，無法確實達成其公共目的。一個對媒體有識讀能力的人，可以客觀地瞭解媒體在自己生活中所扮演的角色，也能知道各種媒體的特性，並且能夠自覺地、有反省能力地使用媒體，最重要的，一個擁有媒體識讀能力的人，面對媒體傳輸或接受資訊時，是具有自主性的。對於公部門的管理者而言，這種面對媒體時的自主性也是必要的，尤其是在接受政策行銷的專業訓練之中，培養自身媒體識讀能力，是必要條件之一。對公共管理者而言，認識媒體以至於能夠正確地使用它進行公共傳播，應該是文官在民主時代的核心能力(core competence)之一，這種能力的基本內涵，就是公共管理者應該對媒體的意義與影響力有清楚的認識。

（三）從組織管理到議題管理（issue management；孫秀蕙，2003；吳宜臻，1998）

　　政策行銷不應只是一種組織管理的作為，事實上，它是一種公部門管理公共議程的專業，一種創造公共價值的政治管理(political management)作為，是一種「政策支持社群建構」(constituency building; Brinkerhoff & Crosby, 2002: 26)的活動。某項議題為何為受到社會大眾的重視？而它又為何能夠進入政府的政策議程而最終成為法定的政策？議題的出現與消失，民眾關注議題的生命週期(issue attention cycle; Downs, 1991/1972)是如何興落的？更重要的是，當這些議題浮現的時刻，公共管理者應該如何因應？都是公共議題管理的重要問題。例如，實務上，各政府機關都有其各自的剪報系統，負責從

媒體上獲知與各自部門相關的政策議題，以預爲管理作爲。

第五節　政策行銷策略五問[26]

從實務上出發，行政院衛生署國民健康局愛滋病防治宣導、交通部醉酒駕車防治宣導，以及台北市垃圾隨袋徵收的宣導等較有名的例子當中，都已經看見行銷的技術，正被廣泛地應用在與公共政策相關的領域當中，因此，政策行銷理論及相關技術，可說是公部門政策行銷最簡便的成長沃土。本章最後將以台北市垃圾隨袋徵收政策行銷爲例，藉由回答公部門政策行銷的五個問題，這五個問題剛好對應政策行銷五項主要工作：(1)資訊蒐集；(2)資源整合；(3)推銷；(4)宣傳；(5)評估，在此爲公部門的政策行銷提出一個策略思考的框架，希望能帶動公部門將政策行銷視爲一種專業的認知。

一、問題一：議題有意義嗎？誰會關心？(Why bothers? Who cares?)

垃圾隨袋徵收是一個有意義的政策嗎？有沒有其他更急迫重要的政策？它具有說服民眾接受的正當性嗎？有哪些人或團體特別關心這個議題？它執行的成敗誰最關心？這些問題都是政策行銷啓動前的「大問題」，可以先進行市場調查(marketing research)，會是以團體的方式經過充分的討論甚至辯論，才能確實找出垃圾隨袋徵收政策行銷的政治「槓桿」或「說法」，使身處複雜政治環境當中的政策行銷，一開始就能立於不敗之地。

二、問題二，資源在哪裡？(Where is the resource?)

垃圾隨袋徵收的行銷經費從哪裡來？應該要有多少經費才夠？支持行銷

---

[26] 本段節自陳敦源(2002)。

工作的人力與傳媒網絡在哪裡？爭取議會支持的資源在哪裡？府內各相關部門的配合機制在哪裡？社會上可能有興趣支持的團體有哪些？這些問題是執行政策行銷最核心的問題，沒有資源就沒有行銷，資源不只是經費，而是執行過程中所能激發、引導並吸納的各種社會資源，尤其公部門資源日益萎縮，確實回答這些問題，更能增加政策行銷的成功機率。

三、問題三：目標是誰？(Whom to reach?)

垃圾隨袋徵收政策行銷的目標團體是誰？有沒有主要與次要之分？目標團體的特質是什麼？要如何去接觸他們？從台北市政府推銷垃圾隨袋徵收政策，選擇阿亮做為主要代言人可知，他們將目標團體放在全體台北市民，因為阿亮是少有受到從幼稚園到阿嬤觀眾歡迎的藝人，然而，對於目標團體（市民）特性持續的研究仍然是不可少的，例如，市府研考人員或許可以應用實例，檢測「政策行銷從在學小朋友的宣導下手，對目標團體產生的效果較大」這個假設。

四、問題四：內容是什麼？(What to inform?)

應該如何宣導垃圾隨袋徵收的政策？什麼樣的訊息最能打動人心？目標團體需要什麼訊息才能配合政策？訊息表達結構是否正確傳達所要傳達的訊息？一般行銷作為，可分負面（恐懼）或正面（鼓勵）訴求，垃圾隨袋徵收政策與愛滋病防治不同，用恐懼訴求可能效果不大，反而是激起台北市民的優越感比較可能產生效果，難怪馬前市長在行銷過程中一直說台北市是首善之都，只有台北高水準的市民才能達成這項不可能的任務。

五、問題五，如何評估？(How to evaluate?)

垃圾隨袋徵收行銷的效果到底如何？該如何評估行銷的效果？執行的過程有什麼缺失？從行銷個案中累積了什麼經驗？公部門運用政策行銷最大的問題，就是疏於評估，相對於企業投入上億的行銷經費（如唱片業），這些

資源花下去的成本效益問題，是業主最關心的；更重要的是，沒有評估就沒有經驗累積，不但無法知悉失敗的原因，也無法萃取成功的經驗，形成專業。因此，公部門在行銷評估技術與心態上都需要再加強。

最後，公共管理者如果能依照上述五問進行政策行銷的規劃、執行與評估，不但能夠完成當代公共管理者的主要任務，也能夠在歷次的專案當中，累積經驗，創造適合本土環境的操作原則，以實現政策行銷作為一種公共管理專業的極終願景。

第六節　結論

本章先從行銷的定義、行銷、廣告與公關的差異、共同性行銷，到公私差異來定位政策行銷的內容；接著，本章再從議程設定的理論認識媒體，並從瞭解民主政治的資訊環境來瞭解政策行銷的政治策略的意義；之後，本章以台北市垃圾費隨袋徵收的政策，從政策行銷策略五問的架構下，思考政策個案的行銷內容。從全章的內容來看，主軸是希望讀者理解，不論行銷大師Kotler如何肯定企業行銷的指導地位，政策行銷與一般商業行銷有著根本的不同，除了公部門服務的範圍較廣，標的團體不確定性高，如交通安全宣導，可能包括所有的民眾，而政策行銷的「產品」大多為服務、信念或非有形的社會行為，其效果又往往非以貨幣計算，造成評估的困難。當然，公部門所提供的服務中，也常常有管制或強制的功能，強迫民眾的作為其行銷難度往往較高等之外，公部門的行銷也是能夠影響民主政治品質的作為，更加怠慢不得，因此，公共管理者需要以足夠的相關知識背景來理解之；當然，公私部門的差異，並無辦法阻絕公部門近年提升為民服務品質的壓力，因而對企業行銷技能的強烈需求，這也是本章另一個更重要的目的──提供學界與實務界思考政策行銷作為公共行政專業的開始。最後，本章將提出公部門政策行銷的五點工作準則，以為結束。

一、瞭解目標群體心聲

顧客導向是以瞭解顧客心聲開始的，學習以市場調查的精神來瞭解公民的需求與意見。

二、熟悉傳播工具的性質與操作

雖然公部門的承辦人很少有機會自己拍廣告，但是因為外包監督的需要，相關知識也應具備。

三、妥適規劃宣導資源配置

任何宣導專案都有經費限制，必須要安善開發公部門行銷資源，並善加應用之。

四、尊重專業並培養長期信任關係

公部門承辦人在執行政策行銷方案的過程中，必然接觸傳播專業，應培養長期的信任關係，提升傳播品質。

五、從經驗與觀摩中學習

政策行銷的專業訓練仍然在起步的階段，通常都由企業行銷專業來代訓，公共管理者應該從實務中學習成長。

政策評估概論

學習目標

- 掌握政策評估的概念
- 瞭解政策評估的意義
- 明確政策評估面臨的障礙

　　完整的公共政策過程，包括以科學的角度合理地制定政策、有效地執行政策，同時還需對政策效果及其影響進行分析評估，即所謂的政策評估。政策評估是政策過程中一個重要的環節。只有透過政策評估，人們才能夠判斷一項政策是否得到了預期效果，並據此決定該政策應該繼續、調整還是終結。同時，透過政策評估，還可以總結政策執行的經驗教訓，從而更好地改善政策制定和執行。本章主要介紹政策評估的概念和意義、回顧政策評估的歷史，以及分析其面臨的可能障礙。

第一節　政策評估的概念

　　何謂政策評估？對此，可以從很多角度進行討論。先讓我們來看一看政策評估的基本實踐，從中或許我們可以對什麼是「政策評估的涵義與功能」有一個實際的掌握。

一、政策評估舉例

　　下列政策問題都涉及到政策評估：

（一）城市養狗問題該如何管理？

　　在中國大陸，限制養狗政策在許多城市推行，其主要措施是收取「狗稅」，也就是養狗註冊費。例如在北京市，公民要養狗，第一年註冊費是人民幣5,000元，以後每年註冊費是2,200元。而該市職工平均月工資才2,000元左右。高額的「狗稅」本來是想達到限制養狗的目的，但從實際效果來看，高額稅收卻與限制養狗的政策目標相違背。

　　該政策認為，養狗的人家都是富裕有閒的人家，如果徵收養狗稅，不僅可以控制養狗的數量，而且可以限制養狗這樣奢侈浪費的行為。但根據零點調查公司進行的一項調查，該市近半數養狗家庭的人民平均月收入不足人民

幣500元，這些低收入家庭根本負擔不了高額的「狗稅」。從理論上來看，這些家庭如果守法，就只能放棄養狗，或者就只能選擇違法養狗。

然實際情況是，目前該市個人養狗數超過40萬隻，正常繳納註冊費的只有不到10萬隻。養狗數量比限養以前的7.5萬隻增加了好幾倍，而且還保持著8.2%的年成長率。這說明了，四分之三以上的人選擇違法養狗。顯然，高額收費政策並沒有達到限制養狗的目標。

從政策評估的角度來看，對此一政策，需要考慮以下問題：城市需不需要控制養狗？養狗是個人行為，還是關係他人利益的公共行為？為什麼市控制養狗的政策失效？該政策是繼續堅持還是進行調整，或者說應該完全廢止？還是在原有的基礎上進行修正？這些都是政策評估所要考慮的問題。

（二）城市自行車稅應不應該收？應該怎樣收？

從中國大陸某市的情況來看，自行車的擁有量有逐年上升的趨勢，但自行車稅的徵收卻愈來愈困難，有逐年下降的趨勢。此一政策是否要取消？或者繼續執行？應該如何徵收？

對此，政策評估需要考慮的問題是，我們的政策目標或政策執行的方式是否出了問題？如果要徵收，是向生產者和經銷商徵收？還是向廣大的消費者徵收？應該怎樣徵收？是靠發動單位和群眾徵收，還是依靠稅務部門徵收？目標和手段是否一致？是否要計算一下徵稅的成本和收益？在此基礎上，還應確定的是，自行車稅到底應不應該徵收？

（三）個人所得稅的徵收標準合理嗎？

根據二十世紀1990年代制定的法律，中國大陸某市個人所得稅徵收起點為人民幣800元，這個標準執行了10多年，絲毫沒有改變。但在這10多年裡，社會經濟條件發生了很大的變化，人們的收入水平和收入結構都與過去有很大的不同，政策若繼續不變動，勢必與現行社會狀況發生矛盾，使政策的公平性受到一定程度的影響。在公眾呼吁和社會輿論的壓力下，政府稅收部門重新對這項政策進行了必要的評估，把個人所得稅徵收起點調為人民幣1,000

～1,500元。但此新的政策仍然有很大問題；根據統計，目前某市40%以上的財富集中在很少一部分人手中，但2002年該市40%以上的個人所得稅是由工薪階層繳納的。

在這案例中，兩個40%值得人們關注。做為公民，繳納個人所得稅是應該的。但是，工薪階層繳稅占這麼大的比重並不正常，且比例還有擴大的趨勢。2004年全國徵收個人所得稅1,800億元，65%來自工薪階層。對此，稅務部門應該對個人所得稅的徵收政策再進行評估，進一步考慮個人所得稅在實際上是累退的還是累進的；或者，進一步評估個人所得稅到底是爲了劫富濟貧，還是爲了收取公共服務費。

（四）「占地證」有沒有用？

1999年中國大陸某市交通管理局頒佈了一項政策：不論是買新車還是檢驗車輛，凡是1998年1月1日以後申請車牌的舊車，都要先辦一個停車泊位證明，俗稱「占地證」。辦「占地證」就意味著每年要繳交人民幣1,500～2,000元的占地費。當時交通管理局聲明，辦「占地證」是爲了規範停車秩序，逐步實行一車一位。

這樣的政策目標有無現實的可行性？而辦「占地證」是爲了控制該市的汽車成長量，但從汽車年成長量來看，並未有效控制，作用微乎其微。另一可能就是政府部門爲了收錢，然而收錢的方式極不一致，勢必擾亂正常的市場秩序，反而爲各種形式的腐敗提供可利用的溫床。其中有多少漏洞不得而知。無論從哪一方面看，「占地證」的政策都是失敗。我們不禁要問：爲什麼正規管道辦「占地證」難上加難，反倒是賣「占地證」的現象如雨後春筍？何以有了「占地證」卻沒有真正的車位，或有了車位卻沒辦法去停車？「占地證」的錢年復一年地收，那麼多的錢到底去哪了？國家得利了還是某些人得利了？在經過認真評估後，該政策並沒有什麼效果，所以，2004年就取消了。

從上述具體事例可見，由於人類認識活動的侷限性和政策活動本身所具有的複雜性，政策規劃的目標和手段在政策執行中可能會遇到種種問題，設

想中認為有可行性的政策，並非在實踐中是可行性的政策。在政策實踐過程中，事與願違的事情經常發生，因此，人們不僅需要進行科學及有效地執行，還需要進行資訊的反饋與政策效果的評估。

透過政策評估，人們不僅能夠對某個政策本身的價值做出判定，從而決定這項政策的持續、發展、調整或終結，且能對政策過程的不同階段進行考察與分析、總結經驗及吸取教訓，為今後的政策實踐提供參考與借鑒。因此，政策評估作為政策過程的一個重要環節，對提高政策制定水平與政策執行品質都有積極的影響。

政策評估作為衡量公共政策成效的重要工具，有下列兩層涵義：

1.考察公共政策分配資源的適當性

一個國家的財政稅收有一定的數目，政府的預算也有其限額；換言之，任何一個國家的資源都是有限的。在國家資源有限的情形下，公共政策則是政府分配資源的權威性決定，而通常並非每一個人都滿意政府的政策制定。因此，如何透過政策評估來考核國家資源分配是否適當、公平、有效，是政策評估所具有的第一層涵義。

2.以系統的、科學的方法評估公共政策

政策評估關係著公共利益與國家資源的分配，公共政策評估必須以客觀的、科學的、系統化的方法進行，才能獲得有價值的評估結果。這是政策評估的第二層涵義。

二、政策評估的概念

所謂評估，是指對事物從量到質的估價與評判。人們對任何事物要達到對本質的認識，都要採取評估的方式。一般說來，政策評估是指根據一定的評估標準對事物做出優劣判斷。

人類評估活動的歷史由來已久，但現代意義上的政策評估歷史卻不長。其一開始就存在價值分析和技術分析二個層面的分野。在相當長的一段時間裡，政策評估在主流領域中一直傾向於對事實層面的技術分析，主張應用實

證技術測定政策目標與政策之間的對應關係；在此一理論的指導下，政策評估主要側重於效率、效能、效益這類問題，多依賴量化分析方法，而忽視了對政策本身價值的評判與倫理的考慮。從二十世紀1970年代開始，一些學者陸續提出批評，認為在政策評估中不必清楚強調合理性、公正性、正當性、社會性等關鍵問題，而只是從量化分析角度進行分析，這是本末倒置的作法。

對政策評估的概念界定眾說紛紜，主要是因為界定政策評估有許多不同的理論角度。

首先，從政策評估的參與者來說，社會民眾、社會團體、政黨、政府等都有可能介入某項公共政策的評估。由此可區分出民眾參與的社會評估與政府啟動的正式評估。社會評估是指社會各界對公共政策進行評價，包括社會權威人士與政策決策者私下的個人評價；這些評價者中既有政策受益者，也有政策受損者，甚至還可能有與政策沒有利益關係的熱心人士。該評估通常是透過民眾議論、大眾傳播媒介、座談甚至閒聊等方式進行。社會評估的結果雖可反映在政策決策與執行系統中，但這些資訊往往不是有系統而零散的，主觀感受往往在這種評估中起著主要作用。因此，社會評估只能構成正式評估的一種參照資訊，而不能成為最終的評估結果；正式評估是指政府利用專業分析機構，有組織、有目標、有計畫地進行政策評價。在這種評估活動中，由於採用專業技術處理與分析資訊，所以客觀資料和事實往往起著主要作用。由於主導思想、價值認識、利益關係、技術方法和起主要作用的因素不同，對於一項政策而言，社會評估與正式評估的結果既有可能形成一致，也可能出現差異。

其次，從政策評估在政策過程中所處的時間來看，可分為預期評估、現實評估及綜合研究評估。

所謂預期評估是指對未付諸執行的政策方案進行評價分析，「描述各種解決政策問題的方案，陳述各種方案的優劣點」(Litchfield, 1978)，以及「確定重要的決策範圍，蒐集選擇資訊資料，為決策者提供方案選擇的依據」(Alkin, 1972)。預期評估是在政策規劃過程中對規劃方案的評估，用於方案的

比較與選擇，而不是針對執行的現實評估。

現實評估是指對正在執行中的政策進行評估，是政策執行之後的又一個運行階段。James E. Anderson(1979)認為：「若把政策看成某種有秩序的活動過程，那麼其最後一個階段便是政策評估。概括說來，政策評估與政策（包括其內容、實施及效果的）估計、評價和鑑定相關。」一般而言，政策評估是指現實評估，即在政策執行一段時間後，根據反饋資訊資料與評估標準，對現實政策效果、資源使用情況、行政執行工作過程進行判定的評價。現實評估的結果將作為檢驗政策質量、執行工作質量、總結政策經驗，以及決定政策繼續執行、修正或終結的重要依據。從更廣泛的意義上來說，不論是執行前的方案預期評估、執行中的現實評估，還是政策終結後的綜合研究評估，都可在評估結果的基礎上引申，進行綜合性的社會分析，以此反映社會整體狀況，促進社會的改進與發展。

綜合研究評估，是指政策終結後的綜合反思與分析研究，主要目的是透過評估來總結執行政策經驗或教訓。從預期評估、現實評估、綜合研究評估結果引申出來關於政策的價值、目標的合理性、利益分配的公平性、執行過程中行政人員的倫理道德等問題進行分析，稱為政策評估的社會分析。這種社會分析透過對政策評估結果的進一步研究來考察社會總體狀況，並以此探索社會的改進途徑與方法。

由於存在著上述種種視角的分歧，學者們界定政策評估的角度各不相同，如Anderson(1990)認為，「政策評估與政策（包括它的內容、實施及後果）的估計、評價及鑑定相關。作為某種功能活動，政策評估能夠而且確定發生在整個政策過程中，而不能簡單地將其當作最後的階段」。Stuart S. Nager(1990)認為，政策評估「主要關心的是解析和預測，它依靠經驗與分析，強調建立與檢驗中期理論，關心是否對政策有用，主要關心把評估看成一種科學研究活動」。林水波、張世賢(1987)則認為，政策評估是「有系統地應用各種社會研究程式，蒐集有關資訊，用以論斷政策概念與設計是否周全完整，知悉政策實際執行情形、遭遇的困難，有無偏離既定的政策方向，指明社會干預政策的效用」。

　　儘管學者們的界定各不相同，但這些觀點大致可分為四類：(1)政策評估主要是對政策方案的評估，屬於政策評估中預測評估的範疇；(2)政策評估是對政策全過程的評估，既包括對政策方案的評估，還強調對政策執行以及政策結果的評估；(3)政策評估就是發現誤差，並加以修正；(4)政策評估的著眼點應該是政策效果。

　　為了便於以下各章節的討論，我們將政策評估界定為：依據一定的標準與程式，對政策的效益、效率、效果及價值進行判斷，目的在於取得相關方面的資訊，作為決定政策變化、政策改進及制定新政策的依據。它是政策分析的重要層面，也是一種具有特定標準、方法及程式的研究活動。

第二節　政策評估的意義

　　每項政策實施一段時間後，首先面臨的問題就是政策究竟達到了什麼樣的效果。在達到某特定效果的情況下，進一步的問題是，政策資源是如何使用、執行機構又是如何進行運作、政策執行是否產生扭曲等。對政策問題進行解答時，民眾不僅會要求政府說明推行的政策內容，而且要公布政策執行的結果；而此種要求的滿足，唯有透過政策評估才能達到。在解答了這些問題之後，人們也許要繼續深究：政策效果（或好或壞）究竟能說明什麼更深刻的問題？政策的成功或失敗，最根本的原因是什麼？政策成功應歸功於誰？政策失敗的最終責任又應該由誰來承擔？為什麼一些錯誤的政策也會長時間推行？這些問題的解答，皆須根據政策評估結果做出更深刻的社會分析。

　　除了社會的普遍要求之外，各國政府在長期的政策實踐中也逐步認識到政策評估的重要性。為了掌握政策執行情況，及時避免和糾正政策失誤，政府須主動提供政策評估的必要條件，積極倡導或直接啟動評估。同時，現代科學技術的發展，尤其是電子電腦技術、系統科學方法、數理方法及經濟模式在政策科學理論研究與實踐中的運用，都為政策評估的實際操作提供了有

效的工具。

　　從現實面看來，政策評估已在世界各國普遍開展。政府評估的意義與重要性，基本上也達到了社會共識。政策評估在一些重要的政策領域已取得顯著效果，成為檢驗、調整、提高政策效率，以及透視社會政治、經濟、文化、生活的一種必要手段。中國大陸自改革開放以來，各項新政策相繼推出並廣泛推行。而如何衡量、評價這些政策的實際效果，如何檢驗執行過程，如何透過政策和決策執行系統的調整來保障政策目標的達到，則是政府所面臨的實際問題之一。二十世紀1980年代以來，中國大陸已出現政策評估的廣泛要求與重大措施。各級政府與政策研究機構為回應此一需求，已將政策評估逐漸納入工作範圍。隨著社會的發展，政策評估將會逐步走向系統化、制度化、專業化及法律化，成為政策科學理論與實踐的一個重要組成部分。

　　公共政策最終是要對某一項或者一些具體的政策問題形成預期的效果。不少人認為，一旦某項公共政策轉化成為一項法律或者法令、規定等合法的文件，就會成立實施這些法律、法令的行政機構，並提供有關的專案資金，如此一來，相關問題也就獲得解決或處理；然而，實際情況並非都是如此。假如對於造成政策問題的原因有了很好的瞭解，相關的法律、法令也能確實實施並使問題得到良好的解決，也就不需對有關專案的進行情況加以判定了。事實上，有些專案即便有大筆資金投入其中，也並不一定能夠達到預期的效果。實際情況顯示，公共政策過程是需要對有關專案進行仔細評估的。政府部門通常需要知道，在某個專案上到底投入了多少資金？投入了多少人力？這方面的成本到底有多少？以及與所花費的成本相比，專案的效果究竟如何。此外，政府部門還需要知道，有關專案是否帶來積極的效果，或者反而使問題變得更糟糕了。

　　政策評估的目的，也就是根據某些特定標準去判斷某一項公共政策是否具有價值，或者有什麼樣的價值。有關政策評估的物件，學術界存在很多歧義，其焦點在於，政策評估究竟是以政策結果還是以政策方案作為評估的物件。從總體上來說，政策評估的意義包括以下方面：

（一）政策評估是政策動態運行的必要環節

一項政策從產生到終結，必然要經過評估階段，否則將缺少政策修正或終結的實踐依據。在政策動態運行過程中，政策評估關聯著政策執行與政策修正或政策終結，從而成為政策動態運行的必要環節。從政策科學的理論研究來看，系統的基礎理論中，都將政策評估作為重要研究內容之一。政策問題的認定、政策規劃、方案的合法化、政策執行、政策評估、政策終結等環節缺一不可，如此才能構成政策動態運行的整體過程。一項政策的制定往往是決策者依據有限資訊，憑藉有關技術與方法對原本情況所做的判斷，其假設成分太多、確定性因素太少，難以正確駕馭。因此，必須根據政策實際執行狀況的評估來決定該項政策是否應該延續，還是需要修改調整，或者需要予以廢止，另選新的政策。

（二）政策評估是檢驗政策執行效果的必要手段

執行一項政策，從某方面看來，有可能完成了指標，取得良好的效果，但是從其他方面綜合來看，也有可能引發了許多潛在的問題。因此，要想全面、正確地檢驗一項政策的執行效果，包括在政策調整物件範圍內外產生的正、負面影響，必然要透過系統、全面評估才能達到。政策執行效果作為一種客觀狀態，要想轉變為人們主觀範疇的正確認識，必然要透過對政策執行情況的科學評估。沒有政策評估過程，不能形成人們對政策效果的認識。一項政策正確與否，只能以實踐作為唯一的檢驗標準。而政策評估就是在大量蒐集政策的實際執行效果與效益資訊基礎上，運用科學方法分析判斷政策是否實現了預期目標、在多大程度上實現了預期目標，以及政策所產生的社會效益、經濟效益、生態效益如何等。

（三）政策評估是檢驗政策方案優劣、考察行政執行過程的必要手段

一項政策執行效果的好壞，取決於政策方案的優劣與行政執行系統的工作過程；因此，政策評估在檢驗政策執行效果的同時，必然要同時檢驗政策方案與行政執行過程。此一核對總和考察對於積累政策經驗、發現決策和執

行中的問題、提高決策科學化與執行效果具有重要意義。政策執行不力與行政效率不高常是困擾一些政府部門運營的兩大難題，缺少有效的政策評估機制是政府機構改革面臨失敗的重要原因之一。透過政策執行過程的評估，能夠及時發現執行中存在的問題，迅速加以糾正下，亦可有效地監督、預防執行機關怠於執行或偏離執行的主軸，確保政策的正確貫徹實施，促進行政效率的提高。

（四）政策評估是考察社會總體狀況的重要途徑

在現實生活中，人們已經普遍認識到政策評估對於綜合考察社會狀況的重要意義。一項公共政策的制定與執行，均會涉及社會經濟、政治、文化、生活等各方面，在社會各個領域中產生直接或間接的影響，因此，政策評估不僅能夠對政策本身做出實踐性的評價，檢驗執行環節，並針對評價中發現的問題調整政策方案與改善政策執行系統，而且可透過政策評估的結果透視社會整體狀況，分析更加深刻的社會問題，以探索社會改進的途徑與方式。

（五）決策科學化、民主化的必經之路

在現代社會，國家管理活動中重要的一環就是政府利用政策來調整、組織社會生產及社會生活。隨著社會的發展，各種新的情況、新的變化層出不窮，單靠傳統經驗來做決策已無法應付日益複雜的決策問題。政策評估正是實現傳統經驗型決策向現代化決策轉變的重要一環。透過政策評估，不僅可判明每項政策的價值、效益、效率及效果，決定投入各項政策的資源的優先順序與比例，也可瞭解政策問題，提出改進意見；有效的評估對提高政策科學性與擴大政策效果而言是不可或缺的。

由上述可知，政策評估的關鍵是要瞭解公共政策的結果，並判斷其好壞、成敗，意味著對不同的公共政策加以評估，而不是對其加以描述或者對其存在加以解釋。政策評估過程包括兩項基本任務：一是透過對政策影響的描述來確定一項政策的後果；另外一項任務則是根據一套標準或價值準則來判定某項政策的成功與否。公共政策評估的核心宗旨就是集中關注公共部門

的活動及其對社會的影響。有一項定義認為，政策評估是對政府專案是否實現目標的整體效果的估計；另外還有一項定義是，政策評估就是採取科學的方法，對實現決策目標的專案或政策的成功實施與相關成果所做的估計。政策評估不同於其他政策分析之處在於，集中關注政策成果或者政策後果，而不是政策特徵或者政策原因。

第三節　政策評估的興起與發展

　　政策評估在許多國家蓬勃發展，不僅成為公共政策與公共行政的重要領域，也是新世紀科學研究者必修的課程，特別是在教育與公共衛生的研究領域。以北卡大學(University of North Carolina at Chapel Hill)為例，許多教育及特殊教育研究所和公共衛生學院(School of Public Health)的研究生，都會到公共政策博士班選修政策分析或政策評估之課程。在中國人民大學，政策分析、政策執行及政策評估也是公共行政、公共管理和公共政策研究生、博士生的重要課程。可見政策評估已逐漸成為科技整合的一門工具性課程。

　　從歷史來看，直到二十世紀1950年代晚期，對政策問題的系統調查才得到小規模的開展，但政策評估還未成為政策過程的一個正式且必要的組成部分。在那之後，因各種知識與政策上的發展相結合，導致了政策分析的產生，並在很短的時間內成為社會科學一個令人矚目的亮點。雖然很難具體找出該學科知識起源背後的動因，但1951年由Harold D. Lasswell與Danile Lerner所著的《政策方向》(*The Policy Orientation*)被公認為開了政策研究活動的學術先河。這種新的努力，目標很遠大：它將成為不折不扣的「民主的政策科學」，一個「以提高民主實踐所需要的知識為方向」的學科。為此，Lasswell憧憬創造一個廣泛的跨學科的方法，能夠包容廣泛的科學知識，從人類學研究到物理學、數學，是一種統計方法的應用。他甚至還憧憬建立一個既著重於決策過程評估、又著重於對其結果評估的學科。

　　儘管當初雄心勃勃，但今天的政策評估是與二十世紀1960年代以來的政

治與學術發展乃是相輔相成的。美國政策學者Guba與Lincoln(1989)將二次戰前的評估研究稱之爲第一代評估；第二次世界大戰後至二十世紀1960年代則稱之爲第二代評估；1963～1974年爲第三代評估；1974年之後則爲第四代評估。本章主要介紹第二次世界大戰之後的政策評估，包括實地實驗評估階段、社會實驗評估階段、政策制訂評估階段等，主要是以美國爲例介紹二次大戰後的政策評估研究的演進發展（李允杰、丘昌泰，1999）。

一、實地實驗（第二次世界大戰到二十世紀1960年代）階段

第二次世界大戰之際，美國陸軍聘請學者James E. Stewart評估分析軍隊人事與宣傳政策對軍人士氣所產生之效果；美國戰爭資訊局運用抽樣調查評估國內民心士氣。自此，大規模的實地調查成爲當時評估研究的主流。大規模的評估研究計畫紛紛運用在都市發展、住宅、科技與文化教育、職業訓練及預防醫學等政策領域。

至二十世紀1950年代，大規模的計畫評估不僅在美國、歐洲先進國家被廣泛運用，評估研究的觸角亦開始轉向美國本上以外的國家發展，如亞洲地區的家庭計畫、拉丁美洲的營養與健康計畫以及非洲地區的農業與社區發展計畫。第二代政策評估研究的興起乃是針對第二次世界大戰前的評估研究之缺點而起，即實驗室內的評估受到人爲控制的影響，與實際現象有相當大的距離。由此可知，實驗室的評估是有疑問，而無法推廣應用的。爲解決此一問題，乃呼籲政策評估者必須走出戶外，於是實地調查研究乃成爲當時的研究重點。

實地實驗主要是在現實生活環境中所進行的調查，研究地點爲遠離實驗室的地方，諸如學校、工作地點、街上甚至是戰場。其研究焦點爲個人人格與態度的議題，如田野研究評估對待少數民族的風俗、態度等的調查，以及住宅計畫對居民士氣的影響等問題，如Hyman、Wright及Hopkins的夏令營參與計畫；Mayer、Burgatta及Jones的社會工作干預計畫等。

二、社會實驗（二十世紀1960年代到1970年代中期）階段

自二十世紀1960年代起，政策評估在學術領域與政治環境上都有重大的進展。首先，1960年代開始有「正統」的評估研究教科書，以及大量出現的論文。其中，最著名的是Schumann針對政策評估的研究方法所做的檢討著作《評估研究》(*Evalnation Research*)，以及Donald T. Campbell於1969年發表的《改革試驗》(*Reforms as Experiments*)。

另一方面，1960年代的政策評估已然成為一種「成長工業」，評估學者似乎發現了美國工業快速成長後所浮現的後遺症，包括貧民區、文盲、住宅、健康醫療與種族歧視。Kennedy總統任職期間，聯邦政府首先發動大規模的社會改革計畫，如教育政策、所得維持與分配、住宅、健康與犯罪防法；Andrew Johnson總統時期提出所謂「偉大社會」的改革計畫；Rrichard Nixon總統時期繼續加以擴大等，這些計畫的目的均旨在解決美國的都市社會問題，其計畫規模與經費可謂相當龐大。

由於政府大幅度增加公共投資所帶來的問題，更加突顯出政策評估的重要性：

（一）國會基於控制權的加強，開始重視政策評估：美國聯邦政府花費鉅資，但政策評估的結果卻無法彰顯，甚至於1970年代發生了許多公務員舞弊、貪污等破壞公務倫理的事件。國會有感於過去的監督權偏重於紙上作業，無從掌握公共計畫與經費的流向，於是期望加強對公共計畫的監督與責任職能，如美國國會的會計總署(General Accounting Office)、科技評監處(Office Of Technology Assessment)等機構，即是專門負責評監行政機關所提出的公共政策。

（二）州與地方政府自主意識的提升：許多州與地方政府首長認為，聯邦政府公共計畫的良好願望，並未落實到州與地方政府，地方政府希望能加強對於聯邦計畫的控制力，使他們真正能夠受益。

（三）基於政策管理上的需要，必須要加強政策追蹤、管制與評估。許多計畫的管理者認為，有必要瞭解公共計畫執行的狀況與結果，才能應付來

自於國會、行政首長、大眾傳播或選民的資訊需求。

（四）公共計畫逐漸出現問題，成效不彰：公眾批判公共計畫的呼聲日益高漲，社會民眾與學術界開始關注公共計畫的執行過程與結果。

為解決上述問題，政府部門認為有必要制定相關法令，設置政策評估的專責單位與人員。最早的評估計畫出現在1962年的青少年犯罪防治計畫，但著力最多的是教育政策領域。以政策評估的專案而論，據不完全統計，二十世紀1970年代早期約有300項聯邦評估研究，總經費高達3,000萬美元；整個1970年代則多達1000項的研究，經費更高達1億7,000萬美元。

在研究焦點方面，當時主要是評估社會行動計畫能否有效解決社會問題，反映特定時空背景下的社會需求。在研究方法方面，主要是社會實驗，如Campbell與Stanley早期所寫的《實驗與准實驗設計》(*Experimental and Quesi-Experimental Designs for Research*)一書，介紹了許多社會實驗設計方法，可說是評估研究的代表性著作。

三、政策制定（1970年代中期迄今）階段

根據學者的計估，美國聯邦政府在1975～1977年間花在政策評估的經費（17,780萬美元）是1969年（1,700萬美元）的十倍；而根據美國會計總署的調查，美國聯邦政府有226個評估單位，僱用1400位高級的專業評估人員，在1980年花費的評估經費約有1億8,000萬美元。由此可見，政策評估在政府施政中的地位日趨重要。

同時，在學術界方面，專業性的論文期刊與年刊如雨後春筍般陸續成立，如《評估研究評論年監》(*Evaluation Studies Review Annual*)、《評估評論》(*Evaluation Review*)、《評估實務》(*Evaluation Practice*)，《評估與政策規劃》(*Evaluation and Program Planning*)、《評估與健康專業》(*Evaluation and the Health Professions*)、《評估與教育政策》(*Evaluation and Educational Policy*)。此外，1976年成立了評估研究會與評估網路協會(Evaluation Research Society and Evaluation Network)，1985年更合併為美國評估協會(American

Evaluation Association)，大約有3000名的會員。

在研究機構方面，美國的企業研究公司競相爭取聯邦政府的評估計畫，1970年300家民間公司中就提供了800個評估職位；另一方面，由於大學校園與民間評估公司的合作，發展許多新的政策評估理論與方法，對於當時所推動的實驗計畫提供了許多評估建議。

1970年代中期以後，評估研究成爲聯邦政府政策制定過程的核心內容。1974年管理預算局(OMB)增設評估與計畫執行單位，以評監聯邦公共計畫；同年，國會預算保留控制法(Congressional Budget and Impoundment Control Act)命令美國會計總署針對聯邦政府的計畫進行深入與廣泛的評估。後來，國會更將評估計畫落實於州與地方政府。美國各州政府則有一半以上，以經費支援至少每年100項的評估計畫。

在研究方法方面，政策評估逐漸走向多元的途徑，如計畫圖形、預算檢視、管理分析、計畫預算、系統分析及成本利益分析。這些多元化的研究途徑，不論是定量研究或定性研究，都使得前期所盛行的准實驗設計方法更趨豐富成熟。

近年來，有些評估學者開始批判過去所流行的評估典範，如Michael Q. Patton認爲，過去的評估爲量化的典範，強調評估者對於測量統計分析與實驗設計等量化方法的技術運用，而被評估者（標的團體）無法參與政策的評估。Gaba與Lincoln認爲第一代到第三代評估典範具有下列問題：(1)管理主義(Managerialism)的傾向；(2)無法調和價值的多元主義(Value-pluralism)；和(3)過分強調科學調查的典範。

因而，愈來愈多的評估者或被評估者對於計畫的參與、投入，如Freeman要求計畫評估者應該積極介入評估建議付諸執行的過程；Bush與Gordon認爲評估設計時應該讓顧客參與；Gaba與Lincoln則提出所謂的回應性評估：(1)重視對於政策利害關係人內心感受的回應，因而必須認定政策所涉及的利害關係團體；(2)所謂內心感受，就是政策利害關係團體的要求、關切與議題；(3)方法論方面強調建構論者的方法論。Gaba與Lincoln將這種評估稱之爲第四代的評估，這可說是當代政策評估研究的重要轉變。以政策評估方

法中之指標法爲例，亦由過去只注重統計數值的社會指標逐漸轉爲強調民意
參與的「政策指標」。

第四節　政策評估的障礙

　　政策評估是對政策執行後總體效果的評價，它不僅包括原初設計指標的
完成狀況，而且也包括預期指標之外的政策影響，以及完成一定指標產生一
定績效時的政策資源配備狀況。然而，現實中對政策評估的一些片面認識往
往成爲政策評估的障礙。再者，由於價值觀念、利益和社會處境的不同，決
策者、執行者、評估的資助者、民眾和調適物件等，都有可能對評估懷有不
同的目的和期望，某項政策評估的倡導和發動者也可能持有截然不同的評估
動機。因此，政策評估在產生檢驗政策的積極目的同時，也有可能產生某些
消極目的，而對政策評估產生障礙。

一、政策評估的片面認識

　　概括說來，對政策評估的片面認識主要體現爲三種觀點，即局部範圍內
評定政策效果、將政策效果等同於政策輸出與不計成本投入評定政策效果。

1.局部範圍內評定政策效果

　　這種片面認識是將政策效果等同於政策在局部範圍內預期目標的實現程
度，認爲政策評估就是對政策目標完成情況的系統檢測，以及局部範圍內產
生的影響與效果的評定。這種認識導致評估中僅僅關注政策調適物件的變
化，只對政策單方面預期目標完成情況進行考察，而忽視政策綜合效果的分
析。由於公共政策在推行中會引起一系列社會連鎖反應，所以在其實現預期
政策目標、影響調適物件的同時，還會產生一些預期目標之外的效果與局部
範圍之外的影響。在特殊情況下，政策推行的這種非預期效果和影響甚至會
占到突出地位，並決定政策的最終取捨。例如，二十世紀1960、1970年代，

中國大陸知識青年上山下鄉政策，從調適物件來講，就是一代青年學生；從政策預期目標來說，就是使城市青年到邊疆、山區和鄉村進行實際鍛煉。很明顯地，當時的此一政策在調適物件範圍內達到了預期的目標。但是該政策在政策預期目標與調適物件之外都產生了更加重大的影響。城市青年的上山下鄉為接收地區增加了壓力，也為交通運輸、社會治安、青年的父母等增加了沉重的負擔，而這些非預期的效果和影響，促使了此一政策的終結。同理，如果舉辦大型的商品交易會，預期目標有可能只是促進商品交易、增加經濟收入；然而，透過商品交易會也有可能產生政策、經濟、科技、文化等其他方面的資訊交流與影響。因此可以認為，每項政策在執行中，除了產生調適物件內的和達到預期目標之外，總會產生其他的非預期效果和調適物件之外的影響。評價這些非預期效果和影響，應該成為政策評估的重要內容之一。

2.政策效果等同於政策輸出

　　政策輸出是指政府在推行某項政策時所做的實際事務，而不代表這些實際事務所產生的效果。例如，政府在某一時期內增加了一定的教育經費，這只是教育政策的輸出，而不能代表教育政策的效果。也就是說，如果不透過進一步分析，瞭解教育經費的投入究竟對教學環境、學生的學習能力和學習效果產生的具體影響，這種評估就不具有太大的意義。然而現實中對一些政策效果的報導，也往往都是侷限在政策輸出，只列出政府所做的實際事務，而不加註效果分析。一些學者認為，這樣的評估正如檢測了一隻飛往目的地的鳥兒振動了多少次翅膀，而不知飛了多遠和是否到達目的地（林水波、張世賢，1987）。有的學者也曾明確指出：「在討論政策效果與評估時，指出政策輸出和政策效果的區別是重要的。……在試圖確定政策效果時，我們應該關注因政策輸出所引起的環境或政策系統的變化。」(Anderson, 1979)因此，單純地考察政策執行中的政府行為，只提供政策輸出的統計數位，沒有太大的評估意義。真正意義上的評估，應該針對政策輸出進一步分析所產生的具體影響。

3.不計成本投入評定政策效果

由於資源成本的限制，任何政策績效都是一定成本基礎上的績效。在政策評估中不能只計算好的政策成績效果，而不考慮績效產生的有關成本投入。政策績效應充分肯定，但成本和代價也要分析清楚。政策成本除了人、財、物、時間、資訊等構成的直接成本之外，同時也包括因執行某項政策而損失了其他機會和間接成本。如果因為一項政策的執行占用了資源而損失了其他的發展機會，實際上就等於加大了該項政策的成本。例如，中國大陸二十世紀1950年代末期的「反右」擴大化、全民大煉鋼的冒進政策、1960年代的文化大革命政策、知識青年上山下鄉政策等，除了造成巨大精神與物質損失之外，喪失的發展機會也是很難計算的。

二、發動評估的消極目的

從積極的角度而言，評估的目的就是為了檢驗政策效果、總結政策經驗和確定政策的變化方向。由於行為動機的複雜性，不同人員對評估可能抱有不同的動機，從而產生政策評估的消極目的。從消極角度而言，評估的動機與目的可概括為以下幾種：

（一）炫耀成績

在公共政策確實取得高度成功時，政策的支持者往往想透過評估宣傳成績，喚起更大的社會注意力，決策者與執行者也可能出於不良動機，透過評估獲取更大的政治資本。政策的績效應該宣傳，但是單純出於個人目的為了炫耀而宣傳，全然不顧是否真正需要啟動評估，則是一種消極目的。

（二）規避責任

在公共政策已明顯暴露出重大失誤時，個別的執行負責人員往往想透過政策評估分析失誤的原因，藉此推卸掉自身的責任，或是更不應該地選擇表面上似乎不錯的要素進行評估，以掩蓋政策失誤，從而藉此逃避責任。也有的政策反對者甚至藉評估攻擊政策與政策支持者。這種作法被Suchman(1972)

稱爲「以政治取代科學」。對於失誤政策的評估必然要有責任分析，這與成功的政策評估必然要有成績分析一樣。但是單純爲了分析責任，或是爲了逃避責任，或是藉責任分析來攻擊政策而發動評估，都是一種不良的動機與目的。

（三）形式主義

　　這種評估的動機與目的是僅把政策評估作爲一種完成其他任務的評估形式，根本不去關注、也不想真正關注評估的重要性與評估效果。當一項政策執行產生分歧而很難做出下一步決策時，可藉評估來延長決策時間；或是當社會上對政策反應較大時，可藉評估應付局面；或是在政策的資助者提出評估要求時，也可能藉評估來應付資助者。正如Suchman(1972)所說，出於這些動機與目的政策評估不是「以研究取代運作」，就是「以形式來取代本質的研究。」

　　政策評估應是一種出於積極動機和目的理性指導下的工作。如果出於消極動機，藉以達到消極目的，那麼非理性主觀判斷將可能取代理性的客觀分析，由此將評估導入歧途。有鑑於評估動機的複雜性，所以對評估的消極目的應給予充分注意，並應積極正常地開展評估，努力克服消極目的帶來的不利影響。

　　綜上所述，政策評估是政策分析的重要層面。它依據一定的標準和程式，對政策的效益、效率、效果及價值進行判斷的一種政治行爲，目的在於取得有關這些方面的資訊，作爲決定政策變化、政策改進和制定新政策的依據。在相當長的時間裡，政策評估並未引起人們的足夠重視，而且即使是現在，政策評估也面臨著種種障礙，但它是公共政策分析中不可缺少的一環，在政策分析中有著重要意義。

政策評估的類型

學習目標

- 瞭解政策評估的四基本分類。
- 掌握政策預估、政策執行評估、政策結果評估的內容和方法。

　　隨著政府活動的日趨複雜化與影響的深入化，政策評估也日益呈現出多樣化的特點。國內外學者依據不同的標準，從不同的角度對政策評估進行了分類；不同的分類也顯示了學者各不相同的研究重點。

第一節　政策評估的基本分類

　　政策評估可從多個角度，依據不同的標準劃分成多種類型。從評估活動組織的嚴格性來看，政策評估可分為非正式評估和正式評估；從評估者在政策活動中所處的地位來看，政策評估可分為內部評估和外部評估；從評估在政策過程中所處的階段來看，評估又可分為預評估、執行評估和影響評估。

　　現將近幾十年來比較具有代表性的政策評估分類概述如下：

一、Edward A. Suchman的分類

　　（一）投入努力度評估(effort evaluation)是指政策投入的數量與品質之評估。

　　（二）績效評估(performance evaluation)關心的是政策目標與產出的差距。

　　（三）績效充分性評估(adequacy of performance evaluation)是指政策績效能夠充分反映目標的程度。

　　（四）效率評估(efficiency evaluation)著重於政策產出的成本效益。

　　（五）過程評估(process evaluation)著重於政策是否按照預定計畫與目標進行。

二、Orville F. Poland(1974)的分類

　　以下為Poland所提出的「三E」計畫評估分類架構：

　　（一）效能評估(effectiveness evaluation)通常使用控制實驗設計或準實驗

設計來判斷一項計畫的達成與否，以及算出計畫目標的達成率。

（二）效率評估(efficiency evaluation)係使用成本效益分析方法來決定該項計畫的成本為何。

（三）折衷評估(eclectic evaluation)係分析一項計畫的次級標準，諸如輸入、輸出及過程等，以辨別計畫最需補強之處。

三、Eleanor Chelimsky(1989)的分類

（一）前置結束分析(front-end analysis)是指政策施行前後的評估。

（二）可行性評估(availability assessment)是指對於進行某項大型計畫是否有必要與是否可行的評估。

（三）過程評估是對於政策執行過程的評估。

（四）效果或影響評估(winpact evalucotion)是對於政策實施以後的結果所做的評估。

（五）計畫追蹤(program monitoring)是對於計畫的執行過程進行追蹤與管制，以修正方向。

（六）評估匯合(evaluation synthesis)是指將現行許多的評估研究結果予以匯合之評估。

四、美國評估研究會(Evaluation Research Society, ERS)

美國評估研究會在《評估實作之標準》(*Standards for Evaluation Practice*)一書中，設立了六種類型的計畫評估架構(Rossi, ed, 1982)，茲分述如下：

（一）前置分析(front-end analysis)是一種在決定是否進行新計畫之前所做的評估研究。通常它所強調的是政策形成的問題，是根據前人的評估結果，來估計該計畫是否可行，及其可能產生的後果。

（二）可行性評估主要在回答有關政策形成與執行的相關問題。一個政策規劃的假設，通常會跟預定的政策目標加以比較，透過這種比較來評估計畫的合理性與達到計畫目標的可能性。

（三）過程評估之目的是描述與評估具體的計畫活動過程，例如，管理、策略計畫、操作、成本，以及若干執行過程的細節。此一評估對於瞭解一項計畫對民眾所產生的效果，有相當大的幫助。

（四）影響評估(impact evaluation)可說是高層行政官員與立法者最喜歡的一種政策評估；主要是因為它的評估焦點可明確指出公共計畫能否完成它的目標。影響評估與過程評估都是屬於回溯性的政策評估。利用影響評估估算一項計畫的周延程度，所必須面對的最重要課題是：評估過程中觀察得知的一些衝擊變化，到底是由於公共計畫本身，還是外在環境因素的影響。

（五）計畫與問題追蹤(program and problem monitoring)是持續性的評估，其目的是提供問題的相關資訊，或是同時追蹤一項計畫在不同區域的長短期現象。計畫與問題追蹤會試圖探討一個公共問題如何演變、計畫的提出與民眾所關心的政策是否息息相關，以及公共服務的傳輸方法是否有改變等。

（六）後評估(meta-evaluation)又稱為混合評估(evaluation synthesis)，主要是重新分析過去評估研究所得到的發現，使研究者可從過去的公共政策得到一些結論。這種後評估也是一種回溯性的研究，通常混合了一些過去的研究成果，其目的在於藉此判斷某一項政策領域的計畫效能。

在上述幾種分類當中，以美國評估研究會(ERS)的分類架構最為周延。因此，本章擬以該會的分類架構為基礎，將政策評估大致分為政策預評估、政策執行評估，以及政策結果評估三大類。

第二節　政策預評估

預評估是在政策執行前所進行的評估。此處所指的「預」，乃因政策結果實際上還未產生，所以預評估是一種帶有預測性質的評估。廣義來說，政策預評估與政策分析相當類似，皆是在政策方案尚未執行前所進行的評估。這種預評估可透過事先對政策執行效果的預測來評估政策方案的質量，能夠

即時發現政策的某些弊病，進行事前的修正、減少政策失誤、提高政策質量，使政策收到較好的效果。近十年來，政策領域的一項重大突破就是——「評估」從單純的事後檢測變成事前控制的有效工具，使評估活動貫穿整個過程。一般而言，政策評估學者將政策預評估分為規劃評估，以及可行性評估兩大類（李允泰、丘昌泰，1999：243）。

一、規劃評估

規劃評估是就某一社會問題與民眾關心之議題，在行政機關認定為政策問題後，提出解決方案，對該解決方案的規劃過程與內容在尚未執行前所進行的評估。其中評估人員所關心的重點包括：

（一）政策方案所涵蓋的標的問題與標的群體的範圍和分布。

（二）擬訂的政策方案內容是否與預期目標一致？是否有任何理論基礎來支援此一方案內容？成功執行的機率如何？

（三）預估成本及預期獲得的效益(benefits)與效能(effectiveness)。

規劃評估的人員通常來自兩個不同的團體：一是機關內部人員，大部分本身即為政策規劃人員，在政策規劃過程中應特別考慮評估的標準；另一為學術性或專案評估人員，其通常易忽略評估的標準而根據政策問題的性質與結構進行規劃。儘管二者的評估方向不同，但對政策方案內容可能產生的預期效益或效能來進行預估的目標卻是一致的。因此，規劃評估的程序與過程二者應是一致的。

一般來說，規劃評估係按以下順序進行：

（一）認定與敘述政策問題

政策方案的首要步驟是認定問題的解決標的，也就是確定政策問題的目標和目的，特別是對於一些涵蓋眾多標的群體或影響深遠的政策，更需要將目標轉化為具體的目的，以利執行人員實踐。

（二）找出因果模型

政策規劃與評估人員會根據相關的社會科學理論，以實際工作經驗或實地調查結果，建立政策目標和目的與政策內容的行為條件間的假設問題，也就是確定目標和目的與政策間的假設關係。

（三）選擇標的

政策規劃與評估人員在建立假設之後，須進一步找出所要服務的標的。標的大部分是個人，也可能是團體（如家庭、社團、企業單位等）或地區或實體單位（如河川、道路）。標的的界定十分重要，因為若界定範圍過寬，可能導致資源分配不當與投資不經濟；如果過窄，又可能因而將某些需要政策方案照顧的標的排除在服務之外。

（四）設計傳送系統與執行程式

服務標的確定後，政策方案的內容為何與如何執行，是最常被忽略的。因此，規劃與評估人員對傳送系統與執行程式的設計，往往左右了政策內容能否如預期傳送到標的團體。

二、可行性評估

可行性評估是指對於某項大型計畫之進行是否有必要與是否可行的評估；主要是在回答有關政策形成與執行的相關問題。

可行性評估的理論來自美國華盛頓「都市計畫研究中心」(The Urban Institute)從事評估美國聯邦政府政策的評估研究人員。他們發現有些專案是無法進行的，於是便對評估的障礙進行了研究。他們認為，高質量評估工作的第一步是分析評估的前提條件。Joseph S. Wholly及其合作者將此一步驟稱為「可行性評估」，並認為可行性評估乃基於三大理由：（一）由於決策者、管理人員和政策利害關係人的抗拒或不合作態度，使政策方案的評估相當困難；（二）評估結果往往不被決策者作為修正政策方案的依據；（三）

倘若某項政策方案在執行過程已有偏失，待執行完成後再進行評估，對現有政策的修正並無助益；因此，應於結果評估之前進行，如此方可先建立全面性結果評估的基礎，同時在效用上也可探究政策方案的執行現況及初步結果是否符合政策的原先設計與運作程式。若有偏差，則決策者可依據可行性評估的結果進行修正。

不過，可行性評估往往不被決策者接受，因此，學者Wholly與Martin A. Stromberg認為可行性評估最好具備以下三項要件：（一）政策目的和績效指標應該有良好的界定；（二）政策方案的內容應和預期的結果或目的有因果關聯；（三）決策者和管理人員有相當的可能性來使用這項評估資訊，以促進政策的績效。如此一來，可行性評估對決策者而言，不僅是一項評估技術，更是一種管理決策過程，乃是可幫助管理者奠定政策方案成功的先決條件。

可行性評估往往能使公共政策主體意識到改進公共政策的需要。可行性評估可發現公共政策執行系統的錯誤，如公共政策目標群體不明確，或者是公共政策的內容需要重新定義等。此外，公共政策各方之間共同的目標也有可能很少，以致公共政策的目標缺乏合適的評判標準。在這些情況下，公共政策評估者發現了政策設計中的諸多問題；如果要進行有效的評估，公共政策主體首先必須解決這些問題。

可行性評估的目的在於創造一種適於評估工作的環境，使人們就公共政策本身的性質及其目標達成共識，以便簡化評估設計；如此，評估者就會在設計評估與組織評估問題時受益匪淺。可行性評估的結果，在於確定方案執行責任的歸屬，以便進行獎懲而隨時調整執行人員與程式，以加強行政功能的發揮，避免政策執行完畢後，因為過程複雜，責任不易釐清，不但無法增進政策方案的執行效率，同時也使政府的公權力受到傷害。這也是可行性評估與規劃評估最大的不同處。

第三節　政策執行評估

　　如果預評估是在政策執行前所進行的評估，那麼政策執行評估則是在執行過程中政策實施情況的評估；也就是具體分析政策在實際執行過程中的情況，以確認政策是否得到嚴格地貫徹執行。

一、定義

　　政策執行評估，是有系統地探討政策或計畫執行過程的內部動態，包括政策運作是否照原定設計進行、政策是否確實到達標的群體、政策方案各部分如何配合等。因此，政策執行評估也就是監測政策方案在執行階段是否有缺失、行政機關的作業流程是否有效率、資源分配是否經濟、政策執行人員的態度，以及其所運用的標的團體是否恰當等。

　　政策執行評估往往因為監測的重點不同而分成兩大類型：一是過程評估，即藉由評估方案的運作過程，瞭解方案進行中發生未預估到的影響因素，以及方案的各部分如何配合等問題；二是傳送系統評估，也就是Michael Q. Patton(1978)所說的「投入評估」(efforts evaluation)，強調傳送系統的資源、人員、時間及行政程式等的規劃監測問題。

　　事實上，政策執行評估不但可瞭解執行政策者盡職的程度，在管理功能上，亦扮演著重要角色；因為許多政策並未按原來設計的內容確實執行。影響政策執行的因素包括：（一）執行人員與設備的不足；（二）執行人員受政治或其他外在因素阻擾，無法按目標執行；（三）執行人欠缺執行任務的知識；（四）標的團體難以確定或不願合作等。這些都可作為管理措施修正的依據，藉此探討以下各項問題：（一）執行時可能遭遇的問題與解決策略；（二）決定政策執行的可行性、執行人員所需要的能力與條件；（三）政策執行過程中，如有其他因素影響，要如何調整政策內容，以達成政策目的。

二、評估途徑

政策執行評估就是評定政策執行的情形，以及政策是否有達到特定的標的團體。但是要如何進行評估呢？

首先，應評估適當的標的團體。其途徑有三：

（一）應用紀錄資料

幾乎所有的政策都有紀錄卡，記載著接受者的各種資料。可是這些紀錄的品質差異頗大，因此，必須發展一套紀錄系統，同時對檔案人員施予相當的訓練；此外，對於抽樣亦應進行品質管制。如果想要測知服務的標的是否是原政策所設定的，可用統計圖表將相關的資訊列出。

（二）政策參與者的調查

當我們不能用資料紀錄來認定政策參與者或標的團體太大時，可利用抽樣調查方法來對政策參與者進行調查，以瞭解政策參與者的各項特性及其行為表現。

（三）社區抽樣調查

當標的團體分布在全國各區域時，利用社區抽樣調查可能是唯一檢定標的團體的方法。一項政策無法對政策環境產生任何影響，其中原因除了包括問題認定的錯誤以及環境的快速變遷外，大部分情形是政策未依照既定的方式執行。例如，根本沒有執行；錯誤的執行或措施，如傳送系統過度複雜或執行人員缺乏執行的知識；非標準化的處理，也就是對於政策執行給予過多的自由裁量權，使得執行標準因人因地而異。

三、評估架構

以下為美國學者L. L. Morris與C. T. Fitz-Gibbon(1978)曾列舉的政策執行評估的架構：

　　（一）內容摘要。說明政策執行評估的物件，包括政策名稱、進行評估的理由、評估所要達到的功能，以及評估後的主要發現與建議。

　　（二）政策背景與政策環境。描述政策形成的過程、所要達成的目標，以及可資利用的資源。具體內容包括政策背景、政策淵源、政策目標、歷史背景、政策的標的團體，以及行政措施與安排等。

　　（三）既定政策的主要特性。包括政策執行計畫的內涵、執行時所用的材料、負責執行的人員、標的團體因應的情形，以及執行的進度等。

　　（四）描述執行評估。討論評估的政策活動，包括執行評估的重點、執行評估的環境；也就是瞭解原定政策是否與執行的政策相符合，以及是否有時間或經費的限制等。

　　（五）結論與相關考慮。包括每個地方是否按計畫與標的團體的期望執行、哪些政策要素需要刪除或修正、所有資源分配是否適當、執行活動是否適合政策目的、標的團體的參與，以及執行人員遵守規則與負責的情形等。

　　總之，政策評估是在政策實施過程中進行的評估。雖然此時的政策還未結束，但政策推選的效果、效率和效益已經表現出來，特別是政策方案中存在的缺陷、政策資源配置中的問題、政策環境中某些條件的改變等，已經暴露出來。這種評估的優點在於評估中獲取的資料都是即時、具體的，評估的結論也是真實、可靠的。另外，評估的結果也能立即且直接產生作用，用來對正在執行中的政策進行調整。但執行中的評估只是對進行中的一定過程所用的評定，由於過程並未結束，所以評估帶有過渡、暫時的性質。

第四節　政策結果評估

　　政策結果評估是政策執行完成後對政策效果的評估，旨在鑑定人們執行的政策所確認問題達到的解決程度與影響程度，辨認政策效果成因，以求透過優化政策運行機制的方式，強化與擴大政策的效果。它是在政策執行完成以後發生，是最主要的一種評估方式。

一、定義

　　政策結果評估是指績效或成果評估，為二十世紀1970年代初期形成的評估理論。這種觀點認為，政策評估的目的就是檢測政策的成績與效果，保障政策有效地達到目標。代表性學者及其著作包括：G. Weiss(1972)的《評估研究：方法效果的評估方法》；P. H. Rossi與W. Williams(1972)著有《評估社會規劃》；H. W. Riecken與R. F. Bourch(1974)著有《社會實驗：規劃與評估社會參與的方法》；C. A. Bennett與A. A. Lumsdaine(1975)著有《評估與實驗：評估社會規劃的若干關鍵問題》；E. L. Struening與M. Guttentag(1975)編有《評估研究手冊》等。

　　政策結果評估觀點認為，政策評估的核心標準就是效能與效率。效能是指政策的績效和目標完成的程度，透過實際效果和預期的計畫效果相比較即可得出；效率是指政策產生績效時與所投入的費用成本之比，透過成本效益分析即可得。效能與效率雖存在著區別，但是二者也是緊密相連的兩個評估環節。

　　從效能評估來說，只要政策的績效達到預期設計的目標要求，就可說政策產生了效能。例如，接種一種疫苗，若按要求降低了發病率；某項交通管理條例，若按要求降低了交通事故率或增大了交通速度與流量，這都可說是政策產生了效能。中國大陸以經濟建設為中心的國家發展政策，以達到瞭解決溫飽、小康和超越世界發達國家的各階段目標，就可說是政策產生了效能。美國在二十世紀1960年代初制定的「登月」計畫，設想在1960年代末將人類送上月球，並於1969年7月21日實現了此一政策目標；其社會各界也認為，針對1950年代末蘇聯人造衛星首次發射成功，美國實現了首次登月成功。因此可說該政策產生了效能。政策的效能評估的實際過程比較簡單，問題是，該如何使政策產生效能，達到原初設計目標呢？這一點實際上是政策規劃設計的任務。由此，上述提到的二十世紀1970年代初期的學者們也在理論專著中圍繞著如何提高政策效能的實驗設計、準實驗設計，以及對有關的統計分析方法進行了廣泛探討，希望能透過有效的政策實驗設計規劃來提高

政策效能。1980年代初期，Rossi與Freeman(1982)在《評估：一種系統理論》(*Evaluation: A Systematic Approach*)一書中，便對實驗設計的方法進行了概括。

效率評估主要包括政策的成本利益分析與成本效能分析。成本利益分析是指在政策成本利益能採用貨幣衡量的情況下，所計算的成本投入、毛利益產出，以及減去成本的淨利益。成本效能分析係指在政策效益不能用貨幣衡量的情況下，所計算的成本投入政策效能。它往往透過比較的方法，計算達到相同政策目標的多項方案的單位成本，或是比較同單位成本達到政策目標的不同效能。在這種分析中，由於成本可用貨幣計算，而達到目標的效能不能用貨幣計算，所以只能採用比較的方法；亦即同樣的成本達到什麼不同的政策效能，或同樣的政策效能又消耗了什麼不同的資源成本等比較方法。評估的結果無非就是要判明是否以最低的成本達到所要求的政策效能。

結果評估的實際目的就是檢驗政策質量，決定政策是繼續執行，還是修正或終結，以及提出替代政策。結果評估理論是典型的績效論與實證論的評估觀點。其最初應用在公共建設專案的評估上，後來逐漸應用在交通運輸、衛生保健、人力安排，以及城市建設等很少涉及價值爭論的公共政策上。

結果評估雖然一直是政策評估的重要理論與方法之一，但是其侷限性也相當明顯。第一，不能適用於具有倫理道德和價值爭議的政策評估；第二，在成本效益分析中，機會成本及其他間接成本也無法進行精確的定量計算；第三，私人產品或私人消費透過稅收程序轉化為公共品或公共消費，雖可採用統計分析方法進行效能與效率的計算，但是計算結果是否與客觀現實相符也很難一語斷定。總之，結果評估雖是從實證與客觀的角度出發檢驗政策質量，但是由於政策領域的複雜性而使評估經常很難達到客觀的結果。儘管結果評估理論存在一定的侷限性，但是它畢竟開創了政策評估領域，提出了有效可行的評估角度與方法，形成了初期的評估理論體系，並且仍是當前政策評估的基本理論與方法之一。

二、政策評估結果的實用性

　　雖然從客觀與實證的角度出發，結果評估提出了檢驗政策質量的報告，但是基於一些現實原因，評估結果不是被束之高閣，就是被低度使用；也就是說，評估結果不能具有一定的實用性。V. G. Nielsenl(1975)在〈爲什麼評估不能提高政策效能？〉一文中，以及Wholey(1976)在〈政策改進中的評估作用與評估者〉一文裡，都曾發人深省地提出了此一問題。W. N. Dunn(1981)在《公共政策分析導論》一書中提出，一項政策評估若未仔細考察使用的目的與價值，而貿然以評估者的主觀標準進行評估，即使是採用科學方法對政策效果進行可靠的評價，仍是一種虛假的評估，且也不具實際意義。產生這種問題的主要原因有兩個：一是結果評估過於重視評估結論的科學嚴謹性，而忽略評估結果的實際應用性；二是由於規劃與執行者往往是從主觀上認爲評估結果會帶來否定與責難的負效應，於是採用不合作態度，使評估時不易取得完整的資料，導致評估結果質量低下，不具備使用價值。如此一來，決策者往往認爲評估報告不能提供有用的參照，評估者又往往強調評估報告未受到應有的重視。因此，從二十世紀1970年代中期開始，學者們將政策評估的理論研究轉向評估結果的價值與實用性分析，在對結果評估理論展開批評的基礎上，提出了一套評估結果「使用取向」的分析理論。

　　從評估結果的實用性出發，提出使用取向評估理論的代表性學者及其著作包括：M. Q. Patton(1978, 1982)著有《使用取向評估》(1978)與《實驗性評估》(1982)；L. Rutman著有《評估研究方法：基本指南》(1977)與《規劃有用的評估：可評估性確定》(1980)；L. J. Granbach(1980)著有《政策評估的改革之路》；Wholey著有《評估：允諾與履行》(1979)、《評估與有效的公共管理》(1983)以及《執行與可信度：公共與非營利組織的卓越發展》等(1986)。

　　使用取向評估理論主要研究如何使評估結果具有實用性，以及爲政府與社會所接受、其中，將政策調適物件或政策利害關係人列入政策評估範圍，以調適物件爲中心來進行評估，即是一個重要的研究成果。

　　將政策調適物件或政策利害關係人列入政策評估範圍是二十世紀1970年代後半期由美國國家教育研究所首創與推廣。此一理論認為，早期的政策評估由於過分重視學術規範與方法論的完整性，因而相對忽略了對政策調適物件的考察分析，因而導致評估結果脫離實踐環節，很難在實際中有效的應用。為了使評估結果能更廣泛地被接受且更有效地被使用，美國國家教育研究所的學者們極力倡導圍繞調適物件的評估理論(Bryk, 1983)。此這一理論主張，政策評估應該使評估者、評估結果的使用者與調適物件充分溝通，以及評估標準的確定應與政策調適物件共同商議，避免虛假無效的評估。這樣的評估要注重三個環節：第一，要讓評估者充分瞭解調適物件的需求和期望標準，而避免以個人主觀願望或利益集團，以及決策者的標準來左右評估；第二，按不同使用者的需求設計不同的評估方案；第三，有系統地排列決策者、執行者等不同評估結果使用者的需求，促進社會個人或團體間的交流。Weiss(1983)認為，從發展來看這樣的評估，其意義深遠：第一，它基於社會中多元的利益和觀點，依據各種不同的政策評估標準，可抑制評估人員的主觀片面性，促進社會民主的發展；第二，它以現實狀態為基礎來分析評判政策，因此，產生資訊反饋，利於判定政策的繼續或修正；第三，它將增強社會各方的責任感。評估工作的成敗將是決策者、評估者、調適物件共負的責任。由此可知，政策評估是一個多方配合的運作過程。從評估者來說，應該主動、積極地向調適物件與決策者提供評估方案和有關資訊資料；從決策者來說，應該願意使用評估結果作為再決策的依據，若是評估結果不能為特定決策所用，也應該用它來促進政策研究，作為隨時借鑒的政策經驗；從調適物件來說，應主動參與評估、積極提出自己的資訊需求與評估標準，並珍惜和尊重評估活動和評估報告。Weiss(1983)認為，能否多方面順利配合，將是達到有效評估的基本條件。

　　使用取向評估的理論觀點注重了政策評估的實踐性與評估結果的有效使用性，拓寬和發展了政策評估研究的視野，作為一種發展性理論具有一定的參考價值與現實意義。但是它在現實操作中也存在明顯的侷限性。首先，從可評估性的確定和圍繞調適物件的評估來說，都存在著多元要求與多方行為

整合的過程；若不能達到協調與配合，從而無法進行評估。其次，在協調與配合的評估活動中，評估者既要堅持原則與職業道德，又要講求策略與協調，使評估活動具有很大的難度。

　　儘管政策評估分類如此，但在實踐中政策評估存在於一個統一體系中，也就是從政策預評估、政策執行評估與計畫監測、政策結果評估來逐一進行（如表17-1）。

表17-1　政策分析——政策評估連續統一體系

政策預評估	問題的定量與定性分析；實施政策的決策指標、選項、優勢、劣勢及預期結果；實施和評價的必要步驟
政策執行評估與計畫監測	在政策或計畫實施後對變化做紀錄；在實施中對政策或計畫做分析來確保它按照設計得以實施，並在實施過程中不出現無意義的改變
政策結果評估	對政策目標能否完成與政策是否應該繼續執行、修改或終止的定量及定性分析

資料來源：孫蘭芝、胡啟生等譯(2001: 358)。

　　政策預評估做出的結論涉及認定與澄清政策、確定用於選項優勢、劣勢的指標、認定可能選項的範圍、對這些選項的定量及定性分析，以估計這項選項滿足指標的情況、比較選項的相對效益和成本等；也可能包括對一個合適選項的推薦、確定實施，以及評價政策的步驟。

　　政策執行評估與計劃監測一系列為按照政策或計畫進行實施政策面採取的行動。這些努力包括以政策決策者到執行委託人及有關機構的所有過程中保持政策的完整性。政策維護的目的不是阻止對政策進行必要的改變，特別是阻止有危險性改變的發生，並且其他故意的改變，以便認識它們，並在計畫評價時加以考慮。

　　政策結果評估一般來說係指對政策目標完成情況的檢查。此一要求把政策監測階段中獲得的定量和定性資訊與計畫目的、目標和指標相聯繫，並根

據政策完成目標的情況來確定政策是否應該繼續執行：如果政策完成了它的目標，就應該繼續；為使政策完成預期目標，就應該進行修改；如果效果不好或出現無意義的消極後果，就應該終止。

當然，政策評估的分類不只上述三種，下一節將介紹其他幾種常見的分類方法。

<h2>第五節　其他評估</h2>

上述評估類型主要是按評估在政策過程中所處的階段來區分。除此之外，還有其他類型的政策評估，如非正式評估、正式評估、內部評估及外部評估等。

<h3>一、非正式評估與正式評估</h3>

根據評估活動是否有嚴格的程序與規定，政策評估可分為正式評估與非正式評估。

<h3>（一）正式評估</h3>

正式評估是指事先制定出完整的評估方案，嚴格地按照規定的程式與內容執行，並由確定的評估者進行的評估。正式評估是在政策評估中占據主導地位的評估方式，其結論是政府部門考察政策的主要依據。正式評估的優點是評估過程標準化、評估方法科學化、評估結論相對比較客觀且全面，透過正式評估，能夠有效地排除評估中的隨意性，消除某些主觀因素的影響，全面地反映出政策效果，提出科學的政策建議；其缺點是評估的條件較為苛刻，不僅要求須有充足的資金與系統的評估資料，而且對於評估者自身的素質也有很高的要求。

（二）非正式評估

　　所謂非正式評估，即對評估者、評估形式、評估內容不做嚴格規定，對評估結論也沒有嚴格的要求，人們係依照自己所掌握的情況自由進行的評估。實際發生的評估活動大部分屬於這種非正式的評估。非正式評估的優點是方式靈活、簡單易行，它既可以是某個領導人輕車簡隨、微服私訪，瞭解某項政策的執行效果，也可以是平民百姓的街談巷議，甚至是茶餘飯後的熱門話題。透過鼓勵非正式評估，不但可全面瞭解某項政策的實際效果，還能吸引社會各階層的人士參與評估活動，加強公民的參政意識；而缺點是評估者所掌握的材料往往是有限的，加上缺乏科學的程式與方法，所得出的評估結論往往較爲粗糙，易犯以偏概全的錯誤。此外，由於非正式評估的隨意性，各種評估結論也很難蒐集與整理。

二、內部評估與外部評估

　　根據政策評估者的來源劃分，由來自行政機構內部的評估者實施的評估爲內部評估；由來自行政政策機構外部評估者實施的評估爲外部評估。這種分類方法是政策評估中是較爲常見的分類方法，兩種類型的評估各有其優點和弱點。在實踐活動中應綜合利用，以獲取科學的評估結論。

（一）內部評估

　　內部評估即是由行政機構內部的評估者所完成的評估，其可具體分爲由操作人員自己實施的評估，以及由機構中專職評估人員實施的評估。

　　由操作人員自己實施的評估，即是由政策制定者或執行者進行的評估。這類評估的優點是由於評估者本身就是制定者的執行者，因此，對整個政策過程具有全面的瞭解；而且評估者因掌握著有關政策制定與執行大量的第一手資料，亦有利於評估活動的開展。另外，由於評估者直接參與政策過程，他們有條件根據自己的評估結論，調整自己的政策目標與政策措施，使評估活動真正發揮作用。這類評估的弱點表現在以下幾方面：其一，由於評估的

結論關係到評估者作為政策制定者的執行者之聲譽或利益，可能難以避免具有較強的主觀色彩；其二，政策評估是一項複雜而瑣碎的工作，需要評估者有系統地掌握有關的理論知識，並熟悉專門的方法與技術，但對於操作人員來說，他們往往缺乏這方面的系統訓練。

由行政機構中專職評估人員所完成的評估，它可以有效地克服操作人員評估所存在的一些問題，如缺乏必要的技術，無法有系統地宏觀分析等；但由於置身於機構內部，這些專職人員仍受到機構利益的牽制，他們必須平衡好與操作人員之間的關係，並聽命於機構負責人的指示。因此，他們的評估也解決不了內部最大的痼疾，亦即難具備客觀性。

（二）外部評估

外部評估是由行政機構外的評估者完成的評估，它可具體分為受行政機構委託進行的評估、由投資者或立法機構組織的評估，以及其他各種外部評估者自己組織的評估。

受行政機構委託進行的評估是最主要的外部評估方式，是由政策的制定者或執行者委託機構外的評估者進行的評估。這類評估的優點十分明顯：一方面，由於置身機構之外，不受機構利益的限制，因而能夠較公正地進行評估；另一方面，由於評估活動是以委託方式進行的，因而有利於建立起評估者與機構之間的相互信任、相互合作的關係。另外，由於評估者是專業的評估人員，這對於提高評估活動的質量大有助益。

投資或立法機構所組織的評估，是另外一種外部評估方式。投資部門關心投入政策的各種資源是否得到了合理的利用，立法部門則關心從最終效果來分析政策是否真正代表了公眾的利益；在一定的條件下，它們都要求組織自己的評估活動。比較上述幾種評估方式，這類評估最為客觀與公正，最能體現評估活動的本質要求。但它們自身也有一些弱點：一是無論是投資者還是立法部門，本身都是一個機構，都有自己的利益選擇——投資部門主要關心投資的經濟效益，其評估目的基本上是屬於個體評估，而立法部門則側重於政治利益的考慮，其目的基本上是一種政治評估，因此，它們都難以將經

濟與政治的利益結合在一起考慮。二是這類評估的成功與否，對有關部門至關重要，因此，在獲取真實的評估資料上，有一定的難度。

其他各種外部評估者自己組織的評估範圍很廣，如一些研究機構或學術團體出於研究目的而進行的各種評估，以及輿論界、某些社會團體和公民自發進行的評估，都屬於這類評估。這類評估一般不代表任何機構的利益，評估的態度最為客觀，代表社會各階層人士對於政策的看法。前面所講的非正式評估，大都屬於這類評估。然而，它的弱點是：評估活動缺乏權威性，難以從有關部門取得評估所需的各種資料，評估結論也不易受到重視；另外，這類評估在經費來源方面也存在較大的困難。

非正式評估與正式評估、內部評估與外部評估，是政策評估中另外幾類較為重要的分類方法。對政策評估分類是為了便於我們對此一活動的認識；在實踐中，應綜合各種評估的優點，取長補短，相互印證，以取得較好的評估結論。

由此可見，出於不同的研究目的或實踐需要，可以對公共政策進行各式各樣的分類，其目的是為了讓我們更認識政策評估活動，更有效地開展公共政策評估。在後續的章節裡，我們將介紹公共政策評估的程式、標準和方法。

政策評估的程式

學 習 目 標

- 掌握政策評估的程式。
- 熟悉政策評估和資訊、資料蒐集。
- 掌握政策評估的分析論證方法。

　　政策評估是一個過程，是一種有計劃、按步驟進行的活動。由於評估的類型不同，因此評估活動步驟也不盡相同。不過，只要是正規的、科學的政策評估，一般都要經過確定評估專案與評估方案、蒐集資訊與資料、綜合分析與論證溝通、做出結論等四個階段。

第一節　確定評估專案與評估方案

　　簡單說來，評估的過程就是一個從確定評估專案，經過資訊彙總、分析論辯到提出新的政策建議的過程；複雜一點的說，此一過程不僅涉及政策目標、效能效率、執行過程、綜合影響等客觀情況，也將涉及包括決策者、執行者、調適物件，以及包括其他民眾或團體組織在內的政策有關人員所持一致或衝突的認識。因此，評估可說一方面涉及既定指標完成情況的衡量；另一方面也涉及社會政治、經濟、價值、利益、倫理道德等方面的辯證分析。

一、確定評估專案

　　啓動任何政策評估，首先要確定評估專案，即「可評估性確定」。啓動一項評估，將涉及不同政策相關人員的需求與態度。因此，爲了使評估結果被廣泛地接受，達到有效的評估目的，也爲了使各方政策相關人員積極配合和參與評估，啓動評估一定要愼重。

　　某些學者認爲，就一般而言，政策本身沒有發生任何問題、政策尙未出現明顯的變動情況，或是社會各界對政策目標的認識衝突較大，或當評估費用與人員不足時，都不宜發動評估(Weiss, 1972)。很顯然地，此時確定和啓動評估，或者沒有必要，或者能力無法達到，或者很難使衝突的意見達到共識，這些都會直接影響評估的有效性。

　　對於評估專案的確定，B. Bozeman與J. Massey(1982)曾提出11項指導原則。這些原則對評估實踐策略有一定的參考意義：

　　第一，選擇政策執行與社會變化存在明顯因果關係的政策。如果因果關係不明確，那麼社會變化是否應歸因於政策執行，將很難分析解釋，評估方案也很難設計。

　　第二，選擇政策直接影響比間接影響更爲主要也更爲顯著的政策，以減輕分析衡量的難度。

　　第三，選擇短期效益具有價值的政策；因爲長期效益政策將受到多種因素的影響，很難精確衡量。

　　第四，選擇具有代表性的政策。這種評估結果可以推廣使用，爲類似的政策評估提供參照。

　　第五，選擇運作充分、執行資訊資料豐富的政策，避免政策執行得不成功。

　　第六，選擇高成本效益的政策。如果一項政策成本效益都很微小，那麼透過投資進行評估所帶來的效益也將很小；這種評估有可能造成評估投入的浪費或根本沒必要。

　　第七，選擇政策績效評估。因爲這種評估很難說明執行過程與績效的關係。

　　第八，選擇有關人員支援的評估。主要是政府決策者和決策執行者的支援與配合；這種支援和配合將使評估工作有可能獲取更爲豐富的資訊與資料。

　　第九，選擇有經費資助的評估。社會資助的經費一方面可充分評估費用，另一方面也說明了此政策評估引起一定的社會關注。

　　第十，借助社會力量進行評估。諸如學術研究機構、大學院校研究生等都是政策評估中可利用的人員，他們可以透過學術論文的方式來評估政策。這一方面可以節省評估費用，另一方面也可以促進理論研究與社會實踐的溝通。

　　Bozeman與Massey(1982)提出的指導原則雖然很有實用價值，但也存在一定的問題。如果出於這些策略上考慮，那麼對於評估難度較大的政策要不要評估呢？在評估制度化、法律化的社會系統化的條件下，應該評估的政策

就必須要評估，不應該因為評估難度大而放棄評估。再者，一項政策如果評估難度大，也正說明政策面臨著問題，因而更應透過評估來確定與解決問題；對於評估難度較大的政策，可透過分析論辯、溝通協商從而得出共識的評估結論。因此，Bozeman與Massey的觀點只是從微觀上掌握評估專案確定的一些策略。

　　概括說來，確定評估專案應該重點考慮以下情況：

　　（一）法定評估專案。如果制度或法律規定某項政策應該進行評估，那就要將其確定為評估專案。

　　（二）問題較大的政策。一項政策的推行如果出現較大的問題，或者一項政策的效果顯著，其效能、效率、直接或間接的社會影響力都呈現較高水準，那麼可透過評估總結經驗，以推廣和借鑑。

　　（三）應要求評估。如果社會各界普遍對某項政策提出評估的要求，那麼不論其出於積極或消極的目的，首先說明了一種需求和關注，同時也說明該政策存在著主評估分析的必要性。因此，應發動評估，一方面滿足社會需求，另一方面也可以對該政策進行系統檢驗。

　　（四）長期專案的階段評估。對於長期專案來說，雖然從總體上很難把握，但是透過階段性的評估，對階段效能、效率、執行過程、綜合影響，以及階段目標的實現情況進行衡量與評判，可達到對總體目標實現的保障作用。因此，對於長期專案應該根據階段要求確定是否進行評估。

　　不論評估什麼專案，一定要準備充分。這種準備主要包括評估人員、經費的準備、與有關方面的溝通，以及正式的評估方案。這種方案一般來說包括評估的目的、內容、方法；評估專業人員、經費、時間的安排用，以及與評估有關的人員確定和資訊資料範圍。在準備不充分的情況下發動評估，極有可能使評估的努力付諸流水。因此，準備充分既體現對發動評估的慎重態度，也是評估成功的重要保障。

二、設計評估方案

設計評估方案是政策評估階段最重要的工作。就某種意義上來說，政策評估方案之設計是否合理、評估方案的周詳程度等，直接決定了政策評估的質量。一般來說，政策評估方案應包括以下內容：

（一）確定評估者

評估者是政策評估的主體，對於評估活動具有舉足輕重的影響。評估者對於評估的態度及其自身的素質，直接關係到評估活動的成敗。因此，在實施一項政策評估以前，首要的工作就是選擇適當的評估者。

評估者的來源繁多。從評估者是否來自行政機構來劃分，可分為內部評估者與外部評估者。在內部評估者當中，從評估者所屬機構在政策活動中所處的位置來劃分，可分為政策制定部門的評估者、政策執行部門和監督部門的評估者等；外部評估者又可具體分為立法部門的評估者、司法部門的評估者、投資部門的評估者、研究機構的評估者，以及其他社會團體和公民。

（二）明確評估物件

評估物件是政策評估的客體，在此專指各種政策。雖然在一項具體的政策評估中評估物件是既定的，但這並不是說任何一項政策在任何時候都可以且有必要進行評估。在確定評估物件時，必須堅持效性與可行性相結合的原則。一方面，選擇的評估必須確有價值，能夠透過評估達到一定的目的；另一方面，所選的評估物件又必須是可以進行評估的，即從時機、人力、物力、財力上來看均能滿足評估所需的基本條件。

（三）明確政策目標

明確政策目標包括目標認定與目標分解兩項。目標認定即找出全部政策目標。政策評價的客體是經過政策實踐，即已執行了的政策；因此，一般都具有明確的目標——因為缺乏明確目標的政策是難以實施的。但在以下幾種情況下，政策評價仍需進一步認定政策目標：一是政策具有多重目標，甚至

有些目標相互牴觸時，評價者應從中認定全部政策目標；二是政策已經過調整時，評價者應從中分別認定原始政策目標與調整後的政策目標；三是當政策制定者出於增強政策應變能力而採取模糊語言表達政策目標時，評價者應盡可能使其明確與精確化。目標分解是將已認定的政策目標分解為一系列子目標，形成有序的目標體系，以便圍繞目標體系對政策進行系統的評價。目標分解的方式主要包括：(1)將目標按性質或屬性分解為若干類別；(2)將目標按政策範圍或重要性分解為若干層次；(3)將目標按時點或時域分解為若干階段。政策評價中選用何種目標分解方式，要依據認定的政策目標的總體結構與政策評價的任務和內容而定；政策評價者也可結合實際需要，選擇其他目標分解方式。

（四）確定評估標準

政策評估實質上是一種價值判斷，而要進行價值判斷，就得建立價值準則（即評估）。因此，評估標準也是政策評估系統的要素之一。對同一項政策進行評估，如果評估標準不同，可能會導致截然相反的評估結論。

建立評估標準是一項十分複雜且細緻的工作。選擇什麼樣的評估標準，不僅決定於評估目的，而且與評估者和評估方法密切相關。此項內容將在下一章內詳細說明，此處不予贅述。

（五）選擇評估方法

評估方法是指評估者在政策評估中所採用的具體方法；評估方法對於政策評估具有十分重要的意義。現代政府日益複雜的政策實踐活動，對政策評估提出了新的、更高的要求，而評估方法的改進，正是政策邁向科學化的關鍵。

評估方法種類繁多，從方法論的角度劃分，可以是經驗的方法，也可以演繹推理的方法；從事物的質和量的角度劃分，可以是定性分析，也可以是定量分析；從評估所涉及的工具來劃分，可以傳統的方法，也可以現代的方法。評估方法是政策評估實踐中富有創新性和生命力的一個方面。關於評估

方法的具體內容，在本書的相關章節中均有提及，於此不再贅述。

在確定評估專案和評估方案之後，接下來進入政策評估的第二步驟評估資料與資訊蒐集。

第二節　蒐集資訊資料

在準備充分、評估專案確定的情況下，評估的下一步就是蒐集資訊與資料。所蒐集的資訊資料可概括為兩方面。一方面為與政策相關的現實資訊與資料，可包括政策目標、效能效率、執行過程，以及政策執行的綜合影響；另一方面則是與評估有關的各種人員的認識觀點、態度和要求。一般來說，資訊與資料的蒐集要在兩個範圍內進行：一是評估方案中確定的資料需求範圍；二是與評估相關的社會個人、團體範圍。根據這兩個範圍的要求，評估者的蒐集將根據評估方案中確定的資訊與資料需求範圍，以及與評估相關的社會個人、團體範圍，採用調查和徵詢的方法來完成。

現實的資訊與資料往往呈現出一種確定的資訊：政策目標即為政策方案原初設計的目標要求；效能即政策執行實現目標的程度和工作成績；效率即為政策引起的社會資源配置，以及政策從規劃到執行全部投入資訊與資料的蒐集。成本的使用情況則為：執行過程即為執行機構的設置、運行、工作態度及溝通協調過程；綜合影響即為政策執行對個人、團體、自然與社會環境整體作用的結果，是社會總體由於某項政策執行產生的變化。

面對一個新的政策問題時，我們總是傾向於盡可能地多蒐集資訊與資料，但是時間卻不允許我們這樣做；同時，我們自己還受到與問題相關的資訊與資料，以及決策者或委託人的控制。要迅速發現幾個明顯的途徑瞭解基本資料，這些資料將會使您進一步發現其他基本資料的來源。有了這些資訊與資料作為背景，和委託人的談話將有助於克服研究的狹隘性，收益頗多。

然而，該使用什麼策略來識別和蒐集資訊與資料呢？對大多數任務來說，一開始，資料似乎是缺乏的。但是當評估者有時間去研究以後，情況通

常是相反的。可以透過思考問題，考慮誰可能成為被涉及的物件、考慮過去發生的相類似問題，來開始自己的研究；然後，概括現有的情況和所研究的問題的特徵，列出關鍵的個人與組織。在本章節中，將對資訊與資料來源和獲取資訊與資料的方法等進行概述。

一、資訊與資料來源

列出所有可能的資訊與資料來源是不切實際的；同時，這麼一個列表將很快過時。這就產生了一個系統地思考資訊與資料來源的方法的問題。對一個評估者來說，即使你所評估的單位或辦公室可能擁有自己的圖書館，但是所保存的資訊範圍通常有限。當一個新的、特殊的問題出現時，你需要尋找那些提出這些問題的特殊事實。成功有賴於在思考問題時所產生的創造性，以及找到最合適、最值得信賴的資料。

現有的資訊與資料可分成幾個主要的種類：圖書館中保存的大量的現存資訊與資料；政府機構正式發表的報告；公共和私人組織發表的非經常性的資訊與資料和報告；由政府部門、私人組織和特殊利益集團蒐集和保存的部分，以及透過社會調查獲取的第一手資訊與資料。

（一）圖書館

大多數政府機構都擁有自己的圖書館。政府報告與統計資料可在政府機構自己的圖書館中找到。這些圖書館比公共圖書館擁有更多的專門資料，因為它是內部報告的來源，通常是涉及本機構主要關心領域的圖書館。例如，教育部可能有一個關於教育統計的圖書館、衛生局可能有一個人口統計的圖書館。

（二）政府機構

儘管來自與政府機構的報告或統計數字也可能透過圖書館獲得，但是如果條件允許，應該直接向政府機構諮詢或索取，因為大多數圖書館只擁有政府機構的報告或統計數字的一部分。

（三）其他公共和準公共事業團體

　　大多數機構，包括公共的和私人的，都會定期地蒐集有關自己活動的資料。例如，交通運輸機構能夠提供有關交通運輸使用方面的資料；公園管理局能夠提供使用，有時甚至包括使用者的態度和特點等方面的資訊與資料。即使這些機構沒有你想要的準確的資訊與資料，它們也能夠為你提供獲得這些資訊與資料的其他途徑。

（四）調查研究組織

　　許多研究組織都持續蒐集一些特殊主題的資訊與資料。例如，大學通常有自己的調查研究中心，它們或者是一個獨立的單位，或者隸屬於某個城市事務或政治科學部門。由於其資訊與資料在很大程度上是專用的，因此，類似的資料與資訊或服務只能從私人公司中得到。電台、電視台、報紙和雜誌等，都經常進行它們自己的調查。這些調查基本上是熱門話題，例如，公民對時事的看法，住房問題、經濟趨勢等。

（五）私人組織

　　特殊利益集團定期蒐集並綜合相關資訊與資料；地方的商會也蒐集有關商業活動和趨勢的資料；許多諮詢公司也定期提供有關人口、經濟趨勢、公園和交通問題，以及其他類似的資訊與資料。另外，某些組織還會出售與其特殊利益相關的資料。

（六）社會調查

　　社會調查是獲取有關政策評價資訊與資料，特別是建立起反映政策物件客觀、實際的統計指標體系的最可靠方法。社會調查主要包括：(1)普查。普查就是對調查物件的全部組成單位元一個個地進行調查，如中國大陸的人口普查工作；(2)典型調查。典型調查就是從調查物件中，選擇若干個有代表性的單位來調查；(3)抽樣調查。抽樣調查就是從調查物件中，按隨機原則抽取一部分單位作為樣本，對這些樣本進行調查。調查方法中還有個案調查、重

點調查、非隨機抽樣調查等方法。這些方法有的是屬於上述三種方法，如重點調查屬於典型調查、非隨機抽樣屬於抽樣調查；有的則自成一家，在此則不做介紹。

二、獲取資料的方法

當我們在任何一個新的領域開始工作時，掌握一些方法是相當有用的。對不同的資訊與資料來源的獲取資訊，其方法可能也是不同的。以下將介紹一些獲取資料常用的方法。

（一）圖書館調查法

在過去的10年間，許多圖書館在資料查詢的方法上都發生了重要變化。圖書館的顧客不再是透過卡片目錄去查詢，而是使用電腦的終端，根據作者、科目、書籍和期刊的關鍵字去查詢資訊與資料。因此，今天的政策評估者必須能熟練地運用電腦。這種運用電腦查詢資訊與資料的方法，也同樣適用於在網際網路上搜尋相關資訊與資料。

（二）文獻述評

「太陽底下沒什麼新鮮事」此一格言同樣適用於政策評估。評估者要評估的許多政策都已被他人在另外的場合提出過，你的問題在於找出它們，並作為你出發的起點。蒐集相關文獻資料，並對它們進行研究，這樣你就可能迅速地只就相關的原始資料做出鑑別。這些文件中所包含的資訊與資料可能是過時的，不能變成適合你的問題的材料，也許還包含著誤導性的結論。此時，你需要具備鑑別能力，還應該利用綜述所得資訊，去聯想其他可替代選擇的解決方案和其他資料來源。

（三）政策資料的訪談調查

採訪有知識的人是鑑別與蒐集材料的重要途徑。調查研究的方法、標準化的調查表，以及大規模的訪談等，這些方法長期以來都被用來蒐集政策評

估資料[1]，這些研究方法一般透過在大量的人口中抽取一個隨機樣本來蒐集資訊與資料。與大規模訪談相對照的是對菁英人士和專門人物的訪談；在這種訪談中，透過對那些被挑選出來的對一件事或過程有專門知識的重要的個人的訪談，評估者可以蒐集到非標準化的資料，這種非標準化的資料也被稱作「焦點訪談」(intensive interviewing)。另一個相關的半標準化的訪談則被稱為「集中訪談」(focused interviewing)(Merton, Fiske, & Kendall, 1956)。

　　政策評估中經常使用菁英訪談，來作為一種迅速、基本的資訊與資料蒐集方法。在許多情況下，評估者都要依賴於這種方法，特別是對短期專案、很少或幾乎沒有文獻的場合。在這種情況下，受訪者不願意將某些答案寫出來，大量的資料難以獲得，採訪者也可能對突然出現的政策問題的複雜性感覺遲鈍。在這種情況下，政策評估者即必須獲得專家的洞見，包括機關的全體職員，以及有機會接觸未被發表資料的人。

（四）普查

　　普查有兩種方法：一是由上級制定普查表，由下級根據已經掌握的資訊與資料進行填報；二是組織專門的普查機構，派出專門的調查人員，對調查物件進行直接登記。普查的優點是：資訊與資料全面、準確性高；缺點則是時間長，人力、物力、財力耗費大。普查是一項複雜的系統工程，應遵循以下原則：(1)時間必須統一，即必須在同時間（或以同一時間為限）蒐集資訊與資料；(2)選擇合適的調查時間，由於普查涉及全部調查物件，應選調查對象最集中的時間普查；(3)普查指標盡可能精確，不宜過多，只限於必不可少的專案；(4)普查應按一定周期進行，如人口普查應定期幾年進行一次；(5)應在盡可能在短時間內完成，既節省時間、人力、財力，又保證普查資訊與資料與所反映的時間盡可能接近。

---

[1] 有關傳統的訪談方法的優秀教材，請參見Herbert, H. Hyman, 1975, *Interviewing in Social Research*, Chicago: University of Chicago Press.

（五）典型調查

　　典型調查的典型選取方法有以幾類：(1)擇中選點法，即在調查物件中選擇處於中等水平的單位作調查典型；(2)劃類選點法，即將調查物件分爲若干類，如優、中、差三類，在各類中抽取一個作爲調查典型；(3)擇優選點法，即選擇調查物件中處於優等水平的單位作爲調查典型；(4)擇劣選點法，即選擇調查物件中處於劣等水平的單位作爲調查典型。擇中選點法用於瞭解調查物件的一般水平；劃類選點法用於調查物件比較複雜，每一類都在總體中占據一定比例，分別瞭解優、中、劣之狀況；擇優選點法用於瞭解調查物件的較優水平，以便總結成功經驗；擇劣選點法用於瞭解調查物件的較劣水平，以便吸取不成功的教訓。典型調查的優點是：調查時間短，節省人力、財力、物力，對調查典型情況瞭解得深入。而缺點則是：(1)典型的選取具有人爲因素，即具有主觀隨意性；(2)典型調查是否有代表性，難有把握；(3)由典型調查得出的結論不一定完全適用於全局。因此，應用典型調查應注意這樣幾個問題：首先，要正確選擇典型。典型必須是同類事物中最具有代表性的人和事。正確選擇典型調查必須實事求是，從而保證典型的客觀性、真實性和代表性。典型調查應根據形勢、環境及典型自身的變化而不斷變化，不能用靜止的眼光對待典型調查。其次，要把調查與研究結合起來。典型調查是通過典型情況來瞭解全部調查物件的情況，因此，要對調查得到的結論進行科學分析，而不能一成不變地推廣到全部調查物件。

（六）抽樣調查

　　抽樣調查是一種比較常用的調查方法，它既能節省時間與費用，也有較好的準確度。抽樣調查的程式是：首先，確定調查總體，即根據調查的目的要求，確定調查物件的內涵、外延及其數量。其次，設計和抽取調查樣本，即設計樣本的數量和抽取樣本的方法，並根據設計要求抽取一部分調查物件，組成調查樣本。三是蒐集樣本資料，即採取各種方法對樣本單位進行實地調查。四是分析樣本並因此推斷調查總體，即對樣本調查的資料進行計

算、分析，得出樣本指標，然後根據樣本數值，推斷總體指標，說明總體情況。

隨機抽樣方法主要有以下幾種：

1.簡單隨機抽樣

簡單隨機抽樣，即對調查物件不進行任何分組、排列，僅按隨機原則直接從總體中抽取樣本，使調查物件中的任何一個單位都有同樣被抽取的機會。簡單隨機抽樣常用的有兩種方法：一是抽籤法，即將調查物件中每個單位統一編號並填寫在卡片上，然後將卡片放入容器中混勻，從中任意抽選所需數目的樣本，即為抽取樣本；二是亂數表法，也稱亂數表抽樣法，即按亂數表所列數位代號，隨機抽取樣本的方法。

2.等距抽樣

等距抽樣又稱為機械抽樣，即把總體中所有單位按照某一標誌排列，然後按固定順序與相等的間距來抽取樣本，其步驟是：

(1)排列總體單位順序：等距抽樣的排列標準，一般按照與研究物件的性質特徵無關或關係不大的任意一個中立標誌進行編排。

(2)確定抽樣間隔。

(3)獲取第一個樣本：在第一個抽樣間隔內隨機抽取一個單位作為第一個樣本單位。

(4)抽取全部樣本：即以第一個樣本單位為選擇的起點，每隔距離R做等距抽樣，直到抽取最後一個樣本為止。

等距抽樣的主要優點是：抽樣誤差小於簡單隨機抽樣、樣本對調查物件總體的代表性較高；缺點則是：若總體具有周期性分布規律時，等距抽樣會出現周期性偏差。

3.分層抽樣

分層抽樣亦稱為分類抽樣，即將總體的所有單位按其屬性或特徵，以一定的分類標準劃分為若干層次或類型，然後在各層中抽取樣本。具體步驟如

下：

(1)對總體進行分層：分層的原則是把性質相近的單位分在一組，使每一層次內部的差異盡量縮小，而各層次之間的差異盡量增大。

(2)確定各層次中抽取樣本的數量：其方法有等比例分層抽樣和不等比例分層抽樣。

(3)從各層次抽取樣本：即按隨機原則從各層次抽取樣本；每層抽樣數確定後，在層內抽取的那些單位完全是隨機的，可採取簡單抽樣或等距抽樣等辦法。

4.整群抽樣

整群抽樣也稱爲分群抽樣，即將總體各調查單位劃分成若干群，然後以群爲抽取樣本，對抽中的群內所有單位進行全面調查。

5.分段抽樣

分段抽樣也稱爲多階段抽樣，即透過多個階段從調查總體中抽取樣本。

以上五種抽樣方法，是隨機抽樣調查的基本方法。在實際的社會調查中，這五種方法往往是綜合使用的。調查者應根據調查目的、調查物件，切合實際地選用上述方法。

與評估有關的各種認識觀點、態度需求方面的資訊與資料，往往是一種不確定的或有爭議的資訊。決策機構與決策者、執行機構與執行者及政策調適物件，以及與政策沒有直接關係的個人、團體、社會權威等，都有可能針對政策評估提出自己的認識觀點、態度和需求。由於不同的處境、價值和利益，這些認識往往不同步、不一致或產生衝突。高層決策者往往希望透過評估得到進一步與決策有關的資訊：即政策應持續、修正或終結？政策是否應長期化或制度化、法律化？是否需要投入更多的經費來支援被評估的政策等。執行機構的負責人與執行人員則往往希望透過評估得到有效執行的經驗及工作環節，以及技術方法的改進；政策調適物件和社會利益集團又往往希望透過評估，促使政策更加符合自身利益。政治家與學術研究者也常希望透過評估，全面反映社會政治、經濟和文化等領域的變化需求和發展方向。由

此可知，「不同人員居於不同的角度來透視政策評估，因而各有其不同的著重點，從事評估者應事先瞭解不同的物件，而妥適地提供評估資訊」（林水波、張世賢，1987）。各種不同觀點構成的資訊與資料，爲下一步的溝通論證提供一個基礎，並且要在綜合分析和溝通論證中進行整合，以達成共識。

第三節　綜合分析與論證溝通

在資訊資料蒐集之後，下一步就要進行分析論證，也就是根據資料對政策的各方面進行檢驗衡量。在評估結果的論證中，缺乏的資訊資料要進一步蒐集與補充，衝突的認識或多種角度的觀點也需要多次的溝通論證，才能實現一種整合與共識。從最主要的層面來說，分析論證將圍繞著以下幾方面進行。

一、政策目標的公正性與適當性分析

政策目標的公正性與適當性分析包括：原初設計的政策目標是否正確；是否符合社會發展和社會管理的要求；是否兼顧到社會多方面的利益，尤其是貧窮階層的利益；目標實現的具體要求是適當、過度還是不足；原初設計目標是否引起了社會價值衝突；是否與國家基本政策及其他政策構成了協調的政策體系等。

在政策目標的公正性與適當性分析中，最大的難點就是經濟效率與分配公平的問題。現實情況充分表明，如果一項公共政策促進了社會經濟效率的提高，也往往會引起社會分配的不公平而拉大貧富差距；而如果一項政策注重社會分配的公平，又往往會降低經濟效率。因此，一些學者認爲，在效率和公平之間存在一種替代關係，爲了得到更多的公平，必須犧牲一部分效率(Stiglitz, 1988: 58)；反之亦同。若想得到更高的經濟效率，必然會導致一定的分配差距；這種情況爲政策目標公平與適當的衡量造成了困境。一種觀點

認爲，在公平與效率必須犧牲一方的情況下，應該有一個準確的限度，即最高犧牲多少，而此一限度應成爲評價政策的標準。義大利經濟學家Wefriedel Pareto認爲，當資源配置達到必須犧牲一些人的利益才能提高另一些人的利益時，爲資源配置最優狀態，而只要未達到這種「帕雷托最優」狀況，政策推行就可以使一部分人處境變好，而同時不使另一部分人處境變壞(Stiglitz, 1988: 60)。根據Pareto最優的理論，一項政策推行若能使一部分人得到更大的利益，而同時保持另一部分人處境不變，也是可以接受的，因爲增大的利益代表著國民收入總體的增加，政府可以透過其他政策再次調節分配，使分配公平。

二、政策的效能與效率分析

效能是指在一定成本投入的情況下，政策目標實現的程度；效率是指成本投入是否發揮出最大的作用。效能與效率評估雖然是評估理論中初期倡導的評估內容，但它們也是政策評估不可缺少的內容。此一評估主要包括：政策資源的配置是否達到相對最佳、政策績效及達到目標的程度、成本是否存不必要的投入與浪費、政策的間接成本如何、政策的推行是否引起一些機會損失等。

政策的效能與效率都要聯繫成本投入進行分析。有的政策效能可用貨幣形式衡量，有的則否。一般來說，非經濟型公共政策的效能都無法轉化爲貨幣形式，間接的機會成本亦是如此。在成本與效能無法轉化爲共同貨幣形式的情況下，一種評估觀點認爲只能並行列出政策的效能及其所花費的成本，提供一種有相對價值的參考，而不能得出具體準確的結果（林水波、張世賢，1987）。也有的觀點認爲，從經濟學角度來看，政策本身就是一種公共品，是政府提供的一種社會公共服務，是相對於市場提供私人產品與服務的概念。在社會資源有限的情況下，公共品的生產總要以犧牲一些私人品爲條件。政策的效能若體現爲一種不可用貨幣衡量的公共品，那麼可以透過計算實現政策效能究竟減少多少私人品的方法來衡量。若私人品的減少沒有超過

社會認可的最低限度，就說明社會願意納稅並能夠擔負政策所需的成本，政策的成本效能也就處在一個令人滿意的水平(Stiglitz, 1988)。如果人民不願透過納稅來擔負政府所需的成本，有可能說明政策成本投入導致私人品減少超過了最低線，從而加重人民的負擔；這種政策即使達到一種高水準的技能，充分實現了政策目標，但是加重了社會擔負的成本，故稱不上達到令人滿意的效果。

三、執行過程評估

政策的效果與政策執行過程有著緊密的聯繫，因而執行過程也就成為政策評估的一項重要內容。透過執行過程的評估，可判別出由於執行過程所導致政策成功或失誤的原因及改進途徑。執行過程評估主要涉及以下內容。

從執行組織來說，評估內容主要包括執行機構組織設置是否合理、人員配備是否合理、權力運用是否適當、工作態度是否積極等內容；從運行過程來說，評估內容主要包括執行是否按預期計畫進行、執行指令是否明確、調適物件的分析掌握是否充分、政策宣傳是否達到最大覆蓋率、控制機制的運用是否適當、組織協調與社會溝通是否充分、資訊反饋與意外情況的應變是否迅速、哪些環節對政策的成功或失誤產生了最重要的影響等；從執行時間來說，評估內容主要是政策執行的時間起止是否妥當這一問題。政策效果和目標的實現往往與政策推行的起始時間點緊密聯繫；如果一項目標正確、規劃科學的政策推行的時間不適宜，那麼也不能取得良好的效果。適當的時間點往往由政策、經濟、文化、國際環境等複雜的因素所決定。在執行過程的評估中，對執行的起始時間進行分析，以衡量和評判目標適當的政策是否在適當的時間推出，以及政策的成功或失誤又和執行時間有著怎樣的關聯。

四、綜合影響評估

綜合影響是指政策執行時，在調適目標範圍內外所產生的預期與非預期影響的綜合。一項政策推行時，在調適目標範圍內產生影響，並引起有關的

社會個人、團體和環境的變化是必然的。例如，計劃生育政策調適目標就是限制人口增長，調適物件範圍是全國育齡婦女。但是在這種調適目標範圍之外，傳統觀念、文化習俗、醫藥醫學的科研、文化知識教育、托幼養老的社會保障、兵役及公共勞務、家庭及親屬概念的涵義、後代人的素質等眾多方面，也都受到計劃生育政策的影響。這種調適目標範圍外的影響，也是一種政策效果。因此，政策評估不僅要衡量調適目標範圍內的影響，同時也要衡量調適目標範圍外的影響，以此評判政策的綜合影響。

在此應注意到，雖然一項政策的推行將在調適目標的範圍內和範圍外都產生影響，但是調適物件與非調適物件在政策推行期間所產生的行為和處境變化卻不一定都是政策影響的結果。因此，在政策綜合影響的衡量評判過程中要去除非政策影響因素。例如，只生一胎的生育行為在計劃生育政策全面推行之前就已在一些人中存在，這顯然不是政策影響的結果。由此可知，價值觀、道德觀、知識文化水平、社會關係和環境的影響，都有可能在某項政策推行期間對調適物件與非調適物件的行為變化產生影響。

若從調適物件與非調適物件、政策執行前與政策執行後、政策影響與非政策影響等因素出發衡量政策的綜合影響，可概括為以下邏輯公式。

假設I＝政策綜合影響；G＝非政策影響；E＝調適物件；C＝非調適物件；1＝政策執行前；2＝政策執行後；A＝調適範圍內的政策影響；B＝調適範圍外的政策影響。則：

$$A = E2 - E1 - G$$
$$B = C2 - C1 - C$$
$$I = A + B = (E2 - E1 - G) + (C2 - C1 - C)$$

上述公式中，A為調適物件在政策執行後的情況相較減去其在政策執行前的情況，再減去非政策影響後所得的調適範圍內的政策影響；B為非調適物件在政策執行後的情況相較減去其在政策執行前的情況，再減去非政策影響後，所得的調適範圍外的政策影響；I為調適範圍內外政策綜合影響。政策

綜合影響的評估不僅衡量了調適範圍內的政策效果，而且衡量了調適範圍外的政策效果；它對於全面衡量政策、提出政策建議，以及總結政策經驗教訓，都具有重要意義。

在政策目標、效能效率、執行過程，以及綜合影響評估的分析論證中，不可避免地要涉及各種相互衝突的認識與觀點。對此，應採取多次溝通、反覆論證的方法來達到某種相對的共識；對於不同角度的認識和觀點應加以系統化的整合，以形成完整的評估結果。

第四節　做出結論

在進行綜合分析與論證溝通之後，就進入政策評估的最後階段，即處理評估結果、撰寫評估報告階段。個人的價值判斷受客觀條件影響難免有所疏漏，因此，當我們蒐集評估資訊，並得出評估結論後，還必須善加處理。要自我統計分析評估資訊所得出的結果的可信度與有效度；讓評估結論與政策設計者、決策者、執行者見面，以便發揮評估的診斷、監督、完善和開發功能。其次，必須撰寫評估報告，報告的內容除對政策效果進行客觀陳述、對政策進行價值判斷、提出政策建議外，還必須對評估過程、方法及評估中的一些主要問題加以說明，對評估工作的優缺點進行總結。

政策評估是否有現實作用，關鍵在於其所做出的評估結論能否被有關單位採用。而評估結論的使用至少可由以下五項因素來決定：（一）資訊本身的特徵；（二）用來獲取資訊的詢問方式的差異；（三）政策問題的結構；（四）政治和官僚體制的差異；（五）政策評估人員、政策制定者及其他利益相關者之間的相互作用的本質。因此，政策評估者在得出結論時必須注意分析上述五項因素，揚長避短，以提高政策評估結果的利用率。

一、資訊本身的特徵

政策評估中所產生的資訊自身的特徵經常關聯著對它的使用，那些與資訊決策者的結果要求相一致的資訊，比那些不一致的資訊更有可能被採用，因為結果要求的是決策者的需要、價值取向，以及已經察覺到的機遇的反應。決策者一般更看重那些反映具體政策問題的資訊，而不是某個社會科學裡的抽象問題的資訊。決策者也更看重那些客觀的資訊，即那些準確的、精細的，對同樣情況具有推廣意義的資訊。

二、用來獲取資訊的詢問方式的差異

決策者對資訊的使用也受到政策評估人員獲取和解釋資訊時所採用的質詢過程的影響。與定性研究和分析的標準相一致的論處，更有可能被決策者所採用。然而關於「定性」一詞的涵義，筆者對此有諸多不同的觀點。許多政策研究與分析的實踐者根據實驗、隨機抽樣、定量衡量過程等方法的使用對其進行定義(Bernstein & Freeman, 1975)。這裡假設對資訊的利用程度是政策研究分析與被大眾所接受的科學方法相吻合程度的函數，條件是結果資訊適合組織上的限制條件（例如，對適時資訊的需要）。

三、政策問題的結構

決策者對評估資訊的使用也受到政策問題類型的影響。與結構相對較好的政策問題（簡稱結構優良問題，它的各種目的、目標及選擇具有較高的一致性），結構較差的問題，在政策評估時需要不同的方法體系。結構不良的政策問題的基本特徵是「衝突」，在定義這類問題時，需要一套全面的、在界定問題本質時對同一問題情勢允許多種方法體系。大部分政策評估者將自己定位在提供「幫助性知識」，即那些被認為是達到目標最適當途徑方面的知識。由於通常只對結構優良問題適用，這些幫助性知識較少被面臨結構不良問題的決策者採用，因為這些結構不良問題，就問題本身的性質及其潛在的解決途徑而言，都存在著不一致性。

四、政治和官僚體制的差異

　　對政策評估結論的使用還受到公共組織的正式結構、動作程式，以及激勵系統的差別的影響。決策權威的存在、角色的官僚化、運作程式的形成及保守、懲罰革新的激勵系統等，都會導致政策評估人員所提供的資訊的少用或不採用。這些以及其他一些處於政策評估過程外部的因素形成了限制和機遇，創造了結論使用的政治和官僚背景。

五、政策評估人員、政策制定者及其他利益相關者之間相互作用的本質

　　決策者對評估結論的使用還受到決策過程各個利益相關者之間相互作用的性質和類型的影響。政策評估不單是一個科學和技術的過程，它還是一個社會的和政治的過程。在此過程中，利益相關者找到影響的範圍和程度，以及資訊產生、轉化及被使用的方式。

　　最後應該指出的是，政策評估並不只是簡單地發生在政策迴圈末尾的活動，而是應該從政策開始時就加以考慮。但是我們首先要承認，即使進行政策活動時，也往往直到政策迴圈的後期才被考慮。尤其是對於小規模的專案來說，時間與經費有限，更是如此。即使在這些情況下，設計政策時也應該留意政策的實施與評估。

政策評估的標準和方法

學 習 目 標

- ◉ 瞭解政策評估的標準
- ◉ 掌握政策評估的方法
- ◉ 瞭解政策評估失效分析及其對策

　　簡言之，政策評估就是對政策方案、政策執行及其效果進行判斷。顯然，這種判斷是需要依據一定的標準；不同的政策評估目的，所依據的評估標準也有所不同。同時，政策評估也離不開政策評估方法的運用。評估標準與評估方法在目前是政策評估領域內最富有創新性的一個方向；從某種程度上來說，選擇一種恰當有效的評估方法也就意味著評估活動的成功。

第一節　政策評估的標準

　　一旦一項規劃或政策的總體目標已經明確，「確定具體目標」就成為不可或缺的工作。之後便可為每一項具體目標制定評估標準，並為每一個評估標準設計多個度量的尺度；再經篩選的問題、目標、備選政策的性質則決定了評估標準的類型。評估標準對於衡量任何目標實現的成就都是絕對必要的；但是在現實中的政策活動過程中，由於政策涉及面廣、參與人數眾多，政策過程中的變數因素很多，因此，難以設定一個統一能被絕大多數學者共同認可的標準。

　　很多學者就標準的分類提出了他們的建議。例如，Willam N. Dunn(2003)在其所著的《公共政策分析導論》(*Public Policy Analysis: An Introduction*)一書中，將評估標準分為六類，分別是：效果、效率、充足性、公平性、回應性及適宜性。台灣學者林水波、張世賢(1995)認為，評價標準大致有八項：投入工作量、政策績效、政策效率、充足性、公平性、適當性、執行力，以及社會發展總指標。在本章節裡，我們將運用Baldachin的類型學方法來對我們對使用的評估標準進行一次回顧。Baldachin(1997)界定了對政策設計目標會產生較大影響，並會如期發揮作用的四種主要制約因素：技術可行性、政治可行性、經濟和財政可能性，以及行政可操作性；且他以為，大部分主要的評估標準都可歸入這四種綜合類型，分析人員應當在每一類型中為每一個政策問題確定相關標準。在此可簡單地對這些類型做如下之描述：

　　一、技術可行性(technical feasibility)標準將衡量政策的產出是否達到了

他們的預期目的。這些標準從技術的角度直接針對方案是否會正常運行此一基本問題；如橋樑建設會改善交通狀況嗎？水處理能達到人們要求的質量水平嗎？機動車輛能達到每加侖公里數最小的耗油量嗎？雖然標準的存在是直接了當的，但評估工作常常是一個複雜的過程。無論何時，人類的行為都是紛繁複雜的，我們永遠都無法絕對肯定一項政策會達到設計所預期的效果。

　　二、經濟與財政可能性(economic and financial possibility)標準首先衡量的是規劃成本的大小；其次衡量的是規劃產生的收益多少。收益可能是直接的或間接的、短期的或長期的、可量化的或者不可量化的，其與委託人之間有最大的財務關聯——也就是對私人客戶的損益與對公共委託人收入與債務的影響。或者說，政策對於委託人有深刻的經濟涵義，即政策會影響地域經濟。很多政策和規劃兼具財務與經濟作用，因此，需同時以這兩方面的標準對它們加以評估。

　　三、政治可行性(political viability)標準係根據政策對諸如決策者、立法者、政府管理人員、公民聯合體、地區集團、工會，以及其他政治聯盟等權力集團的影響來衡量政策的成效。其核心問題是：一個或更多的政策方案是否會被接受，或者是否能使這些方案被相關的集團所接受。這一類的衡量一般是主觀且難以量化的。政治洞察力、對組織和行政優先權與程式的理解力，以及行為者具備的行動知識等，均會使這些標準的運用成為可能。

　　四、行政可操作性(administrative operability)標準係衡量在特定政治、社會，尤為重要的是，在特定的行政環境中，實際實施既定的政策到底有多大的可能性，如工作人員配備到位了嗎？雇員在勞務支出方面會予以合作嗎？我們對物質設備有需求嗎？能按時完成政策的實施工作嗎？等等。

　　以下討論與這四類標準中的每一個都緊密相連的幾個常見的評估標準。

一、技術可行性

　　屬於此一範疇的一個重要的標準是效力。效力標準集中關注在政策是否會產生積極影響，或者是否已經達到它的預期效果。政策行為會在什麼樣的

程度上實現既定目標？現實中的變化是規劃本身，還是其他因素作用的結果呢？有時，政策效力是相當具體的，因此，很容易找到衡量它的尺度。例如，對回收固體廢物勞務量的衡量即很直接，來自城市協會的一批分析人員為衡量回收固體廢物勞務的績效制定了十五個具體的測量標準，並將它們分組歸入以下類別：「美觀宜人、淨化街道、健康與安全、對公民產生最小的不便，以及公民總體滿意程度。」效力標準的幾個重要範疇包括：政策的影響是直接還是間接的、長期還是短期的、可量化還是不可量化的，以及充分與否。如果一項政策的影響是致力於一個明確規劃目標的實現，那麼就可以說它是直接的；反之，如果規劃或政策產生的影響與既定的目標沒什麼關聯，那麼它就是間接的。

　　一些效力標準可透過量化予以測定，但剩下的另一些標準則不得不透過其他途徑進行描述。例如，濱河公園的修建對土地價值產生了可量化的影響，但更重要的，則是對喜歡聚集到那兒的上班族產生了無法量化的美感方面的作用。像土地價值這些可量化方面的標準常用來作為衡量諸如改善美觀等這些不可量化的作用的尺度；然而，進行雙重計算的危險例證也仍一直存在。

二、經濟與財政可能性

　　在任何關於經濟評估標準的討論中，有三組概念都是非常重要的：有形與無形標準、可貨幣化與不可貨幣化的標準，以及直接與間接的成本—效益標準。這三個概念將被用於討論，在政策分析中要如何運用更為普遍的經濟評估標準。以下我們將對每個概念進行簡單的描述。

　　一般來說，有形的成本與收益是指那些能以某種方式進行計算的成本與收益。自從我們可以透過某一種方式判斷貨幣的市值以來，可貨幣化的成本與收益涵蓋的範圍就一直擴大，因為它們能以貨幣（如美元）價格進行結算。如果一項政策的所有成本與收益都可貨幣化，那麼，就可進行以下幾種不同類型的評估。首先，可對政策進行單獨的經濟可行性評估；決策者使用

一些諸如收益率的度量標準來確認接受該方案的決定是否可取。其次，可將該政策與其他完全實現了貨幣化的政策對照評估，並透過運用貨幣化收益與成本之間的差異，或者二者的比率，來選定最有利的政策。

　　一項政策的成本與收益除了是否有形，以及更進一步的探討是否可貨幣化的特性外，另外一個特性就是它們是直接的還是間接的。政策收益是直接還是間接的問題，一般可從立法意向，即決策者的思想中找到答案。提出多目標的政策建議，然後以其中的一些目標衡量直接收益是可行的。

　　一般來說，在政策分析中必須考慮全部成本，不論它是直接的還是間接的。以下即是從經濟學中所提取的較合適的評估標準：

　　（一）淨資產變更(change in net asset)衡量的是有關政府部門及其次級組織企業、公民等所有的資產及負債變更情況。雖然在實踐中，預測由既定政策引起的淨資產變更需花費大量時間，但對於政策分析人員來說，此一概念還是很有助益的。

　　（二）經濟效率(economic efficiency)要求以最小化的資源（成本）耗費獲得相關收益──即社會償還最大化結果。

　　（三）成本─效益分析(cost-benefit analysis)是一個多功能衡量效率的分析工具。無論何時，只要收益現（貼現）值超過成本現（貼現）值，可行性就能實現。使用經濟可行性作為決策標準時，你可以承接任何貼現收益大於貼現成本的專案。

　　（四）利潤率(profitability)是許多地方政府用於評估專案方案和政策的一個標準。狹義上的利潤率被定義為，一個政府貨幣化收入與貨幣化成本之間的差額。對許多實體來說，「成本─效益分析」是一種判斷專案方案或政策價值的重要工具。

　　（五）成本效力(cost effectiveness)係為在方案或規劃目標是以最小的成本完成一項特定任務時，即為其一個合適的評估標準。衡量這樣一個方案或計畫的收益是很不容易，甚至是不可取的。更確切地說，成本效力分析力圖確定的是以最小成本實現既定目標的方案。當然，這裡假定能夠順利地確定所有予以比較的方案是符合還是不符合既定目標，並摒除那些從長遠來看做

不到這一點的方案。

三、政治可行性

　　政策形成於政治舞臺並必須經受政治考驗。一些觀察家甚至論證說，既然所有的政策最終都是規範化的，那麼無論科學分析的結果如何，都要以政治動機作為制定政策的基礎。如果一項政策得不到決策者、官員或者選民的支援，那麼，該政策被採納的可能性就很小；即使被採納，也很難實施。因此，各種方案必須服從於政治評估結果。例如，哪些方案適合於不同的權力集團？要獲得對選擇的支援必須做出哪些讓步？決策者擁有哪些在必要時可以調度使用的資源？什麼樣的交換條件能夠被各方所接受，以確保就有關方案達成協定？因此，對於決策者、政府官員、有影響力的公民和團體，以及其他權力源來說，政治標準關係著方案的可接受性。既然分析人員的行為能夠影響政治可行性，那麼，政治標準就不應用於決定是否追求一個特定的目標，而應用以標示備選方案中的哪一個適於實施，且政治上的反對意見最小，或者標示委託人進行哪些努力，以促使方案在政治上可行。我們關注的是考慮中的政策實施的最終可行性，以及政策選擇的相關限制因素。

　　政治標準與行為者的信念和動機有關聯。行為者對問題做何種判斷？他們需要或渴望什麼？他們的立足點是什麼？哪些是不容商榷的？還存在哪些與過去的協定或聯合相關的政治義務？這些義務對相關標準的產生有啟發作用嗎？給那些可以接受的選擇方案劃定了種種界限的法律、規則、條例等，都是政治過程的結果；我們雖可透過努力去調整這些法則，但在短期，尤其在應急分析中，一般都要接受這些規定。

　　對什麼樣的方案在政治上可行做出判斷，可能是一項帶有風險的工作；因為今天不可行的方案或許明天就可行，而且如果判定某方案不可行，那麼就會潛意識地暫時承認有更重要的選擇需求存在。Arnold J. Meltsner(1976: 277)建議分析人員應培養預測委託人何時樂於接受新建議，以及什麼時候政治條件能夠容納政策變動的能力，而不是建立政治標準以決定哪個方案可行

和哪個方案不可行。在每一項包括對可接受性、適當性、反應、合法性以及公正的分析中，都必須考慮政治標準。

可接受性(acceptability)是指明確定一項政策是否可以被政治過程中的行為者接受，又指明確委託人和其他行為者是否樂於接受新政策。在第一種意義上，我們會追問哪一項政策對相關的行為者是合適的或者哪一項政策最受青睞。在為一次性的特殊活動所做的應急分析中，我們通常面對的政策評估之基點，是哪一項政策最有可能被關鍵的行為者、關注的公眾政府官員以及立法者所接受。然而，一旦我們與委託人在一起共事很長一段時間，或者已經花了一段時間致力於解決同一個問題，我們就能確定委託人、公眾或者其他行為者何時樂於接受新的觀點與假設。資深的分析人員就會很沉穩地利用這些機會，將新的政策納入評估範圍。

適當性(appropriateness)與可接受性緊密相連，因為它要回答的問題是政策目標與共同體或社會的價值觀是否相互協調。我們應當始終追隨既定的目標嗎？這個問題實質上是一個道德問題，並牽涉人類價值、權利、再分配，以及類似的要考慮的問題。適當性標準應當在分析工作開始時就確定下來，但我們只有透過在所有蒐集的標準相互權衡時，運用對其進行檢測的方法，才能完全確定適當性標準。

反應(responsiveness)與可接受性和適當性有關，並涉及目標集團對政策是否會符合其需求的認識。計畫的實施在一定程度上是對公民需求的反應嗎？一項政策或許是實用有效的，但並非物件總體需求、希望的政策。例如，宵禁令可透過實用、高效和公平的方式予以實施，但青少年與父母們希望得到的是娛樂生活的便利，而不是宵禁。

法定(legal)標準可以放在政治標準的類別中予以考慮，因為政治行為能夠制定、修改法律。在分析開始時，我們就要調查現行法律、規則和章程將對方案設計工作產生的影響。如果我們認識到一些可行的政策得不到現行法律的支援，一般情況下不要將它們從考慮的範圍內排除，而是要確定哪些是必須予以修改的規則，以及這樣做所存在的政治問題。

公正(equity)作為一個政治標準係出現在一項政策變動產生了重要的獨特

影響時。如同我們前面已提及的，政策變動很少對所有派別平等地產生影響，而且我們可以在不受外部性影響的情況下設計政策的可能性很小。既然政策變動一般是想修正業已存在的差異，那麼問題就變成無論是某一特定集團還是個人，都要承擔一份不成比例的責任或者接受那些意外的收益。政策收益在利益相關集團中是如何分配的？這些利益相關集團與其他集團又是如何負擔成本的呢？與其說這是一個公平分配的問題，不如說它僅僅是一個平等分配的問題，儘管公平與計畫或服務需求緊密相關。對「什麼是公平」的回答涉及到道德和倫理的問題，而且一直沒有一個確切的答案。有時人們將「公正」定義為收入的再分配、得到最低限度服務的權利，或者按支付能力購買服務和商品等。

在確定與評估方案前先確定政治可行性標準，方案就能夠反映那些重要的政治因素，而且更有可能取得成功。雖然我們強調，無論何時都要盡可能瞭解用數字說話的重要性，但我們也相信，對非量化資訊、資料的系統分析，是高效、基礎性分析工作的重要組成部分。

四、行政可操作性

如果一項技術上可行、經濟上可能、政治上可行的政策不能執行，如果行政人員和傳遞系統不得力，那麼該政策的優勢也定會陷入不確定的疑問中。現行的行政管理系統能夠良好地貫徹執行政策嗎？委託人會控制到什麼程度？必須依靠哪些其他的集團與個體？能夠避免瓶頸的制約與反對意見嗎？主要的組織缺陷為何？有替代性的實施方法嗎？Steiss與Danke(1980: 193)是這樣回答上述問題的：「然而，絕大多數情況下，政策制定者都假定他們能夠設計政策，某些人能夠執行並進行管理……很多公共政策是在對執行政策必須具備的特定行為一無所知的情況下被採納的」。據此評估行政可操作性的具體標準包括權威、制度約定、能力及組織支援。

執行政策並將其轉化成規劃權威(authority)，通常是一個關鍵的標準。政策執行集團或代理人有明確地去進行必要的變革、要求其他集團合作、確定

優先權的權威嗎？在本書第8章中，我們討論了確保將一致同意的政策置於適當位置的執行分析方法的重要性。然而，在分析過程中及早地提出執行權威的問題是很重要的；這樣既可避免囿於一個沒有人能夠予以執行的方案，又可為潛在的、更優越的方案樹立執行權威，確定必須進行的變革。

　　不論是來自上層還是出自下級的制度約定(institutional commitment)，都是重要的。不管是高層官員，還是普通工作人員，都必須為政策執行承擔責任。大多數政策皆需透過工作人員的行為加以變通，如果沒有這許許多多看起來微不足道、但對政策執行又是必不可少的行為，政策就不可能得以貫徹實施。將制度約定確定為一個評估標準，我們既可避免選擇一個總體上不切實際的政策，又能將精力集中於執行優選方案必需的組織變革上。

　　能力(capability)包括工作人員的能力與財政能力，對於政策執行是極為重要的。執行機構能夠承擔那些正在徵詢中的工作任務嗎？行政管理人員和工作人員具備哪些將政策付諸實施必備的技能呢？執行代理人擁有執行政策所需的財政能力嗎？那些看似出色的政策之所以失敗，就是因為其對技術和財政的要求超越了工作人員與組織的既有能力。因此，此一標準對於界定現有條件下的可能性，以及為便於政策執行而必須進行的變革來說，是必不可少的。

　　組織支援(organizational support)也是一個重要的標準，因為僅有執行政策的權威和主要工作人員的承諾是不夠的，充足的裝備、物質設備以及其他的支援設施也是必需的。

　　以上四種可行性分析，是政策評估中比較常用的標準；我們相信，大部分的評估標準都可歸入這四種綜合類型，而且政策分析人員應當在每一種類型中為每一個政策問題確定相關標準。

第二節　政策評估的方法

　　任何一項工作的開展，都有賴於科學方法的運用，方法得當則「事半功

倍」，方法不當則「事倍功半」，甚至是「做白工」。同樣地，政策評估也離不開政策評估方法的運用。評估方法在目前是政策評估領域中最富於創新性生命力的一個方向；從某種程度上說，選擇一種恰當且有效的評估方法，也就意味著評估活動的成功。

　　隨著科學技術的進步，社會科學研究方法吸收自然科學研究領域與社會科學交叉、相融的部分並不斷地創新，使各種新的評估方法也不斷湧現，從而極大地豐富了政策評估的實踐活動。評估方法可從多種角度進行劃分：依方法論角度劃分，可以是經驗分析的方法，也可以是演繹推理的方法；從事物質和量的角度劃分，可以是定性分析，也可以是定量分析；從評估所涉及的工具劃分，可以是傳統方法，也可以是現代方法；從政策評估方法是注重前後對比還是注重現在的效果出發劃分，則可以分為對比分析法與問卷調查法（或訪談法）。

一、政策評估的方法

（一）對比分析法

　　前－後對比分析法是政策評估的基本方法，是評估活動的基本思維框架，其他一切方法都在這種方法的指導下進行。透過對比政策執行前後的有關情況，可使人們對政策實施前後新產生的變化一目了然。這種前後對比分析法依據是否存在一個對照組，又可分為以下四種：簡單「前－後」對比分析、「投入－實施後」對比分析、「有－無政策」對比分析、「控制物件－實驗物件」對比分析。其中，前兩種方法不存在對照組，也就是以政策物件本身在政策作用下的變化情況進行分析；而後兩種方法則設定一個對照組，這樣不僅從橫向（政策物件與對照組的比較）、也從縱向（政策物件本身前後比較）對變化情況進行分析。也有學者根據對照組選擇的方式來劃分前後對比分析方法，以非隨機方式選擇對照組，稱為準試驗方法。隨機方式選擇對照組，稱為隨機試驗方法。準試驗方法又分為前後對比（政策物件在政策幹預前後的行為上比較）與匹配對比（政策物件在政策前後與對照組相比

較）。比較這兩種前後分析對比分析法的分類，我們發現，這兩者其實是相對應的，只不過後者在選擇對照組的方式上又對隨機與非隨機狀態加以區分。集兩者之長，筆者認為，前後對比分析法可做以下之分類：

1.無須對照組的前後對比法

具體又包括簡單「前－後」對比分析與「專案－實施後」對比分析。「前－後」對比分析係以政策物件在政策作用下，前後發生的變化作為政策所產生的效果。這種方法的優點是簡單明瞭；缺點是可信度較低，因為它忽略了政策物件自身的發展因素、外界環境施加的影響、偶然事件、不可抗力因素等所造成的效果，將政策物件整個視為是靜止的，之後才因政策而發生變化，這樣將產生偏見的結論。「專案－實施後」對比分析首先根據過去、現在的大量資料預測出政策物件的發展趨勢，當實施某一政策後，若政策物件的發展與之前所預測的有差別，這種差別就判定為政策的效果。這種方法充分考慮了非政策因素的影響，結果更加精確，但工程浩大，需要政策干預前後若干年的大量資料，在現實中往往會因數據、資訊不全，而使誤差加大。

2.運用對照組的前後對比法

根據對照組選擇的方式可分為隨機選組對比法和非隨機選組對比法。隨機選組對比法如「控制物件－實驗物件」對比分析。在選擇對照組時，將同一評估物件分為兩組，並隨機分配到實驗組和控制組，這種方法保證在政策實施前，無論是可觀察的還是不可觀察的特徵，兩組在統計上顯示的資料相當。因此，如果實驗組接受政策干預後產生了與控制組不同的變化，變化的差異可以肯定歸因於這個政策。非隨機選組對比法，如匹配對比即為此類。對照組的選取較之前者要求更嚴格，它要求在評估對象與實驗組具有可比性與類似性，但往往是那忽視掉的因素可能會影響結果，因而並非完全可靠。

（三）問卷調查法（或訪談法）

這種方法著力於政策實施後的客觀效果評定，透過問卷調查或訪談來瞭

解人們切身的感受，對政策實施效果做出評估。其又可分為對象評定法與自評法：

　　1.對象評定法是由政策對象從政策作用的親身感受出發，對政策及其效果予以評定的方法。政策對象是政策的承受方，因而最有評定發言權。對象評定法能瞭解到更真實的情況，較符合實際，但由於政策對象可能不完全瞭解到更真實的情況，較符合實際，但由於政策對象可能不完全瞭解政策對自己的影響，而往往存在短視性、片面性。當政策事實上暫時對自己不利時，政策對象會誇大政策的負效應；相反地，當他們從政策中得到積極的利益時，其滿足感也可能超出客觀實際水平。

　　2.自評法是政策實施者自行對政策的影響與實現預期目標的進展情況進行評估。由於實施者親身參與實施過程，對政策的來龍去脈比較瞭解，對政策環境、政策對象、政策過程也比較清楚，可掌握比較充分的政策資訊和第一手資料，因此，可能及時而充分地評估、判斷一項政策的效果。但這種方法也有其侷限性；實施者因為參與政策過程，政策效果的好壞直接影響其聲譽和工作，因而會負有濃厚的感情色彩、出現誇大成績，而產生失去客觀性與公正性的現象。

　　無論是對象評定法還是自評法，都要注意調查對象的充分有效性，要按隨機原則抽選調查對象。不遵循隨機原則的話，所選定的對象就不具代表性。

二、政策評估方法的選擇

　　各種政策評估方法各有其特點、互有長短，評估者可根據某項政策的特點選擇一種或多種方法進行評估。而該選擇何種評估方法乃取決於以下一些因素：

（一）資訊是否完全

　　當要對某項政策進行評估時，才發現政策實施前的資料不全、資料不

多，這時採取前後對比分析法難免失之偏頗。需要注意的是，應將對象評定法與自評法同時使用。這是因為政策對象會因為政策對自己的利弊而誇大或貶低政策的效果；而政策實行者，則會因為自己的利益而報喜不報憂，或阻撓政策評估的進行。所以我們說，「兼聽則明，偏聽則暗」。當然，在運用前後對比分析法時，在蒐集資料的過程中，問卷調查法（訪談法）仍然是需要的，是可以加以運用的。

（二）政策對象的數量

有些政策會作用於一個群體，而另一些政策則可能作用於若干社區或整個地區。政策對象的數量（如數百萬人、數千所學校、數百座城市、數個地區），將影響可能的評估類型，但採用問卷調查法（訪談法）不管政策對象的數量多少，都是適用的。當數量較少時，應將所有對象都參與調查；而數量較多時，則需要採取抽樣調查法。運用前後對比分析法時，政策對象的數量多少就會影響具體對比方法的選擇。當數量較少時，前後對比、非隨機選組對比法就比隨機選組對比法更適用，當潛在的參加對象數量相當大時，隨機選組對比法較前後對比、非隨機選組對比法更適用。因此當潛在的參加對象數量相當大時，最好使用隨機選組對比法。我們知道，非隨機選組對比法，如匹配對比，需要認真地建立一個對照組，透過選擇政策的主要特徵（例如，年齡和教育程度）進行匹配；當數量相當大時，要建立這麼一個符合條件的對照組得要花費相當大的成本，況且依顯現的特徵進行匹配，那些無法觀察到的、被忽略的特徵則有可能影響政策的效果。隨機選組對比法卻相反，數量愈少，隨機選擇的個體所組成的兩個組的所有特徵，無論是可觀察到的還是無從觀察到的，將會愈來愈相似。

（三）政策預期效果的大小

如果政策預期效果大，政策實施前後對比改變有明顯的因果關係，所有的方法都是適用的。問卷調查法（訪談法）被調查對象對調查事件有切身的感受，對比法中不需要十分精確地計算也能得出政策的效果有多大；但如果

政策預期效果小、最好的評估方法則是隨機選組對比法。因為效果小，儘管政府花費大量成本去執行政策，但人們的感受較少，有的甚至感覺不到，此時若採用問卷調查法（訪談法）結果會令人沮喪。而採用簡單前－後對比分析法，本身可信度較低，難以確定這些微的變化是否係因此政策而引起；而隨機選組對比法，在選擇對照組時，忽視的是一些無從觀察到的特徵，這些特徵與政策的客觀效果有無關係就難以確定了。用隨機選組對比法，如果選取的樣本愈多，就愈可以肯定地認定任何觀察到的差異並非偶然，而是政策實施所帶來的效果。

（四）時間資源的限制

　　時間和預算同樣會影響評估方法的選擇。在實踐中，我們往往會遇到因資金不足而使評估夭折。所有的評估都要花時間，但選組對比法比簡單前－後對比分析法的時間要長。特別是隨機選組對比法，因為設計和實驗，以及在實驗期間對政策實施過程進行監督等，都需要大量金錢與時間。有時，因存在同時間不允許建立一個實驗組並估計政策的效果，採用匹配對比、簡單對比是不得已的選擇；有時又因為資金較少，也只能選擇相對花錢較少的方法，如問卷調查法（訪談法）。如「專案－實施後」對比分析法，因為它要求的是政策實施前後相關的大量且長時期的資訊、資料，且需要有較高能力與分析技巧的評估者，故在現實中運用不多。

　　另外，在選擇評估方法時，由於成本、資訊和其他一些原因，中央政府與地方政府對同一類政策的評估也可能不同。中央政府應更多加使用隨機選組對比法，因為中央政府擁有更多的資源與資訊，且政策周期通常較長。

　　綜上所述，在選擇政策評估方法時，要注意客觀條件的限制，同時應注意多種評估方法的配合使用，盡量避免單獨使用簡單前－後對比分析法、對象評定法和自評法，而且無論一開始選擇了何種方法，如果以後的情況證明其他方法更好時，都應及時修正。

第三節　政策評估失效分析及對策

　　政策評估是邁向科學決策的重要一環。決策者必須從一開始就關注決策的正確性與民主性，不斷推進政策評估工作的發展。但是由於政策評估工作面臨很多的實際困難，因此，現實的政策過程中，往往出現了政策評估失效的現象，這種失效通常是由以下原因所引起的。

一、政策評估失效原因分析

（一）政策評估的不確定性

　　政策評估的一個重要層面，是衡量其是否達到目標，或接近目標至何種程度。若政策目標甚為明確，並可用具體、可量化的指標來表示，則此一層面的政策評估甚為容易。但是政策涉及面廣，政策目標難免出現分散、不明確的情況；同時，因為政策具有多種目標，有些目標可能是矛盾的，這些情況就使得人們要確定政策的真實目標顯得困難。

（二）政策效果的多樣性和影響的廣泛性

　　政策行動的效果往往是多重的，有些效果直接顯明，一目了然；有些則不易感知；有些政策本身只有象徵意義，表示一個組織或一個政策對某種問題的關懷等。同時，又因政策的影響分散，涉及層面廣，是以，政策評估的工作常感困難。

（三）政策行動與環境改變之因果關係不易確定

　　評估一項公共政策時，我們希望能在政策行動與實際社會情況的改變間建立一種因果關係，即實際社會情況的改變會受到政策行動的影響，但要在兩者之間確切建立一種因果關係並非易事。社會實際情況的改變，往往受到政策行動以外的其他因素影響。

（四）有關人員的抵制

　　無論用什麼名稱來表述政策評估的行為，歸根到底它都涉及到對政策功績的評判。這種評判可能有利於與政策制定與執行相關的人，也可能產生不利影響，從而危及他們的工作生活或社會評價。因此，他們傾向於盡可能避免評估行為的發生。同時，人的本能與組織的惰性也會使人們抵制評估。

（五）政策資訊系統不完備，獲取資料困難

　　欲成功地評估，有賴於充分的資訊與各種資料。換言之，若無政策資訊或缺乏政策資訊，政策評估就成為了無本之木和無源之水，評估活動的科學性、可靠性也就無從談起。有些政策機關不重視資訊管理，缺乏有效的資訊蒐集手段和措施、資訊蒐集系統未能形成、所獲得的資訊與資料殘缺不全、雜亂無章，這都會使得評估失去基礎與依託，而難以進行。

（六）政策評估的經費不易取得

　　政策評估需要相當的人力、物力、財力和時間的支援，即必須花費一定的成本。但是在現實中，由於評估工作及其價值尚未引起人們足夠的重視與認同，很難使人們從現行政策資源中拿出部分成本充作評估之用，評估經費往往沒有來源，因此，開展評估工作便舉步維艱。

　　政策評估是一件極其敏感而又困難的工作。其失效不僅由上述客觀原因所導致，而且對於決策者、執行者、政策物件來說，不同角色的人對公共政策評估會有不同的立場、態度和期望。任何一項公共政策評估，要想在決策者、執行者、政策物件之間達成共識，是一種非常不容易的事；因為除了不同角色的價值取向不可能完全一致外，還有其他一些主觀上的因素。這主要表現在以下幾個誤區：

（一）認識論上的誤區

　　公共政策評估認識論上的誤區有多種表現，其中最典型的是把政策評估混同於「不同政見」。一些政策制定主體，由於掌握一定的公共權力，往往

自以為是，目空一切，聽不得不同意見，把正常的政策評估當成「不同政見」，以此拒絕人們對於公共政策的分析與評論。更有甚者，憤然粗暴地加扣「政治反對派」的大帽子，堵塞言路，從而置政策評估於失效境地。這應當說是當今政策評估認識論上最大的誤區。

平心而論，政策評估的全部出發點與歸宿，都是出於「公共」目的，它是政策過程中重要的一環。一方面，它透過提供反饋資訊的方式，實施對政策制定主體的智力支援，推進的科學化；另一方面，它透過綜合考察政策過程中出現的問題，發揮對政策制定主體的監督作用，有利於提高政策質量，防止或避免災難性政策的出現。

公共政策評估與民間議論政策不同，它不允許用「發牢騷」來代替科學的分析。因此，只要不是「攻其一點，不及其餘」的「別有用心」，就不應該使用非學術語言輕率地予以封殺。但相反地，政策評估作為嚴肅的學術研究活動，它的出發點只能是建設性的。一個國有的公共政策評估是否發達，顯示出這個國家民主、文明的程度，這是毋庸置疑的。

（二）方法論上的誤區

政策評估方法論上的誤區，可謂形形色色，最常見的是形式主義的評估。形式主義的評估，是按事先設定的結果進行操作，其評估動機從一開始就背離「實事求是」的原則，只是透過合法化的評估程式而得出事先設定的結果。形式主義評估寧可內容失真，也要在形式上完整。其評估方法是用定性分析來代替定量分析，用價值判斷評估來代替實證分析，文過飾非，誇大政策的實際效果，甚至不惜動員媒體進行「炒作」。是以，形式主義評估具有欺騙性。導致形式主義評估的泛濫，既有政策評估主體主觀上的原因，也有外在世俗方面的原因；亦即不是政策評估主體規避責任，就是為了政策制定主體。

此外，公共政策固有的特點，賦予政策評估以「多重不確定性」，這種「多重不確定性」常使政策評估流於形式。所謂公共政策固有的特點，是指政策目標的不確定、因果關係不確定、政策效果不確定等。一般說來，公共

政策目標從來都不可能是單一的，而應是兼顧多個面向。因為公共政策目標確定過程要反映不同階層、不同社會集團的利益與要求，然而「眾口難調」，公共政策的目標只能用模糊的方法，以不確定的方式表述出來，這就給政策評估主體增加了評估的難度，往往不得不使用一些模稜兩可的語句來寫評估報告。非但如此，客觀資料的不確定，特別是作為政策制定主體的政府態度不確定等因素，也給政策評估設置了障礙，甚至可能使政策評估主體的努力白費。因此，為了避免政策評估流於形式，必須要求在進行政策評估時，一定要根據公共政策所固有的特點來確定評估物件、明確評估標準、設定評估程式、選擇評估方法，把整個評估過程嚴格納入科學化、規範化的軌道，以確保評估的成功。

（三）解決政策評估失效的對策

　　政策評估是科學決策過程中不可或缺的組成部分，它是政策更新的邏輯起點。針對上述導致政策評估失效的主客觀原因，必須下功夫，從思想、組織、制度、手段等方面推進政策評估工作，使其向縱深發展，日益成熟。

1.提高對評估工作及其意義的認識

　　• 當今世界各國每年耗費幾千億甚至上億美元去制定執行各項政策，追逐其認為有價值的目標。各國政府每年也投入相當的經費用於會計、審計程式等方面，以保證這些支出的合法性與合理性。然而，卻少有政府與組織以同樣的熱情和認真的態度從事政策評估。究其原因，最重要的一點在於人們對政策評估的認識存在障礙，因此，要推進政策評估工作的發展，必須在思想上進行建設。首先，要讓社會，尤其是政策部門充分認識到政策評估的意義。而這需要加強政策科學的研究和傳播，使人們認識到政策評估對於政策過程而言，不是無關痛癢、可有可無的環節，而是必不可少的一環，它不僅有助於政策部門認識政策的特點、優劣和成效，以及監督政策的執行過程、補充、修正和完善政策，而且還有助於開發政策資源，增強政策效益，從而在思想上予以重視並採取相應的行動。其次，是端正評估的指導思想。政策

如同人類的認知一樣，總是無法完美無缺的，它同樣必須經過從簡單到複雜、從低級到高級、從不成熟到成熟等逐漸深化的過程。政策評估正是加快這個過程、提高政策活動水平的必要環節。所以，除了要總結經驗、肯定成績外，還要發現問題、找出差距、吸取教訓、探尋原因、提出建議，發揮批判和建設的功能，而這就必須要求有關機構和人員正確地對待政策評估工作，不要把評估工作變成點綴、歌功頌德的工具，更不要因為它的批判性與建設性而加以排斥；因為它在客觀上有利於完善政策、改進工作、提高政策效應，從而提高組織的聲譽和生存發展能力。是以，應該透過宣傳，解決思想認識問題，使有關組織和人員重視評估工作、社會支援評估工作並給予配合，以推動評估工作的開展。

2.政策評估制度化

要使評估工作真正地成為政策過程的一部分，單靠思想上的重視是遠遠不夠的，還必須進行制度的建設，也就是將政策評估作為一項制度列入有關政府部門或決策部門的實際工作，使之成為一種制度化的活動。政策評估制度化的主要內容有：首先，建立評估工作制度。在政策運行過程中，我們必須克服那種只重政策制定，忽視政策評估積弊。每項政策最終都要進行程度不一的評估，長期執行的政策每隔一段時間要進行一次評估，以檢查一項政策是否具有良好的效果，是否適應環境的變化，以決定取捨。其次，是建立政策評估基金。政策評估是一項浩大而複雜的系統工程，要動用各種專門人才，蒐集大量相關資訊，經歷複雜的分析研究過程，因此，需要異乎尋常的財政支援，為此，要解決評估經費來源，建立評估基金極其重要。最後，重視評估結論，消化、吸收評估成果，更有效地為決策服務。只有使政策評估制度化，政策評估才能走上正常發展的軌道，從而逐漸地消除政策過程的盲目狀況與主觀隨意性。

3.建立獨立的評估組織

要發展政策評估、落實評估制度、提高評估的科學性與客觀性，建立獨立的政策評估組織是不可缺少的重要一環。因為評估組織的建立，有助於集

中或使大批評估的專業人才，從事評估理論的研究和實踐活動，從而提高評估的科學水平。但是，如果評估組織無法保持相對獨立的地位，那麼即便進行大量的評估，也往往難以保證評估的科學性與客觀性。因而，保持評估組織的相對獨立性，是與建立評估組織同等重要的工作。在此方面，歐美國家的實踐有其可借鑑之處，如美國經濟顧問委員會作爲政府的一個政策研究的評估組織，致力於檢視聯邦財政政策及其對經濟系統的效力；蘭德公司作爲一個獨立的社會組織，近年來大量從事教育政策、生態政策和運輸政策的評估工作；Brookings研究所依據政府和私人的需要，從事契約性的研究工作等。他們都有相當的獨立性，也獲得不少的科學、客觀成果，對一些社會政策的發展，貢獻良多。這些組織及其工作，對於建立政策評估組織、發展政策評估途徑，無疑有很好的參考價值。

4.明確制定政策目標、精選評估物件

要使政策評估富有成效，就必須努力明確地制定政策目標，而這當然是政策規劃階段的首要任務。進行政策評估時必須回顧、審視當時的政策目標，瞭解某項政策的初衷是要解決什麼樣的政策問題，是治標的，還是治本的；追求的是長期的效果，還是近期的效果；是單一的效果還是綜合性的效果等。盡可能明確政策目標，同時要精心選擇評估物件。雖說每項政策都是可隨時進行評估的，但如目標不明的政策、缺乏充足的評估資源的政策、十分簡單的政策等，就不宜或無須進行評估。因此，在從事評估工作時，就必須慎選評估物件。選擇評估物件一般要遵循兩個原則：第一，可行性：即選擇那些條件比較成熟，比較容易進行評估的政策進行評估，包括政策目標比較明確、評估資源較充足的政策、優點與侷限性已經顯露的政策、效果顯而易見、比較好測定的政策等。第二，有效性：即選擇那些較具效益和價值的政策進行評估，如具有重要價值和顯著效益的政策、決定政策效益因素可以得到控制和政策、評估的結論具有推廣價值的政策、評估成本較低的政策等。應根據以上兩個原則進行，以力爭較好的評估效果。

5.建立政策評估資訊系統

這項工作是蒐集、整理、加工和使用政策資訊，為政策評估服務，這是政策評估的基礎工作之一。沒有足夠質量的資訊，不能進行科學決策；同樣地，也無法進行科學評估。但由於政策資源的多元性、政策重疊現象的存在、政策影響的廣泛性，要全面蒐集政策資訊又是一件複雜而困難的事。因此，要在政策過程的開始階段就建立政策資訊系統，對政策資訊的蒐集、加工、交流和使用進行理論研究與總體設計，以便於改進評估系統，使評估活動更科學有效。政策資訊系統的核心任務是系統地記錄有關政策問題、政策投入、產出和外部環境變化等方面的資訊資料。具體內容包括：(1)政策問題與目標；(2)投入某項政策的資源與分配情況；(3)政策執行的情況；(4)政策實施對政策目標群體所產生的影響；(5)政策實施所造成的社會與經濟變化；(6)社會公眾對政策的反應等。資訊資料要力求全面、客觀；為了保證評估資訊的使用價值，在資訊蒐集上，要求盡量做到制度化、標準化。制度化是指資訊蒐集在時間上、次數上、數量上、範圍上需要明確的規定；標準化就是要求各種資訊，從內容到形式都要力求統一，以便於歸納、整理、加工、篩選。在資訊溝通上要求做到規範化，即按明確的傳播方式與必要的程式進行資訊的溝通，使之盡可能及時且順暢。政策評估往往不僅量大且複雜，這無疑是增加了蒐集、處理和使用資訊的困難。因此，要在資訊系統的現代化方面做出努力，可利用電腦和現代通訊技術，使資訊的傳播網路化。

總之，由於政策評估發展的歷史短暫，其工作又不易開展，需要努力的地方尚多，可謂百廢待舉，因此，需要社會各有關部門和人士廣泛支援，這是政策評估發展根本的依託。

公共政策教學
與研究的未來發展

學習目標

- 瞭解公共政策教學的未來發展
- 瞭解公共政策研究的未來發展

　　本書前述各章，大體按照公共政策階段論觀點，分別說明議程設定、政策規劃、政策合法化、政策執行與政策評估各政策階段的內容與概念。然有別於現有教科書之處乃在於本書鋪陳政策各階段中較為新近的理論與實務，於議程設定階段中，本書探討民意、菁英與媒體對政策議程設定的影響。在政策規劃階段則探討菁英規劃與參與規劃的衝突與互補性，並由政策分析觀點說明政治與經濟可行政分析之內涵；於政策合法化階段檢視各項公共政策決策模型，並探究國會政治、聯盟建構與政策合法化之間的互動關係；在政策執行階段則側重作為執行者的官僚體系及其運作的網絡，並考量政策行銷作為政策工具之意涵；政策評估階段則討論政策評估的不同類型、構成要素與評估方法。本章是以前瞻性觀點，探討公共政策教學與研究的未來發展。

第一節　公共政策教學的未來發展

　　本節論述公共政策教學的未來發展，將由美國傑出公共事務碩士學程(Master of Public Affairs Programs)公共政策必修課程之歸納整理，瞭解其趨勢。誠如Stillman(1999)指出，公共行政的內涵與範圍，可從一些傑出的公共行政碩士學程中反映出來；管理學者Segev、Raveh及Farjoun(1999)亦指出，一個傑出學程的課程設計，特別是必修課程的規劃，必定是經過教師們審慎思辯後所形成的共識，再經過層層委員會（如系、院、校等課程委員會）通過，所以可說是反映出該學程的特色以及教師們對特定課程重要性的判斷。因此，以公共事務碩士學程必修課程的歸納整理與比較分析，來探究現代化行政管理教育的內涵，應是一種合理可行的研究途徑。雖然有人不免質疑，行政管理的現代化(modernization)不見得就是西化(westernization)，而西化，也未必就是美國化(Americanization)，因而美國傑出公共事務碩士學程的教育內涵不盡然代表現代化的行政管理教育。誠如吳瓊恩(2001)指出，在中西文化的差異下，西方行政管理理論有其局限性，身為中華文化的一份子，沒有必要照單全收，應有批判選擇的獨立精神。吾人可以瞭解東方的行政管理學

術理論發展有其自主性，沒有必要成為西方學術發展的附庸。但是反過來說，美國的行政管理學術發展向來在西方世界領先群倫，甚至影響全世界行政管理理論與實務的發展；一些傑出的行政管理學程在美國深具代表性，而其之所以傑出，絕非偶然，當然有其值得參酌與觀摩的地方。古有明訓，「以銅為鏡，可以正衣冠；以人為鏡，可以明得失」，這個觀念與現今十分流行的「標竿學習」(benchmarking)有異曲同工之妙（余致力、林嘉隆，2005）。

根據2001年《美國新聞暨世界報導》雜誌對於全美公共事務相關碩士學程的評鑑，選出排名前19名的23所學校（共有5所學校並列第19名），界定為傑出學程（詳如表18-1）。在此特別要說明，學校評鑑排名雖是相對客觀的一種認定，卻仍不免有主觀成分；許多未列入表18-1的學校也可能提供相當傑出的學程，但由於任何研究均有其資源之限制，因此，本研究只能將前19名學校納入研究範圍，不盡然代表未納入者就是不傑出。

以下逐一介紹各學程之概況與必修課程（余致力、林嘉隆，2005），公共政策相關必修課程則特別以黑體字標示。

一、哈佛大學

哈佛大學(Harvard University)位於麻州，是國際知名的學術重鎮，校內在公共事務上的教學與研究是以甘迺迪政府學院為主體，目前學院提供五個主要的碩士學程，包括：(1)公共行政碩士學程；(2)公共行政碩士在職學程；(3)公共行政與國際發展碩士學程；(4)公共政策碩士學程；以及(5)公共政策與都市規劃碩士學程。其中公共行政碩士學程成立的時間很早(1936)，當時是隸屬公共行政研究院(Graduate School of Public Administration)，主要在培養專業的公共行政人才。由於這個學程的必修課程設計頗為彈性，並未明確規定必修課程有哪些，因此，本研究的必修課程分析無法將此學程納入，而僅能以公共政策碩士學程的必修課程為分析對象。

表18-1　美國公共事務碩士學程2001年排名

學校	學院	公共事務學程	排名
哈佛大學	John F. Kennedy School of Government	Master of Pub. Policy Master of Pub. Adm.	1
雪城大學	Maxwell School of Citizenship and Pub. Affairs	Master of Pub. Adm.	2
伯明頓印第安那大學	School of Pub. and Environmental Affairs	Master of Pub. Affairs	3
普林斯頓大學	Woodrow Wilson School of Pub. & International Affairs	Master of Pub. Affairs	4
柏克萊加州大學	Richard & Rhoda Goldman School of Pub. Policy	Master of Pub. Policy	4
喬治亞大學	Department of Political Science	Master of Pub. Adm.	6
卡內基美倫大學	H. John Heinz III School of Pub. Policy and Management	Master of Pub. Policy and Management	7
安娜堡密西根大學	School of Pub. Policy	Master of Pub. Policy	7
南加州大學	School of Policy, Planning, & Development	Master of Pub. Adm. Master of Pub. Policy	7
奧斯汀德州大學	Lyndon B. Johson School of Pub. Affairs	Master of Pub. Affairs	7
麥迪遜威斯康辛大學	Robert M. La Follete Institute of Pub. Affairs	Master of Pub. Affairs	7
美國大學	School of Pub. Affairs	Master of Pub. Adm. Master of Pub. Policy	12
哥倫比亞大學	School of International and Pub. Affairs	Master of Pub. Adm.	12
奧伯尼紐約州立大學	Rockfeller Institute of Government	Master of Pub. Adm. Master of Pub. Policy	12

表18-1　美國公共事務碩士學程2001年排名（續）

芝加哥大學	Irving B. Harris Graduate School of Pub. Policy Studies	Master of Pub. Policy	12
堪薩斯大學	Department of Pub. Adm.	Master of Pub. Adm.	12
雙子城明尼蘇達大學	Hubert H. Humphrey Institute of Pub. Affairs	Master of Pub. Policy	12
教堂山北卡大學	Institute of Government	Master of Pub. Adm.	12
杜克大學	Terry Standfor Institute of Pub. Policy	Master of Pub. Policy	19
喬治華盛頓大學	School of Business and Pub. Management	Master of Pub. Adm. Master of Pub. Policy	19
	Columbian College of Arts and Sciences	Master of Pub. Policy	
紐約大學	Robert F. Wagner Graduate School of Pub. Service	Master of Pub. Adm.	19
院園馬里蘭大學	School of Pub. Affairs	Master of Pub. Management	19
匹茲堡大學	Graduate School of Pub. and International Affairs	Master of Pub. Adm.	19

資料來源：http://www.usnews.com/usnews/home.htm

　　公共政策碩士學程成立時間稍晚(1969)，是當時許多學者體認到環境需要所致力發展的學程。這個學程以提供專業政策人才的訓練與發展為主，在課程的設計上強調分析、管理與倡導(advocacy)三個方向，修業時間2年，必修課程9門，包括：(1)公部門組織的財務管理(Financial Management in Public Sector Organizations)；(2)政治行動技能(Political Action Skills)；(3)市場與市場失靈(Markets and Market Failure)；(4)公共政策的經濟分析(Economic Analysis of Public Policy)；(5)量化分析與實證方法II(Quantitative Analysis and Empirical Methods II)；(6)公共行動的責任(The Responsibilities of Public

Action)；(7)公共組織的策略管理(The Strategic Management of Public Organizations)；(8)公共行動的動員(Mobilizing for Public Action)；以及(9)實證方法II(Empirical Methods II)。此外，另有一門2週的春季研習(Spring Exercise)，規定所有的學生一定要參加，目的在幫助學生運用與整合必修課程所學，進行政策問題專業分析與討論。

二、雪城大學

雪城大學(Syracuse University)位於紐約州，校內負責公共行政教學與研究的單位是麥斯威爾公共事務學院，成立於1926年，是美國乃至於全世界公共行政學術研究的勝地，著名的「新公共行政會議」就是在這裡舉行。學院目前主要提供：(1)公共行政碩士，與(2)公共行政人文在職碩士兩個學程，本研究的必修課程分析以公共行政碩士學程為主。

公共行政碩士學程的課程設計係以實用為導向，藉此培養學生從事公共服務的專業知能。學程規定畢業至少要修40個學分，其中計有必修課程9門25個學分，包括：(1)公共事務學術研討(Public Affairs Colloquium)；(2)公共組織與管理(Public Organization and Management)；(3)統計學概論(Introduction to Statistics)；(4)量化分析(Quantitative Analysis)；(5)公共行政的管理經濟學(Managerial Economics for Public Administration)；(6)政府預算(Public Budgeting)；(7)公共行政與民主政治(Public Administration & Democracy)；(8)公共行政研習(MPA Workshop)；以及(9)政務領導(Executive Leadership)。

三、伯明頓印第安那大學

伯明頓印第安那大學(Indiana University—Bloomington)的公共事務與環境學院，雖然成立時間較晚(1972)，但近來在學術聲譽上迭有後來居上之勢，與哈佛的甘迺迪、雪城的麥斯威爾與普林斯敦的威爾遜等歷史悠久的公共事務學院平起平坐，在目前堪稱是全美少數幾個大型的公共事務教學與研究中心之一。學院一直以來採取科際整合的方式，引進各種不同領域的專家學

者，致力爲公共事務開拓更多樣化的學術研究空間。目前主要提供：(1)公共事務碩士學程；(2)公共事務在職碩士學程；以及(3)環境科學碩士學程：本研究的必修課程分析是以公共事務碩士學程爲主。

公共事務碩士學程的目標在於培育未來的公共事務管理人才，在課程設計上，規定畢業學分48個，必修課程9門21個學分，包括：(1)資訊科技(Professional Development Practicum: Information Technology)；(2)寫作與報告(Professional Development Practicum: Writing and Presentation)；(3)團隊工作與整合政策方案(Professional Development Practicum: Teamwork and Integrated Policy Project)；(4)公共管理(Public Management)；(5)政策與管理之統計分析(Statistical Analysis for Policy and Management)；(6)公共管理經濟學(Public Management Economics)；(7)法律與公共事務(Law and Public Affairs)；(8)公共財務與預算(Public Finance and Budgeting)；以及(9)公共與環境事務發展(Capstone in Public and Environmental Affairs)。

四、普林斯頓大學

普林斯頓大學(Princeton University)位於紐澤西州，校內的威爾遜公共事務與國際學院是公共事務教學與研究單位。學院成立時間很早(1930)，當時名爲公共與國際事務學院，後來爲感念這位已故的總統校長威爾遜（公共行政學之父），遂於1948年更名。學院學風鼎盛，歷年培育出無數的公共行政與公共政策專業人才，目前已是全美知名的公共事務研究中心。學院目前提供：(1)公共事務碩士，與(2)公共政策在職碩士兩個學程，本研究的必修課程分析以公共事務碩士學程爲主。

這個學程過去不斷訓練有志投入公共事務服務的專業人才，在課程的設計上，非常注重量化統計分析，目前開設5門必修課程，包括：(1)公共政策的政治學(Politics of Public Policy)；(2)政策分析與執行的心理學(Psychology for Policy Analysis and Implementation)；(3)量化方法(Quantitative Methods)；(4)個體經濟分析(Microeconomic Analysis)；以及(5)總體經濟分析

(Macroeconomic Analysis)。此外，另有一門政策工作坊(Policy Workshops)，在於幫助同學應用所學過的專業知識與技術，進行深入的政策問題討論與思辯。

五、柏克萊加州大學

柏克萊加州大學(University of California－Berkeley)的辜曼公共政策學院創立於1969年，係因應當時社會上的需要而誕生，著名的政策科學大師Aaron Wildavsky即爲當時創院院長。學院以政策分析見長，設立公共政策碩士學程，致力於專業政策分析人力的培育，目前已成爲全美知名的政策科學研究中心。

公共政策碩士學程在課程設計方面特別強調量化研究與統計分析的相關課程有6門，包括：(1)政策分析概論(Introduction to Policy Analysis)；(2)公共政策分析的經濟學 I & II(The Economics of Public Policy Analysis I and II)；(3)公共政策的法律與政治分析(Legal and Political Analysis for Public Policy)；(4)公共政策分析的組織與政治觀點(Organizational and Political Aspects of Public Policy Analysis)；(5)決策分析、模型建構與量化方法 I & II(Decision Analysis, Modeling , and Quantitative Methods I and II)；以及(6)進階政策分析(Advanced Policy Analysis)。其中包括論文研討(Thesis Seminar)與論文獨立研究(Thesis Independent Study)。

六、喬治亞大學

喬治亞大學(Georgia University)的公共行政碩士學程係於政治學系之下[1]，相較於獨立系所或以整個學院爲主的學校，稍顯勢單力薄；然而，喬治亞大學的公共行政學程碩士卻在全美擁有相當高的知名度，美國《行政與社

---

[1] 喬治亞大學於2001年8月已成立公共暨國際事務學院(School of Public & International Affairs)。

會》(*Administration and Society*)(1987)以及《公共行政評論》(*Public Administration Review*)(1996)兩本學術期刊，就將喬治亞公共行政的學術生產力列為全美第一，而喬治亞大學也是美國政府財務行政學術研究的重鎮。

這個學程以培養專業的公共行政專才為目標，在課程的設計上兼具理論與實務，畢業學分41個，必修課程8門，分通識、管理與研究分析三個部分，包括：(1)公共行政的法律、倫理與專業主義(Law, Ethics and Professionalism in Public Administration)；(2)公共管理者的溝通技巧(Communication Skills for Public Managers)；(3)公共行政與民主政治(Public Administration and Democracy)；(4)公共人事行政(Public Personnel Administration)；(5)財務行政(Public Financial Administration)；(6)組織理論(Organizational Theory)；(7)公共行政的研究方法(Research Methods in Public Administration)；以及(8)公共行政的資料分析與應用(Data Applications in Public Administration)。

七、卡內基美倫大學

卡內基美倫大學(Carnegie Mellon)位於賓州匹茲堡，校內漢斯公共政策與管理學院，採取科際整合的觀點，提供多元的科學研究，特別是在公共資訊與科技管理方面，在全美擁有極高的知名度。學院目前主要提供六個碩士學程，包括：(1)公共管理在職碩士學程；(2)公共政策與管理碩士學程；(3)藝術管理碩士學程；(4)醫藥管理碩士學程；(5)醫療政策與管理碩士學程；以及(6)教育科技管理碩士學程。本研究的必修課程分析以公共政策與管理碩士學程為主。

這個學程以培養專業公共政策與管理人才為主，必修課程共12門，包括：(1)應用經濟分析(Applied Economic Analysis)或中級經濟分析(Intermediate Economic Analysis)；(2)公共政策分析的實證方法(Empirical Methods for Public Policy Analysis)或中級實證方法(Intermediate Empirical Methods)；(3)公共政策議題研討I(Public Policy Issues I Seminar)；(4)組織設計與執行(Organizational Design and Implementation)；(5)管理科學(Management

Science)；(6)多元文化社會管理(Managing in a Multicultural Society)；(7)專業寫作(Professional Writing)；(8)專業演講(Professional Speaking)；(9)政策與政治(Policy and Politics: An International Perspective)或美國政策與政治(Policy and Politics in American Political Institutions)；(10)資訊管理系統(Management Information Systems)；(11)財務分析(Financial Analysis)；以及(12)系統綜合方案(Systems Synthesis Project)。

八、安娜堡密西根大學

安娜堡密西根大學(University of Michigan－Ann Arbor)的公共政策學院是全美最早成立(1914)的政策科學研究中心之一，歷年來致力於公共政策專業研究，在全美擁有相當高的知名度。目前學院主要提供：(1)公共政策碩士，與(2)公共行政在職碩士學程，本研究的必修課程分析以公共政策碩士為主。

這個學程以訓練專業政策分析人才為主，畢業學分48個，必修課程有9門26個學分，包括：(1)微積分(Calculus)；(2)統計與量化分析(Statistics and Quantitative Analysis)；(3)個體經濟學(Microeconomics)；(4)外交政策分析(Foreign Policy Analysis)；(5)成本效益分析(Cost and Benefit Analysis)；(6)公共管理(Public Management)；(7)價值、倫理與公共政策(Values, Ethics, and Public Policy)；(8)政策決策的政治環境(Political Environment of Policymaking)；以及(9)政策整合實務(Integrated Policy Exercise)。

九、南加州大學

南加州大學(University of Southern California)位於洛杉磯，校內提供公共事務教學與研究的單位是「政策、規劃與發展學院，學院目前主要提供：(1)公共行政碩士；(2)公共政策碩士；以及(3)國際公共政策與管理碩士三個學程。本研究的必修課程分析以公共行政碩士與公共政策碩士兩個學程為主。

公共行政碩士學程，係以培養公共行政專業管理與領導人才為主，畢業學分規定41個，必修課程共7門28學分，包括：(1)公共行政與社會(Public

Administration and Society)；(2)公共經濟學(Public Sector Economics)；(3)公共組織與管理理論(Public Organization and Management Theory)；(4)公共行政實務(Professional Practice of Public Administration)；(5)公共組織行為(Human Behavior in Public Organization)；(6)財務管理與預算(Financial Management and Budgeting)；以及(7)可以三選一的分析方法(Analytical Methods)課程，包括方案與政策評估(Program and Policy Evaluation)、量化分析I(Quantitative Analysis I)與行政研究與分析(Administrative Research and Analysis)。

公共政策碩士學程以政策分析專才的訓練為主，畢業學分規定48個，必修課程9門，每門4學分，包括：(1)公共政策制定(Public Policy Formulation)；(2)公共政策分析(Public Policy Analysis)；(3)公共政策評估(Public Policy Evaluation)；(4)公共經濟學(Public Sector Economics)；(5)量化分析I(Quantitative Analysis I)；(6)量化分析II(Quantitative Analysis II)；(7)組織與公共政策(Organizations and Public Policy)；(8)管理技巧(Management Skills)；以及(9)公共政策研討(Public Policy Practicum)。

十、奧斯汀德州大學

奧斯汀德州大學(University of Texas-Austin)的詹森公共事務學院成立於1970年，目前主要提供公共事務碩士學程，以培養專業的公共事務管理與領導人才為主，學程規定畢業學分53個，必修課程包括：(1)應用量化分析(Applied Quantitative Analysis I and II)；(2)政策發展(Policy Development)；(3)公共行政與管理(Public Administration & Management)；(4)公共財務管理(Public Financial Management)；(5)政治經濟學 I & II(Political Economy I and II)；(6)專業報告(Professional Report)；以及(7)政策研究專案(Policy Research Project I and II)。

十一、麥迪遜威斯康辛大學

麥迪遜威斯康辛大學(University of Wisconsin-Madison)的拉法葉公共事務

學院是提供校內公共事務教學與研究的單位，目前學院主要提供：(1)公共事務，與(2)國際公共事務兩個碩士學位，本研究的必修課程分析以公共事務碩士學程爲主。

公共事務碩士學程係以培養專業公共事務人才爲目標，畢業學分42個，基礎必修課程3門，分別爲：(1)公共政策分析的量化工具(Quantitative Tools for Public Policy Analysis)；(2)公共管理概論(Introduction to Public Management)；以及(3)個體經濟的政策分析(Microeconomic Policy Analysis)。學程下再分公共管理與政策分析兩個主修，公共管理主修的必修課程包括：(1)公共人事行政(Public Personnel Administration)；(2)進階公共管理(Advanced Public Management)；以及(3)聯邦預算及賦稅政策與行政(Federal Budget and Tax Policy and Administration)或州與地方政府財政(State and Local Government Finance)二選一。政策分析主修的必修課程包括：(1)**公共政策的量化方法**(Quantitative Methods for Public Policy)；(2)**政策分析概論**(Introduction to Policy Analysis)；以及(3)**公共方案評估**(Public Program Evaluation)或成本效益分析(Benefit-Cost Analysis)二選一。

十二、美國大學

美國大學(American University)位於華盛頓特區，校內公共事務學院提供：(1)公共行政；(2)公共政策；以及(3)公共行政在職三個碩士學程。本研究的必修課程分析以公共行政與公共政策碩士學程爲主。

公共行政碩士學程係以培養專業公共管理與領導人才爲主，規定畢業學分42個，必修課程共10門30學分，包括：(1)問題解決的方法I & II(Methods of Problem Solving I & II)；(2)公共管理(Public Management)；(3)**行政政治學**(Politics of Administration)；(4)**公共行政的法律議題**(Legal Issues in Public Administration)；(5)公共管理經濟學(Public Managerial Economics)；(6)公共財務管理(Public Financial Management)；(7)公共管理的領導統禦(Leadership for Public Management)；(8)公共人事行政(Public Personnel Administration)；以及

(9)管理技能(Management Skill)。

公共政策碩士學程以訓練專業政策分析人才為目標，必修課程9門，包括：(1)問題解決的方法I & II(Methods of Problem Solving I & II)；(2)政策規劃(Policy Formation)；(3)政策方案評估(Public Program Evaluation)；(4)政策分析概論(Foundations of Policy Analysis)；(5)公共政策的經濟學與政治學(Economics and Politics of Public Policy)；(6)政策執行(Policy Implementation)；(7)公共管理經濟學(Public Managerial Economics)；以及(8)公共財務管理(Public Financial Management)。

十三、哥倫比亞大學

哥倫比亞大學(Columbia University)位於紐約州，其國際與公共事務學院提供：(1)公共行政碩士；(2)公共行政在職碩士；與(3)國際事務碩士三個學程。本研究的必修課程分析以以公共行政碩士學程為主。

公共行政碩士學程在於提供有志從事公共服務者，專業的訓練與發展，畢業學分54個，必修課程30個，包括：(1)公共管理(Public Management)；(2)政府財務管理(Financial Management in Government)；(3)個經與政策分析(Microeconomics and Policy Analysis)；(4)政策分析(Policy Analysis)；(5)政策決策與行政的量化方法(Quantitative Techniques for Policymaking and Administration)；(6)公共政策與管理實務研討(Practicum in Public Policy and Management)；(7)公共行政專業發展(Professional Development in Public Administration)；(8)公共事務實習(Public Affairs Internship)；(9)公共管理學術研討(Workshops in Applied Public Management)；以及(10)政策分析學術研討(Workshops in Applied Policy Analysis)。

十四、奧伯尼紐約州立大學

奧伯尼紐約州立大學(State University of New York-Albany)的洛克菲勒學院提供：(1)公共行政，與(2)公共事務與政策兩個碩士學程。公共行政碩士學

程以培養專業公共管理專才爲主，必修課程8門，每門4學分，包括：(1)公共行政基礎概論(Introduction to Foundations of Public Administration)；(2)公共經濟學與財政學I and II(Public Economics and Finance I and II)；(3)資料、模型與決策I and II (Data, Models, and Decisions I and II)；(4)公共管理基礎(Foundations of Public Management)；以及(5)專業應用I & II(Professional Applications I and II)。

　　公共事務與政策碩士學程主要在提供政策專業人才的訓練，必修課程8門，包括：(1)公共事務經濟分析I and II (Economic Analysis for Public Affairs I & II)；(2)公共行政數理計算與資訊管理(Computing for Public Administration)；(3)研究方法與統計(Research Methods and Statistics)；(4)**政策執行與影響**(Implementation and Impact)；(5)**公共政策研究議題**(Research Topics in Public Policy)；(6)政策與政治(Policy and Politics)；(7)公共政策哲學與倫理議題(Philosophical & Ethical Issues in Public Policy)；以及(8)法律與政策(Law and Policy)。

十五、芝加哥大學

　　芝加哥大學(University of Chicago)的哈里斯學院提供：(1)公共政策碩士；(2)公共政策人文碩士；以及(3)環境科學與政策碩士三個學程。本研究的必修課程分析以公共政策碩士爲主。公共政策碩士學程以培養專業政策分析人才爲目標，必修課程7門，包括：(1)公共政策的政治經濟(Political Economy for Public Policy)；(2)**政策研究的統計方法**(Statistical Methods for Policy Research I & II)；(3)**政治分析與政治選擇**(Politics Analysis and the Political Choice)；(4)組織理論與公共管理(Organizational Theory and Public Management)；(5)個體經濟與公共政策I & II(Principles of Microeconomics and Public Policy I & II)；(6)公共政策工作坊(Public Policy Workshop)；以及(7)學習引導(LEAD)。

十六、堪薩斯大學

堪薩斯大學(University of Kansas)的公共行政學系提供的公共行政碩士學程，長久以來致力於公共管理專業人才的訓練與發展，特別是在地方政府市政管理與都市政策方面，在全美有相當高的知名度。公共行政學程強調州與地方政府行政與管理，畢業學分37個，必修課程9門，包括：(1)公共行政(Public Administration Practicum)；(2)人力資源管理 (Human Resource Management)；(3)財政學(Public Finance)；(4)量化方法概論(Introduction to Quantitative Methods)；(5)預算與政策分析(Budget and Policy Analysis)；(6)美國公共行政的角色、脈絡與倫理(The Role, Context, and Ethics of Public Administration in American Society)；(7)法律與公共管理(Law and Public Management)；(8)組織分析(Organizational Analysis)；以及(9)公共政策與行政(Public Policy and Administration)、公共政策與都市行政(Public Policy and Urban Administration)、公共政策與州政府行政(Public Policy and Administration of State Government)與醫療政策與行政(Health Care Policy and Administration)四選一。

十七、雙子城明尼蘇達大學

雙子城明尼蘇達大學(University of Minnesota—Twin Cities)的韓佛瑞公共政策學院是負責公共事務教學與研究的單位，以培養專業的行政與政策人才為主，特別是在非營利組織政策與管理方面，在全美頗負盛名。學院目前主要提供：(1)公共政策碩士；(2)公共事務在職碩士；(3)科學、科技與環境政策碩士；以及(4)都市與地區規劃碩士四個學程。本研究的必修課程分析以公共政策碩士為主。

公共政策碩士提供專業政策分析訓練，畢業學分45個，必修課程8門共21個學分，包括：(1)公共行動概論(Intellectual Foundations of Public Action)；(2)政策分析概論(Introduction to Policy Analysis)或財務分析與管理概論(Introduction to Financial Analysis and Management)；(3)組織分析、管理與設

計(Organizational Analysis, Management, and Design)；(4)公共事務的政治學(Politics of Public Affairs)；(5)政策分析與規劃的經濟學I & II(Economics for Policy Analysis and Planning I & II)；(6)實證分析I(Empirical Analysis I)；以及(7)中級迴歸分析(Intermediate Regression Analysis)、多變量分析(Multivariate Techniques)、社區分析與規劃技術(Community Analysis and Planning Techniques)、研究調查與資料蒐集(Survey Research and Data Collection)四選二。

十八、教堂山北卡大學

教堂山北卡大學(University of North Carolina—Chapel Hill)的政府研究中心，創立於1931年，是目前全美最大的地方政府訓練、諮詢與研究中心之一。公共行政碩士學程於1997年併入中心，方便結合更多資源，服務行政社群，目前開設的必修課程包括：(1)**公共政策分析**(Public Policy Analysis)；(2)**公共組織理論與行為**(Public Organization Theory and Behavior)；(3)**公共管理與領導**(Public Management and Leadership)；(4)**公共政策分析統計學**(Statistics for Public Policy Analysis)；(5)**公共政策管理**(Managing Public Policy)；(6)**政府預算與財務**(Government Budgeting and Finance)；(7)**專業發展研討I & II**(Professional Development Seminars I & II)；(8)**行政過程政治學I & II**(Politics of the Administrative Process I & II)；(9)**公共人事法規與行政**(Public Personnel Law and Administration)；(10)**政府會計實務**(Governmental Accounting Lab)；(11)**專業溝通**(Professional Communications)；(12)**公共政策的價值與倫理觀**(Values and Ethical Perspectives on Public Policy)；以及(13)**政策分析與評估的方法**(Methods for Policy Analysis and Evaluation)。

十九、杜克大學

杜克大學(Duke University)位於北卡州，史丹佛公共政策學院是校內提供公共政策教學與研究的機構。學院以政策科學見長，特別是在環境管理政策

方面在全美有相當高的知名度，目前提供公共政策碩士學程，以培養專業政策分析人力資源爲主，開設的必修課程包括：(1)個經與政策決策(Microeconomics and Public Policymaking)；(2)政策過程的政治學(Politics of the Policy Process)；(3)政策制定者的統計與資料分析(Statistics and Data Analysis for Policymakers)；(4)倫理與政策決策(Ethics and Policymaking)；(5)量化評估方法(Quantitative Evaluation Methods)；(6)個體經濟：政策應用(Microeconomics: Policy Applications)；(7)政策分析I & II(Policy Analysis I & II)；以及(8)公共管理(Public Management)與公共預算與財務管理(Public Budgeting and Financial Management)，或(9)非營利組織領導與管理(Nonprofit Leadership and Management)與政策學術研討I & II (Master's Memo I & II)任選一組。

二十、喬治華盛頓大學

喬治華盛頓大學(George Washington University)位於華盛頓特區，企業與公共管理學院以及哥倫比亞人文與科學學院是校內提供公共事務教學與研究的兩個單位，企業與公共管理學院主要開設公共行政與公共政策兩個碩士學程；而哥倫比亞人文與科學學院僅提供公共政策學程。兩個學院雖同時有公共政策學程，然課程卻不一樣，本研究將此三個學程的必修課程皆納入分析。

企業與公共管理學院的公共行政碩士學程，必修課程包括：(1)公共行政與管理I, II & III (Public Administration and Management I, II & III)；(2)研究方法與應用統計(Research Methods and Applied Statistics)；(3)聯邦政策、政治與管理(Federal Policy, Politics, and Management)；(4)公共預算、歲入與歲出分析(Public Budgeting, Revenue, and Expenditure Analysis)；(5)政策分析與評估(Policy Analysis and Evaluation)；(6)法律與府際系統(Law and the Intergovernmental System)；以及(7)行政學術研討(Capstone Seminar)。

企業與公共管理學院的公共政策碩士學程主修公私部門的政策與管理，

必修課程包括：(1)研究方法與應用統計(Research Methods and Applied Statistics)；(2)政策分析(Policy Analysis)；(3)政策分析的經濟學(Economics in Policy Analysis)；(4)公共政策的倫理與實務(Capstone: The Ethics and Practice of Public Policy)；(5)公私部門的政策與管理過程(Public/Private Policy and Management Processes)；(6)中級量化與質化分析(Intermediate Quantitative/ualitative Analysis)；以及(7)公共政策、治理與市場體系(Public Policy, Governance and Market Systems)，環境、能源、科技與社會(Environment, Energy, Technology & Society)，公共預算、歲入與歲出(Public Budgeting, Revenue and Expenditures)三選二。

　　哥倫比亞人文與科學學院的公共政策碩士學程以政策分析與研究為主修，必修課程包括：(1)研究方法與應用統計(Research Methods and Applied Statistics)；(2)政策分析與評估(Policy Analysis and Evaluation)；(3)政策分析的經濟學(Economics in Policy Analysis)；(4)政策分析研究方法(Research Methods in Policy Analysis (Multivariate))；(5)政治與公共政策(Politics and Public Policy)；(6)行政學術研討(Capstone Seminar)；以及(7)成本效益分析(Benefit-Cost Analysis)、歷史與公共政策(History and Public Policy)、統計模型與分析(Statistical Modeling and Analysis)、政策論辯的倫理議題(Ethical Issues in Policy Arguments)四選二。

二十一、紐約大學

　　紐約大學(New York University)的魏納公共服務研究學院是校內提供公共行政與政策教學與研究的單位，這個學程一直致力於培養專業公共管理與領導人才，特別是在健康政策與管理方面，在全美有相當高的知名度。目前學院主要提供5個碩士學程，包括：(1)公共與非營利管理與政策的公共行政碩士；(2)健康政策與管理的公共行政碩士；(3)公共行政與管理在職碩士；(4)都市規劃碩士；以及(5)管理在職碩士。本研究的必修課程分析以公共與非營利管理與政策的公共行政碩士學程為對象。

　　該學程以訓練專業的公共服務人才為目標，必修課程有5門，包括：(1)公共、非營利組織與健康管理的統計學(Statistical Methods for Public, Nonprofit, and Health Management)；(2)公共管理、規劃與政策分析的個體經濟學(Microeconomics for Public Management, Planning, and Policy Analysis)；(3)公共組織管理(Managing Public Service Organizations)；(4)公共、非營利與健康組織的財務管理(Financial Management for Public, Nonprofit, and Health Organizations)；(5)公共政策概論(Introduction to Public Policy)。此外，還有一門行政學術研討(Capstone)，規定所有的同學必須運用所學，分析與解決特定政策問題。

二十二、院園馬里蘭大學

　　院園馬里蘭大學(University of Maryland—College Park)的公共事務學院提供公共管理碩士與公共政策在職碩士兩個學程，本研究的必修課程分析以公共管理碩士學程為主。該學程主要以培養專業公共管理人才為目標，畢業學分48個，必修課程7門，共21個學分，包括：(1)公共政策量化方法(Quantitative Aspects of Public Policy)或社會政策議題的量化分析(Quantitative Analysis of Social Policy Issues)二選一；(2)政治制度與領導(Political Institutions and Leadership)；(3)個體經濟與政策分析(Microeconomics and Policy Analysis)；(4)總體經濟理論與政策分析(Macroeconomic Theory and Policy Analysis)；(5)公共政策道德觀(Moral Dimensions of Public Policy)；(6)財政學(Finance)；以及(7)公共管理與領導(Public Management and Leadership)。此外，有一門課秋季政策研討(Fall Policy Exercise)，規定所有新生都要參加，目的在提高學生的專業寫作與口語溝通能力。

二十三、匹茲堡大學

　　匹茲堡大學大學(University of Pittsburgh)為位於賓州，其公共與國際事務研究學院提供三種碩士學位，包括：(1)公共行政碩士；(2)公共政策與管理在

職碩士；以及(3)公共與國際事務碩士。本研究的必修課程分析以公共行政碩士學程爲主。

　　公共行政碩士學程主要致力於專業行政主管的培養，開授的必修課程包括：(1)公共事務行政(Administration of Public Affairs)；(2)財務管理(Financial Management)；(3)資訊科技管理(Managing Information Technology)；(4)量化方法I(Quantitative Methods I)；(5)公共事務經濟(Economics for Public Affairs)；(6)公共政策分析(Public Policy Analysis)；(7)學術研討(Capstone Seminar)。學程下再細分三個主修，包括：(1)公共與非營利管理(Public and Nonprofit Management)；(2)政策研究與分析(Policy Research and Analysis)；以及(3)都市與地區事務(Urban and Regional Affairs)。本研究以公共與非營利管理以及政策研究與分析兩個主修的必修課程爲對象，說明如下。

　　公共與非營利管理主修的必修課程包括：(1)人事管理與勞工關係(Personnel Management and Labor Relations)；(2)策略管理(Strategic Management)；以及(3)方案評估(Public Program Evaluation)。而政策研究與分析主修的必修課程包括：(1)量化方法II(Quantitative Methods II)；(2)公共管理與政策的個體經濟(Microeconomics for Public Management and Policy)；以及(3)方案評估(Public Program Evaluation)。

　　表18-2歸納整理列出美國傑出公共事務學程開設與公共政策相關的必修課程，23所學校中有22所學校開設政策分析必修課程，14所學校開設公共政策必修課程，同時，也有14所學校開設政策與方案評估必修課程，可見公共政策相關課程列爲必修課程的比例相當高，半數美國傑出公共事務學程都開設公共政策相關課程。從標竿學習的觀點出發，表18-2所列舉的公共政策相關必修課程，應可提從事公共政策教育工作者在構思設計其碩士學程時的一個參考依據。當然，這些課程的實質內容與教學方式究竟爲何，仍有待進一步的研究來加以界定與釐清，才能學習參考[2]，以便有所啓發與助益。

---

[2]　有關課程內容簡介，請參考余致力(2000)。未來的研究，若能全面蒐集各學程開授這些課程的授課大綱做內容分析，對深入瞭解行政管理教育內涵應有莫大的助益。

表18-2　美國傑出公共事務學程開設與公共政策相關的必修課程一覽表

學校	課程	政策分析	公共政策	政策與方案評估
哈佛	MPP	1	1	1
雪城	MPA	1	0	1
伯明頓印第安那	MPA	0	0	0
普林斯頓	MPA	1	0	0
柏克萊加州	MPP	1	1	0
喬治亞	MPA	0	0	0
卡內基美倫	MPPM	0	1	0
安娜堡密西根	MPP	1	0	1
南加州	MPA	0	0	1
	MPP	1	1	1
奧斯汀德州	MPA	1	1	0
麥迪遜威斯康辛	MPA	0	0	0
	MPA	1	0	1
美國	MPA	0	0	0
	MPP	1	1	1
哥倫比亞	MPA	1	0	0
奧伯尼紐約州	MPA	0	0	0
	MPP	1	1	0
芝加哥	MPP	1	1	0
堪薩斯	MPA	1	1	0
雙子城明尼蘇達	MPP	1	0	0
教堂山北卡	MPA	1	1	1
杜克	MPP	1	1	1
喬治華盛頓	MPA	1	0	1
	MPP	1	1	1

表18-2　美國傑出公共事務學程開設與公共政策相關的必修課程一覽表（續）

	MPP	1	1	1
紐約	MPA	0	1	0
院園馬里蘭	MPM	1	0	0
匹茲堡	MPA	1	0	1
	MPA	1	0	1
總計		**22**	**14**	**14**

註：本表以1有0無來顯示特定學程有無將特定課程列為必修課程。

　　龍韋良(2007)比較美國與台灣公共事務碩士學程的公共政策課程，發現美國系所相當重視學生能否以經濟學的概念來進行政策分析。雖然這種情形會因為不同系所目的而有課程份量的差異，但是以開設至少一門必修課程的方式來訓練學生以經濟學的角度界定政策問題，是相當普遍的作法。反觀台灣公共事務碩士學程的公共政策課程，多以行政機關的政治制度和過程為主，在經濟學的訓練上較少，未來公共政策課程有再強化的空間。其次，龍韋良也提出台灣公共政策課程內容較少讓學生能夠進行實際的政策問題分析，而是多以理論的闡述和討論為主；是以，未來課程設計可增加實際政策的探討，強化學生對實際政策的分析與瞭解。最後，龍韋良指出，美國公共事務碩士學程的公共政策課程設計著重學生對於政策知識的理解，課程設計有相當的共識；反觀台灣系所在進行公共事務教育規劃時雖有分工，然有關課程設計的架構與方式卻較少討論，因而可能造成各系所想加強學生對於政策知識的理解時，就得透過開設新課程的方式來達成。未來各系所宜就公共政策課程的規劃，進一步強化共識與溝通。

第二節　公共政策研究的未來發展

　　有關公共政策研究的未來發展，可由四個面向討論：民主化與公共政

策、全球化與公共政策、資訊化與公共政策及科際整合與公共政策，分別闡述如下：

一、民主化與公共政策

民主化趨勢下，民意與公民的自主參與逐漸受到重視，公民直接參與公共政策的管道受到重視（黃東益、蕭乃沂、陳敦源，2003），商議式民主(deliberative democracy)的功能從而受到提倡。可透過公聽會，社區論壇、溝通辯論會等方式促成社會公民間的理性反思與公共判斷，共同思索公共政策的內容與決策，商議式民主的成功並不一定在對結果達成共識，而是在所有參與者彼此信任、溝通、表達對政策的支持或繼續合作的意願，透過共同的行動，對共同問題與衝突持續對話（吳定，2003）。為了符合民眾之需求與提升民主價值，公共政策的參與研究不容忽視。

此外，利益團體於民主政治的影響也是公共政策需關懷的。利益團體是民主政治中相當重要的參與者，由一群具備共同利益或政治態度的公民所組成的非正式團體，以各種方式影響政府或其他團體，目的是在影響政策制定過程，以保護或增進團體自身的利益，其提供人民對於自身利益的發聲管道，藉著遊說、動員支持特定政治人物、發動或支持各種社會運動等正式管道或賄賂、發動輿論等非正式管道，並藉著吸納更多基於相關利益的個人獲取更多影響力。政府對於利益團體的意見往往必須加以重視，其對特定政策的意見常是政府制定的依據；利益團體在民主政治中是相當重要的角色（丘昌泰，2000），其在政治發揮的影響作用值得未來公共政策研究多加著墨。

公共政策應關切民主政治的價值，包含政治民主、經濟平等、資源合理分配與社會公平正義倫理的實踐，公共政策的運作應將其使命及價值定位於促進民主政治、實現公共利益、堅持社會正義，以及民主行政等面向（吳定，1997）。

二、全球化與公共政策

　　20世紀後期，進入了後工業時代，形成以知識為基礎的經濟環境，且隨著網際網路的不斷延伸以及知識經濟不斷地擴散，知識經濟導致全球化經濟，而全球化的經濟又促進知識經濟的發展，加速知識技術進步。全球化為世界經濟體系的革命，使企業能在世界任何地方籌措資金，並藉此結合世界任何地方的科技、通訊、管理知識與人力，在世界任何地方製造產品，銷往世界任何地方的顧客；全球化期將全球變成單一經濟體，其不僅試圖掙脫工會，更試圖掙脫民族國家的束縛，還涉及國家任務與政府的削除，希求實現最小國家的市場無政府主義。因此，全球化令工會、國家與政治都趨於式微，形成多面向、不受地方限制的多元全球社會，穿透民族國家的邊界；而因國際貿易在地域上的擴展與互動密度的提高、金融市場全球網路的建立與跨國集團權力的增長，資訊與通訊技術的持續革命，以及對於人權的普世性要求——「民主」的強化，全球文化產業的交流衝擊，政府以外的跨國行動者權力愈來愈大、數目愈來愈多，全球性貧窮、特定地點的跨文化衝突等，使得全球化具備了不可逆轉性（詹中原，2003）。公共政策有關的全球化意涵為(Farazmand, 1999)：全球化是國際化，是國界開放，是意識型態，是一種過程，是一種現象，也造成了全球資本的集中，因而形成對公共政策理論及實務的挑戰。其包含有(Farazmand, 1999)：

　　（一）政府與公部門的經濟領到角色被全球化企業菁英取代，公共領域與民眾參與縮水。

　　（二）由傳統市民行政變為公共的非市民行政，強調社會控制與資本累積。

　　（三）須在人事精簡與恐懼情形下維持高產出，以破解企業界對政府無效率的認知。

　　（四）私有化造成貪腐的機會增加。

　　（五）提倡菁英主義並獨厚菁英。

　　因此，全球化潮流之下，如何由全球比較觀點學習更多有關公共政策的

理論與實務，如何維持全球化經濟的競爭下的倫理人道認知，如何藉著謹慎
思考的集體市場選擇來促進人類安全與社會公平正義的市場化民主，如何因
通訊科技發達使未來公民享有更多參與及透明度，如何提出超領土性議題、
超領土傳播方式的公民社會，如何找到全球化世界中更集體、公平、公開治
理的民主治理等，皆是未來公共政策研究可戮力之處。

三、資訊化與公共政策

　　資訊化已為不可避免之趨勢，也衝擊著公共政策的研究；而資訊化所帶
來的知識爆炸，使得如何管理知識顯得相形重要。知識管理的主要作法包含
「知識分享」、「知識累積」與「知識創造」（郭昱瑩，2002）三項，此三
項為循環過程，可從任何一項作法起始，例如，藉由知識分享，可以累積知
識，植基於大量知識的累積，進而新知識可以被分析或創造、再度被分享，
乃構成一循環過程。為符合資訊化，以達公共政策的知識管理，葉堂宇
(1997)曾提出「政策支援系統」(policy support system)，是以電腦為基礎的資
訊系統，用來支援群體從事公共事務，並制定及提出因應之道，以支援決策
者，輔助公共政策的制定。

　　加諸民主化備受推崇之際，強調政府施政應具備「課責」、「回應
性」、「代表性」與「合法性」等原則(Levine, Peters, & Thompson, 1990;
Rosenbloom, 1998)，而政府對民眾行政決策過程的透明與資訊公開被視為達
成上述民主原則的重要途徑。Romzek與Dubnick(1998)將「課責」區分為政治
和管理兩個面向，其中，政治課責特別重視民意透過各種管道的展現，其所
強調的核心價值為「回應性」，確實回應民眾需求，而確保行政行為的透明
化是有效課責的條件之一。

　　爰此，為落實民主的「課責」與「回應性」，也為達公共政策過程（問
題之界定、政策規劃、合法化、執行與評估）的知識分享、累積與創造的功
能，政策資訊系統(policy information system)的概念值得重視。「政策資訊系
統」此一詞彙與概念仍相當新穎，其依循決策支援系統的內涵，串聯知識管

理與民主原則等概念，定義政策資訊系統為以電腦為基礎之資訊系統，定期與即時蒐集、儲存並整理政策資料與資訊，以達政策知識累積、分享與創新功能。政策資訊系統主要係釐清政策利害關係人與瞭解政策的組成、內容與過程，並提供政策備選方案，以協助政策各階段（問題認定、政策制定、合法化、執行與評估）任務的完成。政策資訊系統的最終目的是希冀提升政策決策品質，增進政策效能與正確性，從而藉由政策資訊系統的運作；內部使用者除了可實踐知識管理的概念，也可透過政策資訊系統達成對內部使用者（政府各機關人員）與外部使用者（一般民眾）的課責性與回應性，即為民主原則之落實（郭昱瑩，2005）。由於政策資訊系統可用以協助政策制定者釐清政策利害關係人、政策的組成與程序，且可用來增進公共政策的決策品質與可接受性，因而政策資訊系統的研發與建置刻不容緩，也值得未來公共政策研究重視。

四、科際整合與公共政策

　　學科間的整合與交流為當代學術發展趨勢，科際間整合會為公共政策研究激盪出不同的火花，注入新的活力。以下學科與公共政策的整合是值得探究的：

（一）政治學與公共政策

　　公共政策研究在於瞭解現代國家的政治變遷（詹中原，2003），而多元主義與統合主義間的辯證與互動一直是目前政治學所關注的焦點。多元主義認為，政治決策的制定是由多元利益團體共同治理的多元政體，政治權利是高度分化的、分布於不同的行動者、不同政策領域或不同時間點。在多元主義中，利益團體最足以表現多元社會的特徵，公共政策便是多元團體間相互鬥爭的結果；在利益團體數目龐大與種類繁多的民主社會中，公共政策是利益團體與其對立團體間勢力與影響力達成均衡的結果。統合主義則是一種利益代表的系統，代表利益單位被組合成數目有限的單一性、強制性、非競爭

性、階層結構與功能分化的團體，其地位被國家所認定，在相關領域中有代表性的壟斷，以換取對領導者選擇或支持表達的控制（丘昌泰，2000）。因此，在不同政策領域、不同層級政府、不同國家公共政策，是由社會中多元的社區、團體與個人所共同決定，或由單一性、強制性、非競爭性、階層結構與功能分化的團體所決定，是值得討論的議題。

（二）經濟學與公共政策

古典自由經濟學主張的自由放任政府，在歷經經濟大蕭條、經濟恐慌等危機後，社會經濟出現許多不合理的現象，使得「市場失靈」。由於市場充斥著各種問題，消費者處於被生產者與不法者剝奪的劣勢地位，市場運作已失去平衡，此時政府便須以各種政策工具來保障民眾。此乃福利經濟學的看法，其視國家機關為利益極大化的企業，政府機關的角色是扮演財務的評估，是以整體社會福利為考量基礎以制定政策（丘昌泰，2000）。與福利經濟學看法不同的乃是公共選擇理論，其以經濟學的原理來研究政治學的主題，把政治舞台視為是一個經濟學意義上的交易市場，政治產品（公共利益）的需求者是廣大的選民和納稅人，供給者則是政治人物、官僚和黨派，所有人都遵循著效用極大化的共同原則。一個政治人物或官員在做決定時，總是會對最能滿足自己利益（如金錢、地位、權力、名望等）的議案投以青睞，公共利益的實現可能只是手段而非目的（吳定，2003；丘昌泰，2000）。公共選擇理論有助於瞭解官僚、政黨、利益團體及選民的行為，而福利經濟概念下，政府扮演大家長角色，在不同政策上產生不同的影響。然而政府職能究應為何等議題，是經濟學與公共政策結合值得思考的問題。

（三）心理學與公共政策

心理學主要是從情緒、個性、動機、團體行為與人際關係來分析決策者的權力、領導與決策行為。社會判斷理論(social judgment theory)是認知心理學重要的一支，其對於公共政策的形成過程中，決策者的思考方式可加以探知，其關心的焦點在於「直覺」(intuition)與「分析」(analysis)兩種個體認知

方式。分析是指按部就班、有良知的、邏輯上可辨證的過程，質言之，分析的思考方式是以假設、邏輯、抽象、系統、演繹的推理、理想主義，能夠考慮許多解決問題的可能方式，企圖找出最為真確的解答；相反地，直覺則是指認知過程而產生的答案、解決方案、想法，並沒有良知的、邏輯上可辨證、按部就班的過程（郭昱瑩，2002）。而這兩種思考方式乃是一連續體，決策者乃是沿著連續體所築成的分析與直覺這條線做決策與判斷，此線是為「認知續線」(cognitive continuum)。探究決策者或決策參與者的認知方式，可從而瞭解衝突所在，進而可為公共政策爭議之平息。此心理學與公共政策的結合，也是未來可再開發的。

　　除了上述說明，公共政策尚可與管理學的行銷結合，討論政府公關與行銷；也可與法律學的辯證結合，作為政策論證的依據；也可與社會學結合，探討社會不同組織的功能與不同階層、群體與個人的互動與衝突對公共政策的影響。當然，公共政策可說是無遠弗屆、沒有疆界，舉凡環境、都市規劃、農業、產業發展、交通、住宅、財政、國防等皆有相關，不同專業學科與公共政策的交流整合，都是創意的開始。

參考文獻

中文

- Stuart. S. Nager主編，1987，《政策研究百科全書》，北京：技術文獻，頁634-635。
- 丁仁方，1999，《威權統合主義：理論、發展與轉型》，台北：時英。
- 丁守中、洪秀柱、袁頌西、羅心安、劉三錡，1993，〈一樣教育兩樣待遇：私校教育資源分配問題探索〉，《當代青年》，第29期，頁7-21。
- 中國時報特案新聞中心民意調查組，1996，〈國發會是啥？近半民眾莫宰羊〉，《中國時報》，12月22日，4版。
- 方英祖，2003，〈核能四廠興建計劃決策模式之探討（民國69～90年）：政策網絡途徑〉，國立政治大學公共行政研究所碩士論文。
- 方述誠，1993，〈線性規劃〉，《數學傳播》，第17卷，第1期，頁28-37。
- 王石番，1995，《民意理論與實務》，台北：黎明文化。
- 王旭，1999a，〈關於民意的民眾意見〉，《民意研究季刊》，第207期，頁1-18。
- 王旭，1999b，〈頭家怎樣看總統：李總統出國訪問與其政治聲望之間的關聯〉，王靜伶主編，《1998傳播論文選集》，台北：中華傳播學會。
- 王貳瑞，2001，〈Application of Linear Programming to Environmental Mitigation Alternatives for Utility Development under Aggregate Emission Control（線性規劃在污染總量管制條件下電力發展環境抉擇之應用）〉，《工業工程學刊》，第18卷，第3期，頁31-48。
- 王業立、郭應哲、林佳龍譯，M. H. Levine著，1999，《政治學中爭辯的議題》，

譯自：*Political Issues Debated: An Introduction to Politics*，台北：韋伯文化。

- 丘昌泰，1995，《公共政策：當代政策科學理論之研究》，台北：巨流。
- 丘昌泰，1999，〈政府與市場：從行政科學點典範變遷論『小而能政府』的建立〉，《行政與政策學報》，第1期，頁35-88。
- 丘昌泰，2000，《公共政策：基礎篇》，台北：巨流。
- 丘昌泰、余致力、羅清俊、張四明、李允傑，2001，《政策分析》，台北：國立空中大學。
- 台北市政府環境保護局，2002，《台北市垃圾費隨袋徵收政策推動二週年成果報告》，台北：台北市政府環境保護局。
- 田弘茂著，劉淑惠譯，1997，〈台灣民主鞏固的展望〉，田弘茂主編，《新興民主的機遇與挑戰》，台北：業強。
- 成露茜、羅曉南，2005，《批判的媒體識讀》，台北：正中書局。
- 朱志宏，1991，《公共政策》，台北：三民書局。
- 朱志宏，1995，《公共政策》，再版，台北：三民書局。
- 朱偉廷，1999，〈山坡地環境規劃評估模式建立之研究：多屬性效用理論之應用〉，台北：國立中興大學都市計畫研究所碩士論文。
- 江岷欽、劉坤億，1999，《企業型政府：理念、實務、省思》，台北：智勝文化。
- 何盈芬，2000，〈飛行員排班問題之模擬與探討〉，《蘭女學報》，第7期，頁121-152。
- 余信雄，1993，〈線性規劃在煉油計畫的應用簡介〉，《石油季刊》，第29卷，第4期，頁69-79。
- 余致力，1999，〈行政菁英對當前重大政策議題之意見調查〉，《理論與政策》，第13卷，第3期，頁139-170。
- 余致力，2000，〈公私管理之異同：美國傑出公共行政與企業管理碩士學程之比較研究〉，《中國行政評論》，第10卷，第1期，頁111-154。
- 余致力，2000，〈論公共行政在民主治理過程中的正當角色：黑堡宣言的內涵、定位與啓示〉，《公共行政學報》，第4期，頁1-29。
- 余致力，2001，〈民意與公共政策：一般民眾與關注民眾政策意見異同之比較研

究〉，余致力、郭昱瑩、陳敦源編，《公共政策分析的理論與實務》，台北：韋伯文化。

- 余致力，2002，《民意與公共政策：理論探討與實證研究》，台北：五南圖書。
- 余致力，2002，《民意與公共政策》，台北：五南圖書。
- 余致力，2006，〈議程設定的理論探討與實證研究〉，《世新五十學術專書：新世紀公共政策理論與實務》，台北：世新大學，頁1-26。
- 余致力、林嘉隆，2005，〈行政管理教育之現代化：美國傑出行政管理碩士學程必修課程之研究〉，余遜達主編，《法治與行政現代化》，北京：中國社會科學出版社，頁642-668。
- 余致力、郭昱瑩，2000，「政府再造與預算改革：以九〇年代美國各州政府為例」，《行政暨政策學報》，第2期，頁195-223，台北：台北大學。
- 余致力、黃榮護，2001，〈論專業民調在政策形成過程中之角色〉，《行政管理論文選輯》，第15輯，頁229-246。
- 吳文弘，1994，〈由「自上而下資源分配」論總預算案籌編審議程序之改進〉，《今日會計》，56，頁3-15。
- 吳定，1991，《公共行政論叢》，台北：順達。
- 吳定，1996，《公共政策》，台北：華視。
- 吳定，1997，《公共政策辭典》，台北：五南圖書。
- 吳定，2000，《公共政策（全）》，台北：華視。
- 吳定，2003，《公共政策》，台北：國立空中大學。
- 吳定，2003，《公共政策管理》，台北：聯經。
- 吳定，2004，《公共政策辭典》，再版，台北：五南圖書。
- 吳宜臻，1998，《議題管理：企業公關的新興課題》，台北：遠流。
- 吳建平譯，Saul I. Gass著，1972，《線性規劃》，譯自：*Linear Programming: Methods and Application*，台北：國立編譯譯館。
- 吳瓊恩，1999，〈公共管理研究途徑的反思與批判〉，《中國行政評論》，第8卷，第2期，頁1-20。
- 吳瓊恩，2001，《行政學》，台北：三民書局。
- 吳瓊恩，2001，《行政學》，增訂二版，台北：三民書局。

- 呂亞力，1995，《政治學》，台北：三民書局。
- 呂錦珍譯，Michael J. Spendolini著，1996，《標竿學習：向企業典範借鏡》，譯自：*The Benchmarking Book*，台北：天下文化。
- 李允杰、丘昌泰，1999，《政策執行與評估》，台北：國立空中大學，頁217-223。
- 李允杰，1997，《財務行政與政策過程》，台北：商鼎文化。
- 李允杰，1999，《國會與預算：政府預算審議過程之實證研究》，台北：商鼎文化。
- 李允杰、丘昌泰，1999，《政策執行與評估》，台北：國立空中大學，頁243。
- 李允杰、丘昌泰，2003，《政策執行與評估》，台北：元照。
- 李安明，1999，〈台灣地區國民教育資源分配之問題與改進建議〉，《教育政策論壇》，第2期，頁60-86。
- 李宗儒、都鈺堂，1997，〈台灣毛豬屠體運輸最適轉運量及其肉品批發市場最適家數之研究〉，《農業經濟叢刊》，第3卷，第1期，頁69-95。
- 李明寰譯，William N. Dunn著，2002，《公共政策分析》，譯自：*Public Policy Analysis: An Introduction*，台北：時英。
- 李翠萍，2006，《社會福利政策執行網絡探析》，秀威資訊科技股份有限公司。
- 周齊武、吳安妮、V. Awasthi，1998，〈台灣經理人員對資源分配決策下之『不當堅持』的認知及經驗〉，《會計研究月刊》，第151期，頁40-47。
- 周麗芳，2000，〈國民年金的成本效益分析〉，《社區發展季刊》，第91期，頁119-127。
- 林文亮，1996，〈台灣木材生產中心之規劃〉，國立台灣大學農學院實驗林研究報告，第10卷，第4期，頁49-76。
- 林水波，1999，《公共政策新論》，台北：智勝文化。
- 林水波、石振國，1999，〈以直接民主改革間接民主的論述與評估〉，《立法院院聞月刊》，第27卷，第3期，頁33-44。
- 林水波、張世賢，1991，《公共政策》，三版，台北：五南圖書。
- 林本炫，1996，〈教育資源分配與社會正義〉，《國家政策（動態分析）雙週刊》，第132期，頁6-8。

- 林玉華，1991，〈民意的定義與民意政治的發展〉，《行政學報》，第23期，頁143-172。

- 林玉華，2001，〈政策網絡的治理模式：以英國與歐盟爲例〉，發表於「跨域政府轉型的斷層」研討會，台北：台北大學公共事務學院。

- 林全、周逸衡、陳德華、黃鎮臺、蓋浙生、劉三錡，1995，「高等教育資源分配與學費」，《教改通訊》，第13期，頁1-7。

- 林博文，2002，〈地方政府之行銷研究〉，《法政學報》，第15期，頁115-158。

- 林博文，2003，〈地區行銷與智慧資本：「宜蘭」經驗的省思〉，《行政管理學報》，第4期，頁57-74。

- 林聖泉、黃裕益、鄭經偉，1997，「設施內盆栽作物栽培體系之規劃：聖誕紅之管理策略與銷售對栽培數量之影響」，《農林學報》，第46卷，第3期，頁53-71。

- 林鍾沂，1994，《政策分析的理論與實踐》，台北：瑞興圖書。

- 柯三吉，1991，〈民意與公共政策〉，《人事月刊》，第73期，頁15-21。

- 柯三吉，1998，《公共政策：理論、方法與台灣經驗》，台北：時英。

- 胡幼偉譯，2001，S. R. Gawiser與G. E. Witt著，《解讀民調》，譯自：*Pubic Opinion Polls*，台北：五南圖書。

- 胡國堅，1996，〈政策網絡理論與其應用〉，《空大行政學報》，第6輯，頁289-302。

- 唐亮譯，James E. Anderson著，1990，《公共政策》，北京：華夏，頁183。

- 韋端，1997，〈論如何有效推動：中程計畫預算作業制度〉，《研考雙月刊》，第21期，頁3-9。

- 孫本初，2001，《公共管理》，台北：智勝文化。

- 孫秀蕙，1994，〈民意理論中的「死硬派」之研究：以「興建核四廠」議題爲例〉，《新聞學研究》，第49集，頁90-157。

- 孫秀蕙，2003，〈第九章：公關人員與媒體之間的互動模式對於議題管理策略的啓示〉，《公共關係：理論、策略與研究實例》，台北：正中書局。

- 孫蘭芝、胡啓生等譯，寧騷校訂，Carl V. Patton與David S. Sawicki著，2001，《政策分析規劃的初步方法》，譯自：*Basic Methods of Policy Analysis and Planning*，北京：華夏，頁358。

- 徐仁輝，2000，《公共財務管理》，台北：智勝文化。
- 徐仁輝、彭渰雯譯，R. L. Miller、D. K. Benjamin及D. C. North著，2006，《公共議題經濟學》，譯自：*The Economics of Public Issues*，台北：智勝文化。
- 徐美苓，1994，〈再探腦海中的圖像：民、意、民意與媒體〉，《新聞學研究》，第49期，頁225-228。
- 徐美苓，1999，〈是誰在形塑我們腦海中的愛滋病圖像？比較新聞報導與宣導內容的議題設定功能〉，林靜伶主編，《1998傳播論文選集》，台北：中華傳播學會。
- 徐美苓、夏春祥，1997，〈民意、媒體與社會環境：以解嚴後民意測驗新聞報導主題為例〉，《新聞學研究》，第54期，頁167-188。
- 翁秀琪、李東儒、李岱穎譯，Elisabeth Noelle-Neumann著，1994，《民意：沉默螺旋的發現之旅》，譯自：*Offentliche Meinung: Die Entdeckung Der Schweigspirale*，台北：遠流。
- 翁興利，2004，《政策規劃與行銷》，台北：華泰文化。
- 翁興利、施能傑、官有垣、鄭麗嬌，1998，《公共政策》，台北：國立空中大學。
- 翁興利等編著，1998，《公共政策》，台北：國立空中大學。
- 馬信行，1993，〈台灣地區近四十年來教育資源之分配情況〉，《國立政治大學學報》，第67期，頁19-56。
- 高強、高重光，1994，〈由資源分配提升多單位組織之整體效率〉，《中山管理評論》，第2期，頁18-28。
- 張世賢，1986，《公共政策析論》，台北：五南圖書。
- 張世賢，1995，〈中央與地方政策網絡之研究〉，《行政管理論文選輯》，第9輯，頁681-699。
- 張世賢、陳恆鈞，1997，《公共政策：政府與市場的觀點》，台北：商鼎文化。
- 張世賢、陳恆鈞，2001，《公共政策：政府與市場的觀點》，再版，台北：商鼎文化。
- 張四明，2000，〈民意調查的科學基礎、政治功能與限制〉，《行政暨政策學報》，第2期，頁1-39。

- 張四明，2001，〈成本效益分析在政府決策上的應用與限制〉，「政策分析的理論與實務」研討會，世新大學行政管理學系主辦。
- 張玉茹，1997，〈台灣省各縣市國民中學教育資源分配公平性之研究〉，《教育研究》（高師），第5期，頁249-259。
- 張宏源，2001，《媒體識讀：如何成為新世紀優質閱聽人》，台北：亞太圖書。
- 張卿卿，2004，〈從性別差異與產品態度確定性高低來探討廣告框架效果〉，《管理評論》，第213期，頁1-23。
- 張清溪，1996，〈評「高等教育資源分配與學費」〉，《教改通訊》，第17卷，第18期，頁83-84。
- 張斐章、王文清，1995，〈模糊線性規劃於水資源規劃之應用〉，《台灣水利》，第43卷，第1期，頁31-40。
- 張鈿富，1999，〈台灣地區高級中等教育發展均等性之分析〉，《教育政策論壇》，第2期，頁38-67。
- 曹俊漢，1980，《公共政策》，台北：三民書局。
- 曹俊漢，1998，〈個人尊嚴與生活品質面臨衝擊與調適之研究：透過得菲研究法建立公共政策反思的新指標〉，國科會研究報告。
- 曹俊漢，1999，〈公共生活的價值衝突與實用倫理：公共政策議題形成之研究〉，國科會研究報告。
- 曹俊漢主編，1998，《中美資源分配：政策評估》，中央研究院歐美研究所。
- 梁定澎，1982，〈多屬性效用模式用在消費者選擇行為之應用〉，高雄：國立中山大學企業管理研究所碩士論文。
- 許敏娟，2004，〈台北市里政改革政策制定過程之研究〉，世新大學行政管理學系碩士論文。
- 許璋瑤，1998，〈從教改會決議看教育資源之分配〉，《主計月報》，第85期，頁29-37。
- 郭良文，1999，〈台灣近年來廣告中認同之建構：解析商品化社會的認同與傳播意涵〉，林靜伶主編，《1998傳播論文選集》，台北：中華傳播學會。
- 郭昱瑩，2002，〈政府機關知識管理績效衡量指標之研究〉，《中國行政》，第72期，頁57-82。

- 郭昱瑩，2002，《公共政策：決策輔助模型個案分析》，台北：智勝文化。
- 郭昱瑩，2002，《政府預算的總體與個體研究》，台北：智勝文化。
- 郭昱瑩，2005，〈政策資訊系統基礎架構之初探：以全民健康保險政策為例〉，《中國行政》，第76期，頁53-84。
- 郭秋勳，1992，〈各級補習學校學習成本效益分析及發展模式之研究〉，教育部社會教育司。
- 陳天賜，1990，〈台鐵西部幹線多軌化成本效益分析〉，《台鐵資料月刊》，第264期，頁21-57。
- 陳成興，1980，〈成本效益分析與公共投資決策評估〉，《主計月報》，第49卷，第3期，頁7-10。
- 陳俊明、劉念夏，1998，〈民意調查與選舉結果之推估比較：一個協助閱聽大眾解讀媒體民調的新嘗試〉，《理論與政策》，第12卷，第1期，頁52-72。
- 陳基國，2001，〈台灣引水費結構合理化之研究〉，《運輸學刊》，第13卷，第1期，頁95-113。
- 陳凱俐、陳子英，1990，〈台灣濕地保護網之建立：以鳥類歧異度為考量〉，《中華林學季刊》，第33卷，第1期，頁1-22。
- 陳敦源，1999，〈民意與公共政策〉，黃榮護編，《公共管理》，台北：商鼎文化。
- 陳敦源，2000，〈誰掌控官僚體系？從代理人理論看台灣官僚體系的政治控制問題〉，《公共行政學報》，第4期，頁99-130。
- 陳敦源，2002，〈公部門政策行銷五問〉，《公訓報導》，第102期，頁54-55。
- 陳敦源，2006，〈內戰：行政政治中的異議管理〉，《公共行政學報》，第19期，頁175-183。
- 陳敦源、王光旭，2005，〈政務領導、國會監督與官僚自主：台灣全民健保政策「否決者」之研究：1986～2003〉，2005年台灣公共行政暨事務系所聯合會(TASPAA)年會，「公共行政的變遷與挑戰」研討會，台北：台灣公共行政暨事務系所聯合會。
- 陳敦源、吳秀光，2005，〈理性選擇、民主制度與「操控遊說」：威廉瑞克新政治經濟學的回顧與評述〉，《政治科學論叢》，第26期，頁1-34。

- 陳敦源、李菈蒂，2004，〈國會改革中的立法效率與透明課責：以黨團協商機制法制化實施前後為例〉，2004台灣政治學會年會，〈關鍵年代與多元政治〉，2004年12月18～19日，高雄：義守大學。

- 陳敦源、郭政瑋，2003，〈民主治理中之資訊交易關係：以台北市政府府會聯絡機制為例之研究〉，2003年台灣公共行政暨事務系所聯合會(TASPAA)，〈民主治理與台灣行政改革〉研討會，台北：台灣公共行政暨事務系所聯合會。

- 陳敦源、劉宜君、蕭乃沂、林昭吟，2004，〈政策利害關係人指認的理論與實務：以全民健保改革為例〉，中國政治學會年會，〈台灣2004年總統大選後的政治走向〉，2004年9月18～19日，台南：成功大學。

- 陳敦源、韓智先，2000，〈是誰告訴人民他們要什麼？媒體、民意與公共議程設定〉，《研考雙月刊》，第24卷，第1期，頁19-31。

- 陳景雄，1991，〈應用線性規劃與生長模式探討桂竹林施業之研究〉，《樹德學報》，第14期，頁253-271。

- 陳蔓蒂，1991，〈淺析讀者投書與民意〉，《報學》，第8卷，第4期，頁114-142。

- 彭芸，1992，《新聞媒介與政治》，台北：黎明文化。

- 曾子芬，1992，〈台灣稻米生產的成本效益分析〉，國立中興大學經濟學研究所碩士論文。

- 曾強、何志雄譯，Joseph E. Stiglitz著，1988，《政府經濟學》，第五章，譯自：*Government Economic*，北京：春秋。

- 游盈隆，1996，《民意與臺灣政治變遷：1990年代臺灣民意與選舉政治的解析》，台北：月旦。

- 湯絢章譯，James E. Anderson著，《公共政策制定》，台北：幼獅譯叢。

- 黃月桂，1997，〈全民健保預防保健服務之利用與成本效益分析〉，台北：中央健康保險局。

- 黃世鑫、徐仁輝、張哲琛，1995，《政府預算》，台北：國立空中大學。

- 黃東益，2000，〈審慎思辯民調：研究方法的探討與可行性評估〉，《民意研究季刊》，第211期，頁123-143。

- 黃東益、蕭乃沂、陳敦源，2003，〈網際網路時代公民直接參與的機會與挑戰：

台北市「市長電子信箱」的個案研究〉，《東吳政治學報》，第17期，頁121-151。

- 黃俊英，2004，《行銷學的世界》，再版，台北：天下文化。
- 黃華民，2000，〈從線性規劃到八個皇后〉，《數學傳播》，第24卷，第4期，頁45-57。
- 黃榮護，1998，〈政府公關與行銷〉，《公共管理》，台北：商鼎文化。
- 黃榮護、余致力，1997，〈知識份子看國家發展會議：專業民調結果報告〉，《民意研究季刊》，第200期，頁87-116。
- 楊秀娟，2000，〈政府機關民眾關心議題如何納入政策〉，《研考雙月刊》，第24卷，第1期，頁3-8。
- 楊承亮、粘飛豹，1997，〈國軍兵力整建人力規劃模式之研究〉，《國防管理學院學報》，第18卷，第1期，頁1-11。
- 楊明璧、周世玉、李龍斌，2000，〈應用線性規劃模式來建立精製茶廠之產銷計畫〉，《輔仁管理評論》，第7卷，第2期，頁93-111。
- 楊意菁，1998，〈民意調查的理想國：一個深思熟慮民調的探討〉，《民意研究季刊》，第204期，頁63-76。
- 溫敏杰、杜宜軒、李錦河，2000，〈統計方法在選舉預測上之研究〉，《民意研究季刊》，第211期，頁40-65。
- 葉明亮，1994，〈毛豬運輸卡車之成本效益評估〉，國立中興大學農業運輸學研究所碩士論文。
- 葉金成、李蕭傳，1995，〈國防環境、戰略和資源分配之關係：適合我國情境之預算分配政策分析〉，《國防管理學院學報》，第16期，頁33-44。
- 葉若春、蘇玲慧、李衍儀，1995，〈捐血中心服務業血庫存量政策之探討〉，《管理與系統》，第2卷，第1期，頁65-84。
- 葉堂宇，1994，〈An Effective Economic Decision Model for Automation Technology Selection in an Organization（如何在組織內建立有效經濟決策模型應用在自動化技術的選擇）〉，《中國行政評論》，第4卷，第1期，頁1-24。
- 葉堂宇，1997，《政策支援系統》，台北：商鼎文化。
- 葉維煜、張森富，1994，〈應用線性規劃分析近10年來台灣農業機械化之發

展〉，《農業工程學報》，第40卷，第3期，頁43-56。

- 葉蓓華，2000，〈淺談政策網絡理論〉，《人事月刊》，第31卷第1期，頁6-20。

- 詹中原，2003，《新公共政策》，台北：華泰書局。

- 廖淑君，2006，〈政府從事電視置入性行銷法律規範之研究〉，《廣告學研究》，第26期，頁83-107。

- 翟本瑞，1992，〈交換：資源分配的基礎〉，《中國論壇》，第32期，頁66-72。

- 趙雅麗、張同瑩、曾慧琦合譯，B. Hennessy著，2000，《民意》，譯自：*Public Opinion*，台北：五南圖書。

- 齊若蘭譯，Peter Drucker著，2004，《彼得‧杜拉克的管理聖經》，譯自：*The Practice of Management*，台北：遠流。

- 劉宜君，2001，〈我國全民健康保險政策分析：國家機關自主性與政策網絡的觀點〉，《空大行政學報》，第11輯，頁161-211。

- 劉宜君、陳敦源，2007，〈新制度主義與政策網絡應用於府際關係之研究：地方政府分擔健保費爭議之案例分析〉，《社會政策與社會工作》，第11卷，第1期，頁1-51。

- 劉明德，1999，〈運輸轉運之線性規劃模式研究〉，《中國工商學報》，第21卷，頁213-223。

- 劉浚明，1991，〈線性規劃求解等量伐採規劃問題〉，《中華林學季刊》，第24卷，第1期，頁53-57。

- 劉楚俊譯，Amartya Sen著，2000，《倫理與經濟》，譯自：*On Ethics and Economics*，台北：聯經。

- 蔡允棟，2001，〈網絡治理：美國、英國及歐陸之比較分析與應用〉，發表於「2001台灣政治學會年會暨政黨輪替後之台灣政治」學術研討會，台北：台灣政治學會、政治大學政治系、政大選舉研究中心。

- 蔡炯青、黃瓊儀，〈公共政策議題的議程設定研究：以「台北市垃圾費隨袋徵收」政策為例〉，主辦單位：中華傳播學會，台北：中華傳播學會2000年會暨論文研討會，2002.06.28～06.30。

- 鄭勝耀，1999，〈教育資源分配的兩難：談均等與卓越理想的實現〉，《中等教育》，第50期，頁27-38。

- 鄭欽龍，1994，〈水的經濟價值評估：線性規劃法之應用〉，國立台灣大學農學院實驗林研究報告，第8卷，第1期，頁149-160。
- 鄧振源、曾國雄，1981，〈多屬性效用理論之回顧及其在運輸投資規劃之應用〉，《交通運輸》，第13期，頁17-59。
- 魯炳炎，2007，〈政策行銷理論意涵之研究〉，《中國行政》，第78期，頁31-54。
- 賴世培、丁庭宇、莫季雍，2000，《民意調查》，台北：國立空中大學。
- 龍韋良，2007，〈公共政策教學之研究：美國與台灣碩士課程分析〉，世新大學行政管理學系碩士論文。
- 聯合報系民意調查中心，1996，〈多數民眾反對總統擴權〉，《聯合報》，12月30日，2版。
- 謝宗學，1997，〈我國殘障政策發展之分析：國家、公民與政策網絡〉，台北：國立政治大學公共行政研究所碩士論文。
- 謝明、杜子芳、伏燕、伍業峰譯，Willam N. Dunn著，2003，譯自：*Publie Policy Analysis Introduction*，《公共政策分析導論》，中國人民大學出版社。
- 簡傳彬、方文村，2000，〈線性規劃在池塘灌溉系統聯合營運之應用〉，《農業工程學報》，第46卷，第3期，頁69-82。
- 藍俊雄等，2000，〈電力工程在工期限制下之最佳化排程〉，《台電工程月刊》，第627期，頁98-106。
- 羅文輝，1991，《精確新聞報導》，台北：正中書局。
- 羅紹和，1992，〈解嚴後報紙民意測驗之內容分析與其議題設定之初探：以聯合、中時兩報為例〉，《復興崗論文集》，第14期，頁281-306。
- 蘇彩足，1998，〈美國聯邦預算赤字之起源與控制〉，曹俊漢主編，《中美資源分配：政策評估》，台北：中央研究院歐美研究所。
- 蘇彩足，2000，〈民主化對於政府預算決策的衝擊與因應之道〉，朱雲和、包宗和主編，《民主轉型與經濟衝突》，頁51-74，台北：桂冠。
- 蘇雄義、涂保民，1994，〈專案管理之線性規劃模式及應用〉，《輔仁管理評論》，創刊號，頁101-112。
- 顧志遠，1994，〈高等教育資源分配模式研究〉，《台灣教育》，第528期，頁20-27。

英文

- Adelman, L., 1984, "Real-Time Computer Support for Decision Analysis in A Group Setting: Another Class of Decision Support System," *Interfaces*, 14: 2, 75-83.
- Alger, D. E., 1996, *The Media and Politics*, Singapore: Wadsworth Publishing Company.
- Alkin, M. C., 1972, "Evaluation Theory Development," C. H. Weiss: *Evaluation Action Programs: Reading in Social Action and Education Evaluation Action Programs*, Boston: Allyn & Bacon Inc., p. 107.
- Allison, G. & P. Zelikow, 1999, *Essence of Decision: Explaining the Cuban Missile Crisis*, 2nd ed. Addison Wesley Longman.
- Anderson, C. W., 1979, "The Place of Principles in Policy Analysis," *American Political Science Review*, 73(3): 711-723.
- Anderson, J. E., 1979, *Public Policy-Making*, 2nd ed., N. Y.: Holt, Rinehart and Winston.
- Anderson, J. E., 2003, *Public Policy Making*, 5th ed., Boston, MA: Houghton Mifflin Co.
- Andreasen, A. R., 2002, "Making Social Marketing in the Social Change Marketplace," *Journal of Public Policy & Marketing*, 21(1): 3-13.
- Arnold, R. D., 1990, *The Logic of Congressional Action*. New Haven: Yale University Press.
- Atwood, L. E., A. B. Sohn, & H. Sohn, 1978, "Daily Newspaper Contributions to Community Discussion," In *Agenda Setting Readings on Media, Public Opinion, and Policymaking*, edited by D. L. Protess and M. McCombs, N. J.: Hillsdale.
- Averch, H., 1990, *Private Markets and Public Intervention: A Primer for Policy Designers*. Pittsburgh, PA: University of Pittsburgh Press.
- Aviel, D., 2001, "The Causes and Consequences of Public Attitudes to Technology: A United States Analysis," *International Journal of Management*, 18(2): 166-178.
- Barber, B. R., 1984, *Strong Democracy: Participatory Politics for a New Age*, Berkeley: University of California Press.
- Barber, B., 1984, *Strong Democracy: Participatory Politics for a New Age*. Berkeley: University of California Press.

- Baron, D. P. & J. A. Ferejohn, 1989, "Bargaining in Legislatures," *The American Political Science Review*, 83(4): 1181-1206.
- Barrett, S. & C. Fudge, eds., 1981, *Policy and Action*, Methuen, London.
- Baumgartner, F. R. & B. D. Jones, 1993, *Agenda and Instability in American Politics*. Chicago, IL: University of Chicago Press.
- Bennett, C. A. & A. A. Lumsdaine, 1975, *Evaluation and Experiment: Some Critical Issus in Assessing Social Programs*, N. Y.: Academic Press.
- Benson, J. K., 1982, "A Framework for Policy Analysis," in D. L. Rogers and D. Whetten (eds.) *Inter-organization Coordination: Theory, Research and Implementation*, Ames: Iowa State University Press.
- Benveniste, G., 1977, *The Politics of Expertise*, 2nd ed., San Francisco: Boyd & Faser Publishing Company.
- Bernstein, I. N. & H. E. Freeman, 1975, *Academic and Entrepreneurial Research*, N. Y.: Russell Sage Foundation.
- Berry, J. M., 1989, *The Interest Group Society*, 2nd ed. N. Y.: HarperCollins Publishers.
- Berry, J., 1989, "Subgovernments, Issue Networks, and Political Conflict," In *Remaking American Politics*, R. Harris and S. Milkis, eds. Boulder, CO: Westview Press.
- Berry, M. et al., 1993, *The Rebirth of Urban Democracy*, Washington, D. C.: The Brookings Institution.
- Birkland, T. A., 1997, *After Disaster: Agenda Setting, Public Policy, and Focusing Events,* Washington, D. C.: Georgetown University Press.
- Bocheck, P. & S. F. Chang, 1998, *Content-based VBR Resource Allocation Model and Its Application to Dynamic Network Resource Allocation*, 6th IEEE/IFIP IWQoS '98 Annual Meeting, May 19th, Napa, California.
- Boorstin, D. J., 1992, *The Image: A Guide to Pseudo-Events in America*. N. Y.: Vintage Books.
- Borquez, J., 1993, "Newsmaking and Policymaking: Steps Toward a Dialogue," *Media and Public Policy*, edited by R. J. Spitzer, Westport, Conn.: Praeger.
- Boulding, K. E., 1993, "Power," In *The Oxford Companion to Politics of the World*. Joel

Krieger, ed., Oxford University Press.

- Bower, J. L., 1986, *Managing the Resource Allocation Process: Harvard Business School Classics*, Boston, MA: Harvard Business School Press.

- Bozeman, B. & J. Massey, 1982, "Investing in Policy Evaluation: Some Guidelines for Skeptical Public Managers," Public *Administration Review*, Vol. 42, No. 3, p. 266.

- Bradshaw, J., 1977, "The Concept of Social Need," In Neil Gilbert and Harry Specht (eds.), *Planning for Social Welfare: Issues, Task and Models*, Englewood Cliffs, N. J.: Prentice-Hall, Inc., pp. 290-296.

- Brennan, G. & A. Hamlin, 2000, *Democratic Devices and Desires*. N. Y.: Cambridge University Press.

- Brinkerhoff, D. W. & B. L. Crosby, 2002, *Managing Policy Reform: Concepts and Tools for Decision-makers in Developing and Transitioning Countries*. Bloomfield, CT: Kumarian Press.

- Brinkerhoff, D. W. & B. L. Crosby, 2002, *Managing Policy Reform: Concepts and Tools for Decision-Makers in Developing and Transitioning Countries*. Bloomfield, CT: Kumarian Press.

- Bruno, M. & J. Sachs, 1982, "Energy and Resource Allocation: A Dynamic Model of the 'Dutch Disease'," *Review of Economic Studies*, 49, 845-859.

- Bryce, J., 1895, *The American Commonwealth*, N. Y.: Macmillan.

- Bryk, A. S. (ed.), 1983, *Stakeholder-Based Evaluation*, San Francisco, Jossey-Bass, pp. 1-2.

- Bryner, G. C., 1987, *Bureaucratic Discretion: Law and Policy in Federal Regulatory Agencies*. N. Y.: Pergamon Press.

- Buchanan, J. M. & G. Tullock, 1962, *The Calculus of Consent: Logical Foundations of Constitutional Democracy*. Ann Arbor: The University of Michigan Press.

- Buchanan, J. M., 1984, "Politics without Romance: A Sketch of Positive Public Choice Theory and Its Normative Implications," in *The Theory of Public Choice II*, J. M. Buchanan, R. D. Tollison, eds. Ann Arbor: University of Michigan Press.

- Burke, E., 1909, *On taste; On the Sublime and Beautiful; Reflections on the French*

Revolution; A Letter to A Noble Lord; with Introduction and Notes, N. Y.: Collier & Son.

- Buurma, H., 2001, "Public Policy Marketing: Marketing Exchange in the Public Sector," *European Journal of Marketing*, 35(11/12): 1287-1300.

- Cater, D., 1959, *The Fourth Branch of Government*. Boston: Houghton Mifflin.

- Cervera, A., A. Molla, & H. Calderon, 1999, "Market Orientation: A Framework for Public Institutions," *Journal of Nonprofit & Public Sector Marketing*, 7(1): 3-23.

- Chaffee, E. E., 1983, "The Role of Rationality in University Budgeting," *Research in Higher Education*, 19, 387-406.

- Chareonwong, U. & H. Cameron, 2001, "Policy Evaluation Using Stakeholder Analysis and Multi-Attribute Utility Technology Methods: A Case Study of Intellectual Property Policy in Thailand." (Manuscript.)

- Chen, Don-yun & Tong-yi Huang, 2001, "Democracy, Information and Legislative Institution in Taiwan: A Information Gathering Perspective," Paper Prepared for the Annual Meeting of North America Taiwan Studies Association (NATSA).

- Cobb, R. W. & C. D. Elder, 1983, *Participation in American Politics: The Dynamics of Agenda Building*, Baltimore: Johns Hopkins University Press.

- Cobb, R. W. & M. H. Ross, eds., 1997, *Cultural Strategies of Agenda Denial: Avoidance, Attack, and Redefinition*. Lawrence, Kansas: University Press of Kansas.

- Cobb, R. W., J. K. Ross, & M. H. Ross, 1976, "Agenda Building as A Comparative Political Process," *American Political Science Review*, 70(1): 126-138.

- Cohen, B., 1963, *The Press and Foreign Policy*, Princeton, N.J.: Princeton University Press.

- Collins, N. & P. Bulter, 2003, "When Marketing Models Clash with Democracy," *Journal of Public Affairs*, 3(1): 52-62.

- Cook, F. L., T. R. Tyler, E. G. Goetz, M. T. Gordon, D. Protess, D. R. Leff, & H. L. Molotch, 1983, "Media and Agenda Setting: Effects of the Public, Interest Group Leaders, Policy Makers, and Policy," *Public Opinion Quarterly*, 47: 16-35.

- Cook, T. E., 1998, *Governing with the News: The News Media as a Political Institution*.

Chicago: University of Chicago Press.

- Cooper, C. A. & A. J. Nownes, 2004, "Money Well Spent? An Experimental Investigation of the Effects of Advertorials on Citizen Opinion," *American Politics Research*, 32(5): 546-569.

- Crabble, R. E. & S. L. Vibbert, 1985, "Managing Issues and Influencing Public Policy," *Public Relations Review*, 11(2): 3-16.

- Crosby, Benjamin L., 1997, "Stakeholder Analysis And Political Mapping: Tools for Successfully Implementing Policy Reform," In *Policy Studies and Developing Nations*, Vol. 5, pp. 261-286.

- Cunningham, C., 1992, "Sea Defenses: A Professionalized Network?" In R. A. W. Rhodes & David Marsh (eds.), *Policy Network in British Government*, pp. 100-123.

- Curran, C., 1979, *A Seamless Robe: Broadcasting, Philosophy and Practice*. London: Collins.

- Dahl, R. A., 1956, *A Preface to Democratic Theory*, Chicago: University of Chicago Press.

- Dahl, R. A., 1967, *Pluralist Democracy in the United States: Conflict and Consent*. Chicago: Rand McNally.

- Dahl, R. A., 1971, *Polyarchy*, New Haven: Yale University Press.

- Dahl, R. A., 1989, *Democracy and Its Critics*, New Haven, Mass: Yale University Press.

- Dantzig, G., 1963, *Linear Programming and Extensions*, Princeton, N. J.: Princeton University Press.

- Davis, R., 1996, *The Press and American Politics*, N. J.: Prentice Hall.

- Deacon, D. & P. Golding, 1994, *Taxation and Representation*. London: John Libbey.

- Dearing, J. W. & E. M. Rogers, 1996, *Agenda-Setting*. Thousand Oaks, CA: Sage Publications.

- deHaven-Smith, Lance and Carl E. Van Horn, 1984, "Subgovernment Conflict in Public Policy," *Policy Studies Journal*, 12(4): 627-642.

- Downs, A., 1957, *An Economic Theory of Democracy*, N. Y.: Harper & Row.

- Downs, A., 1972, "Up and Down with Ecology: The Issue-Attention Cycle," *The Public*

Interest, 28: 38-50.

- Downs, A., 1991(1972), "Up and Down with Ecology: The 'Issue-Attention Cycle'," In *Agenda Setting: Reading on Media, Public Opinion, and Policymaking*, D. L. Protess and M. McCombs, eds. IEA Press, pp. 27-33.
- Downs, A., 1993, *Inside Bureaucracy*. Waveland Press.
- Downs, G. & P. D. Larkey, 1986, *The Search for Government Efficiency: From Hubris to Helplessness*, Philadelphia, PA: Temple University Press.
- Dror, Y., 1973, "The Planning Process: A Facet Design," In Andreas Faludi(ed.), *A Reader in Planning Theory*, N. Y.: Pergumon Press.
- Dryzek, J. S, 1990, *Discursive Democracy: Politics, Policy, and Political Science*, Cambridge: Cambridge University Press.
- Duffy, M. & D. Goodgame, 1992, *Marching in Place: The Status Quo Presidency of George Bush*, N. Y.: Simon and Schuster.
- Dunn, W. N., 1981, *Public Policy Analysis: An Introduction*. Englewood Cliffs, N.J.: Prentice-Hall.
- Dunn, W. N., 1994, *Public Policy Analysis: An Introduction*, 2nd ed. Englewood Cliffs, N. J.: Prentice Hall.
- Dunn, W., 2003, *Public Policy Analysis: An Introduction*, 3rd ed. Prentice Hall.
- Dye, T. & H. Ziegler, 1981, *The Irony of Democracy: An Uncommon Introduction to American Politics*, 10th ed., Belmont: Wadsworth Publishing.
- Dye, T. R., 1998, *Understanding Public Policy*, 9th ed., Upper Saddle River, N.J.: Prentice Hall.
- Dye, T. R., 2002, *Understanding Public Policy*, 10th ed., Englewood Cliffs: N.J.: Prentice-Hall.
- Dye, T., 2004, *Understanding Public Policy*, 11th ed., Englewood Cliffs: N. J.: Prentice Hall.
- Easton, D., 1953, *The Political System*, N. Y.: Knopf.
- Edwards Ⅲ, G. C., 1980, *Implementing Public Policy*, Washington, D. C.: Congressional Quarterly Press.

- Edwards, W. & B. A. Mellers, 1998, "Multiattribute Judgments: Context Effects in Single Attributes," *Journal of Experimental Psychology: Human Perception and Performance*, 24, 496-504.

- Edwards, W. & J. R. Newman, 1982, *Multiattribute Evaluation*, Beverly HIlls, CA: Sage.

- Elkin, S. L. & K. E. Soltan, eds., 1999, *Citizen Competence and Democratic Institutions*. University Park, PA: The Pennsylvania State University Press.

- Elmore, R., 1979, "Backward Mapping," *Political Science Quarterly*, No. 94 (Winter), pp. 601-616.

- Elmore, R., 1985, "Forward and Backward Mapping," In *Policy Implementation in Federal and Unitary Systems*, ed. by K. Hanf and T. Toonen. Dordrecht: Martinus Nijhoff, pp. 33-70

- Elster, J. eds., 1988, *The Multiple Self*. N. Y.: Cambridge University Press.

- Elster, J., 1979, *Ulysses and the Sirens: Studies in Rationality and Irrationality*. N. Y.: Cambridge University Press.

- Elster, J., 2000, *Strong Feelings: Emotion, Addiction, and Human Behavior*. Cambridge, MA: MIT Press.

- Elster, J., J. E. Roemer, & G. Hernes, eds., 1993, *Interpersonal Comparisons of Well-being*. N. Y.: Cambridge University Press.

- Elster, Jon, ed., 1998, *Deliberative Democracy*. N. Y.: Cambridge University Press.

- Entman, R., 1993, "Framing: Toward Clarification of a Fractured Paradigm," *Journal of Communication*, 43(4): 51-58.

- Etzioni, A., 1967, "Mixed-Scanning: A 'Third' Approach to Decision-making," *Public Administration Review*, 27: 385-392.

- Etzioni, A., 1988, "Normative-Affective Factors: Toward a New Decision-Making Model," *Journal of Economic-Psychology*, 9: 125-150.

- Fairhurst, G. T. & R. A. Sarr, 1996, *The Art of Framing: Managing the Language of Leadership*. San Francisco: Jossey-Bass Publishers.

- Farazmande, A., 1999, "Globalization & Public Administration," *Public Administration Review*, 59(6), 719-730.

- Feaver, P. D. & R. H. Kohn, 2000, *Project on the Gap Between the Military and Civilian Society: Digest of Findings and Studies*, NC: Triangle Institute for Security Studies.

- Feiring, B. R., 1986, *Linear Programming: An Introduction*, Beverly Hills: Sage Publications, Inc.

- Ferejohn, John A. & James H. Kuklinski, eds., 1990, *Information and Democratic Processes*. Urbana, IL: University of Illinois Press.

- Finer, H., 1941, "Administrative Responsibility in Democratic Government," *Public Administrative Review*, 1: 335-350.

- Fiorina, M., 1979, "Control of the Bureaucracy: A Mismatch of Incentives and Capabilities," In *The Presidency and Congress: A Shifting Balance*, W. S. Livingston, L. C. Dodd, and R. L Schott, eds. Austin, TX: LBJ School of Public Affairs.

- Fisher, C. M., 1998, *Resource Allocation in the Public Sector: Values, Priorities and Markets in the Management of Public Services*, N. Y.: Routledge.

- Fishkin, J. S., 1991, *Democracy and Deliberation: New Directions for Democratic Reforms*, New Haven, CT: Yale University Press.

- Fishkin, J. S., 1995, *The Voice of the People: Public Opinion and Democracy*, New Haven, CT: Yale University Press.

- Forbes, A. L., 1988, "Microbiological Contamination of Food," *Consumer Demands in the Marketplace: Public Policies Related to Food Safety, Quality, and Human Health*, edited by K. L. Clanc, Washington, D. C.: Resources for the Future.

- Forester, J., 1984, "Bounded Rationality and the Politics of Muddling Through," *Public Administration Review*, 19: 79-88.

- Freeman, J. L., 1965, *The Policy Process*, NY.: Doubleday.

- Freeman, J. L., 1995, *The Political Process*, N.Y.: Doubleday.

- Friedman, J., 1967, "A Conceptual Model for the Analysis of Planning Behavior," *Administrative Science Quarterly*, 12: 345-370.

- Friedman, M., 1962, *Capitalism and Freedom*, Chicago: The University of Chicago Press.

- Friedrich, C. J., 1940, "Public Policy and the Nature of Administrative Responsibility,"

In *Public Policy*, Friedrich and A. M. Mason, eds. Cambridge, MA: Harvard University Press.

- Fung, A., M. Graham, & D. Weil, 2006, *Full Disclosure: The Perils and Promise of Transparency*. N. Y.: Cambridge University Press.

- Gamson, W. A. & A. Modigliani, 1989, "Media Discourse and Public Opinion on Nuclear Power: A Constructionist Approach," *American Journal of Sociology*, 95: 1-37.

- Garand, J. C. & P. A. Monroe, 1995, "Family Leave Legislation in the American States: Toward a Model of State Policy Adoption," *Journal of Family and Economic Issues*, 16(4): 341-363.

- Gass, S., 1975, *Linear Programming*, 4th ed., N. Y.: McGraw Hill.

- Gastil, J., 1993, *Democracy in Small Groups: Participation, Decision-making, and Communication*. Gabriola Island, Canada: New Society Publishers.

- George, A. L., 1980, "Domestic Constraints on Regime Change in U. S. Foreign Policy: The Need for Policy Legitimacy," In *Change in the International System*, O. R. Holsti, R. M. Siverson and A. L. George, eds. Boulder, CO: Westview Press.

- Gilbert, S. & D. May, 1980, "The Artificial Debate between Rationalist and Incrementalist Models of Decision-making," *Policy and Politics*, 8: 147-61.

- Gilens, M., 1999, *Why Americans Hate Welfare: Race, Media, and the Politics of Antipoverty Policy*, Chicago: University of Chicago Press.

- Glasser, T. L. & C. T. Salmon, 1995, *Public Opinion and the Communication of Consent*, N. Y.: The Guilford Press.

- Goggin, M. L. et al., 1990, *Implementation Theory and Practice: Toward a Third Generation*, Glenview, ILL: Scott, Foressman/Lettle, Brown Higher Education.

- Goodsell, C. T., 1994, *The Case for Bureaucracy: A Public Administration Polemic*, 3rd ed., Chatham, NJ: Chatham House Publishers, Inc.

- Goodsell, R., 1977, *The Visible Scientists*, Boston: Little Brown.

- Gordon, M. T. & L. Heath, 1981, "The News Business, Crime, and Fear," *Agenda Setting Readings on Media, Public Opinion, and Policymaking*, edited by D. L. Protess and M. McCombs, N. J.: Hillsdale.

- Graham, T. W., 1989, *The Politics of Failure: Strategic Nuclear Arms Control, Public Opinion and Domestic Politics in the United States* (1945-1980), Doctoral Dissertation, Massachusetts Institute of Technology.
- Granbach, L. J., 1980, *Toward Reform of Program Evaluation*, San Francisco: Jossey Bass.
- Groseclose, T. & N. McCarty, 2001, "The Politics of Blame: Bargaining Before an Audience," *American Journal of Political Science*, 45(1): 100-119.
- Guba, E. G. & Y. S. Lincoln, 1989, *Fourth Generation Evaluation*, Newbury Park, CA: Sage Publicatio.
- Gulick, L. & L. Urwick, 1937, *Papers on the Science of Administration*, N. Y.: Institute of Public Administration.
- Gupta, D. K., 2001, *Analyzing Public Policy: Concepts Tools, and Techniques*, Washington, D.C.: Congressional Quarterly Inc.
- Haeuser, P. N., 1998, "Instructional Position Allocation Modeling," A Paper Presented at the Annual Meeting of Association for Institutional Research, May, Minneapolis, Minnesota.
- Haggard, S. & M. D. McCubbins, eds., 2001, *Presidents, Parliaments and Policy*. N. Y.: Cambridge University Press.
- Hainsworth, B. E., 1990, "Issues Management: An Overview," *Public Relations Review*, pp. 3-5.
- Hall, P. & R. C. R. Taylor, 1996, "Political Science and the Three New Institutionalism," *Political Studies*, 44: 936-57.
- Hamburger, Henry, 1979, *Games as Models of Social Phenomena*. N. Y.: W. H. Freeman and Company.
- Hammond, T. H. & J. H. Knott, 1996, "Who Controls the Bureaucracy? Presidential Power, Congressional Dominance, Legal Constraints and Bureaucratic Autonomy in A Model of Multi-Institutional Policy-Making," *The Journal of Law, Economics, and Organization*, 12(1): 119-166.
- Hanf, K., 1982, "The Implementation of Regulatory Policy: Enforcement as Bargaining,"

European journal of Political Research, No. 10 (June), pp. 159-172.

- Hanley, N. & C. L. Spash, 1993, *Cost-Benefit Analysis*, N. Y.: Edward Elgar Publishing Limited.

- Harsanyi, J. C., 1969, "Rational-Choice Models of Political Behavior vs. Functionalist and Conformist Theories," *World Politics*, 21: 513-538.

- Hartman, D., K. Janda, & J. Goldman, 2005, "An Application for Analyzing Political Values," is available at www.idealog.org

- Heap, S. H., M. Hillis, B. Lyons, R. Sugden, & A. Weale, 1999, *The Theory of Choice: A Critical Guide*. Oxford, UK: Blackwell.

- Heclo, H., 1978, "Issue Networks and the Executive Establishment," In *The New American Political System*, Washington, Anthony King, ed. D. C.: American Enterprise Institute.

- Heclo, H., 1978, "Issue Networks and the Executive Establishment," In *The New American Political System*, edited by Anthony King, pp. 87-124, Washington, D.C.: American Enterprise Institute.

- Heim, J. C., 1990, "The Demise of the Confessional State and the Rise of the Idea of a Legitimate Minority," In *Majorities and Minorities (NOMOS XXXII)*, John W. C. and A. Wertheimer, eds. N. Y.: New York University Press.

- Heineman, R. A., W. T. Bluhm, S. A. Peterson, & E. N. Kearny, 1997, *The World of the Policy Analyst: Rationality, Values, and Politics*, 2nd ed. Chatham, N. J.: Chatham House Publishers, Inc.

- Held, D., 1989, *Political Theory and the Modern State*. Essays on State, Power, and Democracy. Stanford: Stanford University Press.

- Hennessy, B., 1985, *Public Opinion*, 5th ed., Belmont, CA: Brooks Cole Publishing Company.

- Hester, J. B. & R. Gibson, 2003, "The Economy and Second-Level Agenda Setting: A Time-Series Analysis of Economic News and Public Opinion About the Economy," *Journalism and Mass Communication Quarterly*, 80(1): 73-90.

- Hilgartner, S. & C. L. Bosk, 1988, "The Rise and Fall of Social Problem: A Public Areas

Model," *American Journal of Sociology*, 94(1): 53-78.

- Hill, D. B., 1985, "Viewer Characteristics and Agenda Setting by Television News," *Public Opinion Quarterly*, 49: 340-350.
- Hills, F. S. & T. A. Mahoney, 1978, "University Budgets and Organizational Decision Making," *Administrative Science Quarterly*, 23, 454-465.
- Hjern, B. & C. Hull, 1982, "Implementation Research as Empirical Constitutionalism," *European Journal of Political Research*, 10: 105-116.
- Hjern, B. & D. Porter, 1981, "Implementation Structures: A New Unit of Administration Analysis," *Organization Studies*, No. 2, pp. 221-227.
- Hjern, B., 1982, "Implementation Research: The Link Gone Missing," *Journal of Public Policy*, 2(3), pp. 301-308.
- Hjern, B., K. Hanf, & D. Porter, 1978, "Local Networks of Manpower Training in the Federal Republic of Germany and Sweden," In *Interorganizational Policy Making: Limits to Coordination and Central Control*, Hanf K. and Scharpf, F. eds.
- Holtzman, A., 1970, *Legislative Liaison: Executive Leadership in Congress*, Chicago. IL: Rand McNally & Company.
- Horn, M., 1995, *The Political Economy of Public Administration*. N. Y.: Cambridge University Press.
- Howlett, M. & M. Ramesh, 1995, *Studying Public Policy: Policy Cycles and Policy Subsystems*. Oxford, UK: Oxford University Press.
- Hughes, J., C. G. Moon, & W. S. Barnett, 1993, "Revenue-Driven Costs: The Case of Resource Allocation in Public Primary and Secondary Education," Paper presented at the annual meeting of the Atlantic Economic Society, October, Philadelphia, PA.
- Ignizio J. P., 1985, *Introduction To Linear Goal Programming*, CA: Sage.
- Immergut, E. M., 1992, "The Rule of the Game: The Logic of Health Policy-making in France, Switzerland, and Sweden," In *Structuring Politics: Historical Institutionalism in Comparative Analysis*, S. Steinmo, K. Thelen and F. Longstreth, eds. N. Y.: Cambridge University Press.
- Isaacs, M., 1998, "Two Different Worlds: The Relationship Between Elite and Mass

Opinion on American Foreign Policy," *Political Communication*, 15: 323-345.

- Iyengar, S. & D. R. Kinder, 1987, *News That Matters: Television and American Opinion*, Chicago: University of Chicago Press.

- J. E. Anderson, 1979, *Public Policy Making*, N. Y.: Holt, Rinehart and Winston, p. 185.

- Jacobs, L. R. & R. Y. Shapiro, 1995, "Issues, Candidate Image and Priming: The Use of Private Polls in Kennedy's 1960 Presidential Campaign," *American Political Science Review*, 88: 527-540.

- Janda, K. J., M. Berry, & J. Goldman, 2006, *The Challenge of Democracy*, 9th ed., Boston: Houghton Mifflin.

- Jenkins-Smith, H. C. & P. A. Sabatier, 1993, "The Study of Public Policy Processes." In *Policy Change and Learning: An Advocacy Coalition Approach*, P. A. Sabatier and H. C. Jenkins-Smith, eds. Boulder: Westview.

- Jones, C. O., 1970, *An Introduction to the Study of Public Policy*, MA: Duxburg Press.

- Jones, C. O., 1977, *An Introduction to the Study of Public Policy*, 2nd ed., North Scituate, M. A.: Duxbury.

- Jones, C. O., 1984, *An Introduction to the Study of Public Policy*, 3rd ed., Monterey: Brook/Cole Publishing Company.

- Jones, R. W., Carolyn Marshall, & Thomas P. Bergman, 1996, "Can A Marketing Campaign be Used to Achieve Public Policy Goals?" *Journal of Public Policy & Marketing*, 15(1): 98-107.

- Jordan, G. & K. Schubert, 1992, "Preliminary Ordering of Policy Network Labels," *European Journal Research*, 21: 7-27.

- Kahneman, D. & A. Tversky, 1984, "Choice, Values and Frames," *American Psychologist,* 39: 341-350.

- Katz, E. & P. F. Lazarsfeld, 1965, *Personal Influence: The Part Played by People in the Flow of Mass Communications*, Glencoe, IL: Free Press.

- Katzenstein, P., 1977, "Conclusion: Domestic Structures and Strategies of Foreign Economic Policy," *International Organization*, 31(4): 879-920.

- Kelman, S., 1981, *What Price Incentives: Economists and the Environment*, Boston:

Auburn House.

- Kettl, D. F. & H. B. Milward, 1996, eds, *The State of Public Management*, Baltimore, MD: The Johns Hopkins University Press.
- Kettl, D. F., 1993, "Public Administration: The State of the Field," in Finifter, A. W (ed.), *Political Science: The State of the Discipline*, Washington, DC: American Political Science Association.
- Kettl, D. F., 2005, *The Global Public Management Revolution*, 2nd ed. Washington, D. C.: Brookings Institutions Press.
- Key Jr. V. O., 1961, *Public Opinion and Democracy*, N. Y.: Knopif.
- Key, V. O., 1940, "The Lack of a Budgetary Theory," *American Political Science Review*, 34: 1137.
- Kickert, J. M., W. Koppenjan, & F. M. Joop (eds.), 1997, *Managing Complex Network: Strategies for the Public Sector*, London: Sage Publications.
- Kickert, W. J. M., E. H. Klijn, & J. F. M. Koppenjan, 1997, "Introduction: A Management Perspective on Policy Networks," In *Making Complex Networks*, Kickert, Klijn, and Koppenjan eds., London: Sage Publications.
- Kiewiet, D. R. & M. D. McCubbins, 1991, *The Logic of Delegation: Congressional Parties and the Appropriations Process*. Chicago: University of Chicago Press.
- Kingdon, J. W., 1984, *Agendas, Alternatives, and Public Policies*, N. Y.: Harper Collins.
- Kingdon, J. W., 1995, *Agendas, Alternatives and Public Policies*, 2nd ed. N. Y.: HarperCollins Publishers.
- Kingdon, J. W., 1995, *Agendas, Alternatives, and Public Policy*, 2nd ed. N. Y.: HarperCollins College Publishers.
- Kirkpatrick, C. & J. Weiss, 1996, *Cost-Benefit Analysis and Project Appraisal in Developing Countries*, N. Y.: Edward Elgar Publishing Limited.
- Kooiman, J., 1993, "Governance and Governability: Using Complexity, Dynamics and Diversity," In J. Kooiman, ed., *Modern Governance*, London: Sage.
- Kotler, P. & A. Andreasen, 1991, *Strategic Marketing for Nonprofit Organizations*. Englewood Cliffs, N. J.: Prentice-Hall.

- Kotler, P. & S. J. Levy, 1969a, "Broadening the Concept of Marketing," *Journal of Marketing*, 33(1): 10-55.
- Kotler, P. & S. J. Levy, 1969b, "A New Form of Marketing Myopia: Rejoinder to Professor Luck," *Journal of Marketing*, 33(3): 55-57.
- Kotler, P., 1972, "A Generic Concept of Marketing," *Journal of Marketing*, 36(2): 46-54.
- Krehbiel, K., 1991, *Information and Legislative Organization*. Ann Arbor: University of Michigan Press.
- Kurtz, Howard, 1998, *Spin Cycle: How the White House and Media Manipulate the News*. N. Y.: Simon & Schuster.
- Kurtz, Howard, 2005, "Administration Paid Commentator: Education Dept. Used Williams to Promote 'No Child' Law," *Washington Post*, Saturday, January 8, 2005, Page A01.
- Kweit, M. G. & R. W. Kweit, 1981, *Implementing Citizen Participation in a Bureaucratic Society*, N. Y.: Praeger Publishers.
- Lankford, H. & J. Wyckoff, 1996, The Allocation of Resource to Special Education and Regular Instruction, In H. F. Ladd (Ed.), *Holding Schools Accountable*, 221-262, Washington, DC: Brookings Institution.
- Lasorsa, D. L. & W. Wanta, 1990, "Effects of Personal, Interpersonal and Media Experiences on Issue Salience," *Journalism Quarterly*, 67: 804-813.
- Lasswell, H. D., 1956, *The Decision Process*. College Park: University of Maryland Press.
- Laver, M. & N. Schofield, 1990, *Multiparty Government: The Politics of Coalition in Europe*, Oxford, UK: Oxford University Press.
- Layard, R. & S. Glaister, 1994, *Cost-Benefit Analysis*, 2nd ed., Boston: Cambridge University Press.
- Lester, J. P. & J. S. Jr., 2000, *Public Policy: An Evolutionary Approach*, 2nd ed. Australia United States: Wadsworth/Thomson Learning.
- Levine, C. H., B. G. Peters, & F. J. Thompson, 1990, *Public Administration: Challenges, Choices, Consequences*. Glenview, IL: Scott, Foresman.

- Levine, M. H., 1993, *Political Issues Debated: An Introduction to Politics*, N. J.: Prentice Hall Inc.

- Lindblom, C. E. & E. J. Woodhouse, 1993, *The Policy-Making Process*, 3rd ed. Englewood Cliffs, N. J.: Prentice Hall.

- Lindblom, C. E., 1959, "The Science of Muddling Through," *Public Administration Review*, 19, pp. 79-88.

- Linder, S. H. & B. Guy Peters, 1989, "Instrument of Government: Perceptions and Contexts," *Journal of Public Policy*, 4(3): 237-259.

- Linsky, M., 1986, *Impact: How the Press Affects Federal Policymaking*, N. Y.: W. W. Norton.

- Lippmann, W., 1922, *Public Opinion*, N. Y.: Macmillan.

- Lippmann, W., 1997, (reissued) *Public Opinion*. N. Y.: Free Press.

- Litchfield, Etal, 1975, *Evaluation in the Planning Process*, Oxford: Pergaman Press, p. 4.

- Lowi, T. J., 1964, "American Business, Public Policy, Case Studies and Political Theory," *World Politics*, 16: 676-715.

- Luck, David J., 1969, "Broadening the Concept of Marketing-Too Far," *Journal of Marketing*, 33(3): 53-55.

- Lupia, A. & M. D. McCubbins, 1998, *The Democratic Dilemma: Can Citizens Learn What They Need to Know?* N. Y.: Cambridge University Press.

- Macey, J. R., 1992, "Separated Powers and Positive Political Theory: The Tug of War over Administrative Agencies," *The Georgetown Law Journal*, 80: 671-703.

- Majone, G. 1992, *Evidence, Argument, and Persuasion in the Policy Process*. New Haven: Yale University Press.

- Majone, G., 1977, "On the Notion of Political Feasibility," In Stuart S. Nagel (ed.), *Policy Studies Review Annual*, Vol. 1, pp. 80-95.

- Malvey, D., M. D. Fottler, & D. J. Slovensky, 2002, "Evaluating Stakeholder Management Performance Using a Stakeholder Report Card: The Next Step in Theory and Practice," *Health Care Management Review*, 27(2): 66-79.

- Maney, A. & E. Plutzer, 1996, "Scientific Information, Elite Attitudes, and the Public

Debate Over Food Safety," *Policy Studies Journal*, 24(1): 42-56.

- March J. G. & J. P. Olsen, eds., 1976, *Ambiguity and Choice in Organization*. Bergen, Norway: Universitetsforlaget.

- March, J. G. & H. A. Simon, 1993, *Organization*, 2nd ed. Cambridge: Blackwell Publishers.

- March, J. G., 1994, *A Primer on Decision Making: How Decision Happen?* N. Y.: Free Press.

- Margolis, H., 1982, *Selfishness, Altruism and Rationality*. Cambridge: Cambridge University Press.

- Marsh, D. & R. A. W. Rhodes (eds.), 1992, "Policy Communities and Issues Networks: Beyond Typology," In D. Marsh and R. A. W. Rhodes (eds.), *Policy Networks in British Government*, Oxford, UK: Clarendon Press, pp. 249-268.

- Marsh, D. (eds.), 1998, Comparing Policy Networks, Philadelphia, PA: Open University Press.

- Martin, B. & R. Mayntz (eds.), 1991, *Policy Networks: Empirical Evidence and Theoretical Considerations*, Boulder, C. O.: Westview Press, Inc.

- Matland, R., 1995, "Synthesizing the Implementation Literature: The Ambiguity-Conflict Model of Policy Implementation," *Journal of Public Administration Research and Theory*, 5(2), 145-174.

- Mayer, R. R., 1985, *Policy and Program Planning: A Development Perspective*, Englewood Cliffs, N. J.: Prentice-Hall.

- McColl, Daniel, 1998, "The Subsystem Family of Concepts," *Political Research Quarterly*. 51(2): 551-570.

- McCombs, M. E. & D. L. Shaw, 1972, "The Agenda-setting Function of Mass Media," *Public Opinion Quarterly*, 36: 176-187.

- McCubbins, M. D. & T. Schwartz, 1984, "Congressional Oversight Overlooked: Police Patrols versus Fire Alarms," *American Journal of Political Science*, 28: 165-179.

- McCubbins, M. D. & T. Sullivan, eds., 1987, *Congress: Structure and Policy*. N. Y.: Cambridge University Press.

- McCubbins, M. D., R. G. Noll, & B. R. Weingast, 1987, "Administrative Procedures as Instruments of Political Control," *Journal of Law, Economics, and Organization*, 3(2): 243-277.

- McCubbins, M. D., R. G. Noll, & B. R. Weingast, 1989, "Structure and Process, Politics and Policy: Administrative Arrangement and the Political Control of Agencies," *Virginia Law Review*, 75: 431-482.

- McFarland, A., 1987, "Interest Groups and Theories of Power in America," *British Journal of Political Science*, 17: 129-147.

- McKelvey, R. D., 1976, "Intransitivities in Multidimensional Voting Models and Some Implications for Agenda Control," *Journal of Economic Theory*, 12: 472-482.

- McLean, I., 1987, *Public Choice: An Introduction*. N. Y.: Basil Balckwell.

- McLeod, J. M., L. B. Becker, & J. E. Byrnes, 1974, "Another Look at the Agenda-setting Function of the Press," *Communication Research*, 12: 3-33.

- Meier, J. K., 1997, "Bureaucracy and Democracy: The Case for More Bureaucracy and Less Democracy," *Public Administration Review*, 57(4): 193-199.

- Meier, K. J. & D. R. Morgan, 1982, "Citizen Compliance with Public Policy: The National Maximum Speed Law," *The Western Political Quarterly*, 35(2): 258-273.

- Meltsner, A. J., 1972, "Political Feasibility and Policy Analysis," *Public Administration Review*, 32(6): 859-867.

- Meltsner, A. J., 1976, *Policy Analysis in the Bureaueracy*, Berbeley and Los Angeles: University of California Press, p. 277.

- Meltsner, A., 1976, *Public Analysis in the Bureaucracy*, Berkeley: University of California Press.

- Merton, R. K., M. Fiske, & P. L. Kendall, 1956, *The Focused Interview: A Manual of Problems and Procedures*, N. Y.: Free Press.

- Miles, K. H. & L. Darling-Hammond, 1998, "Rethinking the Allocation of Teaching Resources: Some Lessons from High-performing Schools," *Educational Evaluation and Policy Analysis*, 20, 1, 9-29.

- Miles, K. H., 1997, "Rethinking the Use of Teacher Resources," *School Business Affairs*,

63, June, 35-40.

- Milgrom, P. & J. Roberts, 1992, *Economics, Organization & Management*. Englewood Cliffs, N. J.: Prentice Hall.

- Miller, G. J., 1992, *Managerial Dilemmas: The Political Economy of Hierarchy*. N. Y.: Cambridge University Press.

- Miller, R. L., D. K. Benjamin, & D. C. North, 2005, *The Economics of Public Issues*, 14th ed., N. Y.: Addision Wesley Longman, Inc.

- Mills, E., 1967, "An Aggregative Model of Resource Allocation in a Metropolitan Area," *American Economic Review*, 57, 197-210.

- Milter, R. G., 1987, *Resource Allocation Models in Budgeting Process*, Jossey-Bass, Inc.

- Mitchell, R., B. R. Agle, & D. J. Wood, 1997, "Toward a Theory of Stakeholder Identification and Salience: Defining the Principle of Who and What Really Counts," *Academy of Management Review*, 22(4): 853-886.

- Moe, T., 1985, "Control and Feedback in Economic Regulation: the Case of the NLRB," *American Political Science Review*, 79: 1094-1116.

- Mokwa, M. P. & S. E. Permut, 1981, *Government Marketing: Theory and Practice*. N. Y.: Praeger Publishers.

- Monroe, A. D., 1979, "Consistency between Policy Preferences and National Policy Decisions," *American Politics Quarterly*, 7: 3-18.

- Monroe, A. D., 1998, "Public Opinion and Public Policy, 1980-1993," *Public Opinion Quarterly*, 62: 6-28.

- Monroe, A. D., 2001, "Public Opinion and Public Policy, 1960-1999," Paper presented to the 2001 Annual Meeting of the American Political Science Association, San Francisco, August 30-September 2, 2001.

- Moore, M. H., 1995, *Creating Public Value: Strategic Management in Government*. Cambridge, MA: Harvard University Press.

- Mueller, D. C., 2003, *Public Choice III*. N. Y.: Cambridge University Press.

- Munger, M. C., 2000, *Analyzing Policy: Choices, Conflicts, and Practices*. N. Y.: W. W. Norton & Company.

- Murnane, R. J., 1991, "Interpreting the evidence on 'Does Money Matter'," *Harvard Journal on Legislation*, 28, 457-464.
- Nakamura, Robert T. & S. Frank, 1980, *The Politics of Policy Implementation*, N. Y.: St Martin's Press.
- Negrine, Ralph, 1996, *The Communication of Politics*. Thousand Oaks, CA: Sage Publications.
- Nelson, B., 1984, "Marking an Issue of Child Abuse," In *Agenda Setting Readings on Media, Public Opinion, and Policymaking*, edited by D. L. Protess and M. McCombs, N. J.: Hillsdale.
- Nielsen1, V. G., 1975, "Why Evaluation Does Not Improve Program Effectiveness?" *Policy Studies Journal*, Vol. 3, Issue 4, pp. 385-390.
- Nimmo, D., 1978, *Political Communication and Public Opinion in American*, Santa Monica, CA: Goodyer Publishing Co.
- Noll, R. G. & B. R. Weingast, 1991, "Rational Actor Theory, Social Norms, and Policy Implementation: Applications to Administrative Processes and Bureaucratic Culture," In *The Economic Approach to Politics: A Critical Reassessment of the Theory of Rational Action*. K. R. Monroe, ed. N. Y.: Harper Collins.
- North, D. C., 1990, *Institutions, Institutional Change and Economic Development*. N. Y.: Cambridge University Press.
- O'Hare, M., 1989, "A Typology of Governmental Action," *Journal of Policy Analysis and Management*, 8(4): 670-672.
- OECD, 2001, *Citizens as Partners: Information, Consultation and Public Participation in Policy-Making*. Paris: OECD.
- Ostrom, V., 1973, *The Intellectual Crisis in American Public Administration*, AL: University of Alabama Press.
- Overseas Development Administration, 1995, "Guidance Note on How to Do Stakeholder Analysis of Aid Projects and Programs," US Social Development Department.
- Page, B. I. & R. Y. Shapiro, 1983, "Effects of Public Opinion on Policy," *American*

Journal of Political Science, 77: 175-190.

- Page, B. I. & R. Y. Shapiro, 1992, *The Rational Public: Fifty Years of Trends in Americans' Policy Preferences*, Chicago: University of Chicago Press.
- Palmgreen, P. & P. Clarke, 1977, "Agenda-Setting with Local and National Issues," *Agenda Setting Readings on Media, Public Opinion, and Policymaking*, edited by D. L. Protess and M. McCombs, N. J.: Hillsdale.
- Patton, B. R., K. Giffin, & E. N. Patton, 1989, *Decision-making Group Interaction*. N. Y.: Harper Collins College Division.
- Patton, C. V. & D. S. Sawicki, 1993, *Basic Methods of Policy Analysis and Planning*, Englewood, Cliffs, N. J.: Prentice-Hall.
- Patton, M. Q., 1978, *Utilization-Focused Evaluation*, London: Sage Publications; *Practical Evaluation*, London: Sage Publications, 1982.
- Pfeffer, J. & W. L. Moore, 1980, "Power in University Budgeting: A Replication and Extension," *Administrative Science Quarterly*, 25, 637-653.
- Pierson, P., 2000, "Increasing Returns, Path dependence, and the Study of Politics," *American Political Science Review*, 94(2): 251-67.
- Poister, T. H., 1978, *Public Program Analysis*: *Applied Research Methods*, Baltimore: University Park Press.
- Pomper, G., 1980, "The Contribution of Political Parties to Democracy," *Party Renewal in America*, edition by G. Pomper. N. Y.: Praeger.
- Pressman, J. L. & A. Wildavsky, 1973, Implementation, Berkeley: University of California Press.
- Price, V., 1992, *Public Opinion*, Newbury Park, CA: Sage.
- Protess, D. L. & M. McCombs, 1991, *Agenda Setting: Reading on Media, Public Opinion, and Policymaking*, Hillsdale, NJ: Lawrence Erlbaum Associates, Inc.
- Protess, D. L., F. L. Cook, T. R. Curtin, M. T. Gordon, D. R. Leff, M. E. McCombs, & M. Peter, 1987, "The Impact of Investigative Reporting on Public Opinion and Policymaking Targeting Toxic Waste," *Agenda Setting Readings on Media, Public Opinion, and Policymaking*, edited by D. L. Protess and M. McCombs, N. J.: Hillsdale.

- Rainey, H. G., 1997, *Understanding and Managing Public Organizations*, 2nd ed., San Francisco, CA: Jossey-Bass Publishers.
- Ranney, A., 1996, *Governing: An Introduction to Political Science*, 7th ed., Upper Saddle River, N. J.: Prentice-Hall.
- Ranney, A., 2001, *Governing: An Introduction to Political Science*, 8th ed. Upper Saddle River, N. J.: Prentice Hall.
- Rawls, J., 1971, *A Theory of Justice.* Cambridge, MA: Harvard University Press.
- Reeves, R., 1993, *President Kennedy: Profile of Power*, N. Y.: Touchstone.
- Resnik, M. D., 1987, *Choices: An Introduction to Decision Theory.* Minneapolis: University of Minnesota Press.
- Rhoads, E. S., 1985, *The Economist's View of the World-Government, Markets, and Public Policy*, N. Y.: Cambridge University Press.
- Rhodes, R. A. W., 1981, *Control and Power in Central-Local Government Relationship*, Farnborough: Gower.
- Rhodes, R. A. W., 1984, "Power-dependence, Policy Communities, and Intergovernmental Networks," *Public Administration Bulletin*, 49: 4-31.
- Rhodes, R. A. W., 1986, *The National World of Local Government*, London, UK: Allen & Unwin.
- Rhodes, R. A. W., 1988, *Beyond Westminster and Whitehall*, London, UK: Unwin-Hyman.
- Rhodes, R. A. W., 1996, "The New Governance: Governing without Government," *Political Studies*, 44: 652-667.
- Rhodes, R. A. W., 1997, *Understanding Governance: Policy Network, Governance, Reflexivity and Accountability*, Buckingham, UK: Open University Press.
- Richardson, J. J. & A. G. Jordan, 1979, *Governing under Pressure: The Policy Process in A Post-Parliamentary Democracy*, Oxford: Martin Roberson.
- Richardson, J. J. & Jordan, A .G. 1979, *Governing under Pressure*, Oxford: Robertson.
- Riecken, H. W. & R. F. Bourch, 1974, *Social Experimentation: A Method for Planning and Evaluating Social Intervention*, N. Y.: Academic Press.

- Riker, H. W., 1980, "Implications from the Disequilibrium of Majority Rule for the Study of Institutions," *The American Political Science Review*, 74: 432-446.

- Riker, W. H. & P. C. Ordeshook, 1973, *An Introduction to Positive Political Theory*. Englewood Cliffs, N. J.: Prentice-Hall, Inc.

- Riker, W. H., 1982, *Liberalism Against Populism: A Confrontation Between the Theory of Democracy and the Theory of Social Choice*. Prospect Heights, IL: Waveland Press, Inc.

- Riker, W. H., 1986, *The Art of Political Manipulation*. New Haven: Yale University Press.

- Riker, W. H., ed., 1993, *Agenda Formation*. Ann Arbor, MI: The University of Michigan Press.

- Ripley, R. B. & G. A. Franklin, 1981, *Congress, the Bureaucracy and Public Policy*, Homewood, IL: Dorsey Press.

- Ripley, R. B. & G. A. Franklin, 1986, *Policy Implementation and Bureaucracy*, Chicago, IL: The Dorsey Press.

- Ripley, R. B. & G. A. Franklin, 1987, *Congress, the Bureaucracy, and Public Policy*, 2nd ed. Chicago, IL: The Dorsey Press.

- Ripley, R. B. & G. Franklin, 1984, *Congress, the Bureaucracy, and Public Policy*, 3rd ed., Homewood, IL: The Dorsey Press.

- Rivers, W. L., 1982, "The Media as Shadow Government," *Agenda Setting Readings on Media, Public Opinion, and Policymaking*, edited by D. L. Protess, and M. McCombs, N. J.: Hillsdale.

- Rodgers, H. R. & C. S. Bullock III, 1976, *Coercion to Compliance*. Lexington, Mass.: Lexington Books.

- Rogers, E. M. & J. W. Dearing, 1988, "Agenda-setting Research: Where It Has Been, Where Is It Going?" In J. A. Anderson(ed.), *Communication Yearbook 11*, Newbury Park, CA: Sage, pp. 555-594.

- Rogowski, R., 1974, *Rational Legitimacy: A Theory of Political Support*. Princeton, N. J.: Princeton University Press.

- Romzek, B. S. & M. J. Dubnick, 1998, "Accountability," In J. M. Shafritz (ed.), *International Encyclopedia of Public Policy and Administration*, Vol. 1, Boulder, Colorado: Westview Press.
- Rosen, H. S., 1999, *Public Finance*, 5th ed., McGraw-Hill International Editions.
- Rosenbloom, D. H., 1998, Public *Administration: Understanding Management, Politics, and Law in the Public Sector*, 4th ed., N. Y.: The McGraw-Hill Companies, Inc.
- Rossi, P. H. & H. C. Freeman, 1982, *Evaluation: A Systematic Approach*, London: Sage Publications.
- Rossi, P. H. & W. Williams, 1972, *Evaluation Social Programs*, N. Y.: Seminar Press.
- Rossmiller, R. A., 1986, *Resource Allocation in Schools and Classrooms: Final Report*, Madison, WI: University of Wisconsin-Madison, Wisconsin Center for Education Research, School of Education.
- Rothman, S. & S. R. Lichter, 1987, "Elite Ideology and Risk Perception in Nuclear Energy Policy," *American Political Science Review*, 81(2): 381-404.
- Rourke, F. E., 1984, *Bureaucracy, Politics, and Public Policy*, 3rd ed. Boston: Little, Brown and Company.
- Rowley, T. J. & Mihneanu, 2003, "When Will Stakeholder Groups Act? An Interest and Identity-based Mode of Stakeholder Group Mobilization," *Academy of Management Review*, 28(2): 204-219.
- Rubin, I., 1977, "Universities in Stress: Decision Making under Conditions of Reduced Resources," *Social Science Quarterly*, 242-254.
- Rutman, L., 1977, *Evaluation Research Method: A Basic Guide*, London: Sage Publications
- Rutman, L., 1980, *Planning Useful Evaluation, Availability Assessment*, London: Sage Publications.
- Sabatier, P. A. & D. Mazmanian, 1979, "The Conditions of Effective Implementation," *Policy Analysis*, 5 (Fall), pp. 481-504.
- Sabatier, P. A., ed., 1999, *Theories of the Policy Process*. Boulder, Colo.: Westview Press.

- Sabatier, P., 1988, "An Advocacy Coalition Framework of Policy Change and the Role of Policy-Oriented Learning Therein," *Policy Sciences*, 21, pp. 129-168.

- Sabatier, P., 1991, "Toward Better Theories of the Policy Process," *Policy Sciences*, 24(2): 144-156.

- Sahr, R., 1997, *The News Media, Presidents and Public Policy*, Westport, Conn: Praeger.

- Sakamoto, T., 1999, *Building Policy Legitimacy in Japan: Political Behavior beyond Rational Choice*. N. Y.: St. Martin's Press.

- Salamon, L. & M. Lund., 1989, "The Tools Approach: Basic Analytics," In Salamon, L. (ed.), *Beyond Privatization: The Tools of Government Action*, Washington, D. C. Urban Institute Press.

- Schattschneider, E. E., 1960, *The Semi-Sovereign People*. N. Y.: Holt, Rinehart and Winston.

- Schelling, T. C., 1992, "Self-Command: A New Discipline," In *Choice over Time*. G. Loewenstein and J. Elster, eds. N. Y.: Russell Sage Foundation.

- Schmeer, K., 1999, "Guidelines for Conducting Stakeholder Analysis," Health *Reform Tools Series*, Abt Associates, Inc., A Partnerships for Health Reform Publications.

- Schmitter, P. C. & G. Lehmbruch(eds.), 1979, In *Trends Toward Corporatist Intermediation*, Beverly Hills, CA: Sage.

- Schneider, A. & H. Ingram, 1990, "Behavioral Assumptions of Policy Tools," *Journal of Politics*, 52: 510-529.

- Schneider, A. L. & H. Ingram, 1990, "Policy Design: Element, Premises, and Strategies," In Nagel, S. S.(ed.), *Policy Theory and Policy Evaluation*, N. Y.: Greenwood Press.

- Schumpeter, J. A., 1942, *Capitalism, Socialism and Democracy*, N. Y.: Harper Torchbooks.

- Segev, E., A. Raveh, & M. Farjoun, 1999, "Conceptual Maps of the Leading MBA Programs in the United States: Core Courses, Concentration Areas, and the Ranking of the School," *Strategic Management Journal*, 20: 549-565.

- Shapiro, R. Y. & L. R. Jacobs, 1989, "The Relationship between Public Opinion and Public Policy: A Review," In *Political Behavior Annual*, Vol. II, ed., Samuel Long,

Boulder, CO: Westview.

- Sharkansky, I., 1972, *Public Administration: Policy-Making in Government Agencies*, Chicago: Markham.

- Shepsle, K. A. & M. S. Bonchek, 1999, *Analyzing Politics: Rationality, Behaviors, and Institutions*. N. Y.: W. W. Norton.

- Shepsle, K., 1979, "Institutional Arrangements and Equilibrium in Multidimensional Voting Models," *American Journal of Political Science*, 23: 27-59.

- Shick, A. G., 1985, "Univerisy Budgeting: Administrative Perspective, Budget Structure, and Budget Process," *Academy of Management Review*, 10(4), 794-802.

- Sigal, L. V., 1973, *Reporters and Officials: The Organization and Politics of Newsmaking*. Lexington, Massachusetts: D. C. Heath and Company.

- Simon, H. A. & P. F. Drucker, 1952, " 'Development of the Theory of Democratic Administration': Replies and Comments," *American Political Science Review*, 46(2): 494-503.

- Simon, H. A., 1957, *Models of Man*. N. Y.: John Wiley & Sons.

- Simon, H. A., 1983, *Reason in Human Affairs*. Stanford, CA: Stanford University Press.

- Simon, H. A., 1997, *Administrative Behavior: A Study of Decision-making Processes in Administrative Organizations*, 4th ed. N. Y.: The Free Press.

- Smith, K. A, 1987, "Newspaper Coverage and Public Concern," *Agenda Setting Readings on Media, Public Opinion, and Policymaking*, edited by D. L. Protess and M. McCombs, N. J.: Hillsdale.

- Smith, M. J., 1992, "The Agriculture Policy Community: Maintaining a Closed Relationship," In R. A. W. Rhodes & David Marsh (eds.), pp. 27-50.

- Smith, M. J., 1993, *Pressure, Power and Policy : State Autonomy and Policy Networks in Britain and the United States*, London: Harverster Wheasheaf.

- Smith, T. B., 1975, "The Policy Implementation Process," *Policy Sciences*, No. 4, pp. 197-198.

- Snavely, K., 1991, "Marketing in Government Sector: A Public Policy Model," *American Review of Public Administration*, 21(4): 311-326.

- Soroka, S. N., 2002, "Issue Attributes and Agenda-setting by Media, The Public, and Policymakers in Canada," *Internal Journal of Public Opinion Research*, 4(3): 264-285.

- Spitzer, R., 1993, *Media and Public Policy*, Westport, Conn: Praeger.

- Srinath, L. S., 1983, *Linear Programming: Principles and Applications*, N. Y.: Macmillan Press.

- Steiss, A. W. & G. A. Danebe, 1980, *Performancee Adminstration*, Lexington, MA: D. C. Heeth, p. 193.

- Stigler, G., 1971, "The Theory of Economic Regulation," *The Bell Journal of Economics and Management Science*, Spring: 137-146.

- Stillman, R. J. II., 1991, *Preface to Public Administration: A Search for Themes and Direction*, N. Y.: St. Martin's Press.

- Stillman, R. J. II, 1999, *Preface to Public Administration: A Search for Themes and Direction*, 2nd ed., N. Y.: St. Martin's Press.

- Stokey, E. & R. Zeckhauser, 1978, *A Primer for Policy Analysis*, N. Y.: W. W. Norton & Company.

- Stone, D. A., 1988, *Policy Paradox and Political Reason*, N. Y.: Harper Collins Publishers.

- Struening, E. L. & M. Guttentag, 1975, *Handbook of Evaluation Research*, London: Sage Publications.

- Suchman, E. A., 1972, "Action for What? A Critique of Evaluative Research," In C. H. Weiss (et al.), *Evaluating Action Programs*, Englewood Cliffs, Prentice-Hall, Inc., p. 81.

- Susskind, L., S. *McKearnan*, & J. Thomas-Larmer, 1999, *The Consensus-Building Handbook: A Comprehensive Guide to Reaching Agreement*. Thousand Oaks, CA: Sage.

- Thomas, J. C., 1995, *Public Participation in Public Decisions: New Skills and Strategies for Public Managers*, San Francisco: Jossey Bass Publishers.

- Thurber, J., 1991, "Dynamics of Policy Subsystems in American Politics," In *Interest Group Politics*, 3rd ed., Allen Cigler and Burdett Loomis, eds. Washington, D. C.: Congre4ssional Quarterly Press.

- Torgerson, D., 1986, "Between Knowledge and Politics: Three Face of Policy Analysis,"

Policy Sciences, 19: 33-59.

- Tribe, L. H., 1972, "Policy Science: Analysis or Ideology?" *Philosophy and Public Affairs*, 2: 66-110.
- Truman, D. B., 1951, *The Governmental Process*, N. Y.: Knopf.
- Tsebelis, G., 2002, *Veto Players: How Political Institutions Work*. Princeton, N. J.: Princeton University Press.
- Tversky, A. & D. Kahneman, 1981, "The Framing of Decisions and the Psychology of Choice," *Science*, 211: 453-8.
- Unger, B., 1977, "A Computer Resource Allocation Model with Some Measured and Simulation Results," *IEEE Transactions on Computers*, 26(3), 243-259.
- van Waarden, F., 1992, "Dimensions and Types of Policy Networks," *European Journal of Political Research*, 21: 29-52.
- Veseth, M., 1984, *Public Finance, Reston*. Virginia: Reston Publishing Co.
- Waldo, D., 1952, "Development of Theory of Democratic Administration," *American Political Science Review*, 46(1): 81-103.
- Waldo, D., 1981, *The Enterprise of Public Administration*, Novato, CA: Chadnler & Sharp Publishers, Inc.
- Wamsley, G. L., R. N. Bacher, C. T. Goodsell, P. S. Kronenberg, J. A. Rohr, C. M. Stivers, O. F. White, & J. F. Wolf, 1990, *Refounding Public Administration*. Newbury Park, C. A.: Sage.
- Wanta, W., 1997, *The Public and The National Agenda*. Hillsdale, N. J.: LEA Publishers.
- Weaver, D. H., 1977, "Political Issues and Voter Need for Orientation," *Agenda Setting Readings on Media, Public Opinion, and Policymaking*, edited by D. L. Protess and M. McCombs, N. J.: Hillsdale.
- Weaver, R. K., 1986, "The Politics of Blame Avoidance," *Journal of Public Policy*, 6(4): 371-398.
- Weber, M., 1983, "An Empirical Investigation on Multiattribute Decision Making," In Hansen, P. (ed.), *Essays and Surveys on Multiple Criteria Decision Making*, Berlin: Springer Publisher, 379-388.

- Weber, Max, 1968, *Economy and Society: An Outline of Interpretive Sociology*, N. Y.: Bedminster Press.

- Weimann, G., 1994, *The Influentials: People Who Influence People*, Albany, N. J.: State University of New York Press.

- Weimer, D. L. & A. R. Vining, 1992, *Policy Analysis: Concepts and Practice*, Englewood, Cliffs, N. J.: Prentice-Hall.

- Weimer, D. L. & A. R. Vining, 1993, *Policy Analysis: Concepts and Practice*, 3rd ed. Prentice Hall.

- Weimer, D. L. & A. R. Vining, 2005, *Policy Analysis: Concepts and Practice*, 4th ed. Upper Saddle River, N. J.: Pearson, Prentice Hall.

- Weimer, L. D. & V. R. Vining, 1999, *Policy Analysis Concepts and Practice.* N. J.: Prentice Hall.

- Weingast, B. R. & M. Moran, 1983, "Bureaucratic Discretion or Congressional Control? Regulatory Policymaking by the Federal Trade Commission," *Journal of Political Economy*, 91(5): 765-800.

- Weingast, B. R., 1981, "Regulation, Reregulation, and Deregulation: The Political Foundations of Agency Clientele Relationships," *Law and Contemporary Problems*, 44: 147-177.

- Weiss, C. H., 1972, *Evaluation Research: Methods of Assessing Program Effectiveness*, Englewood Cliffs, Pretice Hall, Inc., p. 10.

- Weiss, C. H., 1983, "Ideology, Interests, and Information: The Basis of Policy Positions," In Callahan, D. & B. Jennings(ed.), *Ethics, the Social Sciences, and Policy Analysis*, N. Y.: Plenum Press.

- Weiss, C. H., The Stakeholder Approach to Evaluation: Origins and Promise, In A. S. Bryk, *Stakeholder-Based Evaluation*, 1983.

- Weiss, G., 1972, *Evaluation Research: Methods of Assessing Program Effectiveness*, N. J. Prentice-Hall.

- West, W. F. & J. Cooper, 1989-1990, "Legislative Influence v. Presidential Dominance: Competing Models of Bureaucratic Control," *Political Science Quarterly*, 104: 581-606.

- White, D. M., 1951, "The Gatekeeper: A Case Study in the Selection of News," *Journalism Quarterly*, 7(4): 383-390.
- Wholey, J. S., 1976, "The Role of Evaluation and the Evaluator in Improving Public Programs: The Bad News, the Good News, and A Bicentennial Challenge," Public *Administration Review*, Vol. 36, No. 6, pp. 679-682.
- Wholey, J. S., 1979, Evaluation: Promise and Performance, Washington, D.C.: Urban Institute.
- Wholey, J. S., 1983, *Evaluation and Effective Public Management*, Boston: Little Brown.
- Wholey, J. S., 1986, *Performance and Credibility, Developing Excellence in Public and Nonprofit Organizations*, Lexington Books.
- Wildavsky, A., 1964, *The Politics of the Budgetary Process*. Boston: Little, Brown.
- Wilks, S. & M. Wright, 1987, "Conclusion: Comparing Government-Industry Relations: States, Sectors, and Networks," in Stephen Wilks and Maurice Wright, eds., *Comparative Government-Industry Relations: Western Europe, the United States, and Japan*. Oxford: Clarendon Press.
- Wilks, S. & M. Wright, 1987, "Conclusion: Comparing Government-Industry Relations: State, Sectors, and Networks," In Stephen Wilks & Maurice Wright(eds.), *Comparative Government-Industry Relations: Western Europe, the United States, and Japan*, Oxford: Clarendon Press.
- Wilson, J. Q., 1989, *Bureaucracy: What Government Agencies Do and Why They Do It*, Basic Books, Inc.
- Winter, J. P. & C. H. Eyal, 1981, "Agenda-Setting for the Civil Rights Issue," *Agenda Setting Readings on Media, Public Opinion, and Policymaking*, edited by D. L. Protess and M. McCombs, N. J.: Hillsdale.
- Winter, J. P., 1981, "Contingent Conditions in the Agenda-Setting Process," edited by G. C. Wilhoit and H. de Book, *Mass Communication Review Yearbook 2*, Beverly Hills, California: Sage, pp. 235-244.
- Winter, S., 1990, "Integrating Implementation Research," In *Implementation and the Policy Process: Opening Up the Black Box*, D. J. Palumbo and D. J. Calista, N. Y.:

Greenwood Press.

- Wise, D., 1973, *The Politics of Lying: Government Deception, Secrecy, and Power*, N. Y.: Random House.

- Wood, B. D. & R. W. Waterman, 1991, "The Dynamics of Political Control of the Bureaucracy," *American Political Science Review*, 85: 801-28.

- Woodward, B., 1995, *The Agenda: Inside the White House*, N. Y.: Pocket Books.

- Wright, M., 1988, "Policy Community, Policy Network and Comparative Industrial Policies," *Political Studies*, XXXVI, 593-612.

- Yeric, J. L. & J. R. Todd, 1989, *Public Opinion: The Visible Politics*, Itasca, IL, F. E. Peacock Publishers, Inc.

- Yu, C., L. J. O'Toole Jr., J. Cooley, G. Cowie, S. Crow, & S. Herbert, 1998, "Policy Instruments for Reducing Toxic Releases: The Effectiveness of State Information and Enforcement Actions," *Evaluation Review*, 22(5): 571-589.

索引

公共行政（一）

編　號	作　者	書　名	年　份	定　價	版　次
52WPA01501	曾炳霖	商法案例實證解析	2007.10	450元	初　版
B4057	陳國義	民法概要—案例式	2004.07	580元	再　版
B4056	陳國義	保險法—案例式	2004.01	550元	再　版
B4059	陳國義	公司法—案例式	2002.09	500元	初　版
B4060	陳國義	票據法—案例式	2003.02	500元	初　版
B4058	陳國義	海商法—案例式	2002.05	400元	初　版
B4054	劉承愚 賴文智	技術授權契約入門	2005.06	250元	再　版
B3007	林水波	選舉與公投	1999.07	400元	初　版
B3008	林水波	制度設計	1999.08	400元	初　版
B3009	林水波	組織理論	1999.07	360元	初　版
B3010	林水波	公共政策論衡	1999.07	360元	初　版
B3018	郭昱瑩	公共政策－決策輔助模型個案分析	2002.02	480元	初　版
B3039	孫本初	公共管理	2005.06	550元	四　版
B3016	吳瓊恩 李允傑 陳銘薰	公共管理	2006.01	500元	再　版
52MPA01101	Frederickson 江明修審訂	新公共行政學	2007.01	280元	初　版
B3033	吳瓊恩主編	公共行政學	2004.06	460元	初　版

✚本表所列書目定價如與書內版權頁不符，以版權頁為主

公共行政（二）

編　號	作　者	書　名	年　份	定　價	版　次
52MPA01201	余致力主編	公共政策	2008.02	450 元	初　版
B3035	徐仁輝主編	公共組織行為	2005.01	460 元	初　版
B3036	張世杰主編	公共人力資源管理	2006.01	460 元	初　版
B3013	蕭武桐	公務倫理	2002.01	480 元	初　版
B3015	B. Guy Peters 孫本初審訂	政府未來的治理模式	2000.07	320 元	初　版
B3037	徐仁輝 陳敦源 黃光雄 譯	政府失靈—公共選擇的初探	2005.04	280 元	初　版
B3038	Gutmann Thompson 施能傑審訂	商議民主	2006.01	300 元	初　版
B3032	吳定 鄭勝分 李盈盈	組織應用發展技術	2005.02	480 元	初　版
B3002	徐仁輝	公共財務管理	2005.06	580 元	四　版
B3020	徐仁輝	預算赤字與預算改革	2002.02	220 元	初　版
B3031	郭昱瑩	政府預算的總體與個體研究	2002.12	250 元	初　版
B3001	江岷欽 劉坤億	企業型政府—理念‧實務‧省思	1999.06	400 元	初　版
52MPA00502	李宗勳	政府業務委外經營－理論、策略與經驗	2007.06	500 元	再　版
B3051	張瑞濱	現代應用文	2005.03	480 元	三　版

✤本表所列書目定價如與書內版權頁不符，以版權頁為主

財務金融（一）

編　號	作　者	書　　名	年　份	定　價	版　次
52MFF00109	李榮謙	貨幣銀行學	2006.09	600元	九　版
B2014	李榮謙	貨幣金融學概論	2003.05	550元	初　版
B2011	李榮謙	國際貨幣與金融	2004.09	580元	三　版
W2005	蕭欽篤	貨幣銀行學原理	2002.01	480元	初　版
52WFF00805	蕭欽篤	國際金融	2006.09	600元	五　版
52WFF00904	謝劍平	財務管理—新觀念與本土化	2006.01	680元	四　版
52WFF01102	謝劍平	財務管理原理	2007.01	500(精)	再　版
52WFF01504	謝劍平	現代投資學—分析與管理	2007.10	700元	四　版
52WFF01302	謝劍平	投資學－基本原理與實務	2007.01	550(精)	再　版
52MFF05504	謝劍平	財務管理習題解答	2006.05	200元	四　版
B2047	謝劍平	現代投資學案例與習題解答	2003.07	250元	三　版
B2141	謝劍平	財務管理及投資策略個案集	2005.01	380元	初　版
52MFF01603	謝劍平	期貨與選擇權—財務工程的入門捷徑	2007.06	500元	三　版
B2081	陳威光	選擇權—理論・實務與應用	2001.01	600元	初　版
B2094	陳威光	衍生性金融商品—選擇權・期貨與交換	2001.07	660元	初　版
B2110	陳威光	新金融商品個案集 I	2003.02	400元	初　版
52MFF01702	謝劍平	當代金融市場	2007.07	650元	再　版

✛本表所列書目定價如與書內版權頁不符，以版權頁為主

財務金融（二）

編　號	作　者	書　　名	年　份	定　價	版　次
B2099	Haugen 郭敏華譯	新財務—打破效率市場迷思	2001.06	380 元	初　版
B2150	Montier 郭敏華譯	行為財務學	2004.01	420 元	初　版
52MFF01201	郭敏華	行為財務學—當財務學遇上心理學	新版即將發行		
52MFF01101	孫克難	財政理論與政策	新版即將發行		
52MFF04502	陳繼堯	汽車保險—理論與實務	2006.03	480 元	再　版
B2140	陳繼堯	火災保險—理論與實務	2004.04	480 元	初　版
B2096	陳繼堯	再保險—理論與實務	2001.01	600 元	初　版
B2101	陳繼堯主編	工程保險—理論與實務	2002.01	680 元	初　版
52MFF05801	陳彩稚	財產與責任保險	2006.09	600 元	初　版
52MFF03301	王儷玲	退休規劃與投資理財	新版即將發行		
B2129	謝劍平	固定收益證券—投資與創新	2003.07	750(平)	再　版
B2130			2003.07	950(精)	再　版
B2173	謝劍平 林傑宸	證券市場與交易實務	2005.01	580 元	初　版
52MFF03102	謝劍平	現代投資銀行	2006.09	700(精)	再　版
52MFF05301	謝劍平	金融創新—財務工程的實務奧秘	2006.06	580 元	初　版
B2157	彭金隆	金融控股公司－法制監理與經營策略	2004.09	500 元	初　版
B2174	吳麗敏 曾鴻展 麥煦書	債券市場新論—觀念架構與實務導向	2005.04	480 元	初　版

✠本表所列書目定價如與書內版權頁不符，以版權頁為主

公共政策

Public Policy

國家圖書館出版品預行編目資料

公共政策＝Public policy / 余致力，毛壽龍，陳敦源，
郭昱瑩作. ── 初版. ── 台北市：智勝文化，
2007.10
　　面；　　公分
參考書目：面
含索引
ISBN　978-957-729-666-5（平裝）

1.公共政策

572.9　　　　　　　　　　　　　　　　　　96018530

主　　編/余致力
作　　者/余致力、毛壽龍、陳敦源、郭昱瑩
發　行　人/紀秋鳳
出　　版/智勝文化事業有限公司
　　　　　地　　址/台北市100館前路26號6樓
　　　　　電　　話/(02)2388-6368
　　　　　傳　　真/(02)2388-0877
　　　　　郵　　撥/16957009智勝文化事業有限公司
　　　　　登記證/局版臺業字第5177號
出版日期/2008年2月初版
定　　價/450元
ISBN　978-957-729-666-5

Public Policy by Chilik Yu, Shou-Long Mao, Don-Yun Chen, and Yu-Ying Kao
Copyright 2008 by Chilik Yu, Shou-Long Mao, Don-Yun Chen, and Yu-Ying Kao
Published by BestWise Co., Ltd.
智勝網址：www.bestwise.com.tw